여헌성리설

이 책은 2020년도 정부(교육부)의 재원으로 한국고전번역원의 지원을 받아
수행된 '특수고전협동번역사업'의 결과물임.

This work was supported by Institute for the Translation of Korean Classics - Grant funded by the Korean Government.

여헌성리설 2

旅軒性理說

장현광 지음
張顯光

성원규
윤은숙
김형석 옮김

일러두기

1. 이 책의 번역 대본은 한국학중앙연구원 장서각에 소장된《여헌선생성리설(旅軒先生性理說)》(K3-101)로 하였다.
2. 내용이 간단한 역주는 간주(間註)로, 긴 역주는 각주(脚註)로 처리하였다.
3. 한자는 필요한 경우 이해를 돕기 위하여 넣었으며, 운문(韻文)은 원문을 병기하였다.
4. 맞춤법과 띄어쓰기는 한글 맞춤법과 표준어 규정을 따랐다.
5. 이 책의 번역문에서 사용한 부호는 다음과 같다.
   ( ) : 번역문과 음이 같은 한자를 묶는다.
   〔 〕: 번역문과 뜻은 같으나 음이 다른 한자를 묶는다.
   " " : 대화 등의 인용문을 묶는다.
   ' ' : " " 안의 재인용 또는 강조 문구를 묶는다.
   「 」: ' ' 안의 재인용을 묶는다.
   『 』: 「 」안의 재인용을 묶는다.
   《 》: 책명 및 각주의 전거(典據)를 묶는다.
   〈 〉: 책의 편명 및 운문·산문의 제목 또는 보충역을 묶는다.
6. 이 책의 후반부에 고려대본을 저본으로 하여 표점·교감한 원문을 실었다.
7. 본문의 오류로 의심 가는 점이 있으나 근거할 만한 대조본이 없을 경우에는 교감기에 그 내용만 언급하였다.
8. 판각이나 필사 과정에서 관행적으로 통용하던 글자는 문맥에 맞게 고쳐 쓰고 교감기는 달지 않았다.
9. 이 책에 인용된《역학도설(易學圖說)》과《계몽전의(啓蒙傳疑)》의 그림은 경학자료시스템, 한국유경(儒經)DB, 한국고전종합DB의 이미지 파일을 사용하거나 새로 만들었는데, 일부 이미지 파일은 수정하였다.
10. 이 책에 사용된 표점부호는 다음과 같다.
   。 의문문과 감탄문을 제외한 문장의 끝에 쓴다.
   ? 의문문의 끝에 쓴다.

!	감탄문이나 감탄사의 끝, 강한 어조의 명령문·청유문·반어문의 끝에 쓴다.
,	한 문장 안에서 일반적으로 구의 구분이 필요한 곳에 쓴다.
、	한 구 안에서 병렬된 단어 사이에 쓴다.
;	복문 안에서 구조상 분명하게 병렬된 어구 사이에 쓴다.
:	완전한 인용문의 경우 인용부호와 함께 쓰거나, 화제 혹은 소표제어로서 문장을 이끄는 어구 뒤에 쓴다.
“ ” ‘ ’	직접 인용된 말이나 강조해야 하는 말을 나타내는 데 쓰되, 1차 인용에는 “ ”를, 2차 인용에는 ‘ ’를, 3차 인용에는 「 」를 쓴다.
【 】	原文의 註를 나타내는 데 쓴다.
·	서명부호(《 》) 안에서 서명과 편명 등을 구분하는 데 쓴다.
《 》	서명, 편명, 악곡명, 서화명 등을 나타내는 데 쓴다.
____	인명, 지명, 국명, 민족명, 건물명, 연호 등의 고유명사를 나타내는 데 쓴다.
□	빠진 글자의 자리에 쓴다.
▨	훼손된 글자의 자리에 쓴다.

차례

여헌성리설 제6권

旅軒性理說 卷4 校勘·標點

旅軒性理說 卷5 校勘·標點

旅軒性理說 卷6 校勘·標點

여헌성리설

제4권

經緯說
경위설

4.1 경위설 經緯說

4.1.1 경(經)과 위(緯)가 리(理)와 기(氣)를 비유할 수 있음을 논하다

4.1.1.1

옛사람이 물건을 빌어 리(理)를 밝힌 자가 많으니, 물(物)은 볼 수 있으나 리는 보기 어렵다. 이 때문에 보기 쉬운 물을 빌어 보기 어려운 리를 나타낸 것이다.[1] 그 비유와 모의(摸擬)를 인하여 마침내 명호(名號)를 삼은 것이 있으니, 예를 들면 삼재(三才)[2]와 만물(萬物)이 삼재와 만물이 된 이유를 도(道)라고 할 뿐인 것과 같다.[3] 이 도가 없으면

1 옛사람이……것이다 : 리(理)는 우주의 삼라만상(森羅萬象) 속에 내재하고 있는 원리로, 눈으로 보이거나 소리와 냄새 따위로 구분하거나 어느 하나로 설명할 수 없다. 이치는 천만 가지 현상으로 분리되어 각각 다른 물건의 형태로 바뀌어 나타나기 때문에 장현광이 이처럼 설명한 것이다.

2 삼재(三才) : 천(天)·지(地)·인(人)을 가리키는 말로, 《주역》〈설괘전(說卦傳)〉에 "하늘의 도(道)를 세움은 음(陰)과 양(陽)이요, 땅의 도(道)를 세움은 유(柔)와 강(剛)이요, 사람의 도(道)를 세움은 인(仁)과 의(義)이니, 삼재를 겸하여 두 번 하였기 때문에 역(易)이 여섯 번 그어서 괘(卦)가 이루어진다.〔立天之道曰陰與陽, 立地之道曰柔與剛, 立人之道曰仁與義, 兼三才而兩之, 故易六畫而成卦.〕"라고 보인다. 장현광은 삼재에 대해서 "반드시 위에 하늘이 있고 아래에 땅이 있고 이 가운데에 사람이 있어 삼재가 갖추어진다. 재(才)라는 것은 리기(理氣)를 합하여 조화가 되고 사업을 이룸을 말하며, 사업이란 그 도를 행하여 다함을 말한다. 그러므로 삼재가 모두 사업이 있는 것이니, 이런 뒤에야 삼재의 도를 다하는 것이다."라고 하였다. 《旅軒集 卷7 孔聖》

3 예를 들면……같다 : 주자는 도와 리에 대해서 "사람이 함께 따르는 것으로 말하면 도라고 하고, 각각 조리가 있는 것으로 말하면 리라고 하니, 그 조목은 군신과 부자와

삼재와 만물이 없는데, 이 도가 있기 때문에 마침내 이 삼재와 만물이 있게 되었으니, 도가 도 됨이 어찌 크지 않겠는가. 그러나 본래 그 글자가 없어서 마침내 도로(道路)의 도(道) 자(字)를 빌어 이름을 붙였으니, 이는 삼재와 만물이 함께 행하는 것으로서 이미 지나가기 전에 다하였으나 그 시작을 다할 수 없고, 장래의 뒤에 다하였으나 그 끝마침을 다할 수 없다. 이 때문에 고금에 통행하여 사람이 함께 볼 수 있는 것을 빌어 이름을 붙여서 그 뜻이 나타난 것이다.

성인이 글자를 지은 것이 혹은 형체에서 취하고 혹은 일에서 취하며, 혹은 뜻을 취하고 혹은 음〔聲〕을 취하며, 위에서 덮고 있는 것을 하늘이라 하고 아래에서 실려주고 있는 것을 땅이라 하며, 양(陽)의 정(精)을 해라 하고 음(陰)의 정(精)을 달이라 하며, 산천과 초목, 인사(人事)의 이름까지도 모두 각각 취한 바가 있다. 그러나 오직 도는 모의할 만한 형상이 없고, 근거를 댈만한 단예(端倪 단서 또는 시작)가 없으므로 기본으로 삼는 글자〔本字〕가 없어서 반드시 빌어오는 것이다. 이른바 리(理)와 기(氣)라는 것은 바로 이 도의 리요, 이 도의 기이다.[4] 리

형제와 부부와 붕우의 사이를 벗어나지 않는데, 그 실제는 두 가지 사물이 아니다.〔道卽理也, 以人所共由而言, 則謂之道; 其各有條理而言, 則謂之理. 其目則不出乎君臣父子兄弟夫婦朋友之間, 而其實無二物也.〕"라고 구분하였다. 《朱子大全 卷49 答王子合》

4 이른바……기이다 : 장현광은 도에 대해서 "하늘과 땅과 만물이 그 처음에는 모두 무(無)에서 나왔고, 유(有)가 된 뒤에야 비로소 하늘이 있고 땅이 있고 만물이 있게 되었다. 그러나 이른바 무라는 것은 형체가 없으며 유라는 것은 형체가 있으니, 리(理)가 태극(太極)과 무극(無極)이 되는 것으로 말하면 하늘과 땅과 만물의 형체의 유무를 따지지 않고, 항상 있고 다하지 않아서 마침내 하늘과 땅과 만물로 하여금 이 가운데 무에서 유가 되고 유에서 무가 되게 하여 무와 유가 또한 무궁하게 된다. 그렇다면 무극과 태극의 이치가 하늘과 땅과 만물로 하여금 무에서 유가 되고 유에서 무가 되게 하여, 무와 유가 무궁하게 하는 것이 곧 이른바 리(理)와 기(氣)를 합하여 도가 되었다는 것이 아니겠는가. 〔蓋天地萬物, 其初皆從無中出來, 及其爲有, 然後乃天也地也萬物也. 然其所謂無者, 無其形也; 有者, 有其形也, 若理之爲無極、太極也, 則不拘於天地萬

역시 본래 그 글자가 없었는데 옥을 다스릴 때 옥의 결을 빌어 이름을 붙였으니, 리가 리가 되는 것이 만유(萬有)의 높이는 바가 되는데, 물건 중에 맥과 결이 있는 것이 오직 옥만이 가장 치밀하므로 이것을 빌어온 것이다. 기 역시 본래 그 글자가 없었는데 운기(雲氣)의 기를 빌어 이름을 붙였으니, 기가 기가 되는 것이 이 만유의 이루어진 바가 되었는데, 물건 중에 변화가 있는 것은 오직 구름이 가장 성하므로 이것을 빌어온 것이다.

리는 도의 리가 되고, 기는 도의 기가 되는데 도(道) 한 글자를 가지고 그 체(體)와 용(用)의 묘함을 밝힐 수 없으므로 또 반드시 리 자(字)와 기 자(字)로 그 이름을 나누었으니, 이는 그 빌어온 가운데에 큰 것이다. 그 나머지 본(本)과 말(末), 원(源)과 류(流), 강(綱)과 령(領), 조(條)와 목(目), 근저(根柢)와 추뉴(樞紐) 등의 명목이 모두 물건의 조목에서 빌어와 이 의리를 밝힌 것이다.

내 적이 보건대 경(經) 자(字)와 위(緯) 자(字)를 문적(文籍) 가운데에서 차용하는 것이 또한 오래되었다. 경은 바로 베를 짜는 올의 세로로서 바디〔柚〕에 있는 것이고, 위는 바로 베를 짜는 실의 가로로서 북에 있는 것이니, 경은 처음부터 끝까지 관통해 곧바로 도달해서 변역함이 없고, 위는 한번은 왼쪽, 한번은 오른쪽으로 움직여서 반복하고 왕래하여 모름지기 곡절(曲折)을 갖추고 있다.

오직 포백(布帛)을 짜는 일은 과연 어느 성인의 세대에 시작되었는지 모르겠다. 황제(黃帝)의 원비(元妃)인 서릉씨(西陵氏)[5]가 처음 누

物之形之有無, 而常存不窮, 乃使天地萬物, 無而有有而無於其中, 而其無其有, 亦爲之無窮者也. 然則無極、太極之理, 有以使天地萬物無而有有而無, 其無其有之爲無窮者, 非卽所謂合理氣而爲道者乎.〕"라고 설명하였다. 《旅軒集 卷6 老人事業》

5 서릉씨(西陵氏) : 고대 황제(黃帝)의 비(妃)로, 그가 처음으로 백성에게 누에를 치

에를 키워 실을 만들었다는 말을 들었으니, 그렇다면 포백의 제도가 아마도 황제 때에서 나온 듯하다. 그 포백을 제작하는 묘함은 실로 하늘과 땅의 리에서 근본하였다. 경을 세로로 하고 위를 가로로 하니, 경이 아니면 위를 낼 수가 없고 위가 아니면 경을 받들 수가 없다. 경과 위가 이미 갖추어진 뒤에 포백의 쓰임이 행해지는데, 옷과 치마와 장막과 보불(黼黻)과 문장(文章)으로부터 폐백으로 사귀고 재화를 통하는 도구에 이르기까지 모두 여기에서 나왔으니, 그 공용(功用)이 크지 않겠는가. 그러므로 경이 있으면 위가 있으니, 경이 없는 위는 없고, 또 위가 없는 경은 없는 것이다.

경이 관통하여 곧바로 도달하는 것은 한 올도 혹 위를 떠난 적이 없고, 위가 반복하고 왕래하는 것은 또한 한 올이 혹 경을 어기지 않아서 서로 필요로 하여 이루고 함께 행하여 이루어진다. 그러나 그 실이 되는 것은 똑같고, 그 물건이 되는 것은 두 가지가 아니다. 반드시 실을 만드는 공렬(功烈)이 가지런하고 올의 색깔이 순수한 뒤에야 경은 위로써 씀을 지극히 하고, 위는 경을 따라 베를 이루는 것이다. 그렇지 않고서 공력에 정(精)하고 거칢이 있고, 색깔에 순수하고 뒤섞임이 있어서 경은 비록 항상하고 한결같으나 위는 본래 똑같지 않으니, 그렇다면 경과 위가 조리가 없어서 결국 경에 반대되는 위가 있으니, 이렇게 되면 포백의 쓰임이 이루어지지 못한다. 이것이 바로 경에는 위가 없을 수 없으며, 위는 경에 어긋남이 있을 수 없는 이유이다.

이 경과 위가 비록 서로 떠나지 않으나 그 종횡(縱橫)의 세(勢)가 이미 체와 용의 구분이 있으니, 그렇다면 경의 종(縱)은 진실로 항상 똑같지만 위가 경의 가운데에 착종(錯綜)하여 사방으로 행해지는 것은

고 실을 켜는 일을 가르쳤다고 한다.

출입(出入)과 득실(得失)의 단서가 없지 못하다. 그러니 이는 반드시 위를 다스려서 경을 준칙으로 삼는 도가 있어서 그 나가는 것을 제재하여 그 질서로 들어오게 하고, 그 잘못된 것을 바로잡아서 그 떳떳함을 얻게 해야 하니, 그런 뒤에야 그 일이 순하고 그 공력이 이루어진다. 경과 위의 뜻이 이와 같으므로 이 두 글자를 제시하여 리와 기에 모의하였으니, 이렇게 하면 내 적이 이치에 가깝다고 생각한다.

리는 바로 도의 경이고, 기는 바로 도의 위이니, 경이 되고 위가 되는 것은 비록 다르지만 똑같이 모두 실이라면 어찌 그 근본을 둘로 볼 수 있겠는가. 리가 되고 기가 된 것은 비록 나뉘나 똑같이 도이면 어떻게 그 근원을 둘로 볼 수 있겠는가.[6] 그 항상하고 한결같은 것을 가리켜 리라 하고 그 변화하는 것을 가리켜 기라 하니, 그렇다면 리는 진실로 기의 경이 되고 기는 진실로 리의 경이 되는 것이니, 리가 어찌 기를 관리하지 않는 리가 있고 기가 어찌 리에 근본하지 않는 기가 있겠는가.

오직 리는 변함이 없어서 항상하고 한결같고, 기는 변화가 있어서 똑같지 않기 때문에 리는 별도의 리이고 기는 별도의 기인가 의심하는 것이다. 그러나 변함이 없는 것(경)은 변함이 있는 것(위)의 체가 되고, 변함이 있는 것은 변함이 없는 것의 용이 된다. 그리고 항상하고 한결같은 것은 가지런하지 않은 것의 근본이 되고, 가지런하지 않은 것은 항상하고 한결같은 것의 말(末)이 되는데, 다만 그 용이 체에서 나뉘어 혹은 편벽됨이 이기는 폐단이 있고, 말(末)이 근본과 멀어져서

6 리는……있겠는가 : 여기서 장현광은 경은 체(體), 위는 용(用), 경은 리(理), 위는 기(氣)로 구분할 수 있지만 결국 포백(布帛)을 제작하는 실이라는 관점에서 보면 똑같다 라고 보아, 리와 기는 서로 떨어질 수도 없는〔理氣不相離〕 반면, 서로 뒤섞일 수도 없다〔理氣不相雜〕는 주자의 리기설(理氣說)을 따랐다.

혹 제멋대로 어긋나는 단서가 있다. 그러므로 용이 체를 이기고 말이 근본과 어긋나니, 그런 뒤에 도가 그 떳떳함을 잃어서 위와 경이 반대가 되어서 비로소 리를 어기는 기가 있는 것이다. 그 리를 어기는 기를 보고 곧바로 리 밖에 별도의 기가 있다고 말하면 이것은 진실로 도를 모르는 자이다.

오직 그 기가 리에서 나왔는데 마침내 리를 어기는 기가 있는 것은 어째서인가. 바로 이른바 경이 된 리는 변함이 없으나 위가 된 기는 변함이 있기 때문에 변함이 없는 것은 한결같고 곧아서 항상하나, 변함이 있는 것은 만 번 굽어 차이가 많은 것이다. 그렇다면 경에 위반되는 위를 무엇으로 분별하는가. 또한 그 경을 근거하여 앎에 지나지 않을 뿐이다. 위가 경에서 나왔기 때문에 경을 준칙으로 삼는 위는 바른 위이나, 경의 범주를 벗어나는 것은 준칙이 아니요, 경에 미치지 못하는 것도 역시 준칙이 아니다. 이에 그 과한 것을 제재하여 벗어나지 않게 하고, 그 미치지 못한 것을 끌어서 미치게 하니, 이는 모두 항상하고 한결같은 경이 위주가 되어서 그 준칙을 지극히 하는 것이다. 그러므로 경을 반대하는 위가 반대로 끝마치지 못해서 결국 경으로 돌아와 준칙을 삼으니, 항상하고 한결같은 경은 진실로 그대로인 것이다. 이것을 가지고 리와 기를 논하면 어찌 거리가 멀겠는가.

4.1.1.2

또 말하였다. 지금 여기에서 모의한 경(經)과 위(緯)는 다만 리(理)와 기(氣)를 가지고 말하였다. 무릇 우주 간의 도리를 살펴보면 경과 위가 있지 않은 것이 없으니, 우선 우주(宇宙)를 가지고 말해보겠다. 상하, 사방을 우(宇)라 하는 것은 경이니 한번 정해져 바뀌지 않고, 과거와 현재를 주(宙)라 하는 것은 위이니 그 변함이 무궁하다.[7] 하도(河圖)와 낙서(洛書)를 가지고 말하면 하도는 경이 되고 낙서는 위가 되며, 팔괘(八卦)의 선천도(先天圖)와 후천도(後天圖)[8]를 가지고 말하면 선천도는 경이 되고 후천도는 위가 된다. 하늘과 땅은 형이상과 형이하가 경이 되고 한번은 통태(通泰)하고 한번은 비색(否塞)한 것이 위가 되며, 음양(陰陽)이 대대(對待)가 되는 것은 경이 되고 유행(流行)하는 것은 위가 되며, 시절에 추위와 더위, 낮과 밤은 경이 되고, 비가 오고 햇볕이 개이고 바람이 불고 우레가 떨어지는 것은 위가 된다.

또 사물의 이치와 사람의 일 사이에 이르러도 크고 작고 드러나고 은미한 것을 막론하고 모두 경위의 뜻이 있으니, 그 떳떳함이 있는 것은 경이고 변함이 있는 것은 위이다. 떳떳하지 않으면 체(體)를 확립할 수 없고, 변하지 않으면 용(用)을 지극히 할 수 없어서, 떳떳함과 변함이 서로 필요로 하고 체와 용이 반드시 필요로 하는 것은 진실로 이치의 자연이요, 도의 항상함이다. 항상함이 있고 변함이 있는 것 중에 리와 기가 경과 위가 되는 것이 가장 크다. 물건 중에 항상하고 큰 것은 천지만 한 것이 없는데, 천지도 또한 때로 변함이 있으니, 그렇다면 천지는 과연 기 가운데의 물건이 되는 것이다. 그 천지를 다하고 천지를 마치는 것이 어찌 떳떳한 가운데 떳떳함이고, 큰 가운데

7 상하……무궁하다 : 《회남자(淮南子)》 〈원도훈(原道訓)〉에 "사방으로 가로놓여 음과 양을 품고, 우주의 밧줄이 되어 해와 달과 별을 빛나게 한다.〔橫四維而含陰陽, 紘宇宙而章三光.〕"라는 내용이 있는데, 고유(高誘)의 주(註)에 "상하, 사방을 우(宇)라 하고 고금, 왕래를 주(宙)라 하여 천지를 비유하였다.〔"四方上下曰宇, 古往今來曰宙, 以喩天地.〕"라고 하였다.

8 팔괘(八卦)의……후천도(後天圖) : 선천도(先天圖)는 복희씨가 그렸다는 선천팔괘도(先天八卦圖)를 이르고 후천도(後天圖)는 문왕(文王)이 만들었다는 후천팔괘도(後天八卦圖)로, 모두 《주역》에 실려 있다. 위의 《도서발휘》 1.1.4절 각주 54) 설명 참조.

큰 것이어서 하나의 큰 경이 되지 않겠는가. 큰 경과 큰 위 가운데에 또 허다한 경과 위가 있어서 도가 도가 되는 것이 극진한 것이다.

4.1.2 리(理)와 기(氣)가 경(經)과 위(緯)가 됨을 논하다

4.1.2.1

“도의 큰 근본〔大本〕은 진실로 상(象)이 없으나, 진실로 문란(紊亂)할 수 없는 조리가 자연의 가운데에 갖추어져 있다. 그러므로 마침내 리(理)라고 이름을 붙였으니,[9] 이렇게 하면 사람들이 바로 리가 리가 되는 것이 또한 한 개의 물건으로 인식하여 마치 하늘과 땅이 위와 아래에 형체를 드러내고, 해와 달이 밤과 낮에 걸려있는 것과 같다고 의심할 수 있다. 그러므로 이 리를 말하는 자가 또 형(形)과 체(體)가 없고 소리와 색깔이 없으며 방위와 처소가 없다고 하니, 그렇다면 리를 상상

9 그러므로……붙였으니 : 장현광은 리(理)를 〈학부명목회통지결(學部名目會通旨訣)〉에서는 “하늘과 땅과 사람과 물건이 얻어서 하늘과 땅과 사람이 물건이 된 것을 리라고 한다.〔天地人物所得以爲天地人物者曰理.〕”라고 하였고, 〈사물론(事物論)〉에서는 “반드시 있어야 해서 없어서는 안 되는 것과 반드시 해야 해서 하지 않아서는 안 되는 것이 이른바 리라는 것이 아니겠는가.〔夫其所以所當必有而不容不有, 所當必爲而不容不爲者, 非所謂理乎?〕”라고 설명하였다. 그리고 〈평설(平說)〉에는 “이 리는 작은 것이라도 있지 않음이 없고 잠시라도 혹 쉼이 없다. 모두 있고 빠짐이 없는 가운데에 자연스레 본말(本末), 대소(大小), 귀천(貴賤), 경중(輕重)의 구분이 있으며, 항상 운행하여 쉬지 않는 가운데에 또 장단(長短), 구잠(久暫), 동정(動靜), 긴헐(緊歇)의 요점이 있으니, 이것은 없을 수 없고 쉴 수 없는 사이에 마침내 문란할 수 없고 바꿀 수 없는 도가 있는 것이다.〔此理無微不在, 無暫或息. 咸有無闕之中, 自有本末、大小、貴賤、輕重之分焉, 常運無息之中; 又有長短、久暫、動靜、緊歇之要焉, 此其不容無不容息之間, 乃有不可紊, 不可易之道也.〕”라고 하였다.

하는 자들은 또 그 형도 없고 체도 없으며, 소리도 없고 색깔도 없어서 하나의 물건으로 이름을 붙일 수도 없고, 귀와 눈으로 접할 수 없는 것이 하늘과 땅, 만물의 밖에 있어서 그 리라고 이름을 붙인 것을 의심한다. 그러므로 리를 끝내 밝힐 수가 없는 것이다. 그렇다면 어디에서 리를 찾으며 어디에서 리를 알겠는가. 진실로 귀와 눈으로 보고 들을 수 없고, 또 손으로 더듬고 발로 달려갈 수가 없고 다만 마음으로 알 뿐이다.

이 마음은 바로 이 리 가운데의 물건이니, 이 마음으로 이 리를 찾는다면 어찌 멀리 있겠는가. 그러나 또한 갑작스럽게 마음과 힘을 억지로 써서 알 수 있는 것이 아니요, 모름지기 정신을 모으고 가다듬어 오랜 세월을 쌓으며, 마음을 차분히 하고 뜻을 한결같이 해서 외물에 흔들려서는 안된다. 이렇게 하면 눈으로 볼 수 있는 것을 인하여 눈으로 볼 수 없는 묘함을 이해하고, 귀로 들을 수 있는 것을 근거하여 귀로 들을 수 없는 온축(蘊蓄)을 이해하여 평범한 사물 사이에 이미 스스로 드러나는 것이 실로 이 리이니, 또한 어찌 아득하여 끝내 찾을 수 없는 것이겠는가.

그렇다면 리는 과연 어떠한 것인가. 하늘과 땅과 만물을 가지고 알 수 있음에 불과하다. 내 몸 또한 만물 가운데의 한 물건이다. 굽어보고 우러보고 사방으로 살펴보면 어느 것이 이 리가 드러난 것이 아니겠는가. 그러나 만약 '하늘과 땅과 만물이 바로 이 리이다.'라고 한다면 하늘과 땅이 아직 개벽(開闢)하지 않고 만물이 아직 생겨나지 않았을 때도 이 리는 진실로 이미 있었으며, 만물이 이미 모두 다하고 천지가 이미 끝나더라도 이 리는 또한 일찍이 다하고 끝나지 않으니, 그렇다면 이 리가 하늘과 땅과 만물에 붙어있지 않을 듯하다. 그리하여 만약 '이 리가 과연 하늘과 땅과 만물에 붙어 있지 않다.'라고 한다면 하늘이 어떻게 하늘이 되고, 땅이 어떻게 땅이 되며 만물이 어떻게 만물이 되었겠는가. 리가 또 무슨 일과 무슨 물건을 주장하여 리가 되겠는가.

이미 위의 하늘이 되고 아래의 땅이 되어 이것으로써 천지의 사업이 있고 중간에 사람과 물건이 있어 이것으로써 사람과 물건의 사업이 있는 것이다. 그렇다면 하늘과 땅은 제 스스로 하늘과 땅이 되지 못하고, 사람과 물건은 제 스스로 사람과 물건이 되지 못하여 그 반드시 주장하여 강령으로 삼는 것이 있을 것이요, 반드시 근저(根柢)가 되어서 추뉴(樞紐)로 삼는 것이 있을 것이니, 이것이 바로 이 리이다.[10] 리에 마땅히 하늘이 있어야 하므로 이에 하늘이 있고, 리에 마땅히 땅이 있어야 하므로 이에 땅이 있으며, 리에 마땅히 사람과 만물이 있어야 하므로 이에 사람과 만물이 있으니, 하늘과 땅과 사람과 물건의 형체를 보고 하늘과 땅과 사람과 물건의 사업을 보면 이 리를 알 수 있을 것이다. 귀로 들을 수 있고 눈으로 볼 수 있는 것을 인하여 귀로 들을 수 없고 눈으로 볼 수 없는 묘함과 온축함을 아는 것이 여기에 있지 않겠는가. 그러나 하늘과 땅과 사람과 물건 또한 이 리 가운데에

10 리가……리이다 : 추뉴(樞紐)는 사물의 관건 혹은 상호 연계의 중심축을 비유하는 말로 추는 문을 열고 닫는 지도리이고, 뉴는 물건을 달아놓거니 잡는 끈을 이른다. 주돈이는 〈태극도설해(太極圖說解)〉에서 "하늘의 일은 소리도 없고 냄새도 없으나 실제로는 조화의 추뉴이고 만물의 뿌리이다.〔上天之載, 無聲無臭, 而實造化之樞紐, 品彙之根柢也.〕"라고 하였는바, 여기서 하늘의 일은 바로 리를 가리킨다. 한편 장현광은 평설(平說)〉에서 "천지와 만물이 생겨나기 전에 이 리(理)가 근저(根柢)가 되었고, 천지와 만물이 이미 생겨난 뒤에 이 리가 기강(紀綱)이 되었으며, 음양과 만변(萬變)이 일어나기 전에 이 리가 종통(宗統)이 되었고, 음양과 만변이 이미 일어난 뒤에 이 리가 추뉴(樞紐)가 되었다. 그러나 이 리는 근저가 되고 기강이 되면서도 천지·만물과 함께 가지 않으며, 종통이 되고 추뉴가 되면서도 음양·만변과 함께 지나가지 않는다.〔天地萬物未生之初, 此理爲之根柢, 天地萬物旣生之後, 此理爲之綱紀; 陰陽萬變未作之初, 此理爲之宗統, 陰陽萬變旣作之後, 此理爲之樞紐. 然而此理也, 根柢焉, 綱紀焉, 而不與天地萬物而俱往焉; 宗統焉, 樞紐焉, 而不與陰陽萬變而俱過焉.〕"라고 리를 설명하였다.

서 모이고 흩어지고 가고 오는 것일 뿐이요, 또 이 하늘과 땅과 만물을 가지고 이 리의 전체와 극치(極致)를 다했다고 할 수 없으니, 그렇다면 그 전체와 극치를 이에 또한 마음으로 알 수 있는 것이다.

리라는 명칭은 형기(形氣)에 관계되지 않은 칭호인데, 또 형기를 벗어나 찾을 수가 없다. 높고 낮음이 여기에서 나왔으나 높고 낮음으로 국한하여 말할 수가 없고, 멀고 가까움이 여기에서 나왔으나 멀고 가까움으로 국한하여 말할 수가 없으니, 그 크고 작음으로 말하는 것이 이와 같고, 겉과 속으로 말하는 것이 이와 같으며, 그 정하고 거친 것으로 말하는 것이 이와 같고, 그 귀하고 천한 것으로 말하는 것이 이와 같다. 만약 그 형기에 관계되지 않은 것을 가지고 말한다면 그 차지하는 것이 높고 멀고 크고 속〔裡〕이고 정(精)하고 귀할 듯하다. 그러나 그 형기를 벗어날 수 없는 것을 가지고 찾아서 말하면 높고 낮은 것이 이미 모두 이 리이니 낮은 것을 그 버릴 수 있는 것이 아니요, 멀고 가까운 것이 또한 모두 이 리이니 가까이 있는 것을 그 버릴 수 있는 것이 아니며, 큰 것과 작은 것, 겉과 솥, 정함과 거친 것, 귀하고 천한 것이 됨에 이르러도 이 리가 아닌 것이 없으니, 그렇다면 작은 것과 겉, 거친 것과 천한 것이 모두 그 통솔되는 것이며, 모두가 그 있는 것이다. 어찌 포함하지 않는 것이 없고, 구비하지 않는 것이 없으며, 통하지 않는 것이 없고, 관통하지 않는 것이 없으며, 혹 없는 때가 없고 혹 벗어난 곳이 없으며, 혹 모자란 일이 없고 혹 결핍된 물건이 없는 것이 그 실제가 아니겠는가.

이 리, 한 글자의 뜻으로 모두 표현할 수가 없으므로 공자가 이것을 '태극(太極)'이라고 하셨으니,[11] 극(極)은 바로 통솔하지 않는 바가 없

11 공자가……하셨으니 : 《주역》 〈계사전 상〉에 "그러므로 역(易)에 태극이 있으니, 태극이 양의를 낳고 양의가 사상을 낳고 사상이 팔괘를 낳는다.〔是故, 易有太極, 是生兩

는 뜻이요, 또 그 위에 태(太) 자를 가하였으니 태는 다시 더할 수 없다는 뜻이다. 그리고 주자(周子)에 이르러 또 무극(無極) 두 글자를 태극의 위에 가하였으니, 이것으로써 태극은 본래 한 물건이 아닌데 그 극이 되는 것이 비록 크다고 하더라도 그 태(太)가 됨을 볼 수 없으면 극의 태(太)가 되는 실제를 밝힌 것이요, 반드시 무극과 태극의 사이에 이(而) 자를 놓은 것은 무극과 태극이 한 극임을 밝힌 것이다.[12]

태극은 본래 무극이고, 무극은 태극이 된 것이다.[13] 이것을 가지고 말하면 참되어 망녕됨이 없는 것이 이 리요, 순수하여 잡됨이 없는 것이 이 리요, 선하여 악이 없는 것이 이 리요, 중(中)을 지켜서 편벽됨

儀, 兩儀生四象, 四象生八卦.〕"라고 한 공자의 말씀을 가리킨다.

12 주자(周子)에……것이다 : 주돈이의 〈태극도설〉에서 "무극이면서 태극이다.〔無極而太極〕"라고 한 말을 가리킨다. 장현광은 이에 대해 "주자(周子)는 공자가 말씀한 태극 두 글자가 부족한 부분이 있다고 여겨서 무극 두 글자를 더한 것이 아니다. 이른바 태극이라는 것은 횡(橫)으로 보고 종(縱)으로 보며, 크게 보고 작게 보며, 은미하게 보고 드러나게 보며, 거슬러 올라가 보고 이끌어 볼 때에 오직 참되고, 오직 바르고, 오직 선하고, 오직 순하여 다시 더할 수 없는 명칭이다. 그러나 이미 극(極)이라고 말하면 사람이 형상과 고정된 틀로 모의(模擬)할 수 있는 것으로 의심할 것이라 생각하여 마침내 '무극이면서 태극이다.'라고 말씀하였으니, 무(無) 자는 태(太) 자와 서로 응한다.……가운데에 이(而) 자를 놓은 것은 또 앞뒤의 극(極) 자가 두 가지 극이 아님을 드러내 밝힌 것이니, 이는 진실로 우주가 있은 이래로 공자가 없으면 안 되고, 공자가 있은 이래로 주자가 없으면 안 되는 것이다.〔周子非以孔子所云太極二字, 爲有所不足焉而加之也. 蓋以爲所謂太極者, 橫看竪看, 大看小看, 微看顯看, 遡看引看, 惟眞惟正, 惟善惟順, 無以復加之名也. 而旣曰極, 則人或疑於形象模範之可擬, 故遂曰: '無極而太極', 無字與太字相應.……中置而字, 又所以發明前後極字之非二極也, 此固有宇宙來, 無孔子不得, 有孔子來, 無周子不得.〕"라고 설명하였다.

13 태극은……것이다 : 무극과 태극 모두 리(理)로 그는 〈사물론〉에서 "리가 무극(無極)이 되고 태극(太極)이 되는 것은 진실로 온갖 조화가 여기에 근본하고, 온갖 변화가 여기에 기준한다. 이 때문에 그것을 리라고 하고 극이라고 하는 것이다.〔夫理之爲無極、太極者, 固以萬化根於是焉, 萬變宗於是焉. 所以謂之理也, 所以謂之極也.〕"라고 설명하였다.

이 없고 바르어 간사함이 없고 공정하여 사사로움이 없는 것이 이 리요, 곧아서 굽음이 없고 순하여 거슬림이 없고 평이하여 험함이 없는 것이 이 리요, 옳아서 그름이 없고 합당하여 어긋남이 없고 치밀하여 문란함이 없는 것이 이 리요, 하나여서 둘이 없고 온전하여 망가짐이 없고 합당하여 변함이 없는 것이 이 리이다. 그러나 또한 이 리가 과연 가리킬 만한 모양과 체단(體段)이 있어서 마침내 참되고, 순수하고, 선하고, 중(中)하고, 바르고, 공정하고, 곧고, 순하고, 평이하고, 옳고, 합당하고, 치밀하고, 한결같고, 온전하고, 항상함이 되는 것은 아니다. 다만 그 드러나 형기(形氣)가 되고, 유행하여 성명(性命)이 된 것으로 보면 그 반드시 참되고, 반드시 순수하고, 반드시 선하고, 반드시 중(中)하고, 반드시 바르고, 반드시 공정하고, 반드시 곧고, 반드시 순하고, 반드시 평이하고, 반드시 옳고, 반드시 마땅하고, 반드시 치밀하고, 반드시 한결같고, 반드시 온전하고, 반드시 항상하는 것이 형체가 없고 상(象)이 없는 가운데에서 스스로 근저(根柢)와 추뉴(樞紐)가 됨을 연구할 수 있으니, 이는 이 리가 성함과 쇠함이 없고, 시(始)와 종(終)이 없고, 예〔古〕와 지금〔今〕에 뻗치고, 저것〔彼〕와 이것〔此〕을 하나로 만드는 것이어서 항상 도의 경(經)이 되는 것이 그러한 것이다.

그렇다면 경은 스스로 경이 되어서 아무것도 안하는데 그치지 않고, 반드시 위(緯)로써 이루어진다. 그리하여 경은 위를 얻어 경이 되고, 위는 경을 얻어 위가 되니, 경에 위가 있어야만 하는 것은 위에 경이 있어야만 하는 것과 같다.[14] 다만 경이 우선〔先〕이고 위가 뒤〔後〕이며,

14 그리하여……같다 : 장현광은 "이 리(理)에는 경(經)이 있고 위(緯)가 있으니, 고금(古今)과 피차(彼此)를 막론하고 한번 정해져서 변하지 않는 것은 경이요, 정(精)하고 거친 것이 있고 무겁고 가벼운 것이 있어서 여러 개의 단서로 똑같지 않은 것은 위이다. 경은 위가 없을 수 없으며, 똑같지 않은 위가 끝내 똑같은 경을 해치지 않는다. 〔此理也, 有經有緯, 無古今, 無彼此, 一定而不易者, 經也; 有精粗, 有重輕, 多端而不一

경이 체(體)이고 위가 용(用)이어서 그 선후와 체용의 구분이 됨은 분별이 없을 수 없다. 이른바 리라는 것은 바로 그 일과 물건이 있으면서 근원을 다하는 것을 지칭하는 것이니, 만약 일과 물건이 없다면 무엇을 근거로 삼아서 그 리가 있음을 알겠는가. 리가 리가 되는 것은 조리와 맥락이 있어서 문란할 수 없는 것을 가지고 이름을 붙인 것이니, 만약 일과 물건이 없다면 조리와 맥락이 흩어져 분포하고, 흘러서 주입하는 것이 그 어느 곳에 있겠는가. 포함하지 않음이 없는 것이 반드시 그 포함하는 바를 다하고, 구비하지 않음이 없는 것이 반드시 그 구비하는 바를 다하고, 통하지 않음이 없는 것이 반드시 그 통하는 바를 다하고, 꿰뚫지 않음이 없는 것이 반드시 그 꿰뚫는 바를 다함이 있은 뒤에 그만두는 것이다. 이것은 리에 반드시 기가 있는 이유이니, 기가 있은 뒤에 조리와 맥락이 실제의 쓰임〔實用〕에 드러나서 이 도의 완성이 되는 것이다.

이에 기가 엉기고 모이는 것은 형(形)과 질(質)이 되니, 형에는 크고 작고 귀하고 천함이 있고, 질에는 후(厚)하고 박(薄)하고 순수하고 잡박(雜駁)한 것이 있으며, 기가 운행하는 것은 후(候)와 도(度)가 되니, 후에는 맑고 탁하고 정하고 거칢이 있고, 도(道)에는 시작과 끝, 성하고 쇠한 것이 있다. 그렇다면 지극히 큰 것에서 지극히 작은 것까지 이 사이에 모두 수만 가지의 크고 작음이 있으며, 지극히 귀한 것에서 지극히 천한 것까지 이 사이에 모두 수만 가지의 귀하고 천함이 있다. 그리고 지극히 후한 것에서 지극히 박함에 이르고, 지극히 순수한 것에서 지극히 잡박함에 이르며, 맑고 탁하고 정하고 거칠고 시작과 끝, 성하고 쇠함에 이르러 이 사이에 수만 가지의 맑고 탁하고 정하고

者, 緯也. 經不能無緯, 而緯之不一者, 終不害爲經之一也.〕"라고 하였다. 《旅軒集 권6 平說》

거침과 수만 가지의 시작과 끝, 성하고 쇠함이 되는 것이 모두 이른바 기라는 것이다.

이에 모두 진실되지 못하여 망녕된 것이 존재하고, 모두 순수하지 못하여 잡박한 것이 있고, 모두 선하지 못하여 악한 것이 있으니, 중(中)에 치우침이 있고, 바름에 간사함이 있고, 공정함에 사사로움이 있고, 곧음에 굽음이 있고, 순함에 거스림〔逆〕이 있고, 평이함에 험함이 있고, 옳음에 그름이 있고, 합당함에 어긋남이 있고, 치밀함에 문란함이 있고, 하나에 둘이 있고, 온전함에 망가짐이 있고, 항상함에 변함이 있는 것을 모두 아우르지 않을 수가 없는 것이다. 그러니 이것은 기가 도의 위(緯)가 되는 것인데, 기(氣)가 제 스스로 기가 되지 못하여 반드시 경이 되는 리(理)를 말미암아 위(緯)가 되었을 뿐이다. 그렇다면 위는 경으로 말미암아 만들어지고 기는 리를 따라 나와서, 위가 되는 기가 마침내 경이 되는 리와 서로 어긋나는 점이 이상할 것이 없다.

어째서인가. 진실로 리는 항상하고 한결같아서 경을 세우고, 기는 둘을 기다려 위가 되는 것이니, 하나는 변함이 없고 둘은 만 가지로 변하는 이유이다. 그러나 이른바 변함이 없다는 것이 과연 만 가지 변화의 체(體)가 되며, 만 가지 변화가 과연 변함이 없는 것의 용(用)이 된다면 끝내 체와 용의 근원이 하나인 것에 무슨 방해가 되겠는가.[15]

15 진실로……되겠는가 : 장현광은 "리(理)는 본래 하나인데 물건에 나타난 것은 천 가지로 다르고 만 가지로 구별이 있으며, 사람의 일은 천만 가지 변화가 있으니, 이는 어째서인가?……리가 하나임은 체(體)이고 형체가 각기 다르고 일이 변하는 것은 용(用)이니, 하나가 있지 않으면 어떻게 천만 가지의 용이 있을 수 있겠는가. 그러므로 체는 하나가 아닐 수 없고 용은 천만 가지가 아닐 수 없는 것이다.〔理本一也, 而形於物者, 有千殊萬別, 事於人者, 有千變萬化, 何歟?……理之一者, 體也, 而形之殊別, 事之變化者, 用也, 不有其一, 烏得有千萬用也? 故體不可不一, 而用不可不千萬也.〕라고 하

참됨이 있으면 망녕됨이 있고, 순수함이 있으면 잡됨이 있고, 선함이 있으면, 악함이 있고, 중(中)이 있으면 편벽됨이 있고, 바름이 있으면 간사함이 있고, 공정함이 있으면 사사로움이 있고, 곧음이 있으면 굽음이 있고, 순함이 있으면 거스림이 있고, 평이함이 있으면 험함이 있고, 옳음이 있으면 그름이 있고, 합당함이 있으면 어긋남이 있고, 치밀함이 있으면 물러남이 있고, 한결같음이 있으면 둘이 있고, 온전함이 있으면 이지러짐이 있고, 항상함이 있으면 변함이 있는 것은 진실로 이 기가 리의 위(緯)가 되는 것이니, 그 형세가 그렇지 않을 수 없는 것이다.

그러나 참된 것과, 순수한 것과, 선한 것과, 중(中)한 것과, 바른 것과, 공정한 것과, 곧은 것과, 순한 것과, 평이한 것과, 옳은 것과, 합당한 것과, 치밀한 것과, 한결같은 것과, 온전한 것과, 항상한 것은 도의 떳떳함이니, 바로 이른바 위가 경을 준칙으로 삼는다는 것이요,[16] 망녕된 것과, 잡박한 것과, 악한 것과, 편벽된 것과, 간사한 것과, 사사로운 것과, 굽은 것과, 거스린 것과, 험한 것과, 그른 것과, 어긋나는 것과, 문란한 것과, 둘인 것과, 망가진 것과, 변하는 것은 도의 변함이니, 바로 이른바 경에 반대되는 위라는 것이다. 항상하고 한결같은 경은 항상 한결같으므로 서로 변하는 위는 끝내 항상하고 한결같은

였다. 《旅軒集 卷8 周王山錄》

16 그러나……것이요 : 장현광은 체단(體段)으로 견줄 수 없는 리로 (眞), 순(純), 선(善), 중(中), 정(正), 공(公), 직(直), 순(順), 이(易), 시(是), 당(當), 밀(密), 일(一), 전(全), 상(常)의 열다섯 가지를 제시하였다. "리는 체단(體段)으로 견줄 수 없는 것이 열다섯 가지가 있다. 오직 하나의 리는 그 묘함이 지극히 구비되어 있으니, 반 마디 말과 한 글자로 지극히 구비된 그 묘함을 다할 수 없다. 이 때문에 반드시 이 열다섯 자(字)의 뜻을 모은 뒤에야 거의 묘함을 다할 수 있으니, 무릇 이 열다섯 자는 한 글자도 더하거나 뺄 수가 없다.〔理非有體段之可擬者, 有十五般也. 惟是理之一者, 其妙至備, 不可以片言隻字, 得盡其至備之妙, 故必須萃集此十五字之義, 然後庶乎其盡之也, 凡此十五字, 加減一字不得也.〕"라고 하였다. 《旅軒集 卷5 附說》

가운데로 돌아오지 않을 수가 없으니, 만일 경을 준칙으로 삼는 것이 주장이 되어서 그 극(極 표준)을 세움이 있으면 그 경에 위반되는 것이 처음에는 비록 없지 않으나, 결국엔 경을 준칙으로 삼는 화(化)에 복종하고 순하지 않을 수 없는 것이다.

이렇게 되면 망녕됨은 망녕됨이 되지 못하여 참됨에 굴복하고, 잡박한 것은 잡박한 것이 되지 못하여 순수함에 굴복하며, 악은 악이 되지 못하여 선에 굴복하고, 편벽됨은 중(中)에 굴복하고, 간사함은 바름에 굴복하고, 사사로움은 공정함에 굴복하고, 굽음은 곧음에 굴복하고, 거스림은 순함에 굴복하고, 험함은 평이함에 굴복하며, 그름은 옳음에 굴복하고, 어긋남은 합당함에 굴복하고, 문란함은 치밀함에 굴복하고, 둘인 것은 한결같음에 굴복하고, 망가진 것은 온전함에 굴복하고, 변한 것은 정상에 굴복하는 것이 반드시 모두 그러하다. 그 이렇게 되는 까닭은 무엇인가. 경이 된 리는 항상 한결같고, 위가 된 기는 진실로 이 리에게 통솔 당하기 때문이다.

기의 위는 그 모이고 맺혀서 형기가 되는 것이 진실로 한번 정하여 바꿀 수가 없고, 그 부여하여 성명(性命)이 되는 것이 진실로 각각 바루어서 어지럽힐 수 없지만, 유행하여 순환하고 오르내리고 오고 가는 즈음에 이르러는 그 후하고 박하고, 정밀하고 거칠고, 순수하고 잡박함이 가지런하지 않은 것이 있어서 반드시 무궁한 변화가 있으니, 변화하면 경에 어긋나는 것이 이미 없지 못하다. 그러므로 마침내 그 변화하는 기틀을 인하여 개발하고 가르치며, 길들여 이루고, 옮겨 나아가서 각각 떳떳한 법칙을 순하게 하면 경이 된 리가 바로 여기에 존재하여 위가 된 기가 스스로 변함을 마음대로 할 수가 없어서 반드시 항상하고 한결같은 경에 돌아오는 것이니, 이는 성인이 학문하는 방법과 교화하는 방법과 재성(裁成)하고 보상(輔相)하는 일[17]과 참찬(參贊)하여 위육(位育)하는 사업[18]이 있는 것이다."

4.1.2.2

혹자가 말하였다. "리(理)는 진실로 말로 설명하기 어렵다. 이 리의 근원과 오묘함을 발견한 것은 《대역(大易 주역)》보다 극진한 것이 없는데, 복희(伏羲)는 다만 괘획(卦畫)을 만들었을 뿐이요 리를 설명한 문자가 없으며, 문왕은 단사(彖辭)를 달 때 다만 괘의 뜻만 말씀하였고, 주공은 효사(爻辭)를 달 때 다만 효(爻)의 뜻만 말씀하여 모두 일찍이 리의 원두(源頭)를 설명한 적이 없었는데, 공자가 〈계사전(繫辭傳)〉을 짓게 되어서야 비로소 태극을 말씀하였다.[19] 그러나 태극 두

17 재성(裁成)하고 보상(輔相)하는 일 : 《주역(周易)》 〈태괘(泰卦)〉 상전(象傳)에 "하늘과 땅이 사귀는 것이 태(泰)이니, 군주가 이것을 보고서 하늘과 땅의 도를 재성하고 하늘과 땅의 마땅함을 보상하여 백성을 도와준다.〔天地交泰 后以 財成天地之道, 輔相天地之宜, 以左右民.〕"라고 하였다. 재성은 재성(財成)으로 쓰기도 하는데 지나친 것을 억제하는 것을 말하고, 보상은 부족한 것을 보태주는 것을 말한다.

18 참찬(參贊)하여 위육(位育)하는 사업 : 참찬은 하늘과 땅에 참여하여 돕는 것이며, 위육은 하늘과 땅이 자리를 편안히 하고 만물이 길러지는 것으로 《중용(中庸)》에 "오직 천하에 지극히 성실한 사람이어야 그 본성을 다할 수 있으니, 본성을 다하면 사람의 본성을 다할 수 있고, 사람의 본성을 다하면 물건의 본성을 다할 수 있고 물건의 본성을 다하면 천지의 화육(化育)을 도울 수 있고, 천지의 화육을 도우면 천지에 참여할 수 있다.〔唯天下至誠, 爲能盡其性, 能盡其性, 則能盡人之性; 能盡人之性, 則能盡物之性; 能盡物之性, 則可以贊天地之化育; 可以贊天地之化育, 則可以與天地參矣.〕"라고 하였으며, 또 "중(中)과 화(和)를 지극히 하면 천지가 제자리를 편안히 하고 만물이 길러진다.〔致中和, 天地位焉, 萬物育焉.〕"라고 하였다. 천지가 제자리를 편안히 한다는 것은 일식(日食)이나 월식(月食), 홍수나 한해(旱害) 등의 천재지변이 발생하지 않음을 이른다.

19 복희는……말씀하였다 : 복희, 문왕, 주공, 공자가 각각 음과 양으로 괘를 긋고, 단사(彖辭)와 효사(爻辭), 십익(十翼)을 지었는바, 《주역전의(周易傳義)》 〈역설강령(易說綱領)〉에 "생각해보건대 당초에 복희(伏羲)가 괘(卦)를 그을 때에 우연히 일(一)이 양(陽)이고 이(二)가 음(陰)임을 보고서 따라서 그렸으니, 이 속에는 다만 양(陽)은 길함이 되고 음(陰)은 흉함이 될 뿐이고 문자가 없었다. 그런데 뒤에 문왕(文王)이

글자 또한 이 리가 상대가 없는 뜻을 밝혔을 뿐이요 리의 실상을 말씀하신 것이 아니며, 주자(周子)가 무극을 가한 것도 또한 태극이 한 물건이 되는데 불과함을 밝혔을 뿐이다. 오직 《시경》의 '상천(上天)의 일은 소리도 없고 냄새도 없다'[20]라고 한 것이 지극하지만, 또한 그 '일'이 무엇인지에 대해서는 말씀하지 않았다. 그런데 지금 그대가 진(眞), 순(純), 선(善), 중(中), 정(正), 공(公), 직(直), 순(順), 이(易), 시(是), 당(當), 밀(密), 일(一), 전(全), 상(常) 등 열다섯 글자를 수습해서 그 리가 되는 이유를 밝혔으니,[21] 그대는 과연 옛 성인들이 말씀하지 못한 것을 말할 수 있는가. 또 더구나 열다섯 글자가 경전 중에 뒤섞여 나와서 혹은 성명(性命)과 도덕(道德)의 즈음과 정사(政令)과 사물(事物)의 즈음에서 말하여 장구(章句)를 따라 설명해 지나갔고, 실로 이 리를 곧바로 가리켜 자세히 들고 함께 드러낸 적이 없는데, 지금 어이하여 나란히 분류해서 이처럼 번거롭고 설만(褻慢 방자함)함을 꺼리지 않는단 말인가. 이것은 리를 밝히려고 하다가 도리어 어두워지고, 리를 형상하려고 하다가 도리어 잘못되는 것이 아니겠는가."

이에 내가 다음과 같이 말하였다.

"그대의 비난이 이치에 가깝다. 리는 과연 은미하고 묘하여 형체가

이해할 수 없는 부분을 보셨기 때문에 이를 위해 단사(彖辭)를 지으셨고, 혹 점을 쳐서 효(爻)를 얻은 부분에 이해할 수 없으므로 주공(周公)이 이를 위해 효사(爻辭)를 지으셨고, 그래도 이해할 수 없으므로 공자(孔子)가 이를 위해 십익(十翼)을 지으셨으니, 모두 당초의 뜻을 해석한 것이다.〔想當初伏羲畫卦之時, 偶見得一是陽, 二是陰, 從而畫放, 那裏, 只是陽爲吉, 陰爲凶, 无文字, 後文王見其不可曉, 故爲之作彖辭, 或占得爻處, 不可曉, 周公爲之作爻辭, 又不可曉, 故孔子爲之作十翼, 皆解當初之意.〕"라고 하였다.

20 오직……없다 : 장현광은 리(理)를 무엇으로 정의하거나 설명할 수 없고, 우주에 내재하고 있는 원리라고 해석하였다. 앞의 〈경위설(經緯說)〉 4.1.1.1절 각주 1) 참고.

21 그런데……밝혔으니 : 〈경위설〉 4.1.2.1절 각주 16) 참조.

없어서 형상하기가 어렵고, 말하고 싶어도 말로 표현하기가 어렵다. 그러나 이 리는 모든 물건이 함께 얻은 것이요 때마다 항상 존재하는 것이니, 이 리가 밖으로는 귀로 듣고 눈으로 보는 것으로 증험할 수 있고, 안으로는 마음으로 이해하고 몸으로 체행(體行)하는 것으로 알 수 있으며, 굽어보고 우러러봄에 하늘과 땅에 드러나고, 사방으로 봄에 만물에서 살필 수 있으며, 예와 지금의 일을 상고(詳考)하여 볼 수 있고, 성현의 가르침에 질정(質正)하여 밝힐 수 있다. 그러니 도리어 말하기 어렵고 형상하기 어렵다고 하여 마땅히 말해야 할 것을 말하지 않을 수 있겠는가. 성인이 서계(書契)를 만들고 문자를 세운 것은 바로 이 도를 밝히기 위한 것이니, 만일 글자의 뜻을 익숙히 보고 이치를 묵묵히 안다면 그 곡진히 통창하고 사방으로 통하는 사이에 한 근원의 오묘함을 연구하여 통달할 수 있을 것이다. 더구나 이 열다섯 글자는 전후(前後)의 성현이 모두 의리가 매우 좋은 것에 드러내어 쓰신 것이다. 이제 나아가 이것을 거두어 취하고, 종류별로 나란히 비교해서 서로 증명하고 서로 발명하는 자리로 삼는 것을 어찌 그만둘 수 있겠는가. 또, 말을 세우는 법이 성인처럼 반 마디 말씀과 한 글자로 여러 묘함의 귀추(歸趣)를 다할 수 없다면 골고루 제시하고 서로 분류하여 모두 제시하는 것이 가장 알맞을 것이다. 만약 번거로움을 두려워하고 간략함을 생각해서 한 가지만 말하고 단도직입적으로 말하여 혹 동쪽만 말하고 서쪽을 잃으며, 위만 말하고 아래를 빠트린다면 어찌 옳겠는가."

4.1.2.3

또 말하였다. "리(理)와 기(氣)가 경(經)이 되고 위(緯)가 되는 것은 어느 때이든 항상 그렇고, 모든 물건마다 그러하다. 그러므로 크게 보면 큰 경과 큰 위가 있고, 작게 보면 작은 경과 작은 위가 있다. 리가 천지가 생기기 전부터 있어서 경이 되면 원기(元氣)를 위로 삼아서 마침내 가볍고 깨끗한 하늘을 만들어서 위에서 아래를 덮어주게 하고, 무겁고 탁한 땅을 만들어서 아래에서 잡아 실어주게 하여 이로써 만물의 큰 부모가 되었으며, 리가 하늘이 생기고 땅이 생긴 뒤에 경이 되면 이기(二氣 음양)와 오행(五行)을 위로 삼아서 마침내 무궁한 조화와 만 가지의 품휘(品彙)를 만들어 내어서 큰 조화의 기축(機軸)으로 삼으며,[22] 리가 사람과 물건이 받고 태어난 뒤에 있어서 경이 되면 칠정(七情)과 오사(五事)[23]를 위로 삼아서, 마침내 천지를 감동시키는 언행(言行)과 천지에 참여되는 도덕을 만들어 삼재(三才)와 만물의 극(極)으로 삼는다. 저 경이 된 이유가 이 천지가 있기 이전에 있는 것이 이미 따로 하나의 리가 된 것이 아니고, 천지에 있는 것이 또 따로 하나의 리가 되고 사람과 물건에 있는 것이 또 따로 하나의 리가 된 것이 아니다. 리는 바로 하나의 똑같은 리인데 마땅히 하늘이 있어야

22 리가……삼으며 : 리(理)와 기(氣)의 근원에 대해 "하늘은 상하와 사방을 싸고 있고, 땅은 하늘의 가운데에 있어서 하늘과 땅이 이미 이루어져 자리를 나누고 있으면, 태양(太陽)의 정(精)이 해가 되어 낮을 맡고 태음(太陰)의 정(精)이 달이 되어 밤을 맡는다. 이십팔수(二十八宿)가 구주(九州)에 배열하여 하늘의 도수(度數)를 점치고, 오성(五星)과 해와 달이 앞뒤로 번갈아 운행하여 하늘의 정사가 되며, 오악(五嶽)이 중원에 나열하여 솟아있고, 사독(四瀆)이 구주에서 경위(經緯)가 된다. 이에 이기(二氣)와 오행(五行)이 하늘과 땅 사이에 아울러 행해지고 서로 차례가 되어서 조화가 행해지고 만물이 생기는 것이다.〔天包上下四方, 地在天中, 天地旣成而分位, 則太陽之精, 爲日司晝; 太陰之精, 爲月司夜. 二十八宿, 分排九野, 而占天之度焉; 五星兩曜, 錯行前後, 而爲天之政焉, 五嶽峙列於中原, 四瀆經緯於九州. 於是乎二氣五行, 幷行互序於兩間, 而造化行焉, 品彙産焉.〕"라고 설명하였다. 《旅軒集 卷6 究說》

23 칠정(七情)과 오사(五事) : 칠정은 희(喜)·노(怒)·애(哀)·구(懼)·애(愛)·오(惡)·욕(欲)의 일곱 가지 감정을 이르고, 오사는 홍범구주(洪範九疇)의 하나로 모(貌)·언(言)·시(視)·청(聽)·사(思)의 다섯 가지 일을 이른다.

하면 이에 하늘이 있고, 마땅히 땅이 있어야 하면 이에 땅이 있고, 마땅히 사람이 있어야 하면 이에 사람이 있고, 마땅히 물건이 있어야 하면 이에 물건이 있으니, 이는 기가 리의 위가 되는 이유이다. 이 때문에 리와 기가 없는 때가 없고, 리와 기가 없는 물건이 없어서 그 경과 위가 된 것이 있는 곳마다 볼 수 있는 것이다.

위는 실로 경에서 나왔으나 위가 행하는 바에 경이 일찍이 떨어져 있지 않으니, 그렇다면 리와 기라고 하는 것은 진실로 이름을 서로 바꿀 수 없으나 또 두 가지 도라고 말할 수도 없는 것이다. 리가 하나인 것은 이른바 '통체(統體)인 한 태극'이라는 것이요, 성명(性命)을 각기 바르게 간직한 것은 이른바 '만물이 각기 갖춘 태극'이라는 것이다.[24] 통합하여 말하면 통체의 태극이 되고, 각각 말하면 각기 갖춘 태극이 되어서 똑같은 태극인데 통체가 있고 각기 갖춘 태극이 있으니, 이는 위가 경 가운데 있는 것이다. 통체에도 이 태극이고, 각기 갖춘 것에도 또한 이 태극이어서 통체가 있고 각기 갖춘 것이 있으나 태극이 된 것은 똑같으니, 이는 경이 위 안에 있는 것이다. 경과 위가 한 물건이 되고 리와 기가 한 도가 되어서 서로 없을 수 없고 서로 달리할 수 없음을 여기에서 알 수 있다."

24 리가……것이다 : 〈사물론〉에 "다만 그 만 가지 일을 하고 만 가지 물건이 되는 것이 통체(統體)의 태극에 근본하지 않은 것이 없다. 그러나 이미 일이 되고 물건이 되면 또 각기 갖추어진 한 태극이 있지 않을 수 없다. 태극이 일에 있으면 의(義)라 하고, 물건에 있으면 성(性)이라 하니, 물건이 그 성(性)을 잃으면 물건이 올바른 물건이 아니며, 일이 그 의(義)를 잃으면 일이 올바른 일이 아니다.〔但其爲萬事, 爲萬物, 莫不本於統體之太極, 而旣爲事爲物, 則又莫不有各具之一太極焉. 太極之在事曰義, 在物曰性, 物失其性, 則物不物矣; 事失其義, 則事不事矣.〕"라고 하였다.

4.1.2.4

또 말하였다. "물건이 있기 전에 본래 이 물건을 만드는 리(理)가 있어 경(經)이 되고, 이 리가 이 물건을 배태(胚胎)하는 기(氣)가 위가 되니, 이는 리와 기를 합하여 물건이 생겨난 이유이다. 이미 물건이 있은 뒤에 이 리가 물건에 있어 성명(性命)이 된 것이 경이 되고, 이 성이 발하여 정(情)과 의(意)가 되고 말하고 행하는 것이 위가 되니, 이는 리와 기를 합하여 도가 행해지는 이유이다.[25] 그렇다면 경과 위는 진실

25 이미……이유이다 : 장현광은 성(性)과 정(情), 의(意)에 대해서 "원(元)·형(亨)·이(利)·정(貞)의 진실한 덕이 사람에게 부여(賦與)되어 있으면 인(仁)·의(義)·예(禮)·지(智)의 진실한 덕이 되니, 이것을 신(信)이라 하는데 사단(四端)이 반드시 그러한 것이 바로 모두 그 단서이다. 이 다섯 가지가 성(性)의 조목이니, 다섯 가지의 성이 하늘로부터 나에게 부여되었으므로 이것을 명(命)이라 하며, 하늘의 명을 부여받아 내 마음의 리(理)가 되었으므로 이것을 성(性)이라 하며, 사람에게 고유하기 때문에 상(常)이라 하며, 이미 고유한 떳떳함이 마치 굳게 잡고 있는 것과 같으므로 병이(秉彝)라 하며, 이 성명의 리는 정정당당하여 옮기거나 바꿀 수가 없으므로 충(衷)이라 한다. 이는 비단 사람에게 있어서만 성(性)이 아니요, 물건도 모두 부여받은 바의 리가 있으므로 물건에 있는 리를 모두 성이라 한다.…… 내 마음에 있는 성의 덕이 사물의 응함에서 나온 뒤에 그 용(用)을 다하기 때문에 성이 발하는 것을 정(情)이라 하는데 순경(順境)에 응하는 것은 희(喜)·낙(樂)·애(愛)·욕(欲)이며, 역경(逆境)에 응하는 것은 노(怒)·애(哀)·오(惡)이니, 이 일곱 가지는 정(情)의 조목이다. 정은 이 마음의 교계(較計)를 따르지 않고 그 성을 따라 자연히 나오는 것이다. 정이 향하는 것이 있어 통하지 못하는 바가 있으면 자연히 그 지각(知覺)을 운용하여 통할 것을 구하는데, 이것을 사(思)라 하며, 정에 연연하여 항상 잊지 않는 것을 억(憶)이라 하며, 마음속에 기억하고 있는 것을 염(念)이라 하며, 생각하여 생각을 지극히 하는 것을 여(慮)라 하며, 여(慮)를 계교하고 헤아리는 것을 의(意)라 한다. 정은 혹 절도에 맞지 않음이 있으므로 그 절도에 맞고자 하며, 의(意)는 혹 성실하지 않음이 있으므로 반드시 그 성실하고자 하는 것이다.〔元亨利貞之實德, 在人爲仁義禮智之實德, 曰信, 四端之必然者, 卽皆其端也. 此五者, 性之目也, 五者之性, 從天而賦予, 故曰命, 受天之命, 爲吾心之理, 故曰性, 人所固有故曰常, 旣爲固有之常, 有如牢執者然, 故曰秉彝. 惟此性命之理, 自是正正當當, 不可移易, 故曰衷, 不獨在人爲性, 物莫不有所賦之理, 故理

로 두 가지 리가 아니요, 앞과 뒤의 경과 위 또한 두 가지 도가 아니다. 오직 그 리가 된 것은 시(始)와 종(終)이 없고, 성(盛)과 쇠(衰)가 없고, 대(大)와 소(小)가 없고, 정(精)과 추(粗)가 없어서 옛날에도 이와 같고, 지금에도 이와 같고, 저쪽에도 이와 같고, 여기에도 이와 같다. 이 때문에 경이라 이르며, 그 기가 된 것은 시(始)와 종(終)이 있고, 성(盛)과 쇠(衰)가 있고, 대(大)와 소(小)가 있고, 정(精)과 추(粗)가 있어서 고금(古今)의 차이가 없지 못하고, 피차(彼此)의 간격이 없지 못하다. 이 때문에 이것을 위라고 이르는 것이다. 경과 위를 합하여 한 물건으로 만들면 리와 기가 본래 두 가지 도가 아니나, 그 리를 순히 따르지 않는 기가 있는 것은 바로 이른바 용(用)이 체(體)와 나누어지고, 말(末)이 본(本)과 멀기 때문이니, 이 때문에 경을 준칙으로 삼지 않는 위가 있는 것이다.[26] 그러나 순히 따르지 않는 것은 순히

之在物, 皆曰性也.……是性之德於吾心者, 必發於事物之應, 然後致其用焉, 故性之發者, 謂之曰情, 其應於順境者, 曰喜曰樂曰愛曰欲, 應於逆境者, 曰怒曰哀曰惡, 此七者情之目也. 情是不由心之較計, 而從其所性, 自然發出者也. 情有所向, 有所未通, 則自運其知覺, 求以通之曰思, 情所留著, 常自不忘曰憶, 憶在心頭曰念, 念焉致思曰慮, 慮之計度曰意, 情或有不節, 故欲其中節, 意或有不誠, 故欲其必誠也.〕"라고 하였다. 《旅軒集 卷6 學部名目會通旨訣》

26 경과……것이다 : 경(리)과 위(기)가 하나라는 것에 대해서 "천하의 도(道)는 진실로 한 가지만 행해지는 이치가 없어 반드시 경(經)과 위(緯)가 있고, 또 반드시 겉과 속이 있다. 경으로 시작하고 위로 끝마치며 속으로 주장하고 겉으로 응하니, 경과 위는 두 가지 도가 아니며 겉과 속은 두 가지 근원이 아니다. 경중(輕重)을 가지고 말하면 진실로 경이 중하고 위가 가벼우며, 본말(本末)을 가지고 말하면 또 속이 근본이고 겉이 끝이다. 그러나 경은 위를 기다려 이루어지고 속은 겉을 기다려 확립되니, 진실로 한갓 경만 있고 위가 없을 수 없으며 한갓 속만 있고 겉이 없을 수 없는 것이다.〔天下之道, 固無單行之理, 必有經緯焉, 又必有表裏焉. 經以始之, 緯以終之, 裏以主之, 表以應之, 經緯非二道也, 表裏非二原也. 以輕重言, 則固是經重而緯輕; 以本末言, 則又是裏本而表末. 然經待緯而成, 裏待表而立, 則誠不可徒經而無緯, 徒裏而無表.〕"라고 설명하였다. 《旅軒集 卷10 文武一體論》

따를 수 있는 리가 있고, 준칙으로 삼지 않는 것은 준칙으로 삼을 수 있는 도가 있으니, 그렇다면 위가 경이 된 것이 어찌 바뀜이 있겠는가. 기가 위가 되어서 혹 어그러진 것은 다만 변한 가운데의 변(變)일 뿐이니, 그 어찌 바뀌지 않는 경에 감손(減損)이 되겠는가.

4.1.2.5

또 말하였다. "리(理)는 앞과 뒤〔先後〕로 말할 수 없고, 또 겉과 속〔表裏〕으로 말할 수 없다. 만약 '앞에 있다'라고 하면 뒤는 있지 않음이 되니, 이는 리가 바로 때로 있고 때로 없는 것이요, 만약 '속에 있다'라고 하면 겉에는 있지 않음이 되니, 이는 리가 마침내 있는 곳이 있고 없는 곳이 있는 것이니, 이것이 어찌 리겠는가. 리는 혹시라도 없는 때가 없고, 또 혹시라도 없는 곳이 없으니, 어찌 앞에 있고 속에 있다고 말할 수 있겠는가. 다만 그 기(氣)를 만드는 것은 시절(時節)이 있고 형상이 있기 때문에 그 기의 시절을 근거하여 그 리가 앞에 있음을 알면 '리가 앞에 있고 기가 뒤에 있다'라고 하고, 그 기의 형상을 근거하여 그 리가 상(象)이 없는 것을 알면 '리는 속이고 기는 겉이다'라고 하니, 리는 진실로 스스로 앞에 있는 것이 아니요, 본래 속에 있는 것도 아니다. 본래 앞이 없고 뒤가 없으니 앞과 뒤에 모두 있고, 겉이 없고 속이 없으니 겉과 속에 모두 있는 것은 바로 그 떳떳함이다. 기가 따라서 시절이 있는 것을 그 근본한 것으로 근원해보면 리이고, 따라서 형상이 된 것을 그 주장한 것으로 구해보면 리이니, 이것은 혹 앞 뒤, 겉과 속으로 리와 기를 의심할 수 있는 것이다.

리와 기의 명칭이 비록 체(體)와 용(用)으로 구별하나 그 실제는 본래 두 가지 종류가 있는 것이 아니다. 기의 큰 근본을 리라 하고 리의 큰 쓰임을 기라 하니, 기가 만약 이 리가 없으면 무엇을 연유하여 이 기가 되며, 리가 만약 이 기가 없으면 무엇을 근거하여 그 리가 될 수 있겠는가. 기는 리가 있어서 근본이 되고 리는 기가 있어서 쓰임이 되니, 이것이 경(經)과 위(緯)의 뜻이다. 오직 리는 항상하고 기는 변하므로 기는 모름지기 그 가운데에 시작과 끝, 감과 옴이 되고, 그 가운데에서 대대(對待)와 유행이 되고, 그 가운데에서 크고 작고 귀하고 천함이 되고, 그 가운데에서 굽히고 펴고 사라지고 불어나서 리가 일찍이 경이 되지 않은 적이 없다. 그러므로 옳고 그름, 선과 악의 구별과 길과 흉, 화(禍)와 복(福)의 도는 비록 숙계(叔季 말세)의 세상에 있더라도 끝내 어긋날 수가 없는 것이다."

4.1.2.6

또 말하였다. "경(經)과 위(緯)의 뜻을 모름지기 활발하게 알아야 할 것이요, 한 쪽에 집착하여 따라서는 안된다. 포백(布帛)의 경과 위에서 형질(形質)을 잡아 정하여 리(理)와 기(氣)의 경위를 구할 경우, 다만 하나의 종(縱)과 하나의 횡(橫), 하나의 떳떳함과 하나의 변하는 뜻을 취하여 이것을 만사, 만물에 미루면 그 서로 필요로 하고 서로 구비하는 묘함을 알 수 있을 것이다.[27] 또 더구나 경 가운데에도 경과 위의 뜻이 있고, 위 가운데에도 경과 위의 뜻이 있으니, 예컨대 하도(河圖)와 낙서(洛書)는 서로 경과 위가 되지만 하도 가운데에도 또한 본래

27 포백(布帛)의……것이다 : 씨줄과 날줄의 경(經)과 위(緯)를 리(理)와 기(氣)에 비유한 것으로, 〈논경위가이유리기(論經緯可以喩理氣)〉에 "그 포백을 제작하는 묘함은 실로 하늘과 땅의 리에서 근본하였다. 경을 세로로 하고 위를 가로로 하니, 경이 아니면 위를 낼 수가 없고 위가 아니면 경을 받을 수가 없다.……그러므로 경이 있으면 위가 있으니, 경이 없는 위는 없고, 또 위가 없는 경은 없는 것이다.〔其制作之妙, 則實本於天地之理者也. 經以縱之, 緯以橫之, 非經則無以出緯, 非緯則無以承經.……故有經則有緯, 未有無經之緯, 又未有無緯之經.〕"라고 하였다.

경과 위가 있고, 낙서 가운데에도 또한 본래 경과 위가 있으며, 선천도와 후천도의 그림에 경과 위를 나누었으나 하나의 선천도에도 또한 본래 경과 위가 있고, 하나의 후천도에도 또한 본래 경과 위가 있으니, 한번 리와 기가 경과 위가 되는 경우를 가지고 말해보겠다.

리 또한 본래 경과 위가 있으니 통체(統體)의 태극(太極)이 리 가운데의 경이 아니며, 각기 갖춘 태극이 리 가운데의 위가 아니겠는가.[28] 기 또한 본래 경과 위가 있으니, 엉켜 정해서 형질이 된 것이 기 가운데의 경이 아니며, 운행하여 왕래가 있는 것이 기 가운데의 위가 아니겠는가. 지금 이 책에서 취한 경과 위는 통체와 각기 갖춘 리를 나누지 않아서 오직 항상하고 한결같아 바뀌지 않는 것을 경에 모의(摸擬)하고, 응집되어 정해진 것과 운행하는 기를 나누지 않아서 오직 변화하여 만 가지 다른 것을 위에 모의하였으니, 이는 곧 한 가지 일에 경과 위가 있고, 하나의 도에 리와 기가 있는 것이다. 비단 경과 위의 뜻이 이와 같을 뿐만 아니라, 체(體)와 용(用), 본(本)과 말(末) 등의 명목을 모두 활발하게 이해한다면 명리(明理)의 본의를 통달할 수 있어서 그 의리에 얽매이거나 막히지 않을 것이다."

28 리 또한……아니겠는가 : 장현광은 〈평설(平說)〉에서 "태극은 똑같은 태극이나 원초(元初)의 통체(統體)의 태극은 체(體)이고 만물이 각기 갖추고 있는 태극은 용(用)이다. 통체의 태극이 이미 원초에 서 있기 때문에 각기 갖추고 있는 태극이 물건에 따라 정해지는 것이니, 각기 갖추고 있는 태극을 근본해 보면 통체의 태극이요, 통체의 태극을 미루어 보면 각기 갖추고 있는 태극이다. 그러나 통체의 태극은 일찍이 더하거나 줄어드는 것이 없으나, 각기 갖추고 있는 태극은 혹 각기 오로지 간직하고 있는 것에 치우침이 없을 수 없다.〔太極, 一太極也, 而元初統體之太極者, 體也; 萬物各具之太極者, 用也. 統體之太極, 旣立於元初, 故各具之太極, 隨物而有定焉, 各具之太極, 本之則統體之太極也; 統體之太極, 推之則各具之太極也. 然而統體之太極, 未嘗有加損, 而各具之太極, 不能無或偏於所各之專耳.〕"라고 하였다.

4.1.2.7

또 말하였다. "리(理)가 경(經)이고, 기(氣)가 위(緯)라는 것은 리는 항상하고 기는 변하기 때문이다. 그러나 리에는 물건을 통솔하는 떳떳함이 있고, 물건을 따르는 떳떳함이 있으며, 기에는 당연한 변함이 있고 간혹 그러한 변함이 있다. 그러니 리는 정(精)과 추(粗)가 없고, 후(厚)와 박(薄)이 없고, 대(大)와 소(小)가 없고, 고(古)와 금(今)이 없어서 일정하여 바뀌지 않는 것은 물건을 통솔하는 떳떳함이며, 그 물건에 있어서 성(性)이 된 것은 하늘과 땅의 성이 있고 우리 인간의 성이 있으며 만물에 각각의 성이 있는 것은 변함이 있을 듯하나 그 리가 되는 것은 똑같고 그 경이 되는 것은 변함이 없으니, 이는 물건을 따르는 떳떳함이다. 기에 정과 추가 있고, 후와 박이 있고, 대와 소가 있고, 성과 쇠가 있어서 다르지 않을 수 없는 것은 당연한 변화이며, 하늘과 땅에 있어서는 추위와 더위, 재앙과 상서가 그 올바름을 얻지 못하는 경우가 있고, 사람과 물건에 있어서는 선과 악과 간사함과 바름이 그 떳떳함을 얻지 못하는 경우가 있는 것은 간혹 그러한 변화이다.

그렇다면 리에 있어서 물건을 통솔하는 떳떳함이 경이 될 듯하고, 물건을 따르는 떳떳함이 위가 될 듯하다. 그러나 물건을 통솔하는 떳떳함이 흩어져 물건에 있는 떳떳함이 되고, 물건을 따르는 떳떳함이 혼연히 물건을 통솔하는 떳떳함이니, 그렇다면 리가 경이 되는 이유를 더욱 알 수 있을 것이다.[29] 기에 있어서는 당연한 변화가 경이 되고, 간혹

29 그러나……것이다 : 장현광의 해석에 따르면 리(理)와 기(氣)를 각각 구분하면 리는 경(經)이고 기는 위(緯)이다. 그러나 리와 기에는 모두 경과 위가 있는바, 리는 떳떳한 것이 경이고 상황에 따라 변하는 것이 위이며, 기는 항상 변하는 것이 경이고 상황에 따라 변하는 것이 위라고 보았다.

그러한 변화가 위가 될 듯하다. 그러나 당연한 변화가 끝내 그 변함이 되는 것을 잃지 않고, 간혹 그러한 변화가 끝내 또한 그 불선(不善)으로 변함을 보장하지 못하는데 선(善)한 변함으로 돌아가지 않을 수 없는 것은 모두 변(變)이니, 기가 위가 되는 이유를 또한 더욱 알 수 있을 것이다."

4.1.3 최상(最上)의 경(經)과 위(緯)를 논하다

4.1.3.1

"물건 중에 가장 큰 것은 하늘과 땅만 한 것이 없고, 물건 중에 가장 먼저인 것은 하늘과 땅만 한 것이 없고, 물건 중에 가장 오래된 것은 하늘과 땅만 한 것이 없다. 비록 가장 크고 가장 먼저이고 가장 오래된 하늘과 땅으로도 제 스스로 크고, 먼저이고 오래되어서 하늘과 땅이 된 것이 아니요, 반드시 이것을 만든 자가 존재할 것이니 그렇다면 하늘과 땅을 만든 것은 무슨 물건인가. 리(理)이다. 리는 바로 무극인 태극이니, 그렇다면 형체와 성질과 소리와 냄새가 있는 것이 아닌데 그 무슨 방법으로 이처럼 더 클 수 없고 더 먼저일 수 없고 더 오래일 수 없는 하늘과 땅을 만들었는가. 이것은 원기(元氣)이다. 원기는 어디로 부터 나오는가. 태극의 리에서 나온다. 태극이 이미 떳떳하고 한결같은 경(經)이 되고, 원기가 그 위(緯)가 된다. 그러므로 이에 가볍고 깨끗한 것을 사용하여 둥근 하늘이 되고, 무겁고 탁한 것을 사용하여 네모난 땅이 되니, 이것은 바로 큰 경위(經緯)가 원시(元始)에 있는 것이다.[30] 경이 된 리는 하늘과 땅이 사라지고 자라난다고 해서 변함이 있지 않다. 그러므로 기(氣)로써 위가 되어서 하늘과 땅을 낳고 하늘과 땅을 다할 수 있으니, 차천지(此天地 지금의 하늘과 땅)의 시작과 끝이다.

끝까지 논하면 하늘과 땅의 앞에 있을 때도 바로 이 리이다. 그러므로 선천지(先天地 예전의 하늘과 땅)가 끝났는데도 이 리가 일찍이 하늘과 땅과 함께 끝나지 않아서 마침내 다시 그 원기를 위로 삼아서 차천지를 낳으며, 그 하늘과 땅의 뒤에 있을 때도 또한 이 리이다.[31] 그러므로 차천지가 끝났는데도 이 리가 또한 하늘과 땅과 함께 끝나지 않아서 또다시 그 원기를 위로 삼아서 후천지(後天地)를 낳는 것이다. 앞은 다만 차천지의 앞일 뿐만이 아니요, 앞이고 또 제일 앞인데도 리는 오직 이 똑같은 리이니, 그렇다면 그 일찍이 하늘과 땅이 있더라도

30 원기는……것이다 : 〈도통설(道統說)〉에 "그렇다면 우리 인간을 낳은 것은 하늘과 땅이며, 하늘과 땅을 낳은 것은 태극(太極)이니, 이른바 태극이라는 것이 어찌 도의 큰 근원이 아니겠는가. 태극은 바로 이 리의 가장 위에 있는 원두(源頭)의 칭호이니, 하늘과 땅이 있기 전에 이 리가 본래 항상 있었다. 그러므로 마침내 원기(元氣)를 내어서 위에 있는 하늘을 낳으니, 그렇다면 하늘이 이에 처음으로 생겨난 것이다. 하늘이 이미 생겨나자 아래에 있는 땅을 낳으니, 땅이 이에 처음으로 생겨난 것이다. 〔然而生吾人者天地也, 而生天地者太極也, 則所謂太極者, 豈非道之大原乎? 太極者, 此理最上源頭之稱也, 天地未有, 而此理自常有焉, 此理自常有焉, 故遂爲之出元氣, 以生位上之天, 則天於是乎始有矣. 天旣有矣, 以生位下之地, 則地於是乎始有矣.〕"라고 하였다.

31 그러므로……리이다 : 원기는 하늘과 땅이 나뉘기 이전의 기운으로 태극을 가리키는바, 〈평설〉에 "어제와 오늘 사이에 밤이 있고, 지난달과 다음달 사이에 그믐이 있으며, 지난해와 올해의 사이에 겨울이 있다. 전천지(前天地)가 소멸하여 사라지고 후천지(後天地)가 아직 생기지 않아서 소멸하여 사라지고 아직 생기지 않은 사이에 원기(元氣)가 닫혀 있어 혼돈(混沌)이 된다. 그러나 소멸하여 사라지는 가운데에 곧 싹터 생기는 기미가 있다. 잠시라도 소멸하여 사라지면 곧 싹터 생겨나서 간격이 없으니, 기는 과연 어느 때든 있는 것이다. 기가 어느 때든 있는 것은 바로 리가 어느 때든 있는 것이다. 그러므로 구분하지 않을 수 없는 것도 리와 기이며, 구분할 수 없는 것도 또한 리와 기이다.〔昨日今日之間有夜, 前月後月之間有晦, 去歲今歲之間有冬. 前天地消剝, 後天地未生, 其消剝未生之間, 元氣閉闔而爲混沌. 然而消剝之中, 便有萌作之幾, 纔消剝卽萌作, 靡有間隙, 氣果無時而無矣. 氣無時而無者, 乃理之無時而無也, 故不可不分者, 理氣也; 而不可得分者, 亦理氣也.〕"라고 설명하였다.

또한 반드시 이 하늘과 땅과 같고, 뒤는 다만 차천지의 뒤일 뿐만이 아니요, 뒤이고 또 뒤인데도 리는 다른 리가 없으니, 그렇다면 그 다시 하늘과 땅이 있더라도 또한 반드시 차천지와 같은 것이다.

미루어 그 앞을 지극히 하면 모두 몇 번의 하늘과 땅인데 이 리의 하늘과 땅 아닌 것이 없고, 미루어 그 뒤를 지극히 하면 또 모두 몇 번의 하늘과 땅인데 반드시 이 리의 하늘과 땅 아닌 것이 없다. 그렇다면 차천지보다 앞선 하늘과 땅도 그 시작과 종말과 성함과 쇠함이 진실로 모두 차천지의 시작과 종말과 성함과 쇠함과 같고, 이보다 뒤에 있는 하늘과 땅도 그 시작과 종말과 그 성함과 쇠함이 또한 과연 모두 차천지의 시작과 종말과 성함과 쇠함과 같을 것이다.

하늘과 땅은 마땅히 선후(先後)에 따라 구별이 있지 않고 똑같이 하나의 리라면 그 성함과 쇠함이 되고 그 시와 종이 됨이 또 어찌 똑같지 않은 것이 있겠는가. 선천지와 후천지의 태고(太古)에도 반드시 차천지와 같은 태고가 있었을 것이요, 그 사람과 물건이 있는 것도 반드시 차천지의 사람과 물건과 같을 것이요, 그 성인과 현인과 어리석은 사람과 불초한 사람이 있는 것도 차천지가 낳은 사람과 같을 것이요, 그 비색(否塞)하고 통태(通泰)하고 다스려지고 혼란함이 있는 것도 반드시 차천지가 서로 타는〔乘〕 것과 같을 것이요, 그 말세가 있는 것도 또한 반드시 차천지의 말세와 같을 것이다.[32] 그러니 이 사이에

32 선천지와……것이다 : 《도덕경(道德經)》에 "혼성(混成)한 물건이 있는데 하늘과 땅보다 먼저 생겼다.〔有物混成, 先天地生.〕"라는 내용이 보이는데, 왕필(王弼)은 이에 대해 "혼연(渾然)하여 알 수가 없으나 만물이 이로 말미암아 이루어졌기 때문에 혼성이라고 한 것이다.〔混然不可得而知, 而萬物由之以成, 故曰混成也.〕"라고 풀이하였다. 장현광은 천지를 하늘과 땅이 생기기 이전의 천지(先天地), 현재의 천지(此天地), 미래의 천지(後天地)로 구분하고 있는바, 하늘과 땅의 기본 생성 원리는 리(理)인데 이것은 시작과 끝, 성함과 쇠함이 존재하며, 결국 원기(元氣)에 의하여 다른 천지가 생성하고

어찌 작은 차이와 다름이 없겠는가마는 다만 올해와 작년과 다음 해가 혹 작은 차이가 있는 것과 같을 뿐이니, 큰 틀에서 말하면 다르지 않을 것이다. 그 항상하고 한결같아서 바뀌지 않는 이유는 경이 된 리가 아니겠는가. 그 앞과 뒤가 있고 시작과 끝이 있는 이유는 위가 된 기가 아니겠는가.

사람으로서 차천지에서 생겨난 자는 선천지와 후천지를 보지 못하였으니, 비단 선천지와 후천지를 보지 못했을 뿐만이 아니다. 차천지의 시작에서 태어난 자도 차천지의 끝을 보지 못했을 것이요, 차천지의 끝에서 태어난 자는 또한 차천지의 시작을 보지 못했을 것이요, 중세(中世)에서 태어난 자는 차천지의 시작과 끝을 모두 보지 못했을 것이다. 이미 모두 보지 못했는데 그 보지 않은 시작과 끝이 있는 것을 알고, 또 선천지와 후천지가 있는 것을 아는 이유는 어째서인가. 하늘과 땅 또한 하나의 형기(形氣)의 물건이니, 이미 형기가 있으면 반드시 시작할 때가 있고 끝날 때가 있으며, 이미 시작과 끝이 있으면 하나의 천지가 항상 보존하지 못하여 앞에 있던 것이 다하고 뒤에 있는 것이 이어지는데, 앞에 있는 것과 뒤에 있는 것 모두 천지이다. 오직 그 서로 볼 수 없는 것은 위가 된 기가 선후(先後)와 시종(始終)이 본래 경계와 구별이 있어서이다. 이미 볼 수 없으나 알 수 있는 것은 경이 된 리가 선후와 시종이 없어서 항상 그러하여 바뀌지 않기 때문이니, 이는 이 리가 천지의 선후에서 경이 된 것이 원기를 위로 삼아서 그 선천지와 후천지를 시작하고 끝마친 것이다. 그렇다면 리와 기가 경과 위가 되는 것이 이 도의 떳떳함이 아니겠는가."

소멸하는 것으로 해석하였다.

4.1.3.2

혹자가 말하였다. "옛날 성현들은 후학(後學)을 열어주는 것을 자신의 책임으로 삼지 않은 분이 없으나, 그 근원을 다하고 근본을 지극히 하는 의논을 한 것은 모두 매일 사용하는 떳떳한 윤리와 고금 천하의 일에서 벗어나지 않았고, 모두 일찍이 넓고 호탕하여 상고할 수 없는 말이 없었다. 소자(邵子) 또한 말씀하기를 '하늘과 땅 밖에 별도의 하늘과 땅이 있으면 나는 그것을 알 수 없으니, 다만 내가 알 수 없을 뿐만 아니라 성인도 또한 알 수 없다.'[33]라고 하였다. 그런데 지금 그대의 말은 선천지와 후천지까지 미루어서 이 리가 이 경이 됨을 지극히 말하였으니, 이는 이 우주의 상하(上下 범주)를 벗어난 것이 심하다. 그대가 과연 성인이 알지 못하신 것을 알고 성인이 말씀하지 않은 것을 말할 수 있겠는가. 이것은 바로 허공을 파고 빈 구멍을 파는 경지로 들어가서 스스로 그 망녕됨이 됨을 알지 못하는 것이 아닌가." 이에 내가 대답하였다.

"리는 진실로 똑같은 이치이다. 전후의 차이가 없고 고금의 분별이 없고 피차의 구분이 없고 대소의 차이가 없다. 나의 리는 바로 남의 리이고, 남의 리는 바로 물건의 리이고, 사람과 물건의 리는 바로 하늘과 땅의 리이고, 차천지의 리는 바로 선천지와 후천지의 리이다. 나의 리를 알면 남의 리를 알 수 있고, 남의 리를 알면 물건의 리를 알 수 있고, 사람과 물건의 리를 알면 하늘과 땅의 리를 알 수 있고, 하늘과 땅의 리를 알면 선천지와 후천지의 리도 또한 여기에서 벗어나지 않을 것이다.

33 소자(邵子)……없다 : 이 내용은 소옹의《황극경세서(皇極經世書)》〈관물편(觀物篇)〉에 보인다.

물건은 크고 작은 것을 막론하고 시작과 마침이 없는 것이 없으니, 우리 인간을 가지고 말해보겠다. 사람이 태어나는 초기는 그 시작이고, 생이 끝나 죽는 것은 그 끝마침이다. 사람 중에 나보다 이전에 태어난 사람은 바로 선인(先人)이고, 뒤에 태어난 사람은 바로 후인(後人)이니, 사람 중에 나보다 이전에 태어난 사람이 모두 몇천 명이며, 사람 중에 나보다 뒤에 태어난 사람이 모두 몇천 명인가. 현재 있는 사람을 가지고 앞뒤로 태어난 사람이 모두 사람임을 아는 것에 불과하니, 사람의 리가 또한 어찌 선후의 차이가 있겠는가. 그 도는 떳떳한 윤리의 도 아님이 없는 것이다. 물건도 그렇지 않은 경우가 없으니, 하늘과 땅 또한 물건이다. 이미 차천지의 시작이 있으면 그 시작하기 전에 반드시 끝난 바의 하늘과 땅이 있음을 알 수 있으니, 이것이 바로 이른바 선천지요, 또 모름지기 차천지가 끝났으면 끝난 뒤에 반드시 시작하는 하늘과 땅이 있음을 알 수 있으니, 이것이 바로 이른바 후천지라는 것이다. 시작이 있으면 반드시 끝마침이 있고, 끝마침이 있은 뒤에 비로소 새로운 시작이 있으니, 그렇다면 시작과 끝마침이 있는 것은 물건인데 시작과 끝마침이 있는 물건이 있는 까닭은 반드시 시작과 끝마침이 없는 바의 리가 있어 경(經)이 되어서 위(緯)를 낸다. 그런 뒤에야 물건이 이 가운데에서 시작과 끝마침이 있을 수 있는 것이다. 이는 진실로 이 리가 항상 그러한 것이다.

보통 사람들도 또한 이것을 연구하여 알 수 있는데 하물며 성인이겠는가. 다만 성인은 매번 그 현재의 형태와 막 만난 때를 근거해서 그 리를 말씀하였다. 그리하여 곧 일에 나아가 일을 논하고, 물건에 나아가 물건을 논하고, 자리에 나아가 자리를 논하고, 때에 나아가 때를 논한다. 이 때문에 말씀한 리가 항상 일과 물건과 때와 자리의 위를 벗어나지 않아서 이로써 일을 대처하고, 이로써 물건을 대응하고, 이로써 그 자리를 지키고 그 때를 순응하면 거의 모두 당연한 법칙이어서 삼재(三才)의 도[34]가 이에 서는 것이다. 이 때를 만나면 위(緯)가 다스림에 일삼을 것이 없고, 저절로 경(經)을 준칙으로 삼지 않음이 없는 것이다. 그러다가 세대가 내려오고 풍속이 나빠져서 백성의 거짓이 날로 불어나게 되어서는 도(道)의 경은 비록 항상하고 한결같으나 도의 위는 점점 경과 어긋나게 되었다.

성인이 이에 부득이하게 비로소 팔괘를 그어서 물건을 열어주고 일을 이루어서 하늘과 땅의 일을 체행(體行)하며, 신명(神明)의 덕을 통하며, 만물의 실정을 분류하며, 변화의 도를 다하며, 성명(性命)의 이치를 순히 따라서 위(緯)를 다스리는 도구가 만들어졌으니,[35] 이는 복희의 때는 이미 태고(太古)의 홍황(洪荒)[36]의 세대와는 달랐던 것이

34 삼재(三才)의 도 : 삼재의 도는 바로 하늘의 음(陰)과 양(陽), 땅의 강(剛)과 유(柔), 사람의 인(仁)과 의(義)를 가리키는 바, 《주역》 〈설괘전(說卦傳)〉에 "옛날에 성인이 역(易)을 지은 것은 성명의 이치를 순히 하기 위해서였다. 그러므로 하늘의 도를 세운 것은 음과 양이요, 땅의 도를 세운 것은 유와 강이요, 사람의 도를 세운 것은 인과 의이니, 삼재를 겸하여 둘로 하였기 때문에 역이 여섯 번 그어져서 괘를 이루고, 음으로 나누고 양으로 나누며, 유와 강을 번갈아 쓰기 때문에 역이 여섯 자리로 문장을 이룬 것이다.〔昔者聖人之作易也, 將以順性命之理. 是以立天之道曰陰與陽, 立地之道曰柔與剛, 立人之道曰仁與義, 兼三才而兩之, 故易六畫而成卦, 分陰分陽, 迭用柔剛, 故易六位而成章.〕"라고 하였다.

35 성인이……만들어졌으니 : 《주역》 〈계사전 하(繫辭傳下)〉에 "옛날 포희씨(包犧氏)가 왕 노릇할 때 우러러 하늘의 상(象)을 관찰하고 굽어 땅의 법을 관찰하며, 새와 짐승의 문(文)과 천지의 마땅함을 관찰하며, 가까이는 자신에게서 취하고 멀리는 물건에게서 취하여, 이에 비로소 팔괘를 만들어 신명의 덕을 통하고 만물의 정을 분류하였다.〔古者包犧氏之王天下也, 仰則觀象於天, 俯則觀法於地, 觀鳥獸之文與天地之宜, 近取諸身, 遠取諸物. 於是始作八卦, 以通神明之德, 以類萬物之情.〕"라고 하였고, 또 "건곤(乾坤)은 역(易)의 문(文)이다. 건(坤)은 양(陽)의 물건이고 곤(坤)은 음(陰)의 물건이니, 음과 양이 덕을 합하여 강유(剛柔)의 체가 있게 되었다. 이로써 천지의 일을 체행하며 신명(神明)의 덕을 통한다.〔乾坤, 其易之門邪. 乾陽物也, 坤陰物也, 陰陽合德而剛柔有體, 以體天地之撰, 以通神明之德.〕"라고 하였다.

다. 그러나 또한 형이하를 벗어나지 않으므로 다만 음양(陰陽)의 변화를 밝혔을 뿐이었다. 후에 문왕이 괘에 단사를 달고 주공이 효사를 단 것은 모두 복희의 뜻을 발명했을 뿐이었는데 공자에 이르러서는 음과 양이 생겨난 이유를 미루어 근본하여 태극이라 하고 마침내 형이하의 위에 나아가 형이상(形而上)의 리를 가리켜 말씀하셨으니,[37] 이는 사람들에게 하늘과 땅 사이에 만물과 만사(萬事)의 변함이 모두 하나의 리에 근원하여 리가 일찍이 한 시각과 한 물건도 존재하지 않음이 없음을 알게 하신 것이다. 이는 공자의 때가 또 복희와 문왕의 때와 달랐던 것이다. 또 내려와 주자(周子)와 정자(程子)의 때에 이르러서는 무극을 태극의 위에 가하였으니, 그런 뒤에 형이상의 리를 말한 것이 다시 더할 수가 없어서 리가 경이 된 이유의 근원을 지극히 말씀한 것이다. 형체가 없고 상(象)이 없는 가운데에 있으면서 형체가 있고 상이 있는 추뉴(樞紐)와 근저(根柢)가 된 것이 그러한데, 명도(明道), 이천(伊川) 두 선생이 또 따라서 그 위(緯)를 발휘(發揮)하였으니,[38] 그 염려하심이 또한 깊고 또 지극하다.

그러나 리는 다만 똑같은 리일 뿐이다. 그러므로 예전의 성인이 일과 물건과 때와 자리의 위에 나아가 그 가르침을 베푼 것은 바로 팔괘(八

36 태고(太古)의 홍황(洪荒) : 《양자법언(揚子法言)》에 "홍황지세(洪荒之世)"라는 말이 보이는데, 홍은 크다는 뜻이며, 황은 혼몽(昏蒙)하다는 뜻으로 천지가 아직 개벽하지 않은 때를 가리킨다.

37 후에……말씀하셨으니 : 위의 4.1.2.1절 각주 19) 참조.

38 명도(明道)……발휘(發揮)하였으니 : 명도 정호(程顥)와 이천 정이(程頤)는 모두 《주역》에 밝았는바, 정이는 《역전(易傳)》을 지어 《주역》을 해석하였다. 여기서는 고대의 네 성인이 지은 《역》을 후대에 내려와 소옹, 주돈이, 정자 등에 이르러 쉽게 풀이하면서 상세히 설명하였기 때문에 장현광이 이처럼 위(緯)를 발휘했다고 말한 것이다.

卦)와 사상(四象)과 양의(兩儀)의 리이고 바로 태극(太極)과 무극(無極)의 리이며, 그 이른바 무극, 태극, 양의, 사상, 팔괘의 깊고 은미한 부분에 이르러서는 바로 하늘과 땅과 사람과 물건이 항상 행하고 함께 따르는 리이다. 깊이 말하면 깊고, 얕게 말하면 얕고, 크게 말하면 크고, 작게 말하면 작고, 멀리 말하면 멀고, 가까이 말하면 가깝고, 높이 말하면 높고, 낮게 말하면 낮으니, 이는 리가 경이 되고 하나가 되어서 천 가지 변함과 만 가지 용(用)이 있게 된 이유이다. 하필 높고 깊고 멀고 크게 할 것이 있으며 또 하필 가깝고 작고 낮고 얕게 할 것이 있겠는가. 이는 또한 때에 따를 뿐이다.

그렇다면 내가 선천지와 후천지를 말하는 이유는 바로 이 차천지의 리를 밝히려고 해서요, 하늘과 땅의 리를 밝히는 것은 이 사람과 물건의 리를 밝히려고 해서요, 사람과 물건의 리를 밝히는 것은 다만 매일 사용하는 떳떳한 윤리를 말하려고 해서이니, 돌이켜 찾아보면 바로 내 몸과 내 마음의 고유한 것일 뿐이다. 애당초 광활하여 허무한 논의가 아니요, 다만 이 리가 경의 하나가 됨을 밝히고자 한 것이다. 그리고 그 기가 위의 변함이 됨에 이르러서는 거슬러 올라가 지극히 말한 것이니, 이는 형편상 이렇게 하지 않을 수가 없는 것이다. 그러나 실제는 이 리를 벗어나지 않을 뿐이니, 어찌 옛 성인을 뛰어넘는 죄를 범함에 이르겠는가.

또 소자(邵子)가 말씀한 별천지(別天地)는 바로 이 천지를 아우르고, 또 별도의 천지가 있다고 한다면 그럴 이치가 없다고 말씀했을 뿐이요, 선천지와 후천지의 유무를 말씀한 것은 아니다.[39] 소자가 이미

39 또 소자(邵子)가……아니다 : 위에서 소옹이 "하늘과 땅 밖에 별도의 하늘과 땅이 있으면 나는 그것을 알 수 없으니, 다만 내가 알 수 없을 뿐만 아니라 성인도 또한 알 수 없다."라고 말한 내용을 가리킨다.

일원(一元)의 말씀[40]이 있었으니, 그렇다면 일원의 선후(先後)에 다시 일원이 없겠는가. 일원은 한 해와 하루와 같다. 해의 선후는 바로 지난 해와 앞으로 올 해요, 하루의 선후는 바로 어제와 내일이니, 지금 나의 말이 또한 어찌 근거가 없겠는가.

4.1.4 하늘과 땅의 경(經)과 위(緯)를 논하다

4.1.4.1

리(理)가 경(經)이 된 것은 하늘이 생기고 땅이 생긴 뒤에 있어 또한 이른바 태극(太極)이란 것이니, 바로 항상하고 한결같아서 변함이 없는 것이다. 이미 태극이라고 말했으면 그 있는 곳과 있는 때를 정할 수 있는 것이 아니니, 하늘과 땅 사이가 모두 곳인데 곳에는 혹 위가 있고 혹 아래가 있고 혹 왼쪽이 있고 혹 오른쪽이 있고 혹 안이 있고 혹 밖이 있다. 그러니, 리는 마땅히 아무 곳에만 있다고 말할 수가 없는 것이다. 하늘과 땅의 운행은 모두 때인데 때에는 혹 먼저가 있고, 혹 뒤가 있고, 혹 시작이 있고, 혹 끝마침이 있고, 혹 옛날이 있고, 혹 지금이 있다. 그러니 리는 마땅히 아무 때에만 있다고 말할 수가 없는 것이다.

위에 있으면 위가 되고 아래에 있으면 아래가 되고 왼쪽에 있으면 왼쪽이 되고 오른쪽에 있으면 오른쪽이 되고 안에 있으면 안이 되고 밖에 있으면 밖이 되어서 그 모든 곳에 있으며, 먼저이면 먼저가 되고 뒤이면 뒤가 되고 시작이면 시작이 되고 끝마침이면 끝마침이 되고

40 일원(一元)의 말씀 : 〈신증(申增)〉 1.2.1절 각주 63) 참고.

옛날이면 옛날이 되고 지금이면 지금이 되어서 그 모든 때가 된다. 그런데 상하(上下)에는 상하의 물건이 있고, 좌우(左右)에는 좌우의 물건이 있고, 내외(內外)에는 내외의 물건이 있으니, 그렇다면 하늘과 땅 사이에 있는 것이 모두 물건인 것이다. 선후(先後)에는 선후의 일이 있고 시종(始終)에는 시종의 일이 있고 고금(古今)에는 고금의 일이 있으니, 종래 행한 것이 모두 일이다.[41] 그 물건이 되고 일이 된 것에 이 리가 하지 않은 것이 있는가. 이 리가 어디에든 있으나 그 있는 곳을 볼 수 없고, 무엇이든 하나 그 하는 것을 볼 수 없으니, 태극이라고 말하는 이유가 이것이다.

본래 항상하고 한결같아서 변함이 없기 때문에 종(縱)으로 말하면 한 원〔一元〕에 열리고 닫힘이 있고,[42] 한 기(一氣)에 비색(否塞)하고 통태(通泰)함이 있고, 한 해에 추위와 더위가 있고, 한 달에 그믐과

41 위에……일이다 : 리는 시간과 장소를 구애하지 않고 항상 존재하며 그 당위성을 지니고 있음을 말한 것이다. 〈학부명목회통지결〉에 "하늘이 하늘이 된 것은 이 리 때문이고 땅이 땅이 된 것은 이 리 때문이며 만물이 만물이 된 것은 이 리 때문이다. 사람이 마음을 보존할 때 이 리로써 하고 몸을 행할 때 이 리로써 하며 일에 응할 때 이 리로써 하고 물건을 접할 때 이 리로써 하며 곤궁하여 홀로 선(善)하게 할 때 이 리로써 하고 영달하여 함께 선하게 할 때 이 리로써 하며 사는 것도 이 리대로 하고 죽는 것도 이 리대로 해야 하니, 무릇 상하(上下)와 고금(古今)과 대소(大小)와 원근(遠近)이 모두가 이 리이다. 그러므로 이것을 총괄하여 도(道)라고 이름하니, 도는 떳떳이 행하고 함께 따르는 것을 이른다.〔天之爲天以此理, 地之爲地以此理, 萬物之爲萬物以此理, 而人之存心以此理, 行身以此理, 應事以此理, 接物以此理, 窮而獨善以此理, 達而兼善以此理, 生以此理, 死以此理, 凡上下古今、大小遠近, 無非此理, 故摠名之曰道, 道者, 常行共由之謂也.〕"라고 하였다.

42 한 원(元)에……있고 : 소옹(邵雍)이 주장한 '원회운세(元會運世)'에 나오는 용어로 세계가 생성하고 소멸하는 주기를 말한다. 1원은 12만 9천 6백 년이며 여기에 자회(子會)에서 해회(亥會)까지 12회가 있다. 하늘은 자회(子會)에서 열리고 땅은 축회(丑會)에서 열리고 사람은 인회(寅會)에서 태어났다. 그리하여 술회(戌會)와 해회(亥會)가 되면 이 천지가 없어지고 새로운 천지가 개벽된다고 하였다. 《皇極經世說》

초하루가 있고, 하루에 낮과 밤이 있는데 이 리는 항상 이 리이다. 횡(橫)으로 말하면 나라에는 다스려지고 혼란함이 있고, 사람은 선하고 악한 자가 있고, 물건에는 크고 작음이 있고, 물건에는 귀하고 천함이 있고, 땅에는 가운데와 밖이 있는데 이 리는 똑같은 리이니, 이른바 항상하고 한결같아서 변함이 없다고 말하는 것이 이것이다.

이미 항상하고 한결같은 이 리인데 원(元)은 항상 열려 있지 못하고 기(氣)는 항상 통태하지 못하고 해는 항상 덥지 못하고 달은 항상 초하루가 되지 못하고 하루는 항상 낮이 되지 못해서 반드시 한 번 닫히고 한 번 비색하고, 한 번 춥고 한 번 그믐이 되고 한 번 밤이 되며, 나라는 모두 다스려지지 못하고, 사람은 모두 선하지 못하고, 물품은 모두 크지 못하고, 물건은 모두 귀하지 못하고, 땅은 다 가운데에 있지 못해서 반드시 혹 어지럽고 혹 악하고 혹 작고 혹 천하고 혹 밖인 것이 있음은 어째서인가. 진실로 하나가 없으면 경을 세울 수 없고, 둘이 없으면 위를 이룰 수 없고, 물건이 대대(對待)가 되지 않으면 물건을 이루지 못하고, 때가 바뀌거나 교대하지 않으면 때를 이루지 못하니, 이것은 한 음과 한 양이 서로 뒤바뀌는 묘함이 있는 것이 아니겠는가.

그렇다면 열리고 닫히고, 비색하고 통태하고, 춥고 덥고, 그믐이 되고 초하루가 되고, 낮이 되고 밤이 되는 것은 때가 있으면 반드시 변하는 것이요, 다스려지고 혼란하고, 선하고 악하고, 크고 작고, 귀하고 천하고, 가운데이고 바깥이 되는 것은 물건이 있으면 반드시 나누어지는 것이니, 같은 종류로 모으고 무리로 나뉨이 있지 않으면 태극이 어떻게 쓰임을 지극히 하여 극(極)을 세울 수 있겠는가. 서로 바뀌고 교대함이 있지 않으면 항상하고 한결같은 것이 그 어떻게 변함을 지극히 하면서도 한결같을 수 있겠는가. 이것이 경(經)과 위(緯)의 도(道)이다.

저 태극이 기(氣)를 위(緯)로 삼아서 천지의 사이에서 유행하는 것이 그 변화가 십, 백, 천, 만의 무궁함에 이르나 그 발단은 애당초 음(陰)과 양(陽) 두 단서에서 벗어나지 않는다. 음과 양이 이미 나누어지면 음 가운데에 또 음과 양이 있어서 음의 음과 음의 양이 이에 나누어지며, 양 가운데에 또 음과 양이 있어서 양의 음과 양의 양이 또한 나누어진다. 음양의 음양이 각기 나누어지면 또 음의 음에 음과 양이 있고, 음의 양에 음과 양이 있고, 또 양의 음에 음과 양이 있고, 양의 양에 음과 양이 있어서 전전(轉輾)하여 각기 나누어져서 무궁한 변화가 여기에 있는 것이다. 음과 양 두 단서가 이미 스스로 서로 반대되는 리가 있고, 또 반드시 서로 응하는 도가 있으니, 그 서로 반대되는 리가 있기 때문에 마침내 서로 응하는 도가 있는 것이다. 만일 서로 반대되지 않으면 어떻게 서로 응하는 것이 있겠는가. 이것이 변화를 이루어 귀신을 행하게 하는 것이다.

그 순응과 거스림, 열림과 닫힘, 그윽함과 밝음, 깨끗함과 혼탁함, 펴짐과 오그라듦, 낳음과 죽음이 되는 것은 서로 반대되는 것 중에 심한 것이니, 한 번 길하고 한 번 흉하여 서로 같을 수가 없으며, 그 동(動)하고 정(靜)함과 강(剛)하고 유(柔)함과 오르고 내림과 굽히고 폄과 낳음과 이룸과 시작함과 마침이 되는 것은 서로 응하는 것 중에 큰 것이니, 한번 선창하고 한번 화답해서 한 가지도 폐할 수가 없는 것이다. 그 서로 응하는 도가 있으므로 인하여 반드시 함께 이루는 공(功)이 있고, 그 서로 반대되는 리가 있으므로 인하여 혹 서로 이기는 병폐가 있으니, 그 서로 이루는 사이와 서로 이기는 즈음에 동이(同異)의 형세와 변화의 단서를 모두 알 수 없는 것이다.

원기(元氣)가 우주 가운데에서 운행하는 것은 오르고 내림과 성하고 쇠함이 있어서 중(中)에 맞고 화(和)한 것과 지나침(過)과 미치지 못하는〔不及〕 변화가 한결같지 않음이 있고, 큰 조화가 하늘과 땅 사이에서 만물을 만들어 내는 것이 정(精)하고 거친 것과 후(厚)하고 박(薄)

한 것이 있어서 아름다운 것과 나쁜 것, 편벽됨과 바름의 구별이 똑같지 않음이 있고, 오운(五運)과 육기(六氣)가 사시를 번갈아 주관하고,[43] 교대로 비가 오고 해가 뜨는 것이 또 변(變)의 변(變)과 화(化)의 화화(化)가 있어서 조화가 단서가 많지 않을 수가 없는 것이다. 이에 품휘(品彙)의 생산과 족류(族類)의 구분이 십, 백, 천, 만이 있는 것이다. 음과 양 두 기로 말하면 음양(陰陽)의 중화(中和)의 덕(德)을 얻은 자가 적고, 과(過)와 불급(不及)의 기(氣)를 얻은 자가 매번 많으니, 강선(剛善)과 강악(剛惡), 유선(柔善)과 유악(柔惡)[44]의 종류가 이것이다. 오행을 가지고 말하면 그 순수하고 또 구비한 것을 얻은 자가

43 오운(五運)과 ……주관하고 : 오운(五運)은 금(金)·목(木)·수(水)·화(火)·토(土)의 오행(五行)의 운행을 의미하며, 육기(六氣)는 그늘지고 햇볕이 나고 바람이 불고 비가 내리고 어둡고 밝은 여섯 가지의 기후 변화를 의미한다. 《춘추좌전(春秋左傳)》소공(昭公) 원년(元年)에 "육기는 그늘지고 햇볕이 나고 바람이 불고 비가 내리고 어둡고 밝음이니, 나뉘어 사시(四時)가 되고 차례로 오행의 절기가 되니, 과하면 재앙이 된다.〔六氣曰: 陰、陽、風、雨、晦、明也, 分爲四時, 序爲五節, 過則爲菑.〕"라고 보이는데, 두예(杜預)의 주(註)에 "육기의 변화를 나누어 순서를 정하면 사시가 이루어지고 오행의 절기를 얻는다.〔六氣之化, 分而序之, 則成四時, 得五行之節.〕"라고 풀이하였다.

44 강선(剛善)과……유악(柔惡) : 주돈이는 사람의 기품을 강(剛)·유(柔)·선(善)·악(惡)의 네 가지로 구분하였는바,《근사록(近思錄)》에 "강(剛)의 선(善)은 의(義)가 되고 곧음이 되고 결단함이 되고 엄하고 굳셈이 되고 의지가 굳음이 되며, 강(剛)의 악(惡)은 사나움이 되고 좁음이 되고 뻣뻣함이 되며, 유(柔)의 선(善)은 인자함이 되고 순함이 되고 공손함이 되며, 유(柔)의 악(惡)은 나약함이 되고 결단이 없음이 되고 간사함이 된다.〔剛善, 爲義, 爲直, 爲斷, 爲嚴毅, 爲幹固; 惡, 爲猛, 爲隘, 爲强梁; 柔善, 爲慈, 爲順, 爲巽; 惡, 爲懦弱, 爲無斷, 爲邪佞.〕"라고 하였다. 주자는 이에 대해서 "기품의 강(剛)과 유(柔)는 진실로 음(陰)과 양(陽)의 큰 구분이요, 이 가운데에 또 선(善)과 악(惡)의 구분이 있으니, 악은 진실로 바른 것이 아니요, 선도 반드시 모두 중도(中道)를 얻은 것은 아니다.〔氣稟剛柔, 固陰陽之大分, 而其中, 又各有善惡之分焉, 惡者固爲非正, 而善者亦未必皆得乎中也.〕"라고 부연하였다.

적고, 그 편벽되고 또 잡된 것을 얻은 자가 항상 많으니, 오행에 있어 유여(有餘)하고 부족한 것이 서로 교차하는 종류[45]가 이것이다.

이에 등품(等品)과 족류에 크고 작음과 귀하고 천함이 있는 것이 동물과 식물에 있어서도 모두 그러하다. 이른바 '하늘은 지극히 순수함이 있고 또 지극히 어긋남이 없지 못하며, 땅은 지극히 정(精)한 것이 있고 또 지극히 그윽한(幽)것이 없지 못하며, 날짐승에는 봉황새와 난새가 있고 올빼미와 짐새가 있으며, 달리는 족류에는 기린이 있고 범과 이리가 있으며, 갑각류(甲殼類)에는 거북과 용이 있고 살모사와 도마뱀이 있으며, 풀의 종류에는 지초(芝草)와 난초(蘭草)가 있고 독초가 있으며, 나무 종류에는 소나무와 측백나무가 있고 재목이 되지

45 유여(有餘)하고……종류 : 후재(厚齋) 김간(金幹)은 〈태극도설차기(太極圖說箚記)〉에서 "인품(人品)은 오행(五行)의 기(氣)를 받고 태어나서 그 받은 것이 혹 편중(偏重)된 부분이 없지 못하다. 예를 들면 품부 받은 것이 목(木)의 기(氣)가 편중되면 측은지심(惻隱之心)은 유여(有餘)하지만 그 나머지는 부족한 부분이 있고, 품부받은 것이 화(火)의 기(氣)가 편중되면 사양지심(辭讓之心)은 유여하지만 그 나머지는 부족한 부분이 있는 것과 같은 따위이다. 오직 성인은 음(陰)과 양(陽)의 덕이 합하고 오성(五性)이 균등하니, 이 때문에 그 성(性)이 치우치지 않고 물욕(物欲)에 동하는 바가 없는 것이다.〔人稟得五行之氣以生, 而其稟也, 或不能無偏重處. 如稟木之氣偏重, 則惻隱之心有餘, 而其他有不足焉; 稟火之氣偏重, 則辭讓之心有餘, 而其他有不足焉之類也. 惟聖人者, 陰陽合德; 五性均停, 此所以其心常定, 其性不偏, 而不爲物欲所動也〕"라고 하여 사람마다 받은 기(氣)가 다르다고 하였다. 그리고, 수암(遂菴) 권상하(權尙夏)는 "사람이 물건과 다른 이유는 오상(五常)의 성(性)을 온전히 하였기 때문이요, 성이 오상을 갖춘 이유는 오행(五行)의 정수(精秀)한 기를 받았기 때문이니, 저 한쪽으로 치우친 기를 받은 날짐승과 길짐승, 곤충과 식물이 어찌 오행의 정수한 기를 받아 만물의 영장(靈長)이 된 사람과 똑같겠는가. 이 가운데 목(木)의 기를 많이 받은 것은 그 성이 혹 인(仁)하고, 금(金)의 기를 많이 받은 것은 그 성이 혹 의(義)롭다.〔人之所以異於物者, 以其全五常之性也; 性之所以該五常者, 以其稟五行精秀之氣也, 彼飛走動植之受氣偏駁者, 其可與稟五行精秀之氣而爲衆物之靈者, 均一哉? 就中稟木之氣多者, 其性或仁; 稟金之氣多者, 其性或義.〕"라고 하였다.《寒水齋集 卷12 答蔡君範》

못하는 나무가 있으며, 돌 종류에는 금과 옥이 있고 잔돌과 자갈이 있어서[46] 바로 그 똑같지 않음이 이와 같음이 있는 것이다. 이 사람이면서 성인이 있고 현인이 있고, 어리석은 자가 있고 불초한 자가 있는 것이 또한 어찌 이상할 것이 있겠는가. 그렇다면 사람 중에 성인과 현인과, 날짐승 중에 난새와 봉새와, 달리는 짐승 중에 기린과, 갑각류 중에 거북과 용과, 풀 중에 지초와 난초와, 나무 중에 소나무와 측백나무와, 돌 중에 금과 옥은 모두 양(陽)의 종류이다. 사람 중에 어리석고 불초한 자와, 날짐승 중에 올빼미와 짐새〔鴆〕와, 달리는 짐승 중에 범과 이리와, 갑각류에 중 살모사와 도마뱀과, 풀 중에 독초와, 나무 중에 재목이 되지 못하는 나무와, 돌 중에 잔돌과 잔자갈은 모두 음(陰)의 종류이니, 이는 아름답고 나쁜 것을 가지고 음과 양을 나눈 것이다.[47] 그 사이에 사람으로서 아름다워도 성인과 현인에 이르지 않고,

46 이른바……있어서 : 《황극경세서》에 "하늘에는 지극히 순수한 것이 있고 땅에는 지극히 정한 것이 있으니, 사람 중에 이것을 얻으면 명철(明哲)한 사람이 되고, 새 중에 이것을 얻으면 난새와 봉황이 되고, 달리는 짐승 중에 이것을 얻으면 기린(麒麟)이 되고, 갑각류 중에 이것을 얻으면 거북이와 용이 되고, 풀의 종류 중에 이것을 지초와 난초가 되고, 나무의 종류 중에 이것을 얻으면 소나무와 잣나무가 되고, 돌의 종류 중에 이것을 얻으면 금과 옥이 되니, 만물이 그 류(類)에 따라 모두 얻음이 있는 것이다. 하늘에는 지극히 어긋나는 것이 있고 땅에는 지극히 어두운 것이 있으니, 사람 중에 이것을 얻으면 요망하고 간사한 사람이 되고, 새 중에 이것을 얻으면 올빼미와 짐새가 되고, 달리는 짐승 중에 이것을 얻으면 호랑이가 되고, 갑각류 중에 이것을 얻으면 살모사와 도마뱀이 되고, 풀의 종류 중에 이것을 얻으면 독초가 되고, 나무의 종류 중에 이것을 얻으면 재목이 되지 못하고, 돌의 종류 중에 이것을 얻으면 잔돌과 잔자갈이 되니, 만물이 또한 그 류에 따라 모두 얻음이 있는 것이다.〔天有至粹, 地有至精, 人類得之則爲明哲, 飛類得之則爲鸞鳳, 走類得之則爲麒麟, 介類得之則爲龜龍, 草類得之則爲芝蘭, 木類得之則爲松柏, 石類得之則爲金玉, 萬物莫不以其類而有得者焉. 天有至戾, 地有至幽, 人類得之則爲妖孽, 飛類得之則爲梟鴆, 走類得之則爲虎狼, 介類得之則爲虺蜴, 草類得之則爲至毒, 木類得之則爲不材, 石類得之則爲礓礫, 萬物亦莫不以其類而有得者焉.〕"라고 하였다.

악하여도 어리석음과 불초함에 이르지 않으며, 새로서 아름다워도 난새와 봉황에 이르지 않고, 악하여도 올빼미와 짐새에 이르지 않으며, 짐승으로서 아름다워도 기린에 이르지 않고, 악하여도 범과 이리에 이르지 않으며, 갑각류로서 아름다워도 거북과 용에 이르지 않고, 악하여도 살모사와 도마뱀에 이르지 않으며, 풀, 나무, 돌이 된 것으로서 지극히 아름답고 지극히 악함에 이르지 않아서 아름다움과 악함의 중간쯤 되는 것에 이르러도 이기 오행(二氣五行)의 분수(分數)의 많고 적음을 얻음으로써 음과 양의 종류가 되지 않는 것이 없으니, 이것이 이른바 기가 하늘과 땅에 있어서 위(緯)가 되어 변화한다는 것이 아니겠는가. 그러나 위는 허다한 변화가 있어서 허다한 품휘(品彙)를 낳는

47 그렇다면……것이다 : 《서경(書經)》 〈입정(立政)〉에 "나라에서는 정사를 세울 때에 섬인(憸人)을 등용해서는 안되니, 덕(德)에 순하지 못하므로 광현(光顯)하여 세상에 있지 못할 것입니다. 지금부터는 정사를 세울 때에 섬인(憸人 간사함 사람)을 등용하지 말고 오직 길사(吉士)를 등용하여 힘써 우리 국가를 돕게 하소서.〔國則罔有立政, 用憸人, 不訓于德, 是罔顯在厥世. 繼自今, 立政, 其勿以憸人, 其惟吉士, 用勱相我國家.〕"라고 보이는데, 여조겸(呂祖謙)은 이에 대해서 "군자는 양(陽)의 유(類)이므로 등용하면 그 나라를 밝고 창성함에 올려 놓고, 소인은 음(陰)의 유(類)이므로 등용하면 그 나라를 어둡고 혼매함에 내려 놓으니, 음양의 오르내림이 또한 각각 그 유(類)를 따르는 것이다.〔君子陽類, 用則升其國於明昌; 小人陰類, 用則降其國於晻昧, 陰陽升降, 亦各從其類也.〕"라고 주해하였다. 그리고 장현광은 〈일식부(日食賦)〉에서 "집안으로 말하면 아버지는 양(陽)이고 자식은 음(陰)이며, 남편은 양이고 부인은 음이며, 나라로 말하면 군주는 양이고 신하는 음이며, 정직한 사람은 양이고 간사한 사람은 음이며, 천하로 말하면 양은 중국이고 음은 오랑캐다. 군주와 아버지와 남편과 군자와 중국은 비록 사람에게 있어서는 양의 종류라고 하나 그 리(理)는 모두 해와 관계가 있고, 신하와 자식과 부인과 소인과 오랑캐는 비록 사람에게 있어서는 음의 종류라고 하나 그 기운은 모두 달에 속한다.〔家以言, 父陽子陰兮夫陽婦陰; 國以言, 君陽臣陰兮正陽邪陰; 天下以言之, 陽爲中國兮陰爲夷狄. 曰君曰父曰夫曰君子曰中國者, 雖曰在人之陽, 類其理則皆係于日, 臣也子也婦也小人也夷狄也者, 雖曰在人之陰類, 其氣則咸屬于月.〕"라고 하였다.

것이 바로 모든 것을 포함하고 모든 것을 구비하고 모든 것을 통하고 모든 것을 관통하는 하나의 태극의 리(理)를 따라 나오지 않는 것이 없으니, 그렇다면 기가 과연 리를 벗어나 기가 된 것이 있겠는가.[48]

무릇 매우 작고 가늘고 천하고 거친 것도 또한 모두 이 리 가운데의 물건이다. 그러므로 그 물건이 부여받은 것을 인하여 그 법칙 아닌 것이 없으니, 이른바 법칙이라는 것은 바로 이 리이다.[49] 이미 하나의 물건이 있으면 반드시 하나의 법칙이 있으므로 무릇 하늘이 덮어주고 땅이 실어주는 사이에 있어서 함께 길러지고 함께 운행되는 가운데에 있는 자가 통기(統紀)와 조리(條理)와 분한(分限)과 절도(節度)가 한

48 그러나……있겠는가 : 장현광이 위에서 말한 이기 오행(二氣五行)의 많고 적음에 따라 음과 양이 나뉘어진다는 것은 주돈이의 〈태극도설〉에 보인다. 여기서 그는 "무극(無極)의 진리와 이기 오행(二氣五行)의 정기(精氣)가 묘하게 합하고 응집되어 건(乾)의 도(道)는 남자를 이루고 곤(坤)의 도는 여자를 이루어 두 기운이 교감하여 만물을 화생(化生)하니, 만물이 낳고 낳아서 변화가 무궁하게 된다.〔無極之眞, 二五之精, 妙合而凝, 乾道成男, 坤道成女, 二氣交感, 化生萬物, 萬物生生而變化無窮焉.〕"라고 하였는데, 이 부분에 대해 주자는《근사록(近思錄)》〈도체(道體)〉에서"남녀의 입장에서 보면 남녀가 각각 그 성(性)을 하나씩 가지고 있어서 남녀가 하나의 태극(太極)이 되고, 만물의 입장에서 보면 만물이 각각 그 성(性)을 하나씩 가지고 있어서 만물이 하나의 태극이 된다. 합하여 말하면 만물이 하나의 태극을 통합하여 본체로 삼았고, 나누어 말하면 하나의 물건이 각각 하나의 태극을 가지고 있는 것이다.〔自男女而觀之, 則男女各一其性, 而男女一太極也; 自萬物而觀之, 則萬物各一其性, 而萬物一太極也. 蓋合而言之, 萬物統體一太極也; 分而言之, 一物各具一太極也.〕"라고 풀이하였다.

49 무릇……리이다 : 모든 기(氣)는 사물(事物)에 따라 다른 모습과 형태를 지니고 있지만, 이 역시 결국은 하나의 리(理)에 귀속된다. 이러한 관점은 그가 지은 〈만활당부(萬活堂賦)〉에도 보이는 바, "떳떳한 이치를 가지고 말하면 만고(萬古)를 지나도 어제와 같고, 변하는 이치를 가지고 말하면 비록 하루도 예측하기 어렵네. 그 다른 입장에서 관찰하면 크고 작은 것이 족류(族類)로 나뉘며, 같은 입장에서 관찰하면 무엇인들 하늘의 법칙이 아니겠는가.〔以言其常兮, 歷萬古而如昨, 以言其變兮, 雖一日而莫測. 自其異者而觀之, 幾巨細之類族, 自其同者而觀之, 孰非性夫天則?〕라고 하였다.

번 정해져서 어지럽힐 수 없는 것이다.[50] 큰 것은 작은 것을 통솔할 수 있고 작은 것은 반드시 큰 것에게 명령을 들으며, 귀한 것은 천한 것을 통솔 할 수 있고 천한 것은 반드시 귀한 것에게 명령을 들으니, 그 상하와 내외가 서로 통솔하고 서로 받들어서 각기 그 마땅히 취해야 할 장점을 바치는 것이 마치 모두 본연(本然)의 법칙이 있는 것과 같다.[51]

오직 그 품휘(品彙)의 가운데에 혈기(血氣)가 된 것을 얻은 종류는 비록 천지의 경위(經緯) 가운데서 함께 태어나더라도 그 품부(稟賦)받은 것이 식물과 똑같지 않아서 이미 각기 따로 하나의 물건이 되고, 각기 따로 자기 자신이 있다. 이렇게 되면 혹 기품(氣品)의 편벽됨으로 인하여 감히 그 지각(知覺)의 사사로움을 함부로 펴셔 그 본성으로

50 이른바……것이다 : 《중용》에 공자의 덕을 비유하면서 "중니(仲尼)는 요(堯)・순(舜)을 조술(祖述)하시고 문왕・무왕을 본받으시며, 위로는 천시(天時)를 따르시고 아래로는 수토(水土)를 인하셨다. 비유하면 하늘과 땅이 실어주지 않는 것이 없고, 덮어주지 않는 것이 없는 것과 같으며, 비유하면 사시가 교대하여 운행하는 것과 같고, 해와 달이 교대하여 밝은 것과 같다. 만물(萬物)이 함께 길러져 서로 해치지 않으며, 도(道)가 함께 행하여 서로 위배되지 않는다. 작은 덕(德)은 냇물의 흐름이요, 큰 덕(德)은 화(化)를 돈후(敦厚)히 하니, 이것은 천지(天地)가 위대함이 되는 까닭이다.〔仲尼祖述堯舜, 憲章文武, 上律天時, 下襲水土, 辟如天地之無不持載, 無不覆幬, 辟如四時之錯行, 如日月之代明. 萬物幷育而不相害, 道幷行而不相悖. 小德川流, 大德敦化, 此天地之所以爲大也.〕"라고 하였다.

51 큰 것은……같다 : 이는 모두 천지 자연의 순리(順理)로 원래부터 다 그러한 법칙이다. 〈평설〉에 "분수(分數)로 말하면 진실로 크고 작은 차이가 있으나 리(理)에는 본래 크고 작은 구별이 없으니, 서로 바뀔 수 없는 것은 분수가 정해진 것이요, 두 가지가 없을 수 없는 것은 리가 하나인 것이다. 요컨대 큰 것으로써 작은 것을 통솔하고, 작은 것으로써 큰 것을 받들어서 크고 작은 것이 서로 구제한 뒤에야 천하의 리를 얻을 수 있는 것이다.〔以分則固有大小, 而以理則本無大小, 不可相易者, 分之定也; 不可兩無者, 理之一也. 要須大以統小, 小以承大, 大小相濟, 然後天下之理得也.〕"라는 내용이 보인다.

삼은 분한(分限)을 편안히 여기지 못하고, 그 일정한 절도를 지키지 못하여 감정대로 하고 제멋대로 행동하며 경계를 넘고 분수를 범하여 작은 것이 혹 큰 것을 업신여기고 천한 것이 혹 귀한 것을 능멸하며, 아래에 있는 것이 위에 있는 것에게 명령을 듣지 않고 밖에 있는 것이 안에 있는 것에게 명령을 듣지 않는다. 그러니 이것은 또한 큰 것이 큰 것의 도(道)를 다하지 못하여 그 작은 것을 통솔하지 못하고, 귀한 것이 귀한 것의 도를 다하지 못하여 그 천한 것을 제어하지 못하고, 위에 있는 것과 안에 있는 것이 위가 되고 안이 된 도를 다하지 못하여 그 아래에 있는 것과 밖에 있는 것을 제재하지 못하기 때문이다. 이로써 그 통기(統紀)를 잃고 그 조리를 어지럽히면 크고 작고 귀하고 천한 것과 위와 아래와 안과 밖에 있는 것이 모두 그 법칙을 잃어서 하늘과 땅 사이의 양(陽)의 종류가 미약해지고, 음(陰)의 종류가 성하여 떳떳한 윤리가 무너지고, 강기(綱紀)가 없어져서 하늘과 땅이 제자리를 편안히 여기지 못하고, 만물이 제대로 길러지지 못하여 회맹비색(晦盲否塞)[52]하여 파괴되고 혼란함이 반드시 지극하게 되니, 이것이 이른바 대도(大道)의 위(緯)가 이미 그 떳떳함을 잃어서 우주의 대경(大經)이 그 운행을 얻지 못한 것이 아니겠는가.

그러나 위가 비록 혼란하더라도 경은 일찍이 한결같지 않음이 없으므로 그 리(理)의 무극과 태극이 되는 것은 진실로 예전 그대로인 것

52 회맹비색(晦盲否塞) : 회는 달이 없는 그믐이고, 맹은 눈 먼 봉사이며, 비는 숨이 막힌 것이고, 색은 냇물이 막힌 것으로 어둡고 꽉 막힌 것을 가리킨다. 《대학장구(大學章句)》 서문에 "군자(君子)로 하여금 불행하게 대도(大道)의 요체(要諦)를 듣지 못하게 하고, 소인(小人)으로 하여금 불행하게 지치(至治)의 혜택을 입지 못하게 하여, 어둡고 꽉 막히며 반복하고 고질병이 되어서 오계(五季)의 쇠함에 이르러 무너지고 혼란함이 지극하였다.〔使其君子不幸而不得聞大道之要, 其小人不幸而不得蒙至治之澤, 晦盲否塞, 反覆沈痼, 以及五季之衰而壞亂極矣.〕"라고 하였다.

이다.

만물 가운데에 사람이 지극한 물건이 되고, 사람 가운데에 성인이 지극한 사람〔至人〕이 되니, 이른바 지인(至人)이라는 것은 바로 경과 위의 도를 다한 자이다.[53] 만일 지인으로서 한 세상의 군주가 되고 중화(中和)의 극(極)을 세워서[54] 이미 자신의 성(性)을 다하고 또 사람과 물건의 성을 다하니, 성은 바로 사람에 있어서는 떳떳한 윤리요 물건에 있어서는 법칙이다. 백성의 떳떳한 윤리가 밝아지고 물건의 법칙이 얻어지면 온 천하의 물건이 모두 우리 인간의 쓰임이 되고, 온 천하의 사람이 모두 성인의 무리가 되어서 양의 무리가 음의 무리를 통솔하고 제어할 수 있고, 음의 무리가 모두 양의 무리에게 복종하고 순종함이 있을 것이다.

사람과 물건의 성이 이미 다해지면 또 높음이 천지에까지 다하여

53 만물……자이다 : 지인(至人)은 지극한 사람이란 뜻으로 성인(聖人)의 경지에 오른 자를 가리킨다. 장현광은 〈평설〉에서 "사람은 리(理)와 기(氣)의 바름을 얻어 만물(萬物)의 우두머리가 되고, 성인은 또 가장 빼어나고 가장 바른 것을 얻은 자이다.…… 중인(衆人)으로 말하면 성인과 똑같이 천지의 리를 받고, 똑같이 천지의 기를 얻어서 형체를 소유하고 성(性)을 소유하였으나 혹은 어리석은 자가 되고 혹은 불초(不肖)한 자가 되는 것은 성인은 리를 받은 것이 유독 많아 성인이 되고, 중인은 기를 받은 것이 유독 많아 어리석은 자가 되고 불초한 자가 되는 것은 아니다. 성인과 중인이 비록 똑같이 한 리와 한 기를 얻었으나 천지에 유행하는 기는 모두 순수(純粹)하고 바르지 못하여 잡스럽고 한쪽으로 치우친 적이 많다. 그러므로 순수함과 바름을 얻어서 성인이 된 자가 세상에 항상 있는 것은 아니다.〔人者, 得理氣之正, 爲萬物之首, 而聖人者, 又得夫秀之秀, 正之正者也.……若衆人, 亦莫不與聖人同受天地之理, 同得天地之氣, 以有其形, 以有其性, 而或爲愚爲不肖者, 非聖人受理獨多而爲聖, 衆人受氣偏多而爲愚不肖也. 蓋聖人衆人, 雖同得於一理一氣, 而氣之流行於天地者, 不能皆純且正, 而雜且偏者居多焉, 故得其純且正而爲聖者, 世不常有矣.〕"라고 설명하였다.

54 만일……세워서 : 《한서(漢書)》 〈예관전(倪寬傳)에 "오직 천자만이 중화(中和)의 극(極)을 세워서 조리를 겸하여 총괄해서 금(金)으로 소리를 퍼뜨리고 옥(玉)으로 거둔다.〔唯天子建中和之極, 兼總條貫, 金聲而玉振之.〕"라고 하였다.

음(陰)과 양(陽)이 과한 것을 제재하여 이루어주고, 미치지 못하는 것을 도와주며, 하늘이 덮어주고 땅이 실어주면서 낳고 이룬 것 중에 한쪽으로 치우친 것을 천지에 참여하여 도와주고, 추위와 더위, 재앙과 상서가 그 올바름을 얻지 못한 것을 섭리(燮理)하여 악을 막고 선을 드날리며 하늘의 아름다운 명을 따라서[55] 하늘과 땅이 교태(交泰)[56]한 가운데로 모두 돌아가면 천지의 원기(元氣)가 이에 융성해지고, 큰 조화가 이에 순수하고 선해져서 어두운 것이 밝아지고 탁한 것이 맑아지며, 박한 것이 후해지고 거스린 것이 순해질 것이다. 그리하여 음과 양의 리기(理氣)가 조화롭고 오행이 조화로워서 따뜻하고 서늘하고 춥고 더운 것이 모두 제때에 맞고, 바람과 이슬과 우레와 비가 절기에 맞을 것이니, 그렇다면 천지 두 사이에서 리와 기를 품부받고 태어난 것은, 사람은 모두 성현과 군자의 무리요, 물건은 기린과 봉황, 거북과 용의 상서가 많아서 여러 백성들이 이에 변하여 크게 화합하고, 새와 짐승이 모두 춤을 추며, 물고기와 자라가 모두 순하고, 여러 풀이 번성하고 무성한 한 것이 모두 그 능사이니, 어찌 간사한 기운이 혹 감히 이 사이를 침범하여 천지의 경(經)을 어그러뜨리겠는가.

성인이 죽자 천지의 위(緯)가 그 도를 잃은 것은 천지 상경(常經)의 리(理)가 또한 따라서 변한 것이 아니요, 성인이 계시자 천지의 위(緯)

55 악을……따라서 : 《주역》 〈대유괘(大有卦) 상전(象傳)〉에 "군자가 보고서 악을 막고 선을 드날려 하늘의 아름다운 명을 따른다.〔君子以, 遏惡揚善, 順天休命.〕"라고 하였고, 《서경(書經)》 〈열명 하(說命下)〉에 "감히 천자의 아름다운 명(命)을 대양(對揚)하겠습니다.〔敢對揚天子之休命.〕"라는 내용이 보인다.

56 교태(交泰) : 《주역》 〈태괘(泰卦) 상전(象傳)〉에 "하늘과 땅이 사귐이 태(泰)이니, 군주가 이를 본받아서 천지의 도를 제재하여 이루고, 천지의 마땅함을 도와서 백성들을 돕는다.〔天地交泰, 后以, 財成天地之道 ,輔相天地之宜, 以左右民.〕"라고 하였는데, 이는 하늘과 땅이 서로 동하는 것을 의미한다.

가 그 도(道)를 순히 따르는 것은 천지 상경의 리가 더함이 있어서 그러한 것이 아니다. 변함이 없기 때문에 경이라 하고, 변함이 있기 때문에 위라 하니, 이것은 리와 기가 하나의 도가 되는 까닭이다.

4.1.4.2

또 말하였다. 리(理)가 경(經)이 된 것은 본래 포함하지 않는 것이 없다. 이 때문에 그 위(緯)에 행해지는 것이 정한 것과 거친 것이 반드시 구비되니, 대체로 덕성(德性)이 된 것은 정한 것이요, 형질(形質)이 된 것은 거친 것이다. 천지가 운행하는 것을 가지고 말하면 건순(健順)과 강유(剛柔), 원형(元亨)과 리정(利貞)은 덕성에 속하고, 바람과 우레, 비와 햇볕, 물과 불, 흙과 돌은 형질에 속한다. 사람과 물건이 품부받은 것을 가지고 말하면 귀가 밝고 눈이 밝고 도량이 크고 의지가 굳센 것과 인(仁)·의(義)·예(禮)·지(智)는 그 덕성이며, 사람에게 있어서는 말[言]과 모양과 힘줄과 힘이 되고, 금수에 있어서는 가죽과 털과 살과 뼈가 되고, 초목에 있어서는 뿌리와 줄기와 꽃과 열매가 되는 것은 모두 그 형질이다. 그렇다면 정한 것과 거친 것이 모두 리(理)인 것이니, 정한 것만 리이고 거친 것은 리가 아니라고 말할 수 없는 것이다.

그 혹 정하고 혹 거친 것은 기(氣)의 위(緯)요, 정하게 되고 거칠게 된 까닭은 리(理)의 경(經)이니, 이는 그 항상하고 한결같은 경이 정하고 거친 위(緯)에 혹시라도 행해지지 않음이 없는 것이요, 위 가운데의 정하고 거친 것이 일찍이 서로 따르고 함께 행해지지 않음이 없는 것이니, 그렇다면 한결같은 경이 이에 항상 보존되는 것이다. 오직 그 정하고 거친 것이 이처럼 구비하지 않을 수 없기 때문에 이 도의 용(用)이 되는 정한 것과 거친 것이 모두 이 가운데에 들어 있는 것이다.[57] 다만 그 물건의 크고 작음과 귀하고 천함에 따라 취하여 쓰임이 되는 것이 자연 똑같을 수가 없어서 혹은 정한 것을 취하고 혹은 거친 것을 취하니, 물건 중에 크고 또 귀한 것은 정한 것을 취한 것인데 그 쓰임이 되는 것도 따라서 귀하고 또 크며, 물건이 작고 또 천한 것은 거친 것을 취한 것인데 그 쓰임이 되는 것도 따라서 작고 또 천해진다.[58] 그러나 이는 모두 도를 체행하는 일과 도를 행하는 도구가 되어서 본말(本末)과 경중(輕重)의 순서가 서로 인함이 있으니, 모두 버릴 수가

57 오직……것이다 : 장현광은 〈만학요회(晩學要會)〉에서 "리(理)는 본래 하나인데 쓰임이 되는 것은 반드시 기(氣)로써 이뤄진다. 이 때문에 이 리는 기를 용(用)으로 삼지 않을 수 없다. 그렇다면 기는 리에서 나오는 것이니, 별도로 리 밖의 근원이 있는 것이 아니다. 다만 기가 되어 쓰임을 지극히 하는 즈음에 변화하고 작용하는 기틀이 없지 못하므로 유행하는 사이에 반드시 정하고 거칠고 후하고 박함이 똑같지 않으며, 모이고 흩어지고 성하고 쇠함이 일정하기가 어렵다. 그래서 품휘(品彙)가 만나는 바에 청(淸)과 탁(濁), 수(粹)와 박(駁), 강(剛)과 유(柔), 선(善)과 악(惡)의 만 가지 다름이 있으니, 이렇게 되면 진실로 병이(秉彝)의 똑같음을 볼 수가 없다.〔蓋理本自一也, 而其致用也必以氣, 故理不得不有氣以爲用焉. 然則氣之出, 出於理也, 非別有理外之源也. 惟於爲氣致用之際, 不能無變化作用之機, 故其流行之間, 必有精粗、厚薄之不一, 聚散、盛衰之難常, 而品彙之所値者, 淸濁、粹駁、剛柔、善惡之有萬不齊, 則固未見其有秉彝之一焉.〕"라고 하였다.

58 다만……천해진다 : 리(理)는 경(經)으로서 하나이지만 기(氣)는 위(緯)로서 여러 가지로 현상으로 발현되어 각각의 쓰임이 있음을 말한 것이다. 장현광은 〈입암기(立巖記)〉에서 "조물옹(造物翁)이 만물을 만든 이유가 어찌 한갓 조화의 공을 허비하여 다만 쓸모없는 물건을 만들고자 했겠는가. 한 물건이 있으면 반드시 한 물건의 쓰임이 있고, 만 가지 물건이 있으면 반드시 만 가지 물건의 쓰임이 있어서 먼저 쓰일 이치가 있은 뒤에 이 물건이 있는 것이니, 만약 쓰일 이치가 없었다면 마땅히 이 물건을 내지 않았을 것이다. 그러므로 천지가 이미 만물을 내고 또 반드시 이 사람을 낸 것이니, 그런 뒤에야 만물을 주장하여 각각 그 쓰임을 다하게 되는 것이다.〔造物翁所以造萬物者, 豈是徒費造化之功, 只令爲無用之物哉? 有一物則必有一物之用, 有萬物則必有萬物之用, 先有用之理, 然後有是物, 若無是用之理, 則當不生是物矣, 故天地旣生萬物, 又必生是人, 然後有以主掌乎萬物, 而各致其用焉.〕"라고 하였다.

없는 것이다. 이에 대해서 한번 말해보겠다.

사람은 만물의 으뜸이 되기 때문에 사람에게 귀한 것은 덕성인데 사민(四民)[59] 중에 선비는 이 도를 닦아 밝히는 자이다. 하늘과 땅과 사람과 물건의 경위(經緯)의 도(道)가 모두 이 선비가 책임지는 것이니, 그렇다면 그 쓰임이 됨이 지극히 크고 또 지극히 귀함이 되지 않겠는가. 농부와 공인, 장사꾼 이 세 가지는 취하여 쓰는 것이 힘줄과 힘의 수고로움인데 이 세 종류의 사람이 아니면 또한 천하와 나라와 집안이 될 수 없으니, 그렇다면 그 쓰임이 됨이 또 어찌 가볍고 또 천하겠는가.[60] 더구나 사민이 모두 풍속과 교화의 가운데에 갇혀 있어서 효제충신(孝弟忠信)과 예의염치(禮義廉恥)가 권장하는 바의 도와 돈독히 하는 바의 풍속 아닌 것이 없음에 있어서이겠는가. 그렇다면 도의 정(精)한 것이 그 사람에게 있는 것이다.

사람의 군주가 된 자는 이 도를 주관하는 사람이요, 군주의 신하가 된 자는 이 도를 나누어 맡은 사람이요, 아래의 백성(下民)이 된 자는 이 도를 따르는 사람이며, 저 성현으로 말하면 이 도가 따라 세워지는 자이다. 새와 짐승의 가운데에 육휵(六畜)[61]에 이르러서는 말을 타고

59 사민(四民) : 사람의 신분을 네 가지로 구분한 것으로 선비〔士〕・농부〔農〕・공인〔工〕・장사꾼〔商〕을 말한다.

60 그렇다면……천하겠는가 : 사민(四民) 중 선비의 쓰임이 가장 크고 높지만, 나머지 농부와 공인, 장사꾼도 각자의 소임이 있어 쓰임이 됨을 설명한 것이다. "오직 지위가 높은 자는 하는 일이 크니 진실로 하민(下民)의 작은 일을 겸할 겨를이 없고, 지위가 낮은 자는 하는 일이 작으니 힘을 들여 마땅히 위에 있는 대인(大人)을 공양해야 한다. 이 때문에 나라의 쓰임이 모두 백성들의 가정에서 나오고 군주의 먹는 것이 반드시 백성들의 힘에 의뢰하는 것이다.〔惟以位上者事大, 固不暇於兼下民之小事; 在下者事小, 力宜足於供在上之大人. 此所以國之用, 皆出於家; 君之食, 必賴於民也.〕"라고 하였다. 《旅軒集 卷4 饋位官說》

61 육휵(六畜) : 집에서 기르는 대표적인 여섯 가지의 가축(家畜)으로, 소・말・돼

짐을 실으며 희생(犧牲)이 되어서 산 사람을 봉양하고 죽은 사람을 장송(葬送)하는 쓰임이 되는 것이요, 그 나머지 깃털이 있고 털이 있으며 비늘이 있고 갑충(甲蟲)이 되는 등속도 모두 취하여 쓰는 것이니, 비록 그 지극히 작은 것이 마치 생쥐와 같고, 지극히 포악한 것이 이리와 범과 같은 것이라도 혹은 그 가죽과 털을 취하고 혹은 그 살과 뼈를 취하여, 모두 거두어 사용하는데 들어있다. 또 풀과 나무 중에 비록 지극히 독한 풀이라도 의약품으로 사용하고, 비록 재목이 안되는 나무라도 땔감으로 거두어 사용하니, 그렇다면 모두가 도 가운데의 쓰임인 것이다. 더구나 그 날짐승과 물속에 잠겨있는 것 중에 큰 것과, 식물 중에 아름다운 것에 있어서이겠는가. 이것은 하늘과 땅의 위(緯)가 만든 것이 지극히 넓고, 쓰임이 지극히 구비하여 한 리(理)의 경(經)에 통솔되지 않음이 없는 것이 아니겠는가.

4.1.5 사람에게 있는 경(經)과 위(緯)를 논하다

4.1.5.1

사람과 만물은 하늘과 땅의 위(緯)가 행해지는 가운데에서 태어났으나 그 받은 바의 성명(性命)은 경위(經緯)가 되지 않는 것이 없으니, 성명(性命)은 바로 이른바 태극(太極)의 리(理)라는 것이다. 그렇다면 물건마다 모두 리와 기(氣)를 가지고 있으니, 바로 이른바 경과 위라는 것인데, 대체로 모두 이기 오행(二氣五行)[62]의 조박(糟粕)[63]을 받아 한

지·양·닭·개를 가리킨다.

62 이기 오행(二氣五行) : 이기(二氣)는 음(陰)과 양(陽), 오행(五行)은 목(木)·화(火)·토(土)·금(金)·수(水)를 가리킨다.

쪽으로 치우치고 막힌 만물의 한 종류가 되었다. 비록 저 태극의 일단(一端)을 얻은 것이 있으나 끝내 조화의 허다한 품휘(品彙)를 갖추고 우리 인간이 사용하는 자료와 도구를 충당하는데 불과할 뿐이니, 그 어찌 경위의 큰 도(道)를 의논할 수 있겠는가.

오직 우리 인간은 하늘과 땅의 위(緯)를 받았으니 바로 이기(二氣)의 빼어난 기운이고, 오행의 정수이다. 그러므로 삼재(三才)[64]에 참여되고 만물의 으뜸이 되니, 이 마음에 성(性)이 되어서 경이 된 것은 바로 이 리인데 그 조목이 다섯 가지가 있으니, 인(仁)・의(義)・예(禮)・지(智)・신(信)으로 바로 이른바 태극의 전체[65]라는 것이요, 바로 이른바 하늘과 땅이 생기기 전과 하늘과 땅이 생긴 뒤에 경이 되었다는 것인데, 사람이 천지에 참여되기 때문에 그 온전함을 얻은 것이다. 오직 이 인・의・예・지・신의 오상(五常)이라는 것은 사람 중에 성인이 되어도 이 다섯 가지에 지나지 않고, 사람 중에 어리석은 사람이 되어도 이 다섯 가지가 줄어들지 않으며, 사람이 옛날에도 이 다섯

63 조박(糟粕) : 술이나 기름을 다 짜고 버리는 찌꺼기를 가리키는 말로, 묵은 잔재물이어서 새로울 것이 없음을 비유한다. 제(齊)나라 환공(桓公)이 글을 읽고 있었는데 옆에서 수레바퀴를 깎고 있던 장인이 환공에게 무슨 책을 읽고 있느냐고 묻자, 환공이 성인의 말씀이라고 대답하였다. 장인이 또 지금 성인이 살아 있느냐고 다시 묻자, 환공이 돌아가셨다고 대답하니 장인이 "그렇다면 임금이 읽고 있는 것은 옛사람의 찌꺼기일 뿐입니다.〔然則君之所讀者, 古人之糟粕已夫.〕"라고 한데서 유래한 말이다. 《莊子 天道》

64 삼재(三才) : 하늘과 땅과 사람을 가리킨다. 4.1.1.1절 각주 2) 참고.

65 태극의 전체 : 주자는 "기질(氣質)은 음양(陰陽)과 오행(五行)이 하는 것이고, 성(性)은 태극의 전체이다. 다만 기질의 성을 논하면 이 전체가 기질의 안에 있을 뿐이요, 별도로 다른 성이 있는 것이 아니다.〔氣質是陰陽五行所爲, 性則太極之全體, 但論氣質之性, 則此全體在氣質之中耳, 非別有一性也.〕"라고 설명하였다. 《朱子語類 卷94 周子太極圖》

가지를 지녔고 사람이 지금에도 이 다섯 가지를 지녔으니, 바로 이른바 하늘이 내려준 충(衷 진리)이요 잡은 바의 떳떳한 성(性)이며 물건의 법칙이라는 것이다.[66]

이 오상을 위로 천지의 사덕(四德)[67]과 더불어 그 명목은 다르나 그 리(理)가 같고, 아래로는 만물의 한 가지 단서와 그 쓰임은 다르나 그 리는 같다. 그러므로 천지가 유통하는 것[68]이요, 여러 종류가 포함되는 것이요, 온갖 일의 강령(綱領)이 되는 것이요, 모든 행실의 근본이 되는 것이니, 만고(萬古)의 전후와 천지가 생기기 전후에 이 인간이

66 바로……것이다 : 주자는 《대학혹문(大學或問)》에서 하늘이 만물에 준 리(理)를 아홉 가지로 정리하였는바, "리(理)가 밖으로 남에게 이르면 남의 리가 자기와 다르지 않고, 멀리 사물에 이르면 사물의 리가 사람과 다르지 않으니, 그 큰 것을 지극히 하면 천지의 운행과 고금의 변화가 이 리를 벗어나지 않으며, 작은 것을 지극히 하면 작은 티끌 하나, 숨 한번 쉬는 순간에도 이 리를 빠트릴 수 없는 것이다. 이것은 상제(上帝)가 내려 준 성(性)이요, 모든 백성이 가지고 있는 떳떳한 성이며, 유자(劉子)의 이른바 천지의 중(中)이라는 것이요, 공자의 이른바 성(性)과 천도(天道)라는 것이요, 자사(子思)의 이른바 천명(天命)의 성(性)이라는 것이요, 맹자의 이른바 인의(仁義)의 마음이라는 것이요, 정자의 이른바 천연적인 자연 그대로의 성이라는 것이요, 장자(張子)의 이른바 만물의 근원이라는 것이요, 소자(邵子)의 이른바 도의 형체(形體)라는 것이다.〔外而至於人, 則人之理, 不異於己也; 遠而至於物, 則物之理, 不異於人也, 極其大, 則天地之運, 古今之變, 不能外也; 盡於小, 則一塵之微, 一息之頃, 不能遺也, 是乃上帝所降之衷, 烝民所秉之彝, 劉子所謂天地之中, 夫子所謂性與天道, 子思所謂天命之性, 孟子所謂仁義之心, 程子所謂天然自有之中, 張子所謂萬物之一原, 邵子所謂道之形體者.〕"라고 설명하였다.

67 천지의 사덕(四德) : 천도(天道)로서 원(元)·형(亨)·이(利)·정(貞)을 가리킨다. 한편 사덕은 인성(人性)으로 말하면 인(仁)·의(義)·예(禮)·지(智)가 되는데, 여기에 신(信)을 더하여 오성(五性)이라 한다.

68 천지가 유통하는 것 : 북계 진씨(北溪陳氏)는 〈심체용설(心體用說)〉에서 "체(體)가 천지와 함께 그 큼을 함께 하는 것은 리(理)를 가지고 말했을 뿐이요, 용(用)이 천지와 함께 서로 유통하는 것은 이 리의 유행을 가지고 말했을 뿐이다.〔體與天地同其大者, 以理言之耳, 用與天地相流通者, 以是理之流行者言之耳.〕"라고 설명하였다.

없었다면 모르겠지만 만약 이 인간이 있다면 누가 오상이 없이 인간이 된 자가 있겠는가. 조목[69]은 비록 다섯 가지가 있으나 다섯 가지는 실로 똑같은 리이니, 이것이 이른바 사람에게 있는 경(經)이라는 것이 아니겠는가. 그러나 그 성(性)으로 삼은 것이 다만 이 리이므로 경이 되어 떳떳하고 한결같은 것이요, 그 발하여 정(情)이 된 것은 곧 기(氣)이므로 위가 되어 똑같지 않음이 있는 것이다.

정의 조목[70]은 희(喜)·노(怒)·애(愛)·락(樂)·애(哀)·오(惡)·욕(欲)이니, 이 일곱 가지 외에 다른 정은 없다. 비록 의(意), 지(志), 사려(思慮)라고 부르는 각각의 명목이 있으나, 또한 칠정(七情)의 밖에 별도로 조리와 맥락이 각기 나오고 각기 행해지는 것은 아니다. 의(意)는 바로 이 정을 가지고 헤아리는 바가 있는 것이요, 지(志)는 이 정해진 방향이 있는 것이요, 사려(思慮)는 이 칠정으로 인하여 만 가지 변화에 두루 유행하고 살펴 생각하는 것이다. 그렇다면 이 성(性)의 용(用)이 정 밖에 무슨 두 갈래의 다른 길이 있겠는가. 오직 그 보존하면 성이 되고 발하면 정이 되는 통체를 심(心)[71]이라 한다.

69 조목 : 바로 인(仁)·의(義)·예(禮)·지(智)·신(信)을 가리킨다.

70 정의 조목 : 〈학부명목회통지결〉에 "내 마음에 있는 성(性)의 덕이 반드시 사물의 응함에 발한 뒤에 그 용(用)을 다한다. 그러므로 성이 발하는 것을 정(情)이라 이르니, 순경(順境)에 응하는 것은 희(喜)·낙(樂)·애(愛)·욕(欲)이며, 역경(逆境)에 응하는 것은 노(怒)·애(哀)·오(惡)이니, 이 일곱 가지는 정의 조목이다.〔是性之德於吾心者, 必發於事物之應, 然後致其用焉, 故性之發者, 謂之曰情, 其應於順境者, 曰喜曰樂曰愛曰欲; 應於逆境者, 曰怒曰哀曰惡, 此七者情之目也.〕"라고 하였다.

71 심(心) : 장현광은 〈학부명목회통지결〉에서 심(心)에 대해 "귀로 오성(五聲)을 분별하고 눈으로 오색(五色)을 분별하고 입으로 오음(五音)을 내고 코로 오취(五臭)를 분별하고 손으로 오륜(五倫)을 다스리고 발로 오방(五方)을 밟는다. 그런데, 오직 이른바 마음에 머물러 있는 신(神)이 사장(四臟)의 영(靈)을 통솔하고 육부(六腑)의 기관을 관장하며 오상(五常)의 덕을 갖추고 칠정(七情)을 쓰임을 내며 이(耳)·목(目)·구

그러므로 성(性)을 말하는 자가 반드시 심(心)을 말하고 정을 말하는 자도 또한 심을 말하니, 그렇다면 리와 기가 두 근본이 되는 것이 아님이 여기에서 또한 분명한 것이다.[72]

성의 용이 마음에 발로되고 몸에 행해지고 집안에 행해지고 나라에 행해지고 천하에 행해져서 천지에 도달하고 고금에 통행되는 것인데, 그 발하는 바의 기틀을 요약하면 일곱 가지의 정〔七情〕일 뿐이다. 성의 조목은 다섯 가지인데 정의 조목은 일곱 가지가 있으니, 이는 바로 위(緯)의 변함이다. 비록 오상(五常)의 성을 가지고 있으나 만약 칠정(七情)을 쓰지 않는다면 무엇으로 말미암아 그 쓰임을 다하겠는가.[73] 그러므로 성은 리에 있어 경이 되고 정은 기에 있어 위가 되니, 그런

(口)・비(鼻)의 기능을 통일하고 사지(四肢)와 백해(百骸)의 법칙을 기준으로 삼아서 마침내 천지의 도에 참여하고 만물의 리에 응하여 이 인극(人極)을 세우고 한 몸을 주장한다. 그러므로 이것을 마음〔心〕이라고 하는 것이다.〔耳辨五聲, 目辨五色, 口出五音, 鼻辨五臭, 手治五倫, 足履五方, 而惟其所謂神之宅乎方寸者, 統四臟之靈, 管六腑之機, 具五常之德, 出七情之用, 齊耳目口鼻之司, 準四肢百骸之則, 乃有以參天地之道, 應萬物之理, 立此人極, 主乎一身, 故曰心.〕"라고 해석하였다. 사장(四臟)은 오장의 심(心)을 제외한 간(肝)・비(脾)・폐(肺)・신(腎)의 네 장기를 이른다.

72 그러므로……것이다 : 《주자어류(朱子語類)》 〈성리(性理)〉에 "성(性)은 아직 동하지 않았고 정(情)은 이미 동하였는데 마음〔心〕은 이미 동한 것과 아직 동하지 않은 것을 포괄하였다. 마음이 아직 동하지 않은 것이 성이고 이미 동하면 정이니, 이른바 마음이 성과 정을 통합했다는 것이다.〔性是未動, 情是已動, 心包得已動未動. 蓋心之未動則爲性, 已動則爲情, 所謂心統性情也.〕"라고 하였다.

73 비록……다하겠는가 : 〈도통설〉에 "오상(五常)은 이 도의 체(體)이니 하늘에서 나온 것이요, 칠정(七情)은 이 도의 용(用)이니 마음에 관계된 것이요, 오륜(五倫)은 이 도의 조리이니 친소(親疎)를 두루 다하는 것이요, 네 가지 사업은 이 도의 공용(功用)이니 법이 가까운 곳과 먼 곳에 미치는 것이다.〔五常者, 斯道之體, 出於天者也; 七情者, 斯道之用, 機於心者也; 五倫者, 斯道之條理, 偏盡親疎也; 四業者, 斯道之功用, 準及近遠也.〕"라고 하여, 오상을 체(體)로, 칠정을 용(用)으로 보고, 체와 용이 모두 구비되어야 함을 설파하였다.

뒤에야 도의 체(體)와 용(用)[74]이 구비되어 덕업(德業)이 이루어지는 것이다. 기는 바로 리가 발한 명칭이고 정은 바로 성이 발한 명칭이니, 성은 바로 리요 정은 바로 기인데[75] 성이라 하고 정이라 하는 이유는 다만 사람이 명칭을 어떻게 붙였느냐에 달려 있을 뿐이니, 서로 통하고 꿰뚫는 묘함을 어찌 마음으로 알 수 없겠는가. 그렇다면 위는 경을 준칙으로 삼아야 하고 정은 성을 따라야 하는 것이다.

리에 기가 있음은 그 리의 용을 발(發)하는 것이요, 성에 정이 있음은 그 성의 용을 발하는 것이니, 그렇다면 마땅히 준칙으로 삼고 마땅히 순종해야 하는 것이 바로 그 떳떳한 도인 것이다. 만일 기쁠 때 기뻐하여 기뻐함을 절제해서 그치고, 노여울 때 노여워하여 노여움을 절제해서 그치며, 그 슬퍼하고 즐거워하고 사랑하고 미워하는 것들이 모두 그 마땅함을 얻어서 절제하면 위가 어찌 경을 준칙으로 삼지 않는 잘못이 있겠는가. 오상의 성이 마땅히 샘물이 처음 나오고 불이 처음

74 도의 체(體)와 용(用) : 〈학부명목회통지결〉에 "이루어진 성(性)을 보존함을 체(體)라 하고, 바른 정(情)을 행함을 용(用)이라 하니, 체가 확립되어야 용이 행해지고, 용이 행해져야 체가 완전해진다. 그러므로 이것을 체용(體用)이라 이르니, 체용은 도를 가지고 말한 것이다.〔存其成性之謂體, 行其正情之謂用, 體立而用行, 用行而體完, 故謂之體用, 體用者, 以道而言也.〕"라고 하였다.

75 성은……기인데 : 《중용장구(中庸章句)》에 "명(命)은 령(令)과 같고, 성(性)은 바로 리(理)이다. 하늘이 음양과 오행으로 만물을 화생할 때에 기로써 형체를 이루고 리 또한 부여하니, 명령함과 같다.〔命猶令也, 性卽理也. 天以陰陽五行化生萬物, 氣以成形, 而理亦賦焉, 猶命令也.〕"라고 하였다. 성호(星湖) 이익(李瀷)의 형인 이서(李溆)는 그가 지은 〈논성(論性)〉에서 "성(性)과 정(情)은 마음의 체(體)와 용(用)이니, 성과 정을 리(理)와 기(氣)로 배합하면 성은 바로 리이고, 정은 바로 기이다. 정이 발하여 절도에 맞는 것은 바로 기가 순정(順正)한 것이고, 발하여 절도에 맞지 않는 것은 바로 기가 어그러진 것이다.〔性情者, 心之體用也, 性情以理氣配合, 則性卽理也, 情卽氣也. 情之發而中節者, 卽氣之順正者也; 發而不中節者, 卽氣之乖戾者也.〕"라고 해석하였다.

타오르듯 할 것이니, 그 유행의 성대(盛大)함을 이루 헤아릴 수 있겠는가. 이는 성인의 정(情)이 그 화함을 얻은 것이다.

만일 혹 제 때에 발하지 않고, 또 절도에 맞지 못해서 기쁜 것이 기뻐할 때가 아니고, 노여워함이 노할 때가 아니며, 그 나머지 다섯 가지가 모두 그 절도를 잃는다면 언행(言行)에 나오고, 응대(應待)에 조처하는 것이 전착(顚錯)되고 패란(悖亂)되어서 미친 짓을 하고 망령된 짓을 하면서도 깨닫지 못할 것이니, 그 경으로 삼은 성(性)과 어찌 거리가 멀지 않겠는가. 이는 바로 보통 사람의 정이 그 순함을 잃은 것이니, 이는 사람에게 있는 위(緯)가 한결같지 못한 이유이다.

그 한결같지 못한 이유는 어째서인가. 하늘과 땅의 위(緯)에서 받은 기품이 이미 다르지 않을 수가 없기 때문이다. 하늘의 음(陰)과 양(陽)이 사람에게 있으면 기(氣)가 되는데 어둡고 밝고 깨끗하고 탁한 것이 서로 다르며, 땅의 강(剛)과 유(柔)가 사람에게 있으면 질(質)이 되는데 순수하고 잡박하고 후하고 박한 것[76]이 똑고르지 못함이 있으니, 기가 깨끗하고 밝으며 질이 순수하고 후한 자는 그 성에 위(緯)가 된 정이 자연스레 중화(中和)의 덕[77]에 합하여 오상의 경(經)[78]을 온전히

76 하늘의……박한 것 : 장현광은 앞에서 "이에 기(氣)가 엉기고 모이는 것은 형(形)과 질(質)이 되니, 형에는 크고 작고 귀하고 천함이 있고, 질에는 후(厚)하고 박(薄)하고 순수하고 잡박(雜駁)한 것이 있으며, 기가 운행하는 것은 후(候)와 도(度)가 되니, 후에는 맑고 탁하고 정하고 거침이 있고, 도에는 시작과 끝, 성하고 쇠함이 있다.〔於是氣之凝聚者爲形質, 形有大小貴賤, 質有厚薄粹駁; 氣之運行者爲候度, 候有淸濁精粗, 度有始終盛衰.〕"라고 하였다. 《旅軒性理說 論理氣爲經緯》

77 중화(中和)의 덕 : 중(中)은 곧 본성으로 칠정이 아직 발하지 않았을 때 마음을 다스려 미발(未發) 상태를 유지하여 본성을 잘 보존하는 것이며, 화(和)는 정이 이미 발하였을 때, 모두 절도(節度)에 맞게 하는 것을 이른다. 《중용》에 "희(喜)·노(怒)·애(哀)·락(樂)의 정이 아직 발하지 않은 것을 중(中)이라 하고, 발하여 모두 절도에 맞는 것을 화(和)라 하니, 중은 천하의 큰 근본이고 화는 천하의 공통된 도이다. 중과

할 수가 있고, 기가 어둡고 탁하며 질이 잡되고 박한 자는 그 정이 반드시 혹 무겁거나 혹은 가벼운 편벽됨을 면치 못하여 마침내 오상의 경을 잃어 선(善)과 악(惡), 사(邪)와 정(正)의 구분을 이루어서 끝내 하늘과 땅처럼 지극히 차이가 생기게 되는 것이다. 이것은 바로 사람에게 있는 위가 똑같지 않은 것이니, 실로 하늘과 땅의 위가 그 변함이 있음에 연유한 것이다. 그러나 경(經)이 되는 성(性)[79]은 항상 본래 한결같아서 일찍이 기(氣)가 어둡고 탁하고, 질(質)이 잡되고 박하고, 정(情)이 전착(顚錯)되고 패란(悖亂)하다는 이유로 변함이 있지 않다. 그러므로 그 떳떳하고 한결같은 성을 인하여 회복하면 똑같지 않은 기를 통일할 수 있는 방도가 있고, 가지런하지 않은 질을 가지런히 할 수 있는 방도가 있고, 전착되고 패란한 정을 바로잡아 다스릴 수 있는 방도가 있으니, 바로 이른바 경을 주장하여 위를 다스리는 일이라는 것이다.

그러나 한결같게 하고 가지런하게 하고 바로잡아 다스린다는 것은 초목과 금수(禽獸)를 사람으로 만들거나 자포자기(自暴自棄)[80]하는 하

화를 지극히 하면 천지가 제자리를 편안히 하고 만물이 잘 생육된다.〔喜怒哀樂之未發, 謂之中, 發而皆中節, 謂之和, 中也者, 天下之大本也; 和也者, 天下之達道也. 致中和, 天地位焉, 萬物育焉.〕"라고 보인다.

78 오상의 경(經) : 서명응(徐命膺)은 "물건에는 만물(萬物)이 있으나 오성(五性)의 착종(錯綜)을 벗어나지 않고, 소리에는 만 가지 소리가 있으나 오음(五音)의 정(正)·변(變)을 벗어나지 않고, 일에는 만사(萬事)가 있으나 오상(五常)의 경위(經緯)를 벗어나지 않는다.〔物有萬物而不外乎五性之錯綜, 聲有萬聲而不外乎五音之正變, 事有萬事而不外乎五常之經緯.〕라고 오상을 설명하였다. 《保晩齋集 卷16 蠡測篇》

79 경(經)이 되는 성(性) : 바로 본연지성(本然之性)을 가리킨다.

80 자포자기(自暴自棄) : 《맹자》 〈이루 상(離婁上)〉에 보이는 내용으로, 도덕을 부정하여 스스로 해치는 자를 자포라 하고 도덕을 인정하나 자신은 도덕을 행할 수 없다고 스스로 포기하는 자를 자기라 이른다. 일반적으로 말하는 자포자기는 스스로 포기하는

우(下愚)[81]를 성지(聖智)스러운 사람으로 만들 수 있는 것은 아니다. 다만 그 한결같지 않고 똑고르지 않은 물품을 가지고 그 분한(分限)에 따라 길들이고 바로잡아서 비록 초목과 금수라도 대처함에 그 마땅함을 얻고 기름에 그 성질을 순히 하여, 그 번성하고 알을 까고 기르는 이치를 잃지 않게 하면 충분하며, 비록 자포자기하는 하우라도 치화(治化)[82]의 가운데에 거두어서 떳떳한 이치를 침범하고 기강을 어지럽히는데 이르지 않게 하면 되는 것이다.

만일 혹 부득이하여 형벌을 시행하고 법을 가하여 너무 심한 사람을 죽이고 단죄(斷罪)하는 것도 또한 경일(經一)의 도[83]가 행해지는 것이다. 더구나 사람으로서 자포자기하는 하우는 아니어서 불인(不仁)을 부끄러워하고 불의(不義)를 두려워하여 조금이라도 마음을 돌리고 교

자만을 가리킨다.

81 하우(下愚) : 상지(上智)와 반대되는 말로, 하늘로부터 받은 기질이 탁하고 잡박(雜駁)한 사람을 가리킨다. 장현광은 "처음에는 칠정(七情)의 중(中)을 잃음에 불과했는데, 하우가 되고 이단이 되어 끝내는 천지 사이의 큰 적(賊)이 되면서도 스스로 깨닫지 못한다.〔其初不過七情之失其中, 而至於爲下愚爲異端, 終作天地間一大賊而莫之覺也.〕"라고 하였다.《旅軒集 卷5 晩學要會》

82 치화(治化) : 어진 정치로 백성을 다스려 선(善)으로 인도함을 이르는데, 여기서는 교육과 교화로서 그들의 본성을 회복시키는 것을 의미한다.

83 경일(經一)의 도 : 시중(時中)의 도(道)와 같다. "역을 사용하는 자가 이에 대처하는 방도는 때에 따르고 곳에 따라 형세를 헤아리고 마땅함을 헤아려서 한결같이 오직 의리가 있는 곳에 순응하여 혹 굽히고 혹 펴며, 혹 나아가고 혹 물러나서 시중(時中)의 도(道)를 잃지 않게 하는 것이다. 그러니 이렇게 하면 역(逆)이 변하여 순(順)이 되고, 해(害)가 변하여 이(利)가 되고, 흉(凶)과 린(吝)이 변하여 길(吉)과 상(祥)이 될 수 있다. 이른바 시중의 도는 바로 경일(經一)의 리이니, 성인이 역을 지은 것은 이 도를 위해서이다.〔用易者, 所以處之之道, 則隨時隨處, 量勢度宜, 一惟義理之所在者而順之, 或屈或伸, 或進或退, 能不失乎時中之道, 則逆可變而爲順, 害可變而爲利, 凶吝可變爲吉祥, 所謂時中之道, 卽經一之理也, 聖人作易, 爲此道也.〕"《旅軒性理說 易引經傳》

화로 향하려는 기틀이 있으면 그 어둠을 열어줄 수 있고, 그 탁함을 제거할 수 있고, 잡됨을 갈아 다스릴 수 있고, 박함을 돈독히 할 수 있어서 미치고 망령된 짓을 하는 습관을 없애고 깎을 수 있으니, 그 성현의 무리가 되는 것이 어찌 불가함이 있겠는가.

이는 어째서인가. 똑같이 사람이 되어 똑같이 이 성(性)을 가지고 있기 때문이다.[84] 그러므로 위(緯)를 다스리는 일은 오로지 학문에 방법이 있고 교화에 정사가 있음에 연유하는 것이다. 학문이 아니면 위를 다스리는 방법을 강론할 수 없고, 교화가 아니면 위를 다스리는 법을 행할 수 없으니, 학문을 책임지는 자는 스승과 벗이요 교화를 주관하는 자는 군주와 재상이다. 학문하는 방법이 밝아진 뒤에 교화의 정사가 행해지고, 교화의 정사가 행해진 뒤에 떳떳한 도리가 그 떳떳함을 얻고, 윤리가 그 질서를 얻어서 풍속이 돈후(敦厚)하고 아름다우며, 신(信)을 체행하고 순리를 따라서 무릇 리(理)와 기(氣)의 가운데 있는 것들이 모두 그 성정의 바름을 얻게 되니, 그렇다면 사람의 경과 위가 그 도(道)가 아닌 것이 없고, 하늘과 땅의 경과 위 또한 침범하고 흔드는 물건이 없을 것이다. 이른바 '중화(中和)를 지극히 하여 위육(位育)을 이룬다.'[85]는 것이 바로 이 방도이다.

84 똑같이…… 때문이다 : 정자는 "타고난 것을 성(性)이라고 하니, 성은 바로 기(氣)요, 기는 바로 성이니, 타고남을 말한 것이다. 사람이 기품을 받고 태어나는데 리(理)에 선(善)·악(惡)이 있다. 그러나 이는 성 가운데에 원래 이 선·악 두 가지가 상대하면서 생긴 것이 아니라 어릴 때부터 선한 사람이 있고 어릴 때부터 악한 사람이 있으니, 이는 기품이 그러하기 때문이다. 선은 진실로 성이지만 악 또한 성이라고 말하지 않을 수 없다. 타고난 것을 성이라고 하니, 사람이 태어나 고요한 상태 이상에서는 성을 말할 수 없고, 조금이라도 성을 말하는 순간에는 이미 성이 아니다.〔生之謂性, 性卽氣, 氣卽性, 生之謂也. 人生氣稟, 理有善惡. 然不是性中元有此兩物相對而生也, 有自幼而善, 有自幼而惡, 是氣稟有然也. 善固性也. 然惡亦不可不謂之性也. 蓋生之謂性, 人生而靜以上不容說, 才說性時, 便已不是性也.〕"《二程遺書 卷1 端伯傳師說》

그렇다면 하늘과 땅이 하늘과 땅이 된 이유는 이 경과 위의 도 때문이요, 사람과 물건이 사람과 물건이 된 이유 또한 이 경과 위의 도 때문이다. 이미 사람과 물건이 있으면 반드시 군주와 스승을 세워서 천하를 다스리는 것은 다른 일이 아니요, 바로 경을 주장하여 위를 다스리는 일을 맡기는 것이니, 그 일은 바로 학문과 교화이다. 리학(理學)이라고 말하는 것은 이 리를 밝히는 것이니 위(緯)를 다스리는 강목(綱目)이 경에서 근본을 둔 것이요, 도학(道學)이라고 말하는 것은 이 도를 체행하는 것이니 경을 따르는 것을 위로 삼아서 반드시 준칙을 따르는 것이요, 심학(心學)이라고 말한 것은 이 마음을 바로잡는 것이니 경을 바로잡아 위를 내는〔出〕 자리를 마땅히 먼저 바르게 하는 것이니,[86] 어느 것이 위를 다스리는 학문이 아니며 또 어느 것이 위를 다스리는 정사가 아니겠는가. 삼황(三皇)이 삼황이 된 이유와, 오제(五帝)가 오제가 된 이유와, 삼왕(三王)이 삼왕이 된 이유와 공자와 맹자가 강명(講明)하신 것과 경전(經傳)에 기재된 것이 모두 이 도이고 모두 이 학문인 것이다.[87]

85 중화(中和)를……이룬다 : 위의 각주 171)

86 리학(理學)이라고……것이니 : 장현광은 리학과 도학·심학을 구분하였는바, 〈학부명목회통지결〉에서 그는 "배우는 것은 이 도를 배우는 것이므로 도학(道學)이라 하고, 도는 이 본연의 당연한 리이므로 리학(理學)이라 하고, 도리의 학문은 마음에서 벗어나지 않으므로 심학(心學)이라 하고, 이 리를 밝히고 이 도를 체행하는 것은 이 마음을 다스리는 학문이니, 학문이 이보다 더 바를 수가 없으므로 정학(正學)이라 하고, 이른바 학문이라는 것은 배워서 성인에 이르는 것이므로 성학(聖學)이라 한다.〔學者, 學是道也, 故曰道學; 道是本然當然之理, 故曰理學; 道理之學, 不出於心, 故曰心學; 明此理, 體此道, 治此心之學, 學莫正焉, 故曰正學; 所謂學者, 學而至乎聖者也, 故曰聖學.〕"라고 하였다.

87 삼황(三皇)이……것이다 : 시대가 변해도 결국 전수한 학문은 동일함을 말한 것이다. 〈공성(孔聖)〉에 "오직 그 저술한 책은 모두 삼황(三皇), 오제(五帝), 삼왕(三王)의

4.1.6 리(理)와 기(氣)의 경(經)과 위(緯)를 거듭 논하다

4.1.6.1

리(理)를 경(經)에 견주고 기(氣)를 위(緯)에 견주는 것은 경과 위가 두 물건이 있는 것이 아니요, 리와 기가 두 도가 있는 것이 아니니, 이 리를 가지고 저 기를 비유하면 하나의 도(道)에 체(體)와 용(用), 본(本)과 말(末)[88]이 있음을 알 수 있는 것이다. 후세의 유자(儒者)들은 체와 용이 하나의 근원이고 경과 위가 하나의 물건인지 모르고, 다만 리라 하고 기라 하는 명목에 의거(依據)하여 곧 리는 별도의 리이고, 기는 별도의 기라고 생각하여 거의 리와 기가 하나의 도가 되는 것을 이루지 못하게 되었다. 심지어는 어느 것은 리에서 나오고 어느 것은 기에서 나왔다고 말하니, 이는 도가 마치 근본이 둘이라고 하는 것과 같다. 천하에 어찌 이러한 리가 있겠는가.

도(道)가 실려있는 것이요, 세운 바의 말은 모두 삼황, 오제, 삼왕의 성인이 전수한 심법(心法)이니, 삼황, 오제, 삼왕이 마음에 두고 덕(德)으로 삼고 도로 여긴 것은 바로 무극(無極)과 태극(太極)의 리(理)이다.〔惟其所著之書, 皆三皇、五帝、三王之道之所載也; 所立之言, 皆三皇、五帝、三王之聖之心法也, 三皇、五帝、三王之所心所德所道, 卽無極、太極之理也.〕"라고 하였다.

88 도(道)에……말(末) : 〈학부명목회통지결〉에 "사람이 받은 성(性)을 보존하는 것을 체(體)라 하고, 바른 정(情)을 행하는 것을 용(用)이라 하니, 체가 확립되어야 용이 행해지고 용이 행해져야 체가 완전해진다. 그러므로 이것을 체용(體用)이라 이르니, 체용은 도(道)를 가지고 말한 것이다. 중하게 여기는 것을 본(本)이라 하고, 가볍게 여기는 것을 말(末)이라 하니, 본이 있으면 모름지기 말이 있고 말이 있으면 반드시 본을 따른다. 그러므로 이것을 본말(本末)이라 이르니, 본말은 일을 가지고 말한 것이다. 存其成性之謂體, 行其正情之謂用, 體立而用行, 用行而體完, 故謂之體用, 體用者, 以道而言也; 所重之謂本, 所輕之謂末, 有本須有末, 有末必因其本, 故謂之本末, 本末者, 以事而言也.〕"라고 하였다.

이는 선과 악이 상대하여 일어나고, 간사함과 바름이 서로 확립되는 것이 모두 기에 속한 것에서 따라 나오는 것을 보았다. 그러므로 마침내 기를 리(理) 밖의 물건이라 하고, 다만 '리는 순선(純善)하여 악이 없고, 기(氣)는 선이 있고 악이 있다'[89]라고 말하고는 이에 리와 기를 나누어 둘로 만든 것이다. 리는 진실로 순수하게 선하여 악이 없고 기는 진실로 선이 있고 악이 있다. 그러나 기는 리 밖에 따로 기가 있는 것이 아니다.[90] 리와 기가 바로 하나의 도인데, 리에 속한 그 도를 가리키면 아직 용에 해당하지 않는 것으로 말하였다. 이 때문에 그 선과 상대되는 악과 바름과 반대되는 간사함이 있는 것을 보지 못하니, 그렇다면 리(理)이면서 순선(純善)하고 악이 없는 것이 이것이다. 그리고 기에 속한 도에 이르러는 막 용에 해당하는 것으로 말하였다. 이 때문에 용은 모두 절도에 맞지 못하여 혹은 과(過)와 불급(不及)의 편벽됨이 있음을 면치 못하니, 그렇다면 기(氣)에는 선이 있고 악이 있는 것이 이것이다.

그 기가 과(過)하고 불급(不及)한 것은 또한 본래 이 리의 밖에서 하나의 도가 되어 그런 것이 아니요, 이 음(陰)과 양(陽)이 길이 나뉘고 강(剛)과 유(柔)가 갈리고 뒤섞이는 즈음에 이르면 순선한 리가 또한 용(用)이 우세하고 말(末)이 중해지는 형세를 어찌할 수가 없다.

89 리는……있다 : 사람은 원래 순선무악(純善無惡)의 본연지성(本然之性)을 가지고 있으나, 발(發)하는 용(用)에 따라 기질이 작용하여서 사람마다 강(剛)과 유(柔), 선(善)과 악(惡)의 차이가 있게 된다. 이는 원래 "형체가 생긴 뒤에 기질지성(氣質之性)이 있으니, 이를 잘 돌이켜 회복하면 천지의 성이 보존된다.〔形而後有氣質之性, 善反之, 則天地之性存焉.〕"라고 한 장횡거(張橫渠)의 말씀인데, 뒤에 정이(程頤)가 이 학설을 발전시켰다.

90 기는……아니다 : 기와 리는 분리되어 따로 존재하는 것이 아니라 하나의 도라고 인식한 것이다.

그러므로 선과 악, 간사함과 바름이 함께 확립되고 함께 행해짐을 이루는 것이다. 그러나 용이 체에 있어서와 말이 본에 있어서 일시적으로 잘못되어 이기고 잘못되어 중해지는 것은 간혹 그렇게 되는 변고요, 체를 받들고 근본을 순히 하는 떳떳한 도가 아니다.

그러므로 결국에는 간사함은 반드시 바름을 이기지 못하고, 악은 반드시 선을 대적할 수 없어서 고금(古今)과 천하의 사람들이 모두 선과 바름은 반드시 해야 하고 간사함과 악은 반드시 해서는 안 되며, 선과 바름은 반드시 취할 만하고 간사함과 악은 반드시 용납할 수가 없음을 알아서 비록 몸소 간사함과 악을 행하는 사람이라도 악이 부끄러워할 만하고 선과 바름이 두려워할 만함을 아는 것이다. 그러니, 이것은 경이 된 리가 주장이 되어서, 선과 바름은 리를 따라 기에 이름에 곧바로 이루어져 순히 행해지고, 간사함과 악은 리가 발하여 기가 된 뒤에 멋대로 행동하고 망령되이 나오기 때문이 아니겠는가.

기가 순선(純善)과 순정(純正)이 되지 못하여 혹 간사함과 악이 되는 것은 진실로 이와 같으나 그 혹 간사함과 악이 되는 것이 있다는 이유로 기가 있어서는 안 된다고 말할 수는 없다. 만약 리만 있고 기가 없으면 리가 어떻게 작위(作爲)하는 용(用)이 있겠는가. 비록 하늘이 되고 땅이 되는 리가 있더라도 원기(元氣)[91]가 아니면 하늘과 땅이 어떻게 이루어질 수 있으며, 비록 사람이 되고 물건이 되는 리가 있더라도 이기 오행(二氣五行)[92]의 기가 아니면 사람과 물건이 어떻게 생길 수 있겠는가. 사람이 비록 오상(五常)[93]의 성(性)이 있어서 오륜(五

91 원기(元氣) : 만물이 생성되는 근원의 기를 가리킨다. 4.1.3.1절 각주 31) 참고.

92 이기 오행(二氣五行) : 4.1.5.1절 각주 63) 참고.

93 오상(五常) : 사람의 본연지성(本然之性)에 갖추어진 인(仁)·의(義)·예(禮)·지(智)·신(信)의 다섯 가지 본성을 가리키는 것으로, 장현광은 〈논재인경위(論在

倫)[94]과 온갖 행실의 리가 되나 칠정(七情)이 아니면 오륜과 온갖 행실의 도가 어디로부터 나오겠는가. 이는 바로 리가 기가 없을 수 없는 이유여서 리와 기가 하나의 도가 되는 것이 그러한 것이다. 다만 그 용(用)이 이기고 말(末)이 중해지는 폐단을 염려하지 않을 수가 없으니, 반드시 선과 바름을 붙들어주고 간사함과 악을 억제하는 방법을 써야 하는 것이다.

만약 리와 기를 나누어 구별해서 기는 리와 서로 소속되지 않는다고 말하면 안되니, 이것은 내가 경위(經緯)의 설을 지은 이유이다. 그러나 리와 기를 나누어 두 물건으로 만들어서 서로 소속되지 않는다고 하는 것은 다른 뜻이 있는 것이 아니요, 다만 그 선과 악, 간사함과 바름이 함께 확립되고 함께 행해지는 것을 싫어하기 때문에 그 기를 배척하고 외면해서 순선의 리와 그 근원을 구분하려는 것이다. 나의 소견은 리와 기의 구분은 다만 체와 용, 본과 말의 사이에 있으니, 그 근원을 분해(分解)하여 후학들이 근본이 둘이라는 의심을 일으키게 해서는 안 된다. 리와 기는 분명히 두 명목이 있으나, 두 도(道)는 아닌 것이다.[95]

人經緯)〉에서 "오상(五常)이라는 것은 사람 중에 성인이 되어도 이 다섯 가지에 지나지 않고, 사람 중에 어리석은 사람이 되어도 이 다섯 가지가 줄어들지 않으며, 사람이 옛날에도 이 다섯 가지를 지녔고 사람이 지금에도 이 다섯 가지를 지녔으니, 바로 이른바 하늘이 내려준 충(衷 진리)이요 잡은 바의 떳떳한 성(性)이며 물건의 법칙이다.〔惟此五常者, 聖於人而不過此五, 愚於人而不減此五, 人於古者亦此五, 人於今者亦此五也, 乃所謂所降之衷, 所秉之彛, 有物之則也.〕"라고 하였다.

94 오륜(五倫) : 부자유친(父子有親)·군신유의(君臣有義)·부부유별(夫婦有別)·장유유서(長幼有序)·붕우유신(朋友有信)의 다섯 가지 윤리를 가리킨다.

95 리와……것이다 : 리(理)와 기(氣)가 둘이 아니라 하나의 도라는 것은 〈경위설〉 전체의 일관된 내용이다. 해당 편의 4.1.2.3절과 4.1.2.4절 참조.

4.1.6.2

또 말하였다. 리(理)와 기(氣)의 구분을 가지고 말하면 누구인들 리가 크고 기가 작으며[96], 리가 중하고 기가 가볍다고 말하지 않겠는가. 그러나 만약 리와 기가 하나인 것을 가지고 말하면 리가 큰데 기 또한 크고, 리가 중한데 기 또한 중하니, 작고 가벼운 것을 가지고 기에 돌려서는 안 될 듯하다. 오직 그 리가 크고 중한 것은 본래 크면서도 항상 크고, 본래 중하면서도 항상 중하기 때문에 그 큼은 큰 것 중에 크고 그 중함은 중한 것 중에 중하여, 항상 그 크고 중함을 잃지 않아 어느 때이든 어느 곳이든 혹 작고 혹 가벼움이 없는 것이다. 기가 또한 크고 또한 중한 것은 본래 작으면서도 커질 수 있고, 본래 가벼우면서도 중해질 수 있다. 이 때문에 그 큼은 작은 것이 커진 것이요, 그 중함은 가벼운 것이 중해진 것인데 그 구분하여 작다고 하고 가볍다고 하는 것은 그대로 있는 것이다.

이 리는 기를 주재(主宰)하고[97] 기는 리를 성취(成就)하니,[98] 주재라는 것은 근저(根柢)와 추뉴(樞紐)가 됨을 이르고, 성취라는 것은 공용

96 리가……작으며 : 〈평설〉에 "크고 작음을 말하면 리(理)는 크고 기(氣)는 작으니, 리는 한계가 없으나 기는 한계가 있기 때문이요, 길고 짧음을 말하면 리는 길고 기는 짧으니, 리는 다함이 없으나 기는 다함이 있기 때문이다.〔言大小, 則理大而氣小, 以理無限而氣有限也; 言長短, 則理長而氣短, 以理無盡而氣有盡也.〕"라고 하였다.

97 이……주재(主宰)하고 : 〈심설(心說)〉에 "상하와 사방에 충만한 것이 기(氣) 아닌 것이 없는데, 리(理)는 기 가운데에 있어서 주재(主宰)하지 않는 것이 없다.〔充滿於上下四方者, 無非氣也, 而理在氣中, 無所不宰.〕"라고 하여 리가 기를 주재함을 말하였다.

98 기는……성취(成就)하니 : 〈사물론〉에 "기(氣)라는 것은 리(理)에서 나와서 사물을 만드는 것이니, 리에서 나와서 작용의 쓰임이 되고, 사물을 만들어 성취(成就)하는 업(業)이 된다.〔夫氣也者, 出乎理而做事物者也, 出乎理而爲作用之資, 做事物而爲成就之業.〕"라고 하였다.

(功用)과 사업이 됨을 이른다. 리만 있고 기의 공용과 사업이 없으면 그 어떻게 지극히 높고 지극히 귀한 전체의 무극(無極)과 태극(太極)이 될 수 있겠는가. 기만 있고 리의 근저와 추뉴[99]가 없으면 그 어떻게 지극히 성(盛)하고 지극히 구비된 큰 용(用)으로서의 하늘과 땅과 사람과 물건이 있을 수 있겠는가. 그러므로 기라는 것은 항상 리를 준칙으로 삼으니, 리는 혹 잠시도 없을 수 없으므로 리의 떳떳함을 준칙으로 삼는 기 또한 잠시도 쉬는 것이 없고, 리는 혹 털끝만한 흠이 없으므로 리의 온전함을 준칙으로 삼는 기 또한 털끝만큼도 구비하지 않음이 없는 것이니, 이 때문에 리가 크면 기도 따라서 리와 함께 그 큼에 걸맞고 리가 중하면 기도 따라서 리와 함께 그 중함에 알맞는 것이다.

다만 리의 큼은 크면서도 순수하고, 기의 큼은 크면서도 잡됨이 있으며, 리의 중함은 중하면서도 참되고, 기의 중함은 중하면서 망령됨이 있으니, 이는 기가 끝내 그 작고 또 가벼움을 면치 못하는 것이다. 그렇다면 기가 작고 가벼움이 되는 것은 그 리의 큼이 있고 리의 중함이 있기 때문이요, 기가 또한 크고 또한 중함이 될 수 있는 것은 그 리의 큼과 리의 중함을 준칙으로 삼기 때문이니, 이는 리와 기가 이미 구분이 없지 못하고 또한 일찍이 한결같지 않은 적이 없는 것이다. 경(經)과 위(緯)를 가지고 구분이 있는 의(義)와 한결같은 의에 견주면 그 뜻이 나란히 행해져서 서로 어긋나지 않을 것이다.

99 리의 근저와 추뉴 : 추뉴(樞紐)는 사물의 관건 혹은 상호 연계의 중심축을 비유하는 말이다. 리(理)의 추뉴에 대한 설명은 위의 4.1.2.1절 각주 10) 참조.

4.1.7 경전(經傳)을 차례대로 인용하다[100]

하도[101]

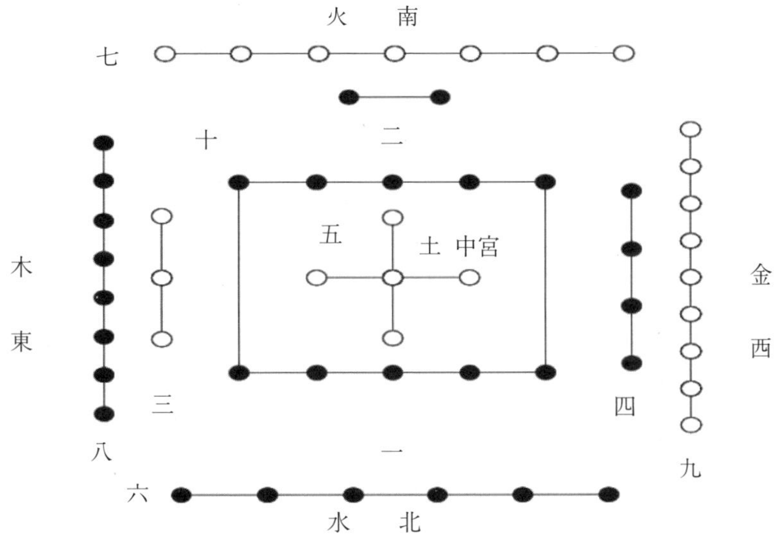

100 원문에는 〈역인경전(歷引經傳)〉 편(篇) 제목 아래에 '河圖'와 '洛書'라는 글자만 있고, 별도의 도표나 도식 등이 없는 것으로 보아 원래 없었거나 혹은 누락된 듯하다. 따라서, 여기에서는 하도와 낙서의 그림을 삽입하고, 아래에 별도의 각주를 두어 설명하였다.

101 하도 : 하도(河圖)는 복희씨(伏羲氏) 때에 황하에서 용마(龍馬)가 나왔는데 그의 등에 1에서 10까지의 흰 동그라미와 검은 동그라미가 그려져 있었는바, 1・3・5・7・9의 홀수에는 흰 동그라미가 그려져 있고, 2・4・6・8・10의 짝수에는 검은 동그라미가 그려져 있었으니, 복희씨가 이것을 근거로 《주역》을 지었다 한다. 이는 천 십간(天十干)의 오행(五行)을 나타낸 것으로, 즉 3(陽甲)・8(陰甲)은 목(木)으로 봄이 되고 동방(東方)에 위치하며, 2(陰火)・7(陽火)은 화(火)로 여름이 되고 남방(南方)에 위치하며, 5(陽土)・10(陰土)은 토(土)로 중궁(中宮 중앙)에 위치하며, 4(陰金)・9(陽金)는 금(金)으로 가을이 되고 서방(西方)에 위치하며, 1(陽水)・6(陰水)은 수(水)로 겨울이 되고 북방(北方)에 위치한다. 이것은 오행의 상생(相生)을 원칙으로 하는데, 3・8목(木)인 봄에서 시작하되 시계방향으로 돌아 2・7화(火)인 여름을 낳고, 다시

낙서[102]

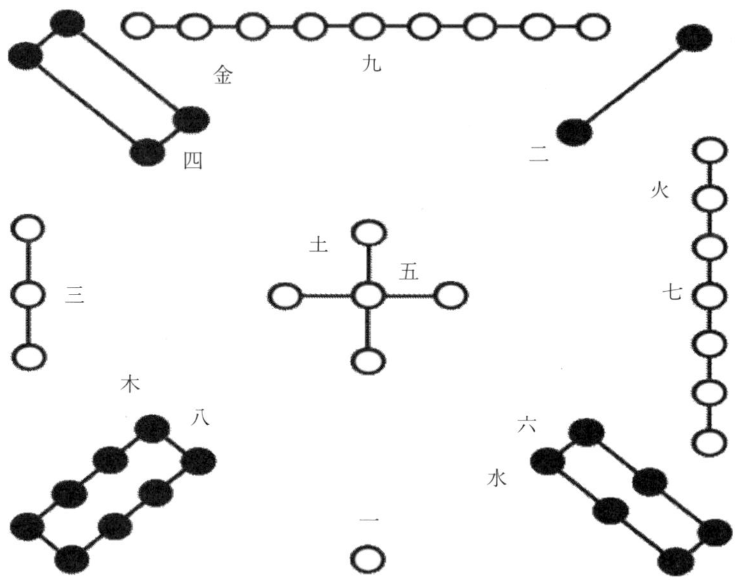

중궁의 5·10토(土)를 낳고 오른쪽으로 가서 4·9금(金)의 가을을 낳고 다시 1·6수(水)의 겨울을 낳으며, 1·6수는 다시 3·8목(木)을 낳는바, 이것을 '오행운행지서(五行運行之序)'라 한다. 한편 오행이 생겨난 순서는 1·6수가 첫 번째이고 2·7화가 두 번째이고 3·8목이 세 번째이고 4·9금이 네 번째이고 5·10 토가 다섯 번째가 되는데, 태어난 오행의 형질(形質)의 강약(强弱)과 경중(輕重)을 가지고 나눈 것으로 물이 제일 미약하고 불이 두 번째로 미약하고, 나무는 약간 단단한 형질이 있고 금은 견고하며, 토는 돌과 흙이 모여 형질이 가장 성대한바, 이를 '오행생성지수(五行生成之數)'라 한다. 한편, 장현광은 1에서 10까지를 10개의 강(綱), 1에서 10까지의 수를 합한 55를 55개의 자목(子目)이라 하였다.

102 낙서 : 낙서(洛書)는 우(禹)임금이 홍수를 다스릴 때 낙수(洛水)에서 신귀(神龜)가 나왔는데, 1에서부터 9까지의 흰 동그라미와 검은 동그라미가 그려져 있었으니, 우임금이 이것을 보고 《서경》의 홍범구주(洪範九疇)를 지었다 한다. 이 낙서 역시 1·3·5·7·9의 홀수에는 양(陽)을 나타내는 흰 동그라미가 그려져 있고 2·4·6·8의 짝수에는 음(陰)을 나타내는 검은 동그라미가 그려져 있었다. 운행하는 순서는 상극(相

4.1.7.1

하도(河圖)의 리(理)는 바로 경(經)이고 하도의 수(數)는 바로 기(氣)의 위(緯)이며, 낙서(洛書)의 리는 바로 경이고 낙서의 수는 바로 기의 위이다. 하도의 리는 하나인데 하나의 리 가운데에 10개의 강(綱)과 55개의 목(目)의 조리가 본래 저절로 갖추어져있다. 그러므로 하도가 되어 나온 것이 곧 10개의 강이 되고 목이 55개가 되어서 이로써 각각 그 단락을 이루었다. 낙서의 리 또한 하나인데, 하나의 리 가운데에 9개의 강과 45개의 목의 조리가 본래 저절로 갖추어있다. 그러므로 낙서가 되어 나온 것이 곧 9개의 강과 45개의 목이 되어서 또한 각각 그 단락을 이룬 것이다.[103] 하도로서 변화를 이루고 귀신을 행하게 하는

克)을 위주로 하되 시계방향의 반대로 도는바, 1・6수(水)에서 시작하여 2・7화(火)로, 5의 중궁(中宮)으로 들어왔다가 다시 3・8목(木)으로, 다시 아래로 1・6수(水)로 이어진다. 수(水)는 화(火)를 이기고 화는 금(金)을 이기고 금은 목(木)을 이기고 목은 토(土)를 이기고 토는 다시 수를 이기는 순서인데, 이는 거북의 모양을 형상하였으므로 9와 1이 전후(前後)가 되고 3과 7이 좌우(左右)가 되고 2와 4가 어깨가 되고 6과 8이 발이 된다. 그리하여 대구이일(戴九履一 9를 위에 이고 1을 아래로 밟음), 좌삼우칠(左三右七 왼쪽은 3이고 오른쪽은 7임), 이사위견(二四爲肩 2와 4는 어깨가 됨), 육팔위족(六八爲足 6과 8은 발이 됨)이라 한다. 이 하도와 낙서는 서로가 표리(表裏)와 경위(經緯)가 되는데, 장현광은 1에서 9까지를 9개의 강(綱), 1에서 9까지의 수를 합한 45를 자목(子目)이라 하였다. 《주역》은 인간이 선(善)한가 악(惡)한가에 따라 길흉(吉凶)과 화복(禍福)을 밝힌 글이고, 홍범구주(洪範九疇)는 왕자가 천하를 다스리는 대경대법(大經大法)으로 《서경》의 〈홍범(洪範)〉은 은(殷)나라 기자(箕子)가 주(周)나라 무왕(武王)에게 옛날 우임금이 천하를 다스리는 방법을 말씀한 내용이다.

103 하도의 리는……것이다 : 위의 〈도서발휘 편제(圖書發揮篇題)〉에 "이 하도와 낙서 두 그림을 가지고 관찰해보면 용마의 등의 무늬는 강(綱)의 수로 세면 1에서부터 10에 이르고 목(目)의 수로 세면 55가 되며, 거북의 등에 있는 문양은 강이 되어서 1에서 9에 이르고 목이 되어서 45가 된 것은 그 수이다.〔卽二圖而觀之, 龍背之文, 則綱之而自一至十, 目之而爲五十五, 龜背所文, 則綱之而自一至九, 目之而爲四十五者, 其數也.〕"라고 하였다.

것[104]이 여기에 있고, 낙서로서 백성들의 거처를 화합시키고 떳떳한 윤리를 펴는 것[105]이 여기에 있으니, 그러하면 10개의 강 가운데에 45개의 목과, 9개의 강 가운데에 45개의 목 중에, 어찌 한 개의 자목(子目)이라도 이 리가 나타난 것이 아니겠는가?[106]

이른바 변화를 이루고 귀신을 행한다는 것은 하도가 나오기 전에는 변화가 이루어지지 못하고 귀신이 행해지지 못하다가 하도가 나오고서야 비로소 변화가 이루어지고 귀신이 비로소 행해졌다고 말한 것이 아니요, 이른바 백성의 거처를 화합시키고 떳떳한 윤리를 폈다는 것은 낙서가 나오기 전에는 백성의 거처가 화합되지 못하고 떳떳한 윤리가 펴지지 못하다가 낙서가 나오고서야 비로소 백성의 거처가 화합되고 떳떳한 윤리가 펴졌다고 말한 것이 아니다.

하늘과 땅과 사람과 물건이 생긴 이래로 무릇 그 형형색색으로 낳고 변화하는 것이 이 기가 하나의 리에 근본하지 않은 것이 없어서 이 도수(度數)를 빠뜨릴 수 없고, 차례를 착란(錯亂)할 수 없는 점이 있다. 그러므로 하늘은 이것을 얻어서 하늘이 되고, 땅은 이것을 얻어서 땅이 되고, 사람은 이것을 얻어서 사람이 되고, 물건은 이것

104 하도로서……것 :《주역》〈계사전 상〉에 "무릇 천지의 수는 55이니, 이것이 변화를 이루고 귀신을 행하게 하는 것이다.〔凡天地之數五十有五, 此所以成變化而行鬼神也.〕"라고 하였다.

105 낙서로서……것 : 주(周)나라 무왕(武王)이 은(殷)나라를 정벌하고 기자(箕子)를 찾아가 이륜(彝倫)이 펴지는 방법을 물었는데, 기자가 이에 대답한 것이 바로 홍범구주(洪範九疇)이다. 이때 무왕은 말씀하기를 "기자야, 하늘이 묵묵히 하민을 도와주어 그 백성들의 거처를 화합시켰는데, 나는 그 떳떳한 인품이 펴진 바를 알지 못한다.〔嗚呼箕子! 惟天陰騭下民, 相協厥居, 我不知其彝倫攸敍.〕"라고 하였으므로 '協民居, 敍彝倫'을 말한 것이다.《書經 洪範》

106 그러하면……아니겠는가 : 자목(子目)은 작은 세목(細目)을 가리키는 바, 하도와 낙수의 목(目)에도 각각의 리(理) 가 있음을 설명한 것이다.

을 얻어서 물건이 된 것이다. 살펴보건대 그 기(奇)와 우(偶)가 이미 모두 본래 차례가 있는데 낳고 이루는 것이 방위가 같은 것은 하도이고, 바르고 기운 것이 자리가 다른 것은 낙서이다.[107] 10개가 있고 9개가 있어서 서로 체(體)와 용(用)이 되는 것은 이 또한 기가 리에서 위(緯)가 되는 것이니, 그 실제는 하도와 낙서 두 수(數)의 리가 또한 하나일 뿐이다. 그렇지 않다면 황하의 용마의 등에 실려져서 먼저 나온 하도의 1부터 10까지 수의 순서가 어긋남이 없고, 낙수의 거북의 등에 드러나서 뒤에 나온 낙서의 1부터 9까지 수의 순서가 또한 어긋남이 없으며, 중앙과 사방에 배열된 위치가 또한 어찌 함께 부합하겠는가. 그 위이기 때문에 방형과 원형, 남고 부족함과 방위가 같고 자리가 다른 차이가 있을 뿐이다. 그 리는 바로 이른바 태극이니, 하늘과 땅이 생기기 전부터 하늘과 땅이 이미 있게 된 뒤까지 태극이 항상 그대로 경이 된 것이다.

무릇 하나의 리인데 그 기가 되어 수(數)에 행해지는 것이 반드시 기(奇)와 우(偶)가 함께하게 되니, 기는 양(陽)이고 우는 음(陰)이다. 양만으로는 조화를 이룰 수 없고 기만으로는 성수(成數)가 될 수 없다.[108] 그러므로 하도는 반드시 기(奇)와 우(偶)가 낳고 이루어진 뒤에야 그 함께 돕는 도를 이루게 되고, 낙서는 반드시 기와 우가

107 살펴보건대……낙서이다 : 하도는 1과 6이 짝이 되어 함께 북쪽에 있고, 2와 7이 짝이 되어 함께 남쪽에 있고, 3과 8이 짝이 되어 함께 동쪽에 있고, 4와 9가 짝이 되어 함께 서쪽에 있어서 방위가 같으며, 낙서는 1·3·5·7·9인 기수(奇數)는 사방과 중앙에 있고, 2·4·6·8인 우수(偶數)는 네 모퉁이의 치우친 옆에 있어서 자리를 달리한다.

108 무릇……없다 : 1·3·5·7·9는 기(奇)여서 양(陽)이고, 2·4·6·8·10은 우(偶)여서 음이다. 성수(成數)는 6부터 10을 가리키는바, 하도와 낙서의 구분에 따라 수는 각기 서로 다르지만 리(理)는 하나임을 말한 것이다.

바르고 기운 뒤에야 그 주장하고 보좌하는 공을 이룸이 있는 것이니, 이것이 바로 양에는 반드시 음이 있고, 기에는 반드시 우가 있는 것이다. 그렇다면 음양과 기우가 어느 것인들 하나의 리의 용(用)이 아니겠는가. 이는 또 경과 위의 묘함이다.

다만 여기의 경위는 제 1장에서 증명한 하도와 낙서의 경위와는 다르니, 앞에서는 하도와 낙서 두 가지를 가지고 경과 위를 나누었고, 여기서는 하도와 낙서의 리를 경으로 삼고, 하도와 낙서의 수를 위로 삼아서 곧바로 리와 기가 경과 위가 됨을 밝힌 것이다.[109]

태극(太極) · 양의(兩儀) · 사상(四象) · 팔괘(八卦) · 육십사괘(六十四卦)[110]

109 다만……것이다 : 〈도서발휘〉에서는 하도(河圖)는 경(經), 낙서(洛西)는 위(緯)로 구분하여 해석하였고, 여기서는 하도와 낙서의 리(理)를 경으로 보아 체(體), 하도와 낙서의 수(數)를 위로 보아 용(用)으로 해석하였으므로 말한 것이다.

110 태극(太極) · 양의(兩儀) · 사상(四象) · 팔괘(八卦) · 육십사괘(六十四卦) : 원문에는 이상의 12글자만 있고 별도의 그림이나 내용이 없다. 따라서 여기서는 복희(伏羲) 64괘 차서도(次序圖)를 첨부하여 태극에서 64괘까지의 변화를 나타내었다.

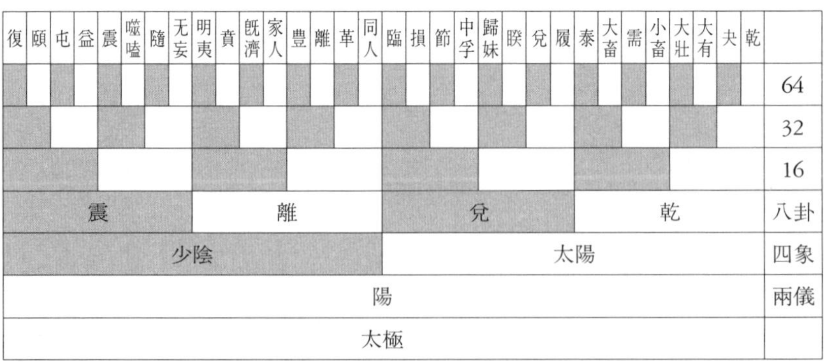

4.1.7.2

《주역대전》에 이르기를 "역(易)에 태극이 있으니, 이것이 양의(兩儀)를 낳고, 양의가 사상(四象)을 낳고 사상이 팔괘(八卦)를 낳았다."[111]라고 하였다.

> 태극(太極)은 바로 리(理)의 경(經)이며, 의(儀)가 둘이고 상(象)이 넷이고 괘(卦)가 여덟인 것은 바로 기(氣)의 위(緯)이다. 그 리가 하나일 때 어찌 양의(兩儀)와 사상(四象)과 팔괘(八卦)의 획이 있었을 것이며, 또 어찌 양의와 사상과 팔괘의 이름이 있었겠는가. 오직 그 리가 된 이유는 바로 양의와 사상과 팔괘의 싹과 맥이 뿌리 잡았기 때문이다. 그러므로 그 리가 발함으로 인하여 기가 된 것이 음(陰)과 양(陽) 두 가지가 있어서 처음 그으면 양의가 되고, 두 번 그으면 사상이 되고, 세 번 그으면 팔괘가 되니, 나누고 다시 나누고 배로 더해져 이뤄지는 것이 자연의 수(數)에서 나와서 순서를 어지럽힐 수 없고, 자리를 빠트릴 수 없는 것이 이와 같은 것이다.[112]

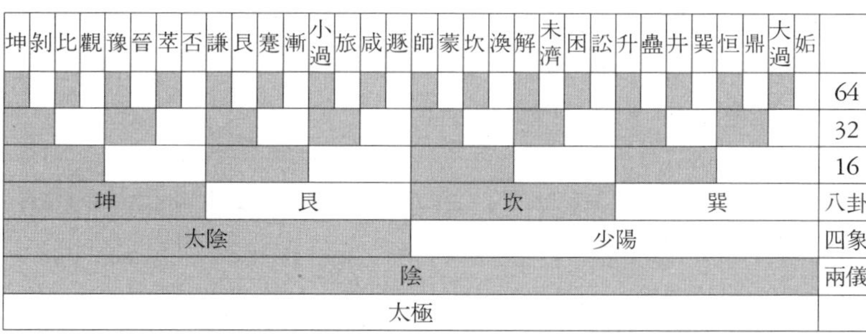

복희 64괘 차서도

111 역(易)에……낳았다 : 이 내용은《주역》〈계사전 상(繫辭傳上)〉에 보인다.

112 그러므로……것이다 : 위의 〈신증〉 1.1.6.1절 각주 72) 참고.

그렇다면 양의와 사상이 괘에 이르러 여덟이 된 것은 바로 형이하(形而下)이지만, 경일(經一)[113]의 리가 조리가 관통하지 않음이 없는 것은 바로 형이상(形而上)인 것이다.[114] 그렇지 않다면 그 신명(神明)의 덕과 만물의 실정에 이것을 통하고 분류하는 것[115]이 반드시 빠뜨리고 부족함이 되는 것이 있어서 만물을 열어주고 일을 이루는 도(道)[116]가 두루 미치고 장구하지 못할 것이니, 그 어떻게 천지와 똑같겠는가.

오직 그 괘가 여덟이 된 것은 음양 두 획일 뿐이다. 서로 응하는 것으로 말하면 동(動)과 정(靜), 합(闔)과 벽(闢)과 같아서 반드시 서로 아우르고 교체하며,[117] 서로 반대되는 것으로 말하면 유(幽)와

113 경일(經一) : 상일(常一)과 같은 말로, 항상하고 한결같아 변치 않는 경(經)을 가리킨 것이다.

114 그렇다면……것이다 : 도는 무형(無形)의 추상적인 이치를 의미하고, 기는 유형(有形)의 구체적인 사물을 뜻하는바, 여기서는 음(陰)과 양(陽)을 리(理)가 발현한 기(氣)로 보았다. 《주역》 〈계사전 상〉에, "형이상인 것을 도라 하고, 형이하인 것을 기라고 한다.〔形而上者謂之道, 形而下者謂之器.〕"라고 하였다.

115 그……것 : 《주역》 〈계사전 하)〉에 "건곤(乾坤)은 역(易)의 문(門)일 것이다. 건은 양(陽)의 물건이고 곤은 음(陰)의 물건이니, 음과 양이 덕을 합하여 강유(剛柔)의 체가 있게 되었다. 이로써 천지의 일을 체행하며 신명(神明)의 덕을 통한다.〔乾坤, 其易之門邪. 乾陽物也, 坤陰物也, 陰陽合德而剛柔有體, 以體天地之撰, 以通神明之德.〕"라고 하였다. 4.1.3.2절 각주 36) 참고.

116 만물을……도(道) : 공자의 말씀으로, 《주역》 〈계사전 상〉에 "역(易)은 사물을 열어주고 일을 이루어주어 천하의 도를 포괄하니 이와 같은 것일 뿐이다.〔夫易開物成務, 冒天下之道, 如斯而已者也.〕"라고 하였다.

117 서로……교체하며 : 《주역》 〈계사전 상〉에 "문을 닫는 것을 곤(坤)이라 이르고, 문을 여는 것을 건(乾)이라 이르고, 한 번 닫고 한 번 여는 것을 변(變)이라 이른다.〔闔戶謂之坤, 闢戶謂之乾, 一闔一闢謂之變.〕"라고 하였는데, 주자는 《주역본의(周易本義)》)에서 "합벽(闔闢)은 동(動)과 정(靜)의 기틀이니, 먼저 곤(坤)을 말한 것은 정(靜)으로 말미암아 동하기 때문이다.〔闔闢, 動靜之機也, 先言坤者, 由靜而動也.〕"라고

명(明), 숙(淑)과 특(慝)과 같아서 함께 서고 행할 수가 없는 것이다.[118] 괘 가운데의 음과 양이 그 서로 응하는 도에 있어서는 진실로 서로 없을 수가 없지만, 만약 서로 반대되는 뜻에 있어서는 혐의가 되지 않겠는가. 양은 숙과 명을 주장하고 음은 유와 특을 주장하는데, 괘에 양이 어림〔稚〕이 있는 것은 음이 아직 성(盛)한 것이요, 양이 빠짐이 있는 것은 음에게 가려진 것이요, 양이 궁함이 있는 것은 음이 막 성한 것이요, 양이 없음이 있는 것은 음이 완전히 이긴 것이다.[119]

위(緯)에 경(經)이 된 것은 바로 지극히 참되고 지극히 순수한 리(理)인데, 경에 위가 된 것은 이처럼 유에 속하고 특에 속하는 아우름이 있는 것은 어째서인가? 이것은 이른바 음양(陰陽)의 길이

설명하였다.

118 서로……것이다 : 유(幽)는 귀신 세계를, 명(明)은 인간 세계를 이른다.《주역》〈계사전 상)〉에 "우러러는 천문을 관찰하고 굽어서는 지리를 살핀다. 그러므로 유(幽)、명(明)의 원인을 안다.〔仰以觀於天文, 俯以察於地理, 是故知幽明之故.〕"라고 하였는데, 정이(程頤)는《역전(易傳)》에서 "역(易)은 음(陰)과 양(陽)일 뿐이니, 유(幽)와 명(明), 사(死)와 생(生), 귀(鬼)와 신(神)은 모두 음과 양의 변화이고 하늘과 땅의 도(道)이다."라고 하였다. 숙(淑)은 선(善), 특(慝)은 악(惡)을 이르는바,《주역본의》〈곤괘(坤卦) 초육(初六)〉에 "무릇 음양(陰陽)은 조화의 근본이니 서로 없을 수 없고, 사라지고 자라나는 것이 일정함이 있으니 또한 사람이 덜어내고 더할 수 있는 것이 아니다. 그러나 양은 낳음을 주장하고 음은 죽임을 주장하니, 그렇다면 그 부류에 선악(善惡)의 분별이 있다. 〔夫陰陽者, 造化之本, 不能相无, 而消長有常, 亦非人所能損益也. 然陽主生, 陰主殺, 則其類有淑慝之分焉.〕"라고 하였다.

119 괘에……것이다 : 역의 기본 원리는 음(陰)과 양(陽)이 번갈아 서로 상대하여 양이 성하면 음이 사라지고 음이 성하면 양이 사라진다. 그러나 양이 성한다고 해서 음이 없다고 할 수 없으며, 음이 성한다고 해서 양이 없다고 할 수 없는 것이다. 그리고 이러한 음과 양의 치성(稚盛)에 따라 양괘인 건(乾)・감(坎)・간(艮)・진(震)과 음괘(陰卦)인 곤(坤)・태(兌)・이(離)・손(巽)이 있는 것이다. 여덟에 대한 내용은《주역상하편의(上下篇義)》에서 확인할 수 있다.

나뉘고 강유(剛柔)가 갈리고 뒤섞이는 즈음에 그 유와 명, 숙과 특이 서로 이기고 번갈아 왕성한 형세가 있는 것이니, 비록 지극히 참되고 지극히 순수한 리가 경이 되었더라도 또한 어쩔 수가 없는 것이다. 태극이 어찌 유와 명, 숙과 특이 혹 아우른다는 이유로 동(動)과 정(靜), 합(闔)과 벽(闢)의 기틀이 전혀 없을 수 있겠는가. 이것은, 경이 되는 것은 하나의 태극이요, 위가 되는 것은 반드시 양이 있고 음이 있는 이유이다.

하도와 낙서의 수가 반드시 기(奇)와 우(偶)를 아우르는 것은 바로 이 리이다. 오직 성인이 반드시 양을 붙들어 주고 음을 억제하는 방도가 있어서 이것을 제재하여 이루고 도와주니,[120] 이것이 진실로 역을 짓게 된 이유이다. 리와 기의 경위의 도를 역에서 더욱 볼 수 있다.

4.1.7.3

또 말하였다. 팔괘의 위에 각각 팔괘를 더하면 64괘가 된다. 64괘의 횡도(橫圖)[121]를 가지고 살펴보면 오른쪽 32괘는 모두 양의(陽儀)이고

120 오직……도와주니 : 《주역본의》 〈곤괘(坤卦) 초육(初六)〉에 "성인(聖人)이 역(易)을 지을 적에 서로 없을 수 없는 것에는 이미 건(健)·순(順)과 인(仁)·의(義)의 등속으로 이를 밝혀서 양(陽)만을 편벽되게 주장한 바가 없고, 소장(消長)의 실제와 선악(善惡)의 구분에 이르러서는 일찍이 양(陽)을 붙들어주고 음(陰)을 억제하는 뜻을 지극히 하지 않음이 없었으니, 이는 천지(天地)의 화육(化育)을 도와서 천지에 참여하는 것이다.〔聖人作易, 於其不能相无者, 既以健順仁義之屬明之, 而无所偏主, 至其消長之際, 淑慝之分, 則未嘗不致其扶陽抑陰之意焉, 蓋所以贊化育而參天地者.〕"라고 하였다.

121 64괘의 횡도(橫圖) : 복희(伏羲) 팔괘(八卦) 차서도(次序圖) 와 복희 64괘 차서도를 가리킨다. 복희 64괘 차서도는 4.1.7.1절 각주 204)와 앞의 〈역괘총설(易卦總說)〉 2.1.11 각주 30) 참고.

왼쪽 32괘는 모두 음의(陰儀)인데, 오른쪽 32괘는 비록 모두 양의(陽儀)이지만 건괘(乾卦) 외에는 한 괘도 음이 없는 것이 없고, 왼쪽 32괘는 비록 모두 음의이지만 곤괘(坤卦) 외에는 한 괘도 양이 없는 것이 없으니, 이는 바로 음 가운데에 양이 있고, 양 가운데에 음이 있어서 음과 양이 여섯 자리〔六虛〕의 가운데에 뒤섞여 있는 것이니,[122] 바로 이른바 기(氣)가 위(緯)가 된다는 것이다. 그러나 뒤섞인 가운데에 또 정연하여 어지럽힐 수 없는 묘함이 있다.

그 64괘와 384효(爻)가 된 것에 한 괘와 한 효도 태극의 리가 있지 않은 것이 없으니, 그렇다면 위(緯)가 과연 제 스스로 위가 되어서 경(經)에 근본하지 않을 수 있겠는가. 그 사이에 양(陽)이 양의 자리에 있고 음(陰)이 음의 자리에 있어서 그 바름을 얻은 것이 있고, 양이 음의 자리에 있고 음이 양의 자리에 있어서 그 바름을 잃은 것이 있으며, 양이 양의 자리에 있고 음이 음의 자리에 있었으나 중(中)을 잃은 것이 있고, 양이 음의 자리에 있고 음이 양의 자리에 있었으나 중을 얻은 것이 있다. 양이 위로 올라가고 음이 아래로

八	七	六	五	四	三	二	一	八卦
坤	艮	坎	巽	震	離	兌	乾	
太陰		少陽		少陰		太陽		四象
陰				陽				兩儀
太極								

복희 팔괘 차서도

122 음과……것이니 : 6획괘의 효의 자리를 '여섯 빈자리〔六虛〕'라고 하는데, 각각 초(初)·이·삼·사·오·상(上)으로 부른다. 주자는 자리에 대하여 "무릇 괘의 여섯 빈자리에 기(奇)와 우(偶)가 자리가 다르니, 기의 양과 우의 음이 각기 그 유(類)에 따른다. 자리를 얻으면 정(正)이라 하고 이(二)와 오를 중(中)이라 하며, 이(二)는 신하이고 오는 군주이며, 초는 시(始)이고 상은 종(終)이다.〔凡卦六虛, 奇偶殊位, 奇陽偶陰, 各以其類. 得位爲正, 二五爲中, 二臣五君, 初始上終.〕"라고 설명하였다.

내려와서 그 분수를 얻은 것이 있고, 양이 위로 올라가고 음이 아래로 내려와서 서로 사귀지 못하는 것이 있으며, 음이 위로 올라가고 양이 아래로 내려왔으나 정(情)이 서로 감동하는 것이 있고, 음이 위로 올라가고 양이 아래로 내려왔으나 그 분수를 잃은 것이 있다. 그리고 양이 성(盛)하여 과(過)한 것이 있고 음이 성하여 과한 것이 있으며, 양이 음을 결단하는 것이 있고 음이 양을 깎아 먹는 것이 있으며, 양과 음이 서로 응하는 것이 있고 음과 양이 서로 핍박하는 것이 있으며, 양이 음에게 빠지는 것이 있고 양이 음에게 좋아하는 것이 있으며, 음이 양에게 화합하는 것이 있고 음이 양에게 대적하는 것이 있다.[123]

그리고 한 괘와 한 효인데도 앞에 있어서는 길(吉)하고 뒤에 있어서는 흉(凶)하며, 앞에 있어서는 흉하고 뒤에 있어서는 길하며, 자기에게 있어서는 길하고 남에게 있어서는 흉하며, 자기에게 있어서는 흉하고 남에게 있어서는 길한 것이 있다. 그리고 위에 있어서는 길하고 아래에 있어서는 흉하며, 위에 있어서는 흉하고 아래에 있어서는 길하며, 남자에 있어서는 길하고 여자에 있어서는 흉하며, 남자에 있어서는 흉하고 여자에 있어서는 길하며, 군자에 있어서는

123 그 사이에……있다 : 《주역》에서 말하는 중(中), 정(正), 응(應), 비(比)등을 말한 것이다. 이 네 가지는 모두 효(爻)의 상관관계로서 중(中)은 내괘(內卦 하괘)의 가운데 효(爻)와 외괘(外卦 상괘)의 가운데 효(爻)를 가리키며, 정(正)은 득위(得位)라고도 하는바, 양(陽) 자리인 초(初)·3·5에 양효(陽爻)가 있고, 음(陰) 자리인 2·4·상(上)에 음효(陰爻)가 있는 것을 가리킨다. 응(應)은 초(初)와 4, 2와 5, 3과 상(上)의 효(爻)가 서로 호응하는 것으로, 서로 이웃하고 있는 효의 사이가 음과 양의 관계로 서로 대치하는 경우를 상응(相應) 또는 정응(正應)이라 하고, 양과 양 또는 음과 음으로 대치하는 경우를 무응(無應) 또는 불응(不應)이라 한다. 비(比)는 서로 이웃한 효가 양효와 음효 혹은 음효와 양효인 경우에는 상비(相比)라 하고, 이웃한 효가 음효와 음효 혹은 양효와 양효일 경우 불비(不比)라 한다.

길하고 소인에 있어서는 흉하며, 군자에 있어서는 흉하고 소인에 있어서는 흉한 것이 있어서 때에 따라 다르고 곳에 따라 다르니, 이것이 이른바 위(緯)라는 것이 아니겠는가. 이는 이(利)와 해(害), 순(順)과 역(逆), 길(吉)과 흉(凶), 회(悔)와 린(吝)이 반드시 항상 서로 있게 된 것이다.

만약 지극히 참되고 지극히 순수한 태극을 경으로 삼는다면 마땅히 중(中)만 있고 편벽됨이 없으며, 바름만 있고 간사함이 없으며, 길만 있고 흉이 없으며, 순함만 있고 거스림이 없어야 할 터인데, 역(易) 가운데에 마침내 중하지 못하고 바르지 못하고, 혹 흉하고 혹 거스림의 상반되는 것이 있는 까닭은 어째서인가. 위가 된 형세[124]가 그렇지 않을 수 없는 것이다. 그러므로 역을 사용하는 자가 이에 대처하는 방도는 때에 따르고 곳에 따라 형세를 헤아리고 마땅함을 헤아려서 한결같이 오직 의리가 있는 곳에 순응하여 혹 굽히고 혹 펴며, 혹 나아가고 혹 물러나서 시중(時中)의 도(道)[125]를 잃지 않게 하는 것이다. 이렇게 하면 역(逆)이 변하여 순(順)이 되고, 해(害)가 변하여 이(利)가 되고, 흉(凶)과 린(吝)이 변하여 길(吉)과 상(祥)이 될 수 있다. 이른바 시중의 도는 바로 경일(經一)의 리이니, 성인이 역을 지은 것은 이 도를 위해서이다.

124 위가 된 형세 : 역(易)의 이치는 항상 변하는 것을 위주로 한다. 따라서 여기서는 군자와 소인, 남자와 여자와 상관없이 괘사와 효사의 내용은 언제든지 변할 수 있으며, 어떻게 대처하느냐에 따라서 이로움〔利〕과 해로움〔害〕, 순함〔順〕과 거스림〔逆〕, 길함〔吉〕과 흉함〔凶〕, 후회〔悔〕와 부끄러움〔吝〕이 됨을 설명한 것이다.

125 시중(時中)의 도(道) : 때에 따라 중도(中道)에 맞게 처신하는 것을 이른다. 《중용》에 "군자가 중용을 하는 것은 군자이면서 때에 맞게 중을 행하기 때문이다.〔君子之中庸也, 君子而時中.〕"라고 보인다.

4.1.7.4

요(堯)임금이 순(舜)임금에게 명하시기를 "진실로 그 중(中)을 잡아 지키라."[126]라고 하셨다.

중의 리(理)는 바로 인심(人心)과 도심(道心)[127]의 경(經)이니, 하늘과 땅에 있으면 태극의 이치이고, 사람의 마음에 있으면 본연(本然)의 성(性)[128]이고 사물에 있으면 당연한 법칙[129]이다. 반드시 진실

126 요(堯)임금이……지키라 :《논어(論語)》〈요왈(堯曰)〉에 "요 임금이 말씀하였다. '아, 너 순(舜)아, 하늘의 역수(曆數)가 너의 몸에 있으니, 진실로 그 중(中)을 잡아 지켜라. 사해(四海)가 곤궁하면 하늘의 복록이 영원히 끊어질 것이다.'〔堯曰: 咨爾舜! 天之曆數在爾躬, 允執其中. 四海困窮, 天祿永終.〕"라고 보인다.

127 인심(人心)과 도심(道心) : 인심(人心)은 사람의 몸에서 나오는 마음으로 배가 고프면 먹으려 하고 추우면 따뜻하게 입으려 하는 것을 이르며, 도심(道心)은 인(仁)·의(義)·예(禮)·지(智)의 성(性)에서 나오는 마음으로 측은(惻隱)·수오(羞惡)·사양(辭讓)·시비(是非)의 사단(四端) 따위를 이른다.

128 본연(本然)의 성(性) : 인(仁)·의(義)·예(禮)·지(智)의 본연지성(本然之性)으로 하늘에서 받은 순선무악(純善無惡)의 성을 가리킨다. 지각하는 것은 마음이니, 지각이 곧바로 바른 성명에서 나온 것은 도심이며, 지각이 모름지기 사사로운 형기를 따른 것은 인심이니, 형기와 성명은 모두 우리 인간이 반드시 가지고 있어서 서로 없을 수 없는 것이다.

129 당연한 법칙 : 사람으로서 지켜야 할 도리를 가리킨다. 장현광은 〈만학요회(晩學要會)〉에서 "이른바 중(中)이라는 것은 바로 사물의 당연한 법칙이요, 이른바 사물의 당연한 법칙이라는 것은 바로 그 평상(平常)의 이치이다. 사람으로서 사람의 도를 행하여야 하니, 이것이 평상의 이치가 아니겠는가. 부자간에 친하고, 군신간에 의롭고, 부부간에 분별하고, 장유간에 차례가 있고, 붕우간에 신의를 지키는 것이 바로 당연한 법칙이다.〔所謂中者, 事物當然之則, 是也; 所謂事物當然之則者, 卽其平常之理, 是也. 惟其以人行人之道, 不是平常之理乎? 父子而親, 君臣而義, 夫婦而別, 長幼而序, 朋友而信者, 便自是當然之則也.〕"라고 하였다. 그리고, 《대학혹문(大學或問)》에는 "천하의 사물에 이르러서는 반드시 각각 그렇게 되는 까닭〔所以然〕과 당연한 법칙〔所當然〕이 있으니, 이른바 리(理)라는 것이다.〔至於天下之物, 則必各有所以然之故與其所當然之則,

로 잡으라고 말씀한 것은 성이 마음에 있을 적에 진실로 본래 본연의 떳떳함이 있으나 그 발하여 용(用)에 위(緯)가 된 경우에는 바로 일곱 가지의 정(情)[130]이 있으니, 그렇다면 정은 과(過)와 불급(不及), 절도에 맞음과 절도에 맞지 않은 차이가 없지 못하다. 그러므로 그 온갖 행실과 만사, 만물의 응함에 시중(時中)의 도(道)를 잃지 않는 자가 드물어서 그 흐르는 병폐가 이루 말할 수 없는 것이다. 오직 요임금이 이것을 염려하시어 반드시 순임금에게 그 중을 진실로 잡아 지키게 하셨으니, 진실로 잡아 지킨다는 것은 독실히 잡아 지키는 것을 이른다. 이것이 성학(聖學)의 근원이요, 도통(道統)의 전함이 아니겠는가. 이는 바로 위(緯)를 가지고 경을 준칙으로 삼는 도이다. 요임금과 순임금은 모두 대성인(大聖人)이시니, 순임금은 진실로 요임금의 이러한 가르침이 있기를 기다리지 않고도 아셨을 것임이 이에 분명하다. 그 잡아 지키는 것이 이미 진실하였으니, 요임금이 굳이 말씀해주실 필요가 없는데도 마침내 주고받는 즈음에 이 한마디 말씀을 제시하여 명하셨으니, 그 뜻이 원대하지 않겠는가.

4.1.7.5

순(舜)임금이 우(禹)임금에게 명하시기를 "인심(人心)은 위태롭고 도심(道心)은 은미하니, 정(精)하게 살피고 한결같이 지켜야 진실로 그 중(中)을 잡아 지킬 수 있다."[131]라고 하셨다.

所謂理也.]"라고 하였다.

130 일곱 가지의 정(情) : 인간이 가지고 있는 보편적인 정서(情緖)로, 희(喜 기쁨)·노(怒 노여움)·애(哀 슬픔)·구(懼 두려움)·애(愛 사랑)·오(惡 미움)·욕(欲 욕심)을 이른다. 《禮記 禮運》

131 순(舜)임금이……있다 : 이 내용은 《서경(書經)》 〈대우모(大禹謨)〉에 보인다.

"이것은 순(舜)임금이 요(堯)임금에게 전수 받은 것을 가지고 다시 그 중(中)의 근원과, 진실로 잡아 지키는 요점을 미루어서 그 말씀을 구비한 것이다.[132] 인도(人道)의 경(經)은 진실로 사람마다 똑같이 얻은 것이요 똑같이 행하는 것이다. 더구나 제왕이 극(極 표준) 을 세우는 사업에 있어서겠는가. 인심(人心)은 도(道)의 위(緯)를 가지고 말한 것이니, 바로 칠정(七情)이 마음에 정(情)이 되어서 오상(五常)[133]의 쓰임이 된 것이 이것이요, 도심(道心)은 도의 경(經)을 가지고 말한 것이니 바로 오상이 마음에 성(性)이 되어서 칠정의 주장이 된 것이 이것이다. 성과 정이 모두 마음에 통합되기 때문에 아울러 심(心)이라고 말하였다. 정은 비록 성에 근본을 두고 있으나 그 발하는 것은 반드시 사람의 형기(形氣)를 따르므로 인(人)에 소속시켰고, 성은 비록 정의 주장이 되나 그 근원은 곧바로 천명(天命)을 따라 나왔기 때문에 도(道)에 소속시킨 것이다.[134]

그러나 도는 본래 사람이 된 도요, 사람은 본래 도를 행하는 자이니, 이는 사람 밖에 도가 있고 도 밖에 사람이 있는 것이 아니다. 마음의 리(理)가 경이 된 것은 도심이고, 마음의 기(氣)가 위가 된

132 이는……것이다 : 주자는 《중용장구》 〈서문〉에서 유정(惟精)을 지공부(知工夫), 유일(惟一)을 행공부(行工夫)로 나누고 순(舜)임금이 요(堯)임금에게 전수한 이 열여섯 글자가 '수많은 성인이 서로 전하는 심법〔千聖相傳心法〕'이라 하여 도통(道統)의 으뜸으로 높였다.

133 오상(五常) : 인(仁)·의(義)·예(禮)·지(智)·신(信)의 다섯 가지 본성을 가리킨다. 4.1.6.1절 각주 94) 참조.

134 정은……것이다 : "도(道)는 바로 정(正)이고, 인(人)은 바로 사(私)인데, 정은 항상 미묘하고 사는 항상 위태롭다. 그러므로 반드시 모름지기 살피기를 정하게 하고 지키기를 한결같이 한 뒤에 마땅히 이 도의 중(中)을 잡아서 천하의 사업을 둘 수 있는 것이다.〔道是正, 人是私, 正常微, 私常危, 故必須察之精, 守之一, 然後當能執斯道之中, 措天下之業也.〕"라고 하여, 도와 인을 구별하였다. 《旅軒集 卷6 人心道心說》

것은 인심이다. 기는 리에서 나오고 정은 성에서 나오니, 그렇다면 원래 두 근본이 있는 것이 아닌데 그 경이 되고 위가 되는 까닭은 절로 떳떳함과 변함의 차이가 없지 못해서이다.

리는 비록 떳떳함이 있으나 형적(形跡)이 없으니, 리는 은미함이 되지 않겠는가. 기는 변함이 많아 측량할 수 없으니, 이것은 위태로움이 되지 않겠는가. 그렇다면 인심은 도에서 나온 것이요 도심은 사람으로 행하는 것이니, 도심은 바로 사람의 성이고 인심은 바로 성의 정이다.[135] 성은 리가 되어 밝히기 어렵고 정은 기가 되어 치성(熾盛)하기 쉬우니, 치성하기 쉬운 것은 위태롭고 밝히기 어려운 것은 은미하다. 만약 그 위태로운데 맡겨두어 제재하여 바로잡지 않고, 그 은미한 것을 내버려 확충하고 밝히지 않는다면 위태로운 것은 위태로운 것에 그치지 않아 반드시 빠져서 구원할 수 없고 방탕하고 안일하여 막을 수 없는 지경에 이를 것이며, 은미한 것은 다만 은미한 것이 되지 않아 반드시 닫히고 막혀서 개발하지 못하고 어두워 드러나지 못함에 이를 것이니, 이렇게 되면 어떻게 그 중(中)의 도가 될 수 있겠는가. 그러므로 순임금이 우임금에게 전수할 때에 반드시 세 구(句)[136]의 말씀을 더한 것이니, 이것은 바로 이른바 경을

135 그렇다면……정이다 : 인심(人心)과 도심(道心)은 모두 하나의 근본에서 나오는 것임을 설명한 것이다. 〈인심도심설〉에 "그렇다면 하나의 근본으로 말하면 도심 또한 인심이며, 인심 또한 도심이다. 사람은 도를 떠나지 않고 도는 항상 사람에게 있으니, 과연 이것을 둘이라고 할 수 있겠는가. 사람이 도를 떠나서 도가 사람에게 있지 않은 뒤에야 이것을 나누어 사(私)로 지목하여 인심이라 하고, 리(理)로 지목하여 도심이라 한 것이다. 인심은 사람의 인심이고, 도심은 사람의 천명이니, 곧 사와 리를 말한다.〔然則以一本言之, 道心亦人心也, 人心亦道心也. 人不離道, 道常在人, 其果二焉耶? 及其以人離道, 道不在人, 然後于以析之, 以私而目之曰人心, 以理而目之曰道心. 人心, 人之人也; 道心, 人之天也, 卽私與理之謂也.〕"라고 설명하였다.

136 세 구(句) : 바로 '人心惟危, 道心惟微, 惟精惟一'을 가리킨다.

주장하여 위를 다스리는 법[137]이라는 것이다.

도심은 바로 경이고 인심은 바로 위인데, 인심이 발하는 것이 과(過)와 불급(不及)의 차이가 있어서 그 당연한 법칙을 잃어 예측할 수 없는 변(變)이 됨이 이와 같은 것이 있다면 이것은 이른바 위가 경과 어긋났다는 것이 아니겠는가? 다만 그 떳떳하고 한결같은 성은 정이 바름을 잃었다고 해서 그 경을 훼손하지 않는다. 그러므로 그 정을 절제하고 검속(檢束)하여 중에 부합하게 하는 것이 그 요점이 있으니, 이른바 바로 유정(惟精)과 유일(惟一)이다.

정(精)은 바로 그 정의 과와 불급을 살펴서 털끝 만한 차이를 살펴 반드시 시중(時中)의 도(道)와 당연(當然)한 법칙을 구하는 것이요, 일(一)은 바로 이미 밝게 살피고 이미 정밀하게 살폈으면 또 모름지기 감히 과하거나 불급하게 하지 않아서 반드시 그 당연의 법칙과 시중의 도를 얻어 바꾸지 않고 옮겨가지 않는 것이다.[138] 무

137 이른바……법 : 장현광은 〈논재인경위(論在人經緯)〉에서 "그 떳떳하고 한결같은 성을 인하여 회복하면 똑같지 않은 기를 통일할 수 있는 방도가 있고, 가지런하지 않은 질을 가지런히 할 수 있는 방도가 있고, 전착되고 패란한 정을 바로잡아 다스릴 수 있는 방도가 있으니, 바로 이른바 경을 주장하여 위를 다스리는 일이라는 것이다.〔因其性之常一者而復之, 則氣之不一者, 有可以一之之道; 質之不齊者, 有可以齊之之道; 情之顚錯悖亂者, 有可以矯治之道, 卽所謂主經治緯之事也.〕"라고 설명하였다.

138 정(精)은……것이다 : 주자는 《중용장구(中庸章句)》 〈서문〉에서 "이 형체를 가지고 있지 않은 자가 없으므로 비록 상지(上智)라도 인심이 없지 못하고, 또한 이 성(性)을 가지고 있지 않은 자가 없으므로 비록 하우(下愚)라도 도심이 없지 못하니, 이 두 가지가 마음의 사이에 뒤섞여 있어서 다스릴 바를 모르면 위태로운 인심은 더욱 위태로워지고, 은미한 도심은 더욱 은미해져서 천리(天理)의 공정함이 마침내 인욕의 사사로움을 이기지 못할 것이다. 정(精)은 두 가지의 사이를 잘 살펴서 뒤섞이지 않게 하는 것이요, 일(一)은 본심(本心)의 바름을 지켜 잃지 않게 하는 것이니, 여기에 종사하여 조금도 간단(間斷)함이 없어서 반드시 도심으로 하여금 일신(一身)의 주장이 되게 하고, 인심(人心)이 매번 도심에게 명령을 듣게 하면 위태로운 것이 편안해지고,

릇 이 열두 글자(人心惟危, 道心惟微, 惟精惟一, 允執厥中)는 공정(工程)의 절목(節目)이 이처럼 자세하고 극진하며, 세 성인이 주고받은 지결(旨訣)의 자세하고 간략함이 다른 부분은 진실로 그 중(中)을 잡아 지키라는 한 구이니, 오직 순임금만이 이 이치를 묵묵히 아실 수 있었고, 대성인(大聖人) 이하는 가르침을 갖추지 않을 수가 없었다.[139]

은미한 것이 드러나서 움직이고 고요하고 말하고 행동하는 것이 저절로 과(過)와 불급(不及)의 잘못이 없게 될 것이다.〔人莫不有是形, 故雖上智, 不能無人心; 亦莫不有是性, 故雖下愚, 不能無道心, 二者雜於方寸之間, 而不知所以治之, 則危者愈危, 微者愈微, 而天理之公, 卒無以勝夫人欲之私矣. 精則察夫二者之間而不雜也, 一則守其本心之正而不離也, 從事於斯, 無少間斷, 必使道心常爲一身之主, 而人心每聽命焉, 則危者安, 微者著, 而動靜云爲, 自無過不及之差矣.〕"라고 하였다. 장현광은 〈평설〉에서 "인심(人心)과 도심(道心)에 이르러도 또한 두 개의 마음이 있는 것이 아니다. 제일 처음에는 오직 한 마음뿐이요 한 사려(思慮)였는데, 천리(天理)로 말미암아 발한 것은 도심이고, 자신의 사사로움을 따라 행하는 것은 인심이니, 사사로움은 끌리기 쉽기 때문에 위태롭다〔危〕고 하였고, 이치는 밝히기 어렵기 때문에 은미하다〔微〕고 말한 것이다. 두 마음의 사귐을 잘 살펴서 혹시라도 사(邪)와 정(正)을 잘못 인식하지 않게 하는 것이 이른바 정(精)이요, 도의 바름을 지켜서 이랬다저랬다 하지 않게 하는 것이 이른바 일(一)이다.〔至於人心道心云者, 亦非有兩箇心也. 元初惟一心而已, 一思慮也, 而由天理而發者, 道心也; 因己私而行者, 人心也, 私易牽, 故曰危; 理難明, 故曰微. 察二心之交, 而毋或錯認邪正者, 所謂精也; 守道之正而不爲二三者, 所謂一也.〕"라고 하였다.

139 무릇……없었다 : 장현광은 〈인심도심설(人心道心說)〉에서 "'진실로 그 중을 잡아 지키라'는 말은 곧 대요(大堯)가 순임금에게 주신 것인데 순임금이 우(禹)임금에게 전해줄 때에 그 위에 세 구(句)의 열두 글자(人心惟危, 道心惟微, 惟精惟一, 允執厥中)를 더한 뒤에 요임금이 전수해 주셨던 한 구의 네 글자(允執厥中)로 마쳤으니, 이 어찌 순임금이 요임금의 말씀에 스스로 감히 더 붙이려 하셨겠는가. 요임금이 순임금에게 전수해 준 것은 한 구 네 글자로서 이미 다하였고, 순임금이 우임금에게 모름지기 세 구의 열두 글자를 더하여 준 것은 성인이 때에 따라 마땅하게 한 뜻으로서 이렇게 하지 않을 수가 없었던 것이었다.〔夫允執厥中之言, 乃大堯授舜者也, 而舜之傳禹也, 增其上三句十有二字, 然後以堯之所授一句四字終之, 此豈舜之於堯之言, 自敢多之者哉? 蓋堯之於舜, 其授也一句四字而旣盡也, 舜之於禹, 則須加以三句十有二字者, 聖人隨時之意,

다만 진실로 그 중을 잡아 지키라고만 말씀하시고 심(心)을 말하지 않으면 그 진실로 잡는 기틀이 마음에 있음을 알지 못할 것이요, 마음만 말하고 인심과 도심을 구분하지 않으면 그 중과 중이 아닌 것을 분별할 줄 모를 것이며, 인심을 말하고 도심을 말하지 않으면 한결같이 그 위(緯)에만 맡겨서 경(經)이 존재하는 것을 모를 것이요, 도심만 말하고 인심을 말하지 않으면 그 경의 쓰임이 반드시 위로써 행해짐을 모를 것이며, 인심과 도심을 말하면서 위태로움과 은미함을 말하지 않으면 그 위태로움을 편안히 하고 그 은미함을 드러내는 공부를 모를 것이요, 정(精)과 일(一)의 두 가지 법을 말하지 않으면 또 그 중을 가리고〔擇〕 지켜서〔守〕 인심과 도심을 합하여 하나로 만드는 것을 모를 것이니, 진실로 그 중을 잡는 방도가 어찌 빠지고 부족한 점이 있겠는가. 그 성학(聖學)의 대요(大要)와 강령(綱領)[140]이 여기에 있지 않겠는가."

有不得不爾也.〕"라고 하였고, 또 "순임금은 요임금과 같았으니, 윤집궐중(允執厥中) 네 글자로 그 뜻을 다할 수 있었다. 그러나 우임금은 순임금에 비하면 차이가 있었다. 순임금이 이 때문에 열두 글자를 더 보탰으니, 요임금의 네 글자를 전수함에 있어 그 문로(門路)를 열어 준 것이다.〔舜自如堯, 則允執厥中之四字, 足以盡其旨矣, 若禹之於舜, 則其有間矣. 舜於是添了十有二字, 而所以做得堯之四字之傳者, 爲有其門路矣.〕"라고 하였다.

140 대요(大要)와 강령(綱領) : 장현광은 도심(道心)은 천명, 인심(人心)은 사람의 마음으로 구별하고 이것을 정(精)하게 하고 한결같이 하는 것이 성학의 대요(大要)이고 요결(要訣)이라고 하였다. 〔人心, 人之人也; 道心, 人之天也, 卽私與理之謂也. 心豈有二於一方寸哉? 舜之分而言之者, 別其私與理而敎其精一也. 聖學之大要, 都出於此焉, 所謂"降衷于下民, 若有恒性者, 卽此道心也, 生民有欲, 無主乃亂者, 卽此人心也. 孔聖之無我, 卽此人心私意之絶, 顔子所克之己, 卽此人心也; 所復之禮, 卽此道心也. 曾子之格致, 卽此惟精也; 誠正, 卽此惟一也; 修齊治平, 卽此執中也. 子思所謂天命之性, 卽道心也; 率性之道, 修道之敎, 卽執中也, 擇善固執, 卽精一之法也. 孟子仁義禮智之四端, 卽道心也, 何必曰利, 常防其源者, 卽人心也. 然則學問要訣, 果外於此乎?〕《旅軒集

4.1.7.6

또 말하였다. "주자가 인심(人心)을 '기(形氣)의 사사로움에서 생겼다.' 라고 하고, 도심(道心)을 '성명(性命)의 바름에서 근원하였다.'[141]라고 하셨는데, 후세의 유자(儒者)들은 이 말씀으로 인해 잘못 이해하여 곧바로 형기를 인심의 근본이라 하고 성명을 도심의 근본이라 하니, 그렇다면 이것은 한 마음 가운데에 두 개의 근본이 있어서 형기와 성명이 나뉘어 피(彼)와 차(此)가 된 것이니, 어찌 옳겠는가. 사람이 천지의 사이에 생겨남에 진실로 형기를 받아 한 물건이 되고 성명을 받아 한 물건이 된 것이 아니요, 이 성명으로 이 형기가 되고 이 형기로 이 성명을 소유하여, 성명은 본래 형기상(形氣上)의 성명이고, 형기는 본래 성명 가운데의 형기이니, 그렇다면 성명은 바로 형기의 리(理)이고 형기는 바로 성명의 기(器)인 것이다.[142]

다만 이 성명과 형기가 모두 천지로부터 왔는데, 그 태어나서 사람이

卷6 人心道心說》

141 주자가……근원하였다 : 《중용장구》 〈서문〉에 "마음의 허령지각(虛靈知覺)은 하나일 뿐인데, 인심(人心)과 도심(道心)의 다름이 있다고 한 것은, 혹은 형기(形氣)의 사사로움에서 나오고, 혹은 성명(性命)의 바름에서 근원하여, 지각을 한 것이 똑같지 않기 때문이다.〔心之虛靈知覺, 一而已矣, 而以爲有人心道心之異者, 則以其或生於形氣之私, 或原於性命之正, 而所以爲知覺者不同.〕"라고 한 구절을 가리킨다.

142 사람이……것이다 : 〈인심도심설〉에 "인심의 인(人)은 바로 형기(形氣)이고 도심의 도(道)는 바로 성명(性命)이니, 형기는 바로 성명의 형기이며 성명은 바로 형기의 성명이다. 형기의 밖에 별도로 성명이 있고, 성명의 밖에 별도로 형기가 있는 것이 아니다. 이 형기가 있기 때문에 이 성명이 있고, 이 성명이 있기 때문에 형기가 있는 것이니, 형기가 없으면 성명이 없고 성명이 없으면 형기가 없을 것이다. 그것을 어찌 둘로 나눌 수 있겠는가.〔人是形氣, 道是性命也, 而形氣, 卽其性命之形氣也; 性命, 卽其形氣之性命也. 不是形氣之外, 別有性命; 而性命之外, 別有形氣也, 有是形氣, 故有是性命; 有是性命, 故有是形氣, 無形氣則無性命, 無性命則無形氣矣, 其可二之哉?〕"라고 하여 형기와 성명은 둘이 아닌 하나로 설명하였다.

되어 이미 스스로 한 물건이 되어서는 사람에게 있는 성명이 비록 형기의 안에 갖추어져 있으나, 그 유행하는 즈음에 반드시 형기로부터 발동하여 귀와 눈으로 보고 듣고, 코와 입으로 냄새를 맡고 음식을 먹고, 생각하기를 오장 육부(五臟六腑)로 생각하고, 목구멍과 혀, 손과 발로 말하고 행동하니, 그렇다면 이는 형기의 쓰임 아님이 없는 것이다. 그러므로 그 형기로부터 발동한 것을 가리켜 인심이라 하는 것이니, 바로 칠정(七情)의 위(緯)가 외물의 접촉에 감응이 되어 오상(五常)의 경(經)으로 응하는 것이다. 오직 그 귀와 눈으로 보고 들으며, 코와 입으로 냄새를 맡고 음식을 먹으며 오장 육부로 생각하며, 목구멍과 혀, 손과 발로 말하고 행동하는 것이 모두 천지 자연의 이치와 인사의 당연한 법칙이어서, 내가 사사로이 할 수 있는 것이 아니다. 그 내가 사사로이 할 수 있는 것이 아님을 알아서 당연한 법칙에 부합할 것을 생각하는 것을 도심이라 하니, 바로 오상의 경이 칠정을 위로 삼아서 유행하고 절제하는 것이다. 이는 한 마음의 성정에 나아가 리와 기를 나눈데 불과할 뿐이다.

인심은 혹 저촉하는 물건에 제재를 받아서 오상의 경을 따르지 못하기 때문에 위태롭다 하였고, 도심은 혹 발하는 정에게 해를 당하여 떳떳하고 한결같은 경을 세우지 못하기 때문에 은미하다고 한 것이다. 그러나 인심을 말하면 도심이 이 가운데에 들어있고, 도심을 말하면 인심이 이 가운데에 들어있으니, 이 인심은 따로 한 마음이고 도심은 따로 한 마음이어서 각각 세워져 두 마음이 된 것이 아니다.[143] 마음의 지각은 진실로 하나일 뿐이니, 지각은 바로 사람

143 이 인심은……아니다 : 지각(知覺)은 성명(性命)과 형기(形氣)의 작용에 따라 인심(人心)과 도심(道心)으로 구분되나, 형기가 있기 때문에 성명이 있고 성명이 있기 때문에 형기가 있으므로 둘이 아니고 하나임을 설명한 것이다. 〈인심도심설〉에 "지각을

몸의 주장이 되어서 천성(天性)을 갖추어 마음속에 두고 감정으로 발하여 인정(人情)이 된 것이다. 그 천성을 갖추어 마음속에 두기 때문에 도심이란 이름을 얻고, 감정으로 발하여 인정이 되기 때문에 인심이란 이름을 얻은 것이니, 인심은 제 스스로 인심이 되지 못하여 하늘에서 얻어 성이 되고, 도심은 제 스스로 도심이 되지 못하여 사람을 기다려 정이 되어서 천성으로 말미암아 인정이 되니, 어찌 두 마음이 있겠는가.

혹자가 말하였다. "만약 과연 도심이 이 성이고 인심이 이 정이라고 한다면 성은 아직 발하지 않은 것〔未發〕이고 정은 이미 발한 것〔已發〕이니,[144] 그 도심을 가지고 인심에 함께 말한 것은 모두 이미

하는 것은 마음이니, 지각이 곧바로 바른 성명에서 나온 것은 도심이며, 지각이 모름지기 사사로운 형기를 따른 것은 인심이니, 형기와 성명은 모두 우리 인간이 반드시 소유하여 서로 없을 수 없는 것이다. 그러므로 마음의 지각이 반드시 곧바로 성명으로부터 나온 것이 있으며, 또한 반드시 형기를 따라 나온 것이 있는 것이다. 그러나 성명은 바로 형기 가운데의 성명이어서 지각이 곧바로 성명을 따라 나오는 것은 반드시 형기로 인하여 발하니, 그렇다면 도심을 또한 인심이라 이를 수 있는 것이다.〔能知覺者心也, 知覺之直從性命之正者, 道心也; 知覺之須因形氣之私者, 人心也, 形氣性命, 皆吾人所必有而不容相無者, 故心之知覺, 卽必有直從性命者, 亦必有須因形氣者焉. 然而性命, 卽其形氣中性命, 而知覺之直從性命者, 必因形氣而發, 則道心亦可謂之人心也.〕"라고 하였다.

144 만약……것이니 : 성(性)은 마음이 아직 발하지 않은 미발(未發)의 상태고, 희(喜)·노(怒)·애(哀)·락(樂) 등은 정(情)으로 마음이 이발(已發)한 상태를 이른다. 《주역》〈계사전 상〉에 "역(易)은 생각이 없고 함이 없어서 고요히 움직이지 않다가 감동하여 마침내 천하의 일을 통한다.〔易无思也, 无爲也, 寂然不動, 感而遂通天下之故.〕"라고 하여 미발과 이발을 말하였고, 《중용장구(中庸章句)》 제1장에 "희(喜)·노(怒)·애(哀)·락(樂)이 아직 발하지 않은 것을 중(中)이라 하고, 발하여 모두 절도에 맞는 것을 화(和)라 한다.〔喜怒哀樂之未發, 謂之中. 發而皆中節, 謂之和.〕"라고 보이는데, 주자는 주에서 "희·노·애·락은 정(情)이고 이것이 아직 발하지 않은 것은 성(性)이니, 한쪽으로 기울고 치우치는 것이 없으므로 중(中)이라 이르며, 발하면 모두

발한 것을 가지고 말한 것이 아닌가? 만약 이미 발한 것이 아니라면 어찌 인심과 도심을 나눌 수 있겠는가." 이에 내가 말하였다.

"발하기 전에는 인심이 있을 수 없으니, 인심과 도심의 분별은 모름지기 이미 발한 뒤에 있는 것이 당연하다. 다만 도심은 이미 성(性)인데 또한 이미 발한 뒤에도 말할 수 있는 것은 이른바 이미 발했다는 것은 바로 성이 발한 것이니, 발하는 것은 모름지기 형기에 관계되므로 인심이라 이름한 것이다.[145] 그러나 인심의 안에 천리(天理)가 실로 주장이 되니, 그렇다면 천리는 바로 도심이므로 도심은 이미 발한 뒤에도 통하여 말할 수 있는 것이다. 체(體)는 용(用)을 겸할 수 있으나 용은 체를 겸할 수 없다. 그러므로 리는 기를 겸하여 말할 수 있으나 기는 이를 겸하여 말할 수 없고, 성은 정을 겸하여 말할 수 있으나 정은 성을 겸하여 말할 수 없으니, 이 때문에 도심을 비록 성이라고 말하나 또한 이미 발하여 정이 된 뒤라고 말할 수 있는 것이니, 기가 행하는 바에 리가 있지 않음이 없다는 것은 이것을 말하는 것이 아니겠는가.

그러나 도심은 본래 인심의 밖에 따로 하나의 마음이 된 것이 아니요, 정은 다만 인심이지만 인심 가운데의 천리는 바로 이른바 도심이라는 것이다. 그 정이 막 발하는 기틀이 반드시 형기의 변화에 관계되므로 인심이라 지목하니, 관계되는 기틀은 비록 형기이지만 그 리는 반드시 성명에 근본을 둔다면 도심이 일찍이 이 안에 있지 않음

절도에 맞는 것은 정(情)의 바름이니, 어그러지는 것이 없으므로 화(和)라고 이른다. 〔喜怒哀樂, 情也, 其未發, 則性也, 無所偏倚, 故謂之中, 發皆中節, 情之正也, 無所乖戾, 故謂之和.〕"라고 설명하였다.

145 다만……것이다 : 인심(人心)과 도심(道心)에 대해서는 위의 4.1.7.4절 각주 128) 참조.

이 없는 것이다. 그러므로 인심이 막 발하는 즈음에 그 정이 또 스스로 그 발하는 것이 공(公)이 되는지 사(私)가 되는지를 살펴 단속해서 삼감을 지극히 하여 절제함이 있게 하는 것이 바로 도심이다. 어째서인가. 성은 안과 밖의 차이가 없기 때문이다.[146] 그러므로 도심을 비록 이미 발한 뒤에 통하여 말할 수 있으나, 어찌 그 성의 경이 되는 것에 해롭겠는가. 경이 일찍이 위를 떠나지 않는다는 것이 이것인 것이다.

그렇다면 순임금이 반드시 인심과 도심을 나누어 말씀한 이유는 두 마음이 있다고 말씀한 것이 아니다. 형기에 관여된 정(인심)은 스스로 사사로워지기가 쉽고, 성명에 근본한 것(도심)은 가리움을 당하기 쉽다. 그러므로 그 위태롭고 은미함의 다름을 나누어 말씀하지 않을 수가 없어서 도심으로 하여금 그 인심을 유도하여 그 어지럽히는 바가 되지 않게 하고, 인심으로 하여금 감히 그 마음을 제멋대

146 그러므로…… 때문이다 : 성(性)에 안과 밖이 없다는 내용은 《근사록》에 보인다. 성은 마음〔心〕을 가리키는 것으로, 일이 없을 때는 고요히 안정되고, 외물을 접하면 그 마음을 단속하여 흔들림이 없게 하는 것을 말한 것이다. "횡거(橫渠) 선생이 명도(明道) 선생에게 묻기를 '성(性)을 안정시켜도 동(動)하여 오히려 외물에 얽매이니 어떻게 합니까?'라고 하자, 명도 선생이 말하기를 '이른바 정(定)이라는 것은 동(動)하여도 정(定)하고 정(靜)하여도 정(定)하여 보내거나 맞이함도 없고 안과 밖도 없으니, 만일 외물을 밖이라고 하여 자기를 끌어다가 따르게 한다면 이것은 자기의 성(性)을 안과 밖으로 두는 것이다. 또, 성(性)이 밖에서 물(物)을 따른다면 그것이 밖에 있을 때, 어느 것이 안에 있어야 되겠는가. 이것은 외유(外誘)를 끊으려는데 생각을 두어서 성(性)에는 안과 밖이 없다는 것을 모르는 것이다. 이미 안과 밖을 두 가지 근본이라고 한다면 또 어찌 갑자기 정(定)했다고 말할 수 있겠는가.'〔橫渠先生, 問於明道先生曰:'定性, 未能不動, 猶累於外物, 何如?' 明道先生曰:'所謂定者, 動亦定, 靜亦定, 無將迎, 無內外, 苟以外物爲外, 牽己而從之, 是以己性, 爲有內外也. 且以性爲隨物於外, 則當其在外時, 何者爲在內? 是有意於絶外誘, 而不知性之無內外也. 旣以內外爲二本, 則又烏可遽語定哉?'〕"《近思錄 卷2 爲學》

로 하지 못하여 도심을 마음으로 삼게 한 것이니, 그런 뒤에 그 중(中)이 여기에 있는 것이다.

주자가 '인심이 형기의 사사로움에서 생겼다.'[147]라고 말씀한 것은 인심의 리가 형기에서 나왔다고 말씀한 것이 아니요, 바로 이 정이 비록 성에 근본을 두었으나 따라서 나온 것은 반드시 형기를 관여하기 때문에 생겼다고 말씀한 것이니, 그 이른바 생겼다는 것은 원(原)과 본(本)의 글자처럼 깊이 있게 말씀하신 것이 아니다. 오행(五行)의 리가 실로 태극에 근본을 두었는데 수(水)가 목(木)을 낳고, 목이 화(火)를 낳고, 화가 토(土)를 낳고, 토가 금(金)을 낳고, 금이 수(水)를 낳았다고 말한 것[148]은 어찌 그 리가 상생(相生)하는 것을 말한 것이겠는가. 다만 그 따라온 기틀이 기의 순서가 되어서 각기 인(因)한 것이 있음을 말씀한 것이다. 그렇다면 인심이 형기가 생기는데서 생겼다는 것 또한 오행이 서로 낳았다는 생(生) 자의 예와 같으니, 만약 그 근본을 연구한다면 인심은 바로 성에서 나온 것이다. 후학들이 근본이 둘이라고 의심하는 것이 어찌 잘못 이해한 것이 아니겠는가."

4.1.7.7

《탕고(湯誥)》[149]에 이르기를 "위대하신 상제(上帝)가 하민(下民)에게

147 주자가……생겼다 : 이 내용은 《중용장구》 서문에 보인다. 인심과 형기의 관계에 대해서는 위의 4.1.7.6절 각주 142) 참조.

148 오행(五行)의……말한 것 : 오행(五行)의 운행순서는 목(木)·화(火)·토(土)·금(金)·수(水)로, 상생(相生)의 순서이다. 나무는 불을 낳고〔木生火〕, 불은 흙을 낳고〔火生土〕, 흙은 금을 낳고〔土生金〕, 금은 물을 낳고〔金生水〕, 물은 나무를 낳는 것〔水生木〕을 가리킨다. 위의 〈도서발휘〉편의 각주 21) 참고.

충(衷 진리)을 내려주어 순히 하여 떳떳한 성(性)을 소유하였으니, 능히 그 도(道)에 편안하게 하는 이가 임금이다."라고 하였다.

떳떳한 성(性)은 경(經)이고, 그 도(道)에 편안하게 하는 것은 경(經)을 주장하여 위(緯)를 다스리는 일이다. 성은 하늘에서 받아서 소유하지 않은 사람이 없으므로 항(恒)이라 하였으니, 항은 경의 뜻이다. 그 기질이 똑같지 않고 습속(習俗)이 차이가 심함으로 인하여 그 성이 발하여 칠정(七情)이 되고, 행하여 백행(百行 온갖 행실)이 되는 것이 모두 당연한 법칙을 얻지 못하여 그 떳떳한 윤리의 도를 잃는 자가 많으니,[150] 그렇다면 이것은 위(緯)가 잘못되어 그런 것이 아니겠는가. 탕(湯) 임금이 이에 한결같은 덕을 소유하여 백성들에게 중(中)을 세우셔서 만방(萬邦)을 정표(正表)하였으니, 바로 이른바 능히 그 도에 편안하게 해서 임금의 책임을 다했다는 것이다.

《홍범(洪範)》[151]에 이르기를 "다섯 번째 황극(皇極)[152]은 임금이 극

149 탕고(湯誥) : 《서경》의 편명(篇名)으로, 탕 임금이 하(夏)나라의 걸왕(桀王)과 주(紂王)을 토벌한 후 박(亳) 땅으로 돌아와 제후와 백성들에게 덕을 닦아서 여러 백성들 위에 설 것을 다짐하는 내용이다.

150 그 기질이……많으니 : 이에 대하여 채침(蔡沈)은 《서경집전(書經集傳)》에서 "충(衷)을 내려준 입장에서 말하면 편벽되거나 치우친 바가 없으니, 자연을 순히 하여 본래 떳떳한 성(性)을 가지고 있으나, 품수(稟受)한 입장에서 말하면 청(淸)과 탁(濁), 순(純)과 잡(雜)의 차이가 없지 못하다.〔以降衷而言, 則無有偏倚, 順其自然, 固有常性矣, 以稟受而言, 則不無淸濁純雜之異.〕"라고 설명하였다.

151 홍범(洪範) : 《서경》의 편명으로, 기자가 주나라 무왕을 위하여 홍범구주(洪範九疇)로 고(告)했다고 전해진다.

152 황극(皇極) : 제왕이 천하를 통치하는 중요한 도로, 천하를 다스리는 아홉 가지의 큰 법인데, 오행(五行)·오사(五事)·팔정(八政)·오기(五紀)·황극(皇極)·삼

(極 표준)을 세움이니, 이 오복(五福)[153]을 거두어서 여러 백성들에게 펴주라."라고 하였고, 또 이르기를 "편벽됨이 없고 기욺이 없어서 왕의 의(義)를 따르며, 좋아함을 일으키지 말아서 왕의 도(道)를 따르며, 미워함을 일으키지 말아서 왕의 길을 따르라. 편벽됨이 없고 편당(偏黨)함이 없으면 왕도(王道)가 탕탕(蕩蕩)하고, 편당함이 없고 편벽됨이 없으면 왕도가 평평(平平)하고, 위배됨이 없고 기욺이 없으면 왕도가 정직(正直)할 것이니, 그 극에 모여서 그 극에 돌아올 것이다."라고 하였다.

극(極)[154]은 경(經)이다. 도(道)가 태극(太極)으로부터 와서 사람의 극이 된 것이니, 바로 요(堯)·순(舜)·우(禹)가 서로 주고받은 중(中)[155]과 탕(湯) 임금이 능히 그 도를 편안히 한 떳떳한 성이니, 이것을 세우는 자는 오직 임금이다. 오사(五事)[156]의 숙(肅 엄숙),

덕(三德)·계의(稽疑)·서징(庶徵)·오복(五福)을 이른다. 〈도서발휘〉 1.1.4절 각주 45) 참조.

153 오복(五福) : 다섯 가지의 복으로, 첫 번째는 장수(壽), 두 번째는 부(富), 세 번째는 강녕(康寧), 네 번째는 덕을 좋아하는 것(攸好德), 다섯 번째는 천수(天壽)를 누리는 고종명(考終命)을 가리킨다. 〈신증〉 1.2.1절 각주 65) 참조.

154 극(極) : 장현광에 의하면 극(極)은 경(經)이고 리(理)인바,〈사물론〉에 "리(理)가 무극(無極)이 되고 태극(太極)이 되는 것은 진실로 온갖 조화가 여기에 근본하고, 온갖 변화가 여기에 기준하기 때문이니, 이 때문에 리라고 이르고 극이라고 이른 것이다.〔夫理之爲無極太極者, 固以萬化根於是焉, 萬變宗於是焉, 所以謂之理也, 所以謂之極也.〕"라고 하였다. 리와 기를 경과 위로 비유한 내용은 위의 〈경위설〉 4.1.1.1, 4.1.1.2절 참조.

155 바로……중(中)과 : 중(中)은 바로 요임금이 순임금에게 전한 '윤집궐중(允執厥中)'과 순임금이 우임금에게 전한 '윤집궐중'을 가리킨다.

156 오사(五事) : 홍범구주의 하나로, 오사는 모(貌)·언(言)·시(視)·청(聽)·사(思)인바, 〈홍범〉에 "첫 번째는 모습이고, 두 번째는 말이고, 세 번째는 봄이고, 네

예(乂 조리), 철(哲 지혜), 모(謀 헤아림), 성(聖 성스러움)은 바로 사람의 도와 물건의 법의 조목이요, 삼덕(三德)[157]의 정직(正直), 강극(剛克), 유극(柔克)은 바로 황극을 세우는 경으로서 여러 백성을 다스리는데 꾀가 있고, 함이 있고, 지킴이 있는 위(緯)인 것이다. 탕탕함과 평평함과 정직함은 바로 왕도의 중정(中正)한 표준이요, 극에 모여서 극에 돌아가는 것은 바로 여러 백성들이 너에게 주어 극을 보존하게 하는 지극한 공(功)이다. 기자(箕子)가 무왕(武王)에게 고하신 것은 그 경을 주장하여 위를 다스리는 도에 있어 극진하다. 떳떳한 윤리가 저절로 구주(九疇)의 밝음에 펴지니 구주의 경이 황극의 경이 아니겠는가.

《시경(詩經)》에 이르기를, "상천(上天)의 일은 소리도 없고 냄새도 없다."[158]라고 하였고, 또 이르기를, "하늘의 명(命)이 아, 심원(深遠)하여 그치지 않는다,"라고 하였고, 또 이르기를, "아, 드러나지 않는가. 문왕(文王)의 덕(德)의 순수함이여."[159]라고 하였다.

번째는 들음이고, 다섯 번째는 생각함이다. 모습은 공손하고, 말은 순종하고, 봄은 밝고, 들음은 귀 밝고, 생각함은 지혜롭다. 공손함은 엄숙함을 만들고, 순종함은 다스림을 만들고, 밝음은 지혜를 만들고, 귀 밝음은 헤아림을 만들고, 지혜로움은 성스러움을 만든다.〔一曰貌, 二曰言, 三曰視, 四曰聽, 五曰思. 貌曰恭, 言曰從, 視曰明, 聽曰聰, 思曰睿, 恭作肅, 從作乂, 明作哲, 聰作謀, 睿作聖.〕"라는 내용이 있다.《書經集傳 洪範》

157 삼덕(三德) : 홍범구주의 하나로《서경》〈홍범〉에 " 첫 번째는 정직이요, 두 번째는 강(剛)으로 다스림이요, 세번째는 유(柔)로 다스림이니, 평강(平康)은 정직이고, 강(彊)하여 순하지 않은 자는 강(剛)으로 다스리고, 화(和)하여 순한 자는 유(柔)로 다스리며, 침잠(沈潛)한 자는 강(剛)으로 다스리고, 고명(高明)한 자는 유(柔)로 다스린다.〔三德, 一曰正直, 二曰剛克, 三曰柔克, 平康, 正直, 彊弗友, 剛克; 燮友, 柔克; 沈潛, 剛克; 高明, 柔克.〕"라고 하였다.

158 상천(上天)의……없다 : 이 내용은《시경》〈대아(大雅) 문왕(文王)〉에 보인다.

소리도 없고 냄새도 없는 것은 리(理)를 가지고 말한 것이니 바로 경(經)이고, 아 심원하여 그치지 않는 것은 유행(流行)을 가지고 말한 것이니 바로 위(緯)이다. 이는 천도(天道)의 경과 위인데 오직 문왕이 이와 같으셨으니, 그 덕의 순수함이라고 말했으면 인도(人道)의 경과 위를 다한 것이 더할 수가 없는 것이다. 도가 경과 위가 되는 것은 하늘과 사람에 있어서 하나의 리인데, 다른 것은 위의 용(用)이 되기 때문일 뿐이다.

공자가 《주역》의 〈계사전(繫辭傳)〉에 다시기를, "한 번 음(陰)하고 한 번 양(陽)하는 것을 도(道)라 이르니, 이것을 계속하는 것은 선(善)이고 이것을 이루는 것은 성(性)이다."[160]라고 하셨다.

음(陰)과 양(陽)은 기(氣)이고, 하나로써 이것을 한결같이 함이 있는 것은 리(理)이며 도(道)는 리와 기를 통한 명칭이다. 이것을 계속하고 이것을 이루는 것은 기이고, 선(善)이라 하고 성(性)이라 한 것[161]은 리이다. 리가 경이 된 것은 진실로 음과 양의 앞에 있으므로 따라서 음이 되고 따라서 양이 되어서 위가 이에 행해지니, 위가 이에 행해짐에 경이 이 가운데에 들어있는 것이다. 그러므로 계속하

159 하늘의……순수함이여 : 이 내용은 《시경》 〈주송(周頌) 유천지명(維天之命)〉에 보인다.

160 한 번……성(性)이다 : 이 내용은 《계사전 상》에 보인다.

161 선(善)이라……한 것 : 주자는 《본의》에 "선(善)은 화육(化育)의 공(功)을 이르니 양(陽)의 일이다.〔善, 謂化育之功, 陽之事也.〕"라고 하였고 또, "성(性)은 물건이 받은 것을 이르니, 물건이 나면 성을 가지고 있어서 각기 이 도(道)를 갖춤을 말한 것이니, 음(陰)의 일이다.〔性, 謂物之所受, 言物生則有性而各具是道也, 陰之事也.〕"라고 설명하였다.

여 선이 되고 이루어 성이 되는 것이다. 선과 성이 비록 그 명목은 다르나 그 리가 되는 것은 똑같다. 선은 바로 하늘과 땅에 있으면 위 가운데의 경이고, 사람에 있으면 처음 발하는 정(情)이 그 성을 순히 따른 것이며, 역(易)에 있으면 일을 대처하는 의(義)이다. 성은 바로 하늘과 땅에 있으면 물건에 부여해주는 리이고, 사람에게 있으면 부여받은 떳떳한 성품이고, 역에 있으면 일을 이루는 법칙이니, 경의 위와 위의 경이 이 때문에 어느 때든 어느 곳이든 구비하지 않음이 없는 것이다.

또 이르기를, "형이상(形而上)인 것을 도(道)라 하고, 형이하(形而下)인 것을 기(器)라 한다."라고 하셨다.

한 형체 가운데에 나아가서 그 위에 있는 것을 일러 도(道)라 하고 그 아래에 있는 것을 일러 기(器)라 하니,[162] 형이상은 눈으로 볼 수 없는 것을 이르고 형이하는 눈으로 볼 수 있는 것을 이른다. 볼 수 있는 것이 없으면 무엇을 근거하여 그 볼 수 없는 것을 알겠는가. 그 볼 수 있는 것을 인하여 그 볼 수 없는 것을 아는 것이니, 만약 볼 수 없는 리(理)가 없다면 그 어떻게 볼 수 있는 기(器)가 있겠는가. 볼 수 있는 그 기가 있는 것이 이와 같으면 기(器)의 리(理)가

162 한……하니 : 공영달은 《주역정의(周易正義)》에서 "도(道)는 체(體)가 없는 명칭이고 형체는 질(質)이 있는 명칭이다. 무릇 유(有)는 무(無)에서 생기고 형체는 도(道)를 말미암아 서니, 이는 도를 우선하고 형체를 뒤에 하는 것으로, 도는 형체의 위에 있고 형체는 도의 아래에 있다. 그러므로 형체 밖으로부터의 이상을 도(道)라 이르고, 형체 안으로부터의 이하를 기(器)라 이른다.〔道是無體之名, 形是有質之稱. 凡有從無而生, 形由道而立, 是先道而後形, 是道在形之上, 形在道之下, 故自形外已上者, 謂之道也, 自形內而下者, 謂之器也.〕"라고 하였다.

마땅히 이와 같아야 하기 때문이다.

그렇다면 어찌하여 도라고 말하며 기라고 말하는가? 리는 어느 한 곳에 막혀 있거나, 어느 한때에 매여있는 것이 아니다. 옛날에도 이와 같았고 지금에도 이와 같으며, 여기에 있어서도 이와 같고 저기에 있어서도 또한 이와 같으며, 하늘에 있어서는 하늘의 도가 되고 땅에 있어서는 땅의 도가 되며, 사람에 있어서는 사람의 도가 되고 물건에 있어서는 물건의 도가 되어서 천지(天地)·만물(萬物)이 함께 행하는 것이므로 도라 한 것이다. 형체는, 하늘은 따로 하늘이 되어서 땅이 될 수 없고, 땅은 따로 땅이 되어서 하늘이 될 수 없으며, 사람은 따로 사람이 되어서 물건이 될 수 없고, 물건은 따로 물건이 되어서 사람이 될 수 없어서 한 번 정해져 바꿀 수가 없으므로 이것을 기(器)라 하는 것이다. 그러나 도(道)는 본래 기(器)의 도이고 기(器)는 본래 도(道)의 기여서 도 밖에 따로 기가 없고 기 밖에 따로 도가 없으니, 그렇다면 어찌 도(道)와 기(器)를 나누어 두 가지 물건이라고 말할 수 있겠는가.

형체를 가지고 리를 가리켜 도라 하고 리를 가지고 형체를 가리켜 기(器)라 하여 한 형체의 가운데에 가리키는 것이 구별이 있으니, 도(道)가 이 하나의 물건이고 기(器)가 이 하나의 물건이라고 말한 것이 아니다. 형체는 바로 리(理)의 형(形)이고 리는 바로 형체의 리인데, 도라고 하고 기라고 하는 것이 한 형체를 벗어나지 않으니, 둘이라고 말할 수 없는 것은 이 때문이다. 그렇다면 기(器)는 기(氣)가 이룬 것이 아니며, 도(道)는 리(理)가 행해진 것이 아니란 말인가. 기(器)에 대(大)와 소(小), 귀(貴)와 천(賤)의 똑고르지 않음이 있는 것이 위(緯)가 아니며, 도(道)에 정(精)과 추(粗), 경(輕)과 중(重)의 통일되지 않음이 없는 것이 경(經)이 아니란 말인가. 이는 바로 리(理)와 기(氣)가 경(經)과 위(緯)가 되는 것이다.[163]

《논어》에 이르기를 "일흔 살에 마음에 하고자 하는 바를 따라도 법도를 넘지 않는다."[164]라고 하였다.

마음에 하고자 하는 바는 바로 유행하여 날로 쓰는 사이로 성인의 도(道)의 위(緯)이고, 구(矩)는 바로 천리(天理)의 본연(本然)한 준칙이니, 바로 성인의 도(道)의 경(經)이다. 구(矩)는 바로 리(理)이

163 이는……것이다 : 장현광은 위에서 리(理)를 도(道)와 경(經)으로, 기(氣)를 기(氣)와 위(緯)로 구분하였으나, 리에는 기가 있고 기에는 리가 있어서 둘로 나눌 수 없다는 리기일원론(理氣一元論)적 관점을 일관되게 취하고 있다. 예컨대, 앞의 〈논리기위경위(論理氣爲經緯)〉에 "경과 위는 진실로 두 가지 리가 아니요, 앞과 뒤의 경과 위 또한 두 가지 도가 아니다. 오직 그 리가 된 것은 시(始)와 종(終)이 없고, 성(盛)과 쇠(衰)가 없고, 대(大)와 소(小)가 없고, 정(精)과 추(粗)가 없어서 옛날에도 이와 같고, 지금에도 이와 같고, 저쪽에도 이와 같고, 여기에도 이와 같다. 이 때문에 경이라 이르며, 그 기가 된 것은 시(始)와 종(終)이 있고, 성(盛)과 쇠(衰)가 있고, 대(大)와 소(小)가 있고, 정(精)과 추(粗)가 있어서 고금(古今)의 차이가 없지 못하고, 피차(彼此)의 간격이 없지 못하다. 이 때문에 이것을 위라고 이르는 것이다.〔經緯固非二理也, 前後之經緯亦非二道也. 惟其爲理也者, 無始終, 無盛衰, 無大小, 無精粗, 在古如是, 在今如是, 在彼如是, 在此如是, 故謂之經矣. 其爲氣也者, 有始終, 有盛衰, 有大小, 有精粗, 不能無古今, 不能無彼此, 故謂之緯矣.〕"라고 하였고, 또 "리(理)가 경(經)이고, 기(氣)가 위(緯)라는 것은 리는 항상하고 기는 변하기 때문이다. 그러나 리에는 물건을 통솔하는 떳떳함이 있고 물건을 따르는 떳떳함이 있으며, 기에는 당연한 변함이 있고 간혹 그러한 변함이 있다. 리는 정(精)과 추(粗)가 없고, 후(厚)와 박(薄)이 없고, 대(大)와 소(小)가 없고, 고(古)와 금(今)이 없어서 일정하여 바뀌지 않음은 이는 물건을 통솔하는 떳떳함이며, 물건에 있어서 성(性)이 된 것은 하늘과 땅의 성이 있고 우리 인간의 성이 있고 만물에 각각의 성이 있음은 변함이 있을 듯하나 그 리가 되는 것은 똑같고 그 경이 되는 것은 변함이 없으니, 이는 물건을 따르는 떳떳함이다.〔理經氣緯者, 以理常而氣變也. 然而理有統物之常, 有隨物之常; 氣有當然之變, 有或然之變. 理之無精粗, 無厚薄, 無大小, 無古今, 一定而不易者, 統物之常也, 其在物爲性者, 有天地之性, 有吾人之性, 有萬物之各性者, 似乎有變, 而其爲理則有一, 其爲經則無變者, 隨物之常也.〕"라고 하였다.

164 일흔 살에……않는다 : 이 내용은 《논어(論語)》 〈위정(爲政)〉에 보인다.

고 욕(欲)은 바로 기(氣)이니, 리가 체(體)가 되고 기가 용(用)이 되어서 용이 스스로 체를 넘어갈 수 없는 것이니, 위가 경을 준칙으로 삼음이 이것이다. 정(情)은 성(性)과 부합하고 심(心)은 리(理)와 하나가 되어서[165] 사람이면서 도(道)이고 도이면서 사람이니, 바로 이른바 성인은 천지와 그 덕(德)이 합하고 해와 달과 그 밝음이 합하고 사시와 그 순서가 합하고 귀신과 그 길흉(吉凶)이 합한다는 것이다.[166] 일흔 살이 된 뒤에야 그 마음에 하고자 하는 바를 따라도 법도를 넘지 않음을 깨달으셨으니, 그렇다면 일흔이 되기 전에는 오히려 항상 행여 법도를 넘을까 염려하여 그 스스로 삼가는 뜻을 풀지 않았음을 또한 여기에서 볼 수 있다. 성인 또한 일찍이 위를 다스리는 공이 있지 않은 적이 없으나 이것을 말씀하신 이유는 배우는 자들에게 이 법도를 조금이라도 넘어서는 안 되는 것을 알아서 반드시 그 마음에 하고자 하는 바를 삼가야 함을 지극히 하게 하신 것이다. 공자의 구(矩)는 바로 요(堯), 순(舜), 우(禹)가 서로 주고받으신 중[167]이다.

165 심(心)은……되어서 : 《주자어류》 권5에 "심(心)은 리(理)와 하나이니, 리(理)가 앞에 있어서 하나의 물건이 되는 것이 아니다. 리는 곧 마음에 있으나 마음은 이를 포괄할 수 없으며 일에 따라 드러난다.〔心與理一, 不是理在前面爲一物. 理便在心之中, 心包蓄不住, 隨事而發.〕"라고 하였다.

166 이른바……것이다 : 《주역》 건괘(乾卦)에 "대인(大人)은 천지(天地)와 그 덕이 합하며 일월(日月)과 그 밝음이 합하며, 사시(四時)와 그 순서가 합하며, 귀신과 그 길흉(吉凶)이 합한다.〔夫大人者, 與天地合其德, 與日月合其明, 與四時合其序, 與鬼神合其吉凶.〕"라고 하였고, 주돈이의 〈태극도설〉에 "성인(聖人)은 천지와 그 덕이 합하며, 일월과 그 밝음이 합하며, 사시와 그 순서가 합하며, 귀신과 그 길흉이 합한다.〔聖人, 與天地合其德, 日月合其明, 四時合其序, 鬼神合其吉凶.〕"라고 하였다.

167 그 중(中) : 중(中)은 바로 위에서 말한 요임금이 순임금에게 전하고 순임금이 우임금에게 전한 '윤집궐중(允執厥中)'의 중을 의미한다. 위의 각주 139), 155) 참조.

또 이르기를, "사람이 도(道)를 넓히는 것이요, 도가 사람을 넓히는 것은 아니다."[168]라고 하였다.

이 도(道)는 리(理)와 기(氣)를 겸한 도가 아니고 다만 그 리를 가리켜 말한 것이며, 이 사람은 바로 그 형기(形氣)를 가리켜 말한 것이다. 도는 진실로 있지 않은 곳이 없어서 하늘에는 하늘의 도가 있고 땅에는 땅의 도가 있으며 사람에게는 사람의 도가 있으니, 도가 만약 넓혀주지 않는다면 하늘은 하늘이 될 수가 없고 땅은 땅이 될 수 없으며 사람은 사람이 될 수 없는데 하늘의 도를 넓히는 것은 하늘이고 땅의 도를 넓히는 것은 땅이고 사람의 도를 넓히는 것은 사람이다. 도가 물건에 있어서는 항상 보존하나 스스로 넓히지는 못하니, 하늘과 땅과 사람은 도의 기(器)가 되어 도를 체행(體行)하는 것이다.

하늘과 땅의 도가 진실로 하늘과 땅이 생기기 전에 존재했으나 반드시 하늘과 땅이 생기기를 기다린 뒤에 하늘과 땅을 가지고 그 도를 넓히고, 사람의 도가 진실로 사람 있기 전에 존재했으나 반드시 사람이 있기를 기다린 뒤에 사람으로써 그 도를 넓히는 것이니, 그 도는 바로 경(經)이고 하늘과 땅과 사람이 삼재(三才)가 되어 그 사업을 하는 것은 위(緯)이다. 그러나 하늘과 땅은 사사로움이 없기 때문에 도를 넓히지 못하는 하늘과 땅이 없고 성인 또한 사사로움이 없기 때문에 그 도를 넓히는 것이 하늘과 땅과 같지만, 보통 사람의 마음은 사사로워지기 쉽기 때문에 그 도를 넓히지 못하는 자가 많은 것이다. 도는 똑같지 않음이 없으나 넓히는 자가 있고 넓히지 못하는

168 사람이……아니다 : 이 내용은 《논어》 〈위령공(衛靈公)〉에 보인다.

자가 있으니, 이는 진실로 넓히지 못하는 것은 사람이요, 도가 똑같지 않음이 있는 것은 아니다.[169] 그러므로 성인이 이러한 말씀을 하신 것이다.

오상(五常)의 덕과 오륜(五倫)의 떳떳함[170]은 마음에 성(性)이 되어 몸에 도(道)가 되는 것이니 진실로 있는 경(經)이며, 그 지각의 마음이 있기 때문에 이것을 밝히고 이것을 성실히 할 수 있으며, 그 운동하는 몸이 있기 때문에 이것을 체행하고 이것을 행할 수 있으니 이는 위(緯)를 다스리는 일이다. 그렇다면 도를 크게 하는 것은 바로 경을 주장하여 위를 다스리는 방도이니, 도를 크게 하는 것이 어찌 한 몸에만 그치겠는가. 하늘과 땅에 참여되고 화육(化育)을 돕는 것[171]이 넓히는 바의 도가 아님이 없는 것이다.

또 이르기를 "성(性)은 서로 가까우나 습관에 의하여 서로 멀어진다."[172]라고 하였다.

169 이는……아니다 : 장재(張載)는 《논어집주》 장하주에서 "마음이 성(性)을 다할 수 있으니 이는 사람이 도(道)를 넓히는 것이요, 성(性)은 이 마음을 검속할 줄 모르니 이는 도(道)가 사람을 넓히는 것이 아니다.〔心能盡性, 人能弘道也, 性不知檢其心, 非道弘人也.〕"라고 설명하였다.

170 오상(五常)의……떳떳함 : 오상은 사람의 본연지성(本然之性)에 갖추어진 인(仁)·의(義)·예(禮)·지(智)·신(信)의 다섯 가지 본성을 가리키며, 오륜은 부자유친(父子有親)·군신유의(君臣有義)·부부유별(夫婦有別)·장유유서(長幼有序)·붕우유신(朋友有信)의 다섯 가지 윤리를 가리킨다. 4.1.6.1절 각주 94), 95) 참고.

171 하늘과……것 : 《중용(中庸)》에 "오직 천하에 지극히 성실한 사람이어야 그 본성을 다할 수 있으니, 본성을 다하면 사람의 본성을 다할 수 있고, 사람의 본성을 다하면 물건의 본성을 다할 수 있고 물건의 본성을 다하면 천지의 화육(化育)을 도울 수 있고, 천지의 화육을 도우면 천지에 참여할 수 있다.〔唯天下至誠, 爲能盡其性, 能盡其性, 則能盡人之性; 能盡人之性, 則能盡物之性; 能盡物之性, 則可以贊天地之化育; 可以贊天地之化育, 則可以與天地參矣.〕"라고 하였다. 4.1.2.2절 각주 18) 참고.

발하여 정(情)이 된 뒤에 그 성(性)이 서로 가까움을 볼 수 있으니, 그렇다면 어찌 기(氣)의 위(緯)가 된 것이 아니겠는가. 이미 서로 가깝다고 했으면 본연(本然)이 한결같음을 알 수 있으니, 본연의 한결같음이 성(性)이 경(經)이 되는 것이 아니겠는가.[173] 선을 익히면 성인이 될 수 있고 악을 익히면 미친 사람이 될 수 있으니, 이 때문에 거리가 서로 멀게 된 것이다. 성인이 이것을 말씀한 이유는 경을 주장하여 위를 다스리는 방도를 밝히지 않을 수가 없기 때문이다. 그 위를 다스려 서로 멀었던 것이 가까운 곳으로 돌아오고 서로 가까운 것이 하나로 돌아오면 위가 경을 준칙으로 삼을 수 있는 것이다.

또 이르기를, "중용(中庸)은 그 지극할 것이다. 백성들이 능(能)한 이가 드문 지 오래되었다."[174]라고 하였다.

중용은 바로 도(道)의 경(經)이니 요(堯), 순(舜), 우(禹) 세 성인이 진실로 잡은 중(中)이 이것이요, 용(庸)은 바로 바뀌지 않는 리(理)이니 고금(古今)에 천하의 도가 어찌 이보다 더한 것이 있겠는가. 이 도를 백성들이 성(性)으로 삼지 않음이 없으나 그 능한 이가 적게 된 것은 그 위(緯)가 경(經)을 준칙으로 삼지 못하기 때문이요, 경을 준칙으로 삼지 못하는 것은 위를 다스리는 가르침을 다하지 못하기

172 성(性)은……멀어진다 : 이 내용은 《논어》 〈양화(陽貨)〉에 보인다.

173 이미……아니겠는가 : 정자는 이에 대해 "이것은 기질지성(氣質之性)을 말한 것이요, 본연지성(本然之性)을 말한 것이 아니다. 그 근본으로 말하면 성(性)은 바로 리(理)요, 리(理)는 선(善)하지 않음이 없다.〔此言氣質之性, 非言性之本也. 若言其本, 則性卽是理, 理無不善.〕"라고 주해하였다.

174 중용(中庸)은……되었다 : 이 내용은 《논어》 〈옹야(雍也)〉에 보인다.

때문이다. 오래되었다고 말한 것은 위를 다스림에 다하지 못한 뒤를 이른다. 삼황(三皇)의 세대에 함이 없어도〔無爲〕 교화된 것은 경과 위의 준칙은 군이 말할 것이 없고, 그 오제(五帝)와 삼왕(三王)이 중(中)을 잡아 지키거나 중을 세우거나 극(極)을 세운 날[175]에 있어서는 어찌 능한 백성이 적었겠는가. 오래되었다는 탄식은 이를 서글퍼한 것이다.

또 이르기를, "도(道)가 행해지지 못하는 이유를 내 아니, 지혜로운 자는 과(過)하고 어리석은 자는 미치지 못하기〔不及〕 때문이다. 도(道)가 밝아지지 못하는 이유를 내 아니, 어진 자는 과하고 어질지 못한 자는 미치지 못하기 때문이다.[176]"라고 하였다.

도(道)가 비록 행해지지 못하고 밝지 못하나 도는 일찍이 존재하지 않음이 없는 것은 떳떳하고 한결같은 경(經)이요, 지혜로운 사람과 어리석은 사람, 어진 사람과 어질지 못한 사람의 과(過)와 불급(不及)은 천지의 위(緯)에서 받은 것이 똑같지 않아서 발하여 인도(人道)의 위(緯)가 된 것이 어그러지고 잘못됨이 많기 때문이다. 그러

175 중(中)을……날 : 중을 잡는〔執中〕 것은 바로 《서경》 〈대우모(大禹謨)〉의 '윤집궐중(允執厥中)'을 의미한다. 중을 세우는〔建中〕 것은 군주가 중용(中庸)의 도를 세운다는 뜻으로, 《서경》 〈중훼지고(仲虺之誥)〉에 "왕께서는 힘써 큰 덕을 밝히시어 백성들에게 중용의 도를 세우십시오.〔王懋昭大德, 建中于民.〕"라고 하였다. 극을 세우는〔建極〕 것은 군주가 표준을 세운다는 뜻으로, 《서경》 〈홍범〉에 "다섯 번째 황극(皇極)은 임금이 극(極)을 세움이니, 이 오복(五福)을 거두어서 여러 백성들에게 펴주라.〔五皇極, 皇建其有極, 斂是五福, 用敷錫厥庶民.〕"라고 하였다. 이 세 가지는 모두 군주가 지키고 힘써야 할 대경대법(大經大法)이다.

176 도(道)가……때문이다 : 이 내용은 《중용장구(中庸章句)》 4장에 보인다.

나 경이 있어서 그 과하고 불급한 것을 다스려 똑같이 만들 수 있으니, 예컨대 계구(戒懼)[177]와 신독(愼獨)[178], 택선(擇善)과 고집(固執)[179], 존덕성(尊德性)과 도문학(道問學)[180], 삼근(三近)[181], 명성(明誠)[182], 치곡(致曲)[183]과 같은 것은 위를 다스려 경을 준칙으로

177 계구(戒懼) : 계신공구(戒愼恐懼)의 줄인 말로, 《중용장구》 1장에 "군자는 보이지 않을 때에도 경계하고 조심하며, 들리지 않을 때도 걱정하고 두려워한다.〔君子戒愼乎其所不睹, 恐懼乎其所不聞.〕"라고 하였다.

178 신독(愼獨) : 남은 모르고 자신만이 듣고 아는 것을 삼가는 것으로, 《대학(大學)》의 성의(誠意) 공부와 같다. 《중용장구》1장에 "숨겨진 곳보다 드러난 것이 없으며 은미한 것보다 나타난 것이 없으니, 그러므로 군자는 그 홀로를 삼가는 것이다.〔莫見乎隱, 莫顯乎微, 故君子愼其獨也.〕"라고 하였다.

179 택선(擇善)과 고집(固執) : 《중용장구》 20장에 "성실한 자는 하늘의 도(道)요 성실히 하려는 자는 사람의 도(道)이니, 성실한 자는 힘쓰지 않아도 도(道)에 맞으며, 생각하지 않아도 맞아서 조용히 도에 맞으니 성인이요, 성실히 하려는 자는 선(善)을 택하여 굳게 잡는 자이다.〔誠者, 天之道也; 誠之者, 人之道也, 誠者, 不勉而中, 不思而得, 從容中道, 聖人也, 誠之者, 擇善而固執之者也.〕"라고 하였다.

180 존덕성(尊德性)과 도문학(道問學) : 《중용장구》 27장에 "군자는 덕성을 높이고 학문을 따르니, 광대함을 지극히 하고 정미함을 다하며, 고명(高明)을 다하고 중용을 따른다.〔君子, 尊德性而道問學, 致廣大而盡精微, 極高明而道中庸.〕"라고 하였는데, 주자는 주에서 "존덕성은 마음을 보존하여 도체(道體)의 큼을 다하는 것이고, 도문학은 지식을 지극히 하여 도체(道體)의 세세함을 다하는 것이다.〔 尊德性, 所以存心而極乎道體之大也; 道問學, 所以致知而盡乎道體之細也.〕"라고 풀이하였다.

181 삼근(三近) : 《중용장구》 20장에 "학문을 좋아하는 것은 지(知)에 가깝고, 힘써 행하는 것은 인(仁)에 가깝고, 부끄러움을 앎은 용(庸)에 가깝다.〔好學近乎知, 力行近乎仁, 知恥近乎勇.〕"라고 한 것을 가리킨다.

182 명성(明誠) : 《중용장구》 21장에 "성(誠)으로 말미암아 밝아지는 것을 성(性)이라 이르고, 명(明)으로 말미암아 성실해지는 것을 교(敎)라 이른다.〔自誠明, 謂之性, 自明誠, 謂之敎.〕"라고 하였는바, 여기서 명(明)은 선(善)을 밝게 아는 것으로 지(知)에 해당되며, 성(誠)은 몸을 성실히 하는 것으로 행(行)에 해당된다.

183 치곡(致曲) : 한쪽으로 미루어 나가는 것을 가리킨다. 《중용장구》 23장에 "그

삼는 일 아님이 없다. 그 일을 다하면 도가 행해지지 못하고 밝아지지 못함을 어찌 근심할 것이 있겠는가.

안연(顔淵)이 인(仁)을 묻자, (공자께서) 답하시기를 "자기의 사욕(私慾)을 이겨 예(禮)로 돌아가는 것이 인을 하는 것이다."라고 하였다. 그 조목을 묻자, 말씀하시기를 "예(禮)가 아니면 보지 말며, 예가 아니면 듣지 말며, 예가 아니면 말하지 말며, 예가 아니면 동(動)하지 마는 것이다."[184]라고 하였다.

인(仁)과 예(禮)는 성(性)의 리(理)로서 도(道)를 경(經)으로 삼은 것이고, 사욕은 바로 정(情)의 위(緯)로서 보고 듣고 말하고 동하는 데서 발하는 것이니, 순(舜)임금이 말씀한 인심(人心)이란 것이 이것이다. 예가 아님이 있으면 이 사욕이 이겨서 리를 잃게 되니 바로 위(緯)가 그 경(經)을 잃는 것이다. 이것을 다스려 이겨서 그 예가 아닌 것을 따라 모두 하지 말아야 하는 것은 위를 다스리는 일이요, 사욕을 이미 이겨서 예(禮)로 돌아가고 인(仁)으로 돌아가는 것은 경의 준칙으로 삼는 지극한 공부이다. 안자(顔子)는 아성(亞聖)인데도 오히려 예가 아닌 부분이 있었으므로 성인이 자기의 사욕을 이겨서 예로 돌아가는 방법과 사물(四勿)의 조목을 알려주셨으니, 더구나 안자보다 못한 자에 있어서이겠는가. 오직 그가 이 말씀을 종사할 것을 청한 것[185]은 바로 삼천 명의 제자 중에 한 칸을 도달하

다음은 한쪽으로 지극히 하는 것이니, 한쪽으로 지극히 하면 성실할 수 있다.〔其次致曲, 曲能有誠.〕"라고 하였다.

184 안연(顔淵)이……것이다 : 이 내용은 《논어》 〈안연(顔淵)〉에 보인다.

185 이 말씀을……것 : 안연이 공자에게 극기복례(克己復禮)의 조목을 들은 후 "제가

지 못함이 되는 것[186]이요, 배우기를 좋아한다는 칭호를 유독 안자가 죽은 뒤에 말씀하신 것[187]이다.

증삼(曾參)을 불러 말씀하시기를 "내 도는 하나로써 꿰뚫는다." 하였다.

하나는 바로 도(道)의 경(經)이고 꿰뚫는 것은 경이 위(緯)에 행해지는 것이다. 널리 응하고 곡진히 합당함이 모두 시중(時中)의 도로 이른바 인이니 일에 본체가 되어 빠트리지 않는 것이 이것이다. 경이 반드시 위에 행해지고 위가 반드시 그 경이 있는 것은 그 도가 진실로 이와 같으니, 만약 성(性)은 따로 성이 되고 정(情)은 따로 정이 되어서 경과 위가 서로 준칙으로 삼지 않으면 어찌 하나로 꿰뚫는 도가 있겠는가. 오직 성인은 능히 경위의 도를 다하시는데 오직 증자만이 처음으로 성인의 경위의 도를 아셨다. 그러므로 예라고 대답하신 것이다. 증자 이하로 말하면 이른바 충서(忠恕)가 바로 그 경을 주장하여 위를 다스리는 요점이다.

자공(子貢)이 말하기를 "부자의 문장은 얻어 들을 수 있으나 부자가

비록 명민(明敏)하지는 못하지만 청컨대 이 말씀을 종사하겠습니다.〔回雖不敏, 請事斯語矣.〕"라고 대답한 것을 가리킨다.

186 삼천 명의……것 : 《논어》〈옹야〉에 "안회(顔回)는 그 마음이 3개월 동안 인(仁)을 떠나지 않았고, 그 나머지는 하루나 한 달에 한 번 인(仁)에 이를 뿐이다.〔回也, 其心三月不違仁, 其餘則日月至焉而已矣.〕"라는 내용이 있는데, 《집주》장하주에 윤씨(尹氏)는 "이는 안자(顔子)가 성인에 비하여 한 칸을 도달하지 못한 것이다.〔此顔子於聖人, 未達一間者也.〕"라고 설명하였다.

187 배우기를……것 : 계강자(季康子)가 제자 중에 누가 학문을 좋아하냐고 묻자, 공자가 "안회(顔回)라는 사람이 학문을 좋아했었는데 불행히도 명(命)이 짧아 죽었다. 지금은 없다.〔有顔回者好學, 不幸短命死矣, 今也則亡.〕"라고 대답하셨다. 《論語 顔淵》

성과 천도를 말씀함은 얻어 들을 수 없다."[188]라고 하였다.

문장은 바로 성인의 도의 위(緯)로 말씀과 행동과 위의의 사이에 나타나는 것이니, 천리의 절문과 인사의 의칙(儀則) 아님이 없다.[189] 성과 천도는 바로 성인의 도의 경으로 마음에 덕이 되어서 순수함이 또한 그치지 아니하여 지극히 성실하여 그침이 없는 것이다. 자공이 이 때 처음으로 얻어 듣고서 위가 경으로부터 나와서 경이 일찍이 위에 행해지지 않음이 없음을 알았으니 그렇다면 그가 스스로 다행스럽게 여긴 것이 깊은 것이다.

공자가 대학(大學)의 도를 말씀하시기를 "명덕(明德)을 밝힘에 있으며 백성을 새롭게 함에 있으며 지선(至善)에 그침에 있다."[190]라고 하였다.

명덕(明德)이라는 것은 나에게 있는 경을 가지고 말한 것이다. 위의 명(明) 자는 바로 위를 다스리는 공부이니, 격물치지(格物致知)와 성의정심(誠意正心), 수신(修身)이 그 조목이다. 신민(新民)이라는 것은 백성의 위를 다스려서 하여금 본성으로 받은 바의 경을 준칙으로 삼게 하는 것이니, 제가 치국(治國), 평천하(平天下)가 그 조목이다. 지선이라는 것은 경이 백행과 만사에 있는 것이요, 지(止)란

188 자공(子貢)이……없다 : 이 내용은 《논어》 〈공야장(公冶長)〉에 보인다.

189 천리의……없다 : 《논어》 〈학이(學而)〉에 "예(禮)의 용(用)이 화(和)가 귀함이 된다.〔禮之用, 和爲貴.〕"라고 하였는데, 주자는 집주에서 "예(禮)는 천리의 절문이요, 인사의 의칙이다.〔禮者, 天理之節文; 人事之儀則也.〕"라고 풀이하였다.

190 공자가……있다 : 이 내용은 《대학장구(大學章句)》 경(經) 1장에 보인다.

것은 백행을 행하고 만사를 대처해서 모두 당연한 법칙에 합하여 떳떳하고 한결같은 경을 준칙으로 삼음이 있게 하는 것이니, 이렇게 하면 자기의 덕과 백성의 덕이 밝지 않음이 없어서 다시는 한 걸음도 다시 나아갈 곳이 없게 되는 것이다. 경을 주장하여 위를 다스리는 법이 《대학》 한 책보다 구비한 것이 없다.

자사의 《중용》에 이르기를 "하늘이 명한 것을 성(性)이라 하고 성을 따름을 도(道)라 하고 도를 하나하나 조목진 것을 가르침이라 한다. 도라는 것은 잠시도 떠날 수 없으니, 떠날 수 있으면 도가 아니다. 이 때문에 군자는 그 보지 않을 때에도 경계하고 삼가고, 그 듣지 않을 때에도 두려워하는 것이다. 숨겨진 것보다 나타남이 없으며 은미한 것보다 드러남이 없다. 그러므로 군자는 그 홀로를 삼가는 것이다. 희노애락(喜怒哀樂)이 발하지 않은 것을 중(中)이라고 하고 발하여 모두 절도에 맞는 것을 화(和)라 하니, 중이란 것은 천하의 큰 근본이요 화라는 것은 천하의 공통된 도이다. 중과 화를 지극히 하면 천지가 제자리를 편안히 하며 만물이 잘 길러진다."[191]라고 하였다.

하늘에 있어 경(經)이 된 태극(太極)이 이기(二氣)와 오행(五行)을 위(緯)로 삼아서 허다한 품휘를 조화로 만들어 내면 기(氣)가 내는 바에 리(理)가 일찍이 행해지지 않음이 없으니, 바로 이른바 명(命)이라는 것이다. 이에 품휘가 만물이 된 것이 각각 그 받은 바의 리가 있지 않음이 없으니, 바로 이른바 성(性)이라는 것이니[192] 이는 사람

191 자사의……길러진다 : 이 내용은 《중용장구》 제1장에 보인다.

192 이에……것이니 : 이에 대해 주자는 《집주》에서 "사람과 물건이 세상에 태어날 적에 각기 부여받은 리(理)를 얻음으로 인하여 건순(健順)·오상(五常)의 덕을 삼게

과 물건에 있어 경이 되는 것이다. 성이 이미 경이 되었으면 이 성이 마음과 몸의 용(用)에 발하고 사물의 사이에 행해지는 것이 바로 성을 따르는 도이다. 이 리로써 이 형기를 삼고 인하여 형기의 성이 되는데 이미 형기가 되었으면 이 형기로써 이 성을 행한다. 그러므로 따른다고 하였으니, 따른다는 것은 이른바 기가 아니겠는가.

이에 그 정이 되고 행실이 되는 것이 성으로 받은 바의 경을 한결같이 순종하여 상천(上天)의 명에 어긋나지 않으면 능히 그 경을 준칙으로 삼았다고 이를 수 있으니 성인이 이것이요, 스스로 경을 준칙으로 삼지 못해서 억지로 힘써 생각하여 준칙으로 삼는 자는 현인이다. 중인으로 말하면 그 성을 따르는 즈음에 비록 또한 일찍이 그 경으로 받은 바의 성을 인하지 않음이 없으나, 발하여 위로 삼는 바의 정이 될 적에 혹 과하여 그 중을 잃고, 혹 불급하여 중을 어긴다. 그러니 이는 위로서 경을 위반하여 혹 털끝만한 차이가 있어서 천리나 혹은 더 크게 잘못 되는 것이요, 혹은 하류가 되는 것을 달게 여겨서 스스로 힘쓸 뜻이 없는 자인 것이다. 반드시 성인이 높은 지위에 있어서 천리를 순히하고 인정을 참작하여 경을 주장하여 위를 다스리는 도를 세워서 크게는 삼강과 오상의 법을 만들고, 작게는 삼백가지와 삼천가지의 예를 만들어서 사표(師表)를 두어 가르치고 학문을 돈독히 하여 강명한다. 그리하여 과한 자를 억제하여 고개를 숙여 나아가게 하고, 미치지 못하는 자를 끌어올려 발돋움하여 미치게 해서 모든 백성으로 하여금 모두 교화의 가운데로 돌아가게 하며 여러 종류에 이르러도 모두 그 본성을 이루게 하는 것이 바로 도를 조목으로 나눈 가르침이다. 이미 사람이 되고 물건이 된 리가 있은

되니, 이것이 이른바 성(性)이라는 것이다.〔人物之生, 因各得其所賦之理, 以爲健順五常之德, 所謂性也.〕"라고 해석하였다.

뒤에 마침내 이 사람과 물건이 되어서 이 사람과 물건으로 하여금 이 성명을 향하는 것이 이 도가 되니, 그렇다면 어찌 한 시각인들 도를 떠나서 사람이 될 수 있겠는가. 성이 경이 되고 정이 위가 되어서 쉴 틈이 없으니, 그렇다면 성을 기르고 정을 묶는 것이 경을 주장하여 위를 다스리는 학문이 아니겠는가. 계구와 신독이 진실로 그 중요한 방법이다. 오상의 경이 비록 고유한 성이 되나 맞게 하지 않고도 저절로 맞는 것은 오직 성인 뿐이다. 그 아래는 만약 보지 않고 듣지 않는 곳에서 경계하고 두려워하지 않으면 편벽되지 않고 치우치지 않은 본체를 세워서 천하의 큰 근본이 될 수가 없는 것이다. 칠정(七情)의 위가 비록 이 성의 용이 되었으나 화하게 하지 않고도 저절로 화한 것은 오직 성인 뿐이다. 이 아래는 기품의 구애와 물욕의 가리움이 있음을 면치 못하니, 만약 나타나지 않고 드러나지 않은 즈음에 삼가지 못하면 과와 불급이 없는 절도를 이루어서 천하의 공통된 도가 될 수 없다. 그러므로 자사가 한 편의 첫머리에 가르침을 게시하시어 그 경위의 도를 미루어 지극히 해서 저 하늘과 땅과 만물을 위육(位育)하는데 이른 뒤에 그치셨으니, 훌륭한 말씀이다!

맹자가 성(性)이 선함을 말씀하시되, 말씀마다 반드시 요순(堯舜)을 칭하셨다.[193]

성은 진실로 선하기 때문에 곧바로 선하다고 말하였으니 이는 바로 리(理)가 사람에 있어서 경(經)이 된 것을 가지고 말한 것이다. 이는

193 맹자가……칭하셨다 : 이 내용은 《맹자》 〈등문공 상(滕文公上)〉에 보인다.

바로 이른바 태극(太極)의 리(理)라는 것으로 하늘이 이것을 얻어서 하늘이 되고, 땅이 이것을 얻어서 땅이 되고, 사람이 사람이 된 이유가 이 리(理)일 뿐이다. 사람에 있어 사람의 리가 되었기 때문에 성이라 하였으니, 그 근본이 어찌 일찍이 불선함이 있겠는가. 오직 그 마음과 몸의 동함에 위(緯)가 된 뒤에야 정의가 되고 덕행이 되고 사업이 되어서 비로소 선과 악이 열배, 백배, 천배, 만배의 차이가 있는 것이다. 그리하여 선함이 요순(堯舜)과 같은 분이 있고 악함이 걸주(桀紂)와 같은 자가 있는 것이다. 요순이 성인이 된 것은 그 받은 바의 성이 보통 사람보다 더 뛰어난 부분이 있어서 보통 사람이 할 수 없는 바의 도를 하는 것이 아니다. 오직 그 태어날 때 하늘과 땅의 위 가운에 지극히 순수한 것을 얻어서 능히 사람에게 있는 경위(經緯)를 다하면 선한 바의 성을 온전히 할 수 있으므로 곧 사람 가운데의 요순이 된 것이다. 걸주에 이르러서는 그 경으로 삼은 바의 성이 홀로 고유하지 않은 것이 아니다. 다만 그 받은 것이 하늘과 땅의 위 가운데에 지극히 거칠고 지극히 나쁜 것이면 이미 그 고유한 경을 자포자기하여 다시는 인도(人道)의 위가 없으므로 소유한 것이 악일 뿐이니, 이는 걸주가 스스로 걸주가 된 것이요 그 성이 원래 불선한 것은 아니다. 그러므로 선을 하고 악을 함이 모두 사람에게 달려 있으니, 만일 그 본성의 선을 온전히 할 수 있다면 누가 요순이 되지 못하겠는가. 그렇다면 그 경이 되는 바의 성이 나에게 교유한 것임을 알아서 능히 위를 다스리는 공을 힘쓰는 자는 요순의 무리요, 그 고유한 성이 일찍이 요순과 같지 않지 않음을 알지 못해서 감정대로 하고 멋대로 행하여 경위의 도를 생각하지 않아서 하류(下流)로 돌아감을 달게 여기는 자는 모두 걸주의 무리이다. 그러므로 맹자가 반드시 요순을 들어 성이 선한 준칙으로 삼은 것은 이 리(理)가 경이 됨을 밝히고자 하신 것이니, 위를 다스리는 방도가 이 가운데에 들어 있는 것이다.

또 말씀하였다. "측은(惻隱)한 마음은 인(仁)의 단서요 수오(羞惡)하는 마음은 의(義)의 단서요 사양(辭讓)하는 마음은 예(禮)의 단서요 시비(是非)를 분별하는 마음은 지(智)의 단서이니, 사람이 이 사단(四端)을 가지고 있는 것은 그 사체(四體)를 가지고 있는 것과 똑같다."[194]

측은·수오·사양·시비의 네 가지 정을 일러 인·의·예·지 사덕(四德)의 단서라고 한 것은 이 사덕이 사람에게 성이 된 것이 고유하여 바꿀 수 없음을 밝히기 위한 것이니, 그 고유한 성이 됨이 있지 않다면 네 가지의 단서가 어디로부터 나오겠는가. 그 발할 때에 모두 그 본래 덕을 따르기 때문에 단서라 한 것이니, 그 단서는 무엇을 따라 나타나는가. 칠정(七情) 가운데일 뿐이다. 칠정 가운데 어찌 다른 정이 있겠는가. 사단이 어떻게 칠정을 벗어나서 나옴이 있겠는가. 그런데도 맹자가 어찌하여 사정이라고 말씀하지 않고 반드시 사단이라고 말씀하였는가. 사단의 명목이 어찌하여 칠정의 명목과 똑같지 않은가. 칠정은 모두 각각 한 글자로 지목하였는데 사단은 모두 두 글자를 놓아 지목함은 어째서인가.

내가 일찍이 생각해보니 칠정 또한 오상(五常)에서 나왔으니,[195]

194 측은(惻隱)한……똑같다 : 이 내용은 《맹자》 〈공손추 상(公孫丑上)〉에 보인다.

195 내가……나왔으니 : 장현광은 〈만학요회〉에서 "칠정(七情) 가운데 마땅히 측은해하여야 하면 측은해하고, 마땅히 부끄러워하고 미워해야 하면 부끄러워하고 미워하며, 마땅히 사양해야 하면 사양하고, 마땅히 옳고 그름을 따져야 하면 옳고 그름을 따지는 것이 바로 그 순선(純善)한 조목이니 이른바 인·의·예·지의 사단(四端)이다.〔於其七情之中, 當惻隱而惻隱, 當羞惡而羞惡, 當辭讓而辭讓, 當是非而是非者, 卽其純善之目而所謂仁義禮智之四端也.〕"라고 하였다.

기뻐하고 사랑함은 인(仁에)서 나온 것이요, 노여워하고 미워함은 의(義)에서 나온 것이요, 사랑하고 즐거워함은 예(禮)에서 나온 것이다. 기쁨은 노여움과 상대가 되고 슬픔은 즐거움과 상대가 되고 사랑은 미움과 상대가 되는데, 기쁨과 즐거움과 사랑 세 가지는 순한 환경에 감동한 것이요, 노여움과 미워함과 슬픔 세 가지는 거슬리는 환경에 응한 것이다. 그 순하고 거슬리는 환경을 따라 그 감응하는 분별이 있는 것은 지(智)에서 나온 것이요 기뻐할 만하고 즐거워할 만하고 사랑할 만하여 반드시 이것을 하고자 하고, 노여워할 만하고 미워할 만하고 슬퍼할 만하여 반드시 이것을 하고자 하지 않는 것은 신(信)에서 나온 것이다. 그렇다면 칠정이 어느 것이 오상의 용이 아니겠는가. 세상 사이에 사물이 밖에서 온 것은 모두 순함과 거슬림 두 환경일 뿐이요, 이 마음이 순함과 거슬림 두 환경에 응한 것이 이 칠정이 있을 뿐이다. 마음에 성(性)이 되어서 경(經)이 된 것은 다섯 가지의 성이요, 마음에 정(情)이 되어서 위(緯)가 된 것은 일곱 가지의 정이니, 성 밖에 따로 성이 없고 정 밖에 따로 정이 없으면 마음이 통솔한 것이 어찌 다섯 가지와 일곱 가지에서 벗어나겠는가. 이른바 마음은 곡식의 종자와 같으니 낳는 이치가 고유한 것이 이 성이요, 그 낳는 이치를 따라 낳아서 싹이 되는 것은 정이요, 자라서 줄기와 잎과 꽃과 열매가 되는 것은 사업이다. 순한 환경이 옴이 세 가지가 있는데 그 정이 이에 응하는 것이 또한 세 가지이고, 거슬리는 환경이 옴이 세 가지가 있는데 그 정이 이에 응하는 것이 또한 세 가지이다. 순한 환경에 응하는 것은 모두 하고자 하는 종류이고 거슬리는 환경에 응하는 것은 모두 하고자 하지 않는 종류이니, 그렇다면 희(喜)・노(怒)・애(哀)・락(樂)・애(愛)・오(惡)・욕(欲) 일곱 자로 그 정을 지목한 것이 더할 말이 없는 것이다. 사단(四端)은 바로 칠정(七情) 밖에 별도로 네 가지의 길과 싹이 있는 것이 아니다. 측은(惻隱)은 바로 칠정의 사랑과 슬픔이요, 수오(羞惡)는 바로 칠정의 노여움과 미워함이요, 사양(辭讓)은 기뻐하고 노여워하고 슬퍼하고 즐거워하고 사랑하고 미워하는 즈음에 베풀고, 시비(是非)는 순하고 거슬리고 가볍고 무거운 환경에 구별되니, 어찌 칠정 밖에 사단이 있겠는가.[196] 맹자가 다만 사랑하고 슬퍼하는 두 정의 인(仁)한 성(性)을 제일 먼저 말씀하여, 스스로 막을 수 없는 것을 가지고 측은이란 두 글자로 지목하여 인(仁)의 단서라 하셨고, 노여워하고 미워하는 두 정의 의(義)로운 성(性)을 제일 먼저 말씀하여 사사로움과 거짓을 용납할 수 없는 것을 가지고 수오 두 글자로 지목하여 의(義)의 단서라 하셨고, 이미 기쁘고 노여워하고 슬퍼하고 즐거워하고 사랑하고 미워할 만한 자리가 있으면 공경과 렴손(廉遜)이 예(禮)의 성에서 나오는 것이 자연 인색할 수 없으므로 제일 먼저 사양이 나오는 것으로 두 글자의 조목을 삼아서 예의 단서라 하셨고, 그 사물이 올 때에 순함이 되고 거슬림이 됨이 모두 저쪽에 서인데 내가 그 순함을 순히 따르고 그 거슬림을 거슬리게 따르는 것이 실로 지(智)의 성에서 발하여 가벼울 수가 없으므로 제일 먼저 시비의 분별을 가지고 두 글자의 조목을 삼아서 지의 단서라 하신 것이다. 만약 사덕의 성이 사람의 마음에 경이 됨이 있지 않다면 그 어디로부터 발하여 정이 되겠는가. 그러므로 그 근본이 발동하는 처음을 가지고 칭하여 단서라 한 것이다 네 가지의 단서가 실로 스스로 그칠 수 없는 것은 바로 신(信)의 단서이다. 그러므로 다만 사단을 말씀하셨으니, 성(性)에 신이 있음을 알 수 있다. 정은 이미 발하고 이미 이루어진 명칭이요 단서는 겨우 동하여 아직 이루어지지

196 어찌……있겠는가 : 아래에서 사단과 칠정을 논하면서 칠정은 사덕의 쓰임이고 사단 또한 칠정을 벗어나서 별도로 단서가 된 것이 아니라고 하였다.

않은 명칭이다. 이미 발하고 이미 이루어진 명칭이므로 정이라 하였으면 혹 참되고 망령됨의 뒤섞임이 있고, 겨우 동하여 아직 이루어지지 않은 명칭이므로 단서라고 하였으면 참됨에 한결같아서 아직 망령됨에 관계되지 않은 것이다. 참됨에 한결같은 것은 바로 사덕에서 곧바로 나왔으므로 정이라고 말하지 않고 단이라고 말한 것이니, 이 어찌 이 성이 본래 선함을 밝힌 것이 아니겠는가. 그렇다면 사정(四情)은 사단을 벗어나 별도로 정이 되지 않고 사단은 칠정을 따라 별도로 단서가 되지 않는 것이다. 칠정 가운데에 나아가서 그 각각 본래 덕을 따라 처음 발하여 거짓이 없는 것을 가리킨 것이 바로 사단이다. 그렇다면 그 사단과 칠정이 아직 드러나지 않고 발하지 않았을 때 반드시 마음을 보존하여 길러주어서 하여금 편벽되고 치우치지 않게 하고, 그 단서가 되었을 때 이것을 확충해서 하여금 질곡(桎梏)되고 없어지지 않게 하고, 그 정이 되었을 때 반드시 이것을 절제하고 묶어서 하여금 어긋나지 않게 하는 것이 바로 경을 주장하여 위를 다스리는 학문인 것이다. 주자(朱子)가 사단을 이발(已發)이라 하고 칠정을 기발(旣發)이라고 하신 것은 이는 그 이미 발하여 정이 된 뒤에 나아가서 리(理)와 기(氣)에 나누어 소속시켰을 뿐이니, 이 어찌 그 한 근원을 연구하고 지극히 하여 마침내 나누어 소속시킴이 있었겠는가. 네 가지가 비록 또한 칠정 가운데의 정인데 맹자가 특별히 그 성에서 순히 발한 것을 가리켜 말씀하였으므로 이것으로 소속시켰으니, 사단이 이 칠정 밖의 정이라고 말씀한 것이 아니다. 일곱 가지(희·노·애·락·애·오·욕)가 비록 또한 성에 근본하였으나, 모두 기가 물건과 접하여 형기(形氣)의 기틀을 경유하였으므로 기로써 소속시킨 것이다. 그러나 기를 말할 때에 네 가지가 또한 반드시 이 안에 있지 않는 것은 아니니, 바로 이른바 리를 말하면 기가 그 가운데에 있고 기를 말하면 리가 그 가운데에 있다는 것이다. 이는 마치 인심(人心)과 도심(道心)이 곧 한 마음인데 인심과 도심으로 나눈 것과 같으니, 도심이 과연 인심의 밖에 별도로 마음이 되고 사단이 칠정의 밖에 과연 딴 정이 되었겠는가. 리와 기가 하나이면서 둘이고 둘이면서 하나라는 것은 이것이다. 그러나 후학(後學) 중에 통달하지 못한 자는 이발과 기발이라는 말씀을 인하여 마침내 사단을 단연코 이를 따라 나와서 기에 섞이지 않았다고 말하고 칠정을 단연코 기를 따라 나와서 리에 관계되지 않는다고 말하여 사단과 칠정의 경계를 나누어 반드시 그 근본을 둘로 하고자 하니, 이 어찌 성정(性情)의 이치를 아는 자이겠는가. 이는 한 마음 가운데에 본래 두 갈래의 길이 있어서 하나는 리로 통하고 하나는 기로 통하는 것이다. 또 리를 성(性)에 소속시키고 기를 심(心)에 소속시키면 성과 심이 나누어 두 물건이 되어서 성은 본래 성의 용(用)이 있고, 심은 본래 심의 용이 있어서 두 가지의 용이 서로 통하지 못하는 것이니 이는 다만 주자의 뜻을 알지 못할 뿐만 아니요, 또한 자사와 맹자의 본의를 알지 못하는 것이다.

또 말하였다.[197] "오상(五常)의 성(性)으로 사람의 경(經)이 된 것은 옛날과 지금의 차이가 없고 성인과 어리석은 사람의 차이가 없어서 항상하고 한결같음이 되고, 칠정으로서 사람의 위(緯)가 된 것도 또한 옛날과 지금의 차이가 없고 성인과 어리석은 사람의 차이가 없어 반드시 있는 것이니, 그렇다면 어찌 경이 있으면 반드시 위가 있어서 그런 때문이 아니겠는가. 오직 그 정이 된 것이 모두 중하고 바르지 못하여 혹 편벽됨과 간사함, 과함과 불급의 차이가 있는 것은

197 또 말하였다 : 이는 장횡거의 말이 아니라, 장현광 개인의 의견을 이어서 첨언한 것으로 아래의 '又曰'도 이와 같다.

이미 발하여 기가 되어서 기가 항상하고 순수하지 못하기 때문이다. 그러나 정은 성에서 나오니, 성은 중하지 않고 바르지 않은 것이 없으므로 정 또한 따라서 중하고 따라서 바른 것이 바로 그 순하고 떳떳한 것이요, 그 과와 불급이 있어서 편벽됨이 되고 간사함이 된 것은 바로 이미 기에 관계되어서 혹 흘러 잘못되고 혹 치성(熾盛)하여 방탕했을 뿐이다.[198] 비록 그 흘러 잘못되고 치성하여 방탕함이 된 정(情)도 그 본연(本然)의 성이 항상 중하고 항상 바른 것은 일찍이 없어지지 않는다. 그러므로 만약 고칠 수 없는 하우(下愚)가 됨에 이르지 않으면 또한 반드시 망령된 가운데의 참됨과 어두운 가운데의 밝음과 편벽된 가운데의 중과 간사한 가운데의 바름이 있어서, 그 고유한 천성(天性)을 따라 그 저촉하여 동하는 기틀에 따라 혹은 때로 이것이 나오니, 이것이 바로 이른바 사단이라는 것이다.

후세의 유자(儒者)들은 범칭(泛稱)하는 칠정이 다 순수하게 참되고 바르지 못하여 편벽되고 간사하고 망령되고 어두움이 똑같지 않음이 있음을 보면 이것을 가리켜 기(氣)라 하고, 특별히 제시한 사단이 칠정 가운데에 본래의 덕을 따라 곧바로 싹터서 마침내 망령된 가운데의 참됨과 어두운 가운데의 밝음과 편벽된 가운데의 중과 간사한 가운데의 바름이 된 것을 보면 이것을 가리켜 리(理)라 하니, 리는 마음에 두 용(用)이 있고 성이 포함하지 않는 정이 있는 것이다. 이것이 어찌 리이겠는가. 칠정의 밖에 다른 정이 없으니 사단은 절대로 일곱 가지의 구역을 벗어나지 않는다. 합하여 말하면 사단과

198 그러나……뿐이다 : 장현광은 〈경위설〉에서 "기는 리에서 나오고 정은 성에서 나오니, 그렇다면 원래 두 근본이 있는 것이 아닌데 그 경이 되고 위가 되는 까닭은 절로 떳떳함과 변함의 차이가 없지 못해서이다.〔氣出於理, 情出於性, 則元非二本也, 而其所以爲經爲緯者, 自不無常變之異耳.〕"라고 설명하였다.

칠정이 모두 리가 발한 것이니, 어째서인가. 칠정은 성의 용이 되기 때문이다. 사단과 칠정은 모두 기에 속하니, 어째서인가. 사단 또한 칠정 가운데에 이미 발하였기 때문이다. 칠정을 두고 리가 발했다고 하는 것은 일곱 가지의 응함이 이미 순함과 거슬림의 두 환경을 벗어나지 않는다. 사랑은 순한 것에서 나오고, 기쁨은 사랑하는 것에서 나오고, 즐거움은 기뻐하는 것에서 이루어지니 이 세 가지는 바로 순한 환경으로 모두 사람들이 원하는 것이다. 미움은 순하지 못한 것에서 나오고 노여움은 미워하는 것에서 나오고 슬픔은 그 순한 것을 잃음에서 나오니, 이 세 가지는 바로 거슬리는 환경으로 모두 사람들이 원하지 않는 것이다. 그 순함을 인하여 순히 하고 그 거슬림을 인하여 거슬리는 것이 이 리(理)의 떳떳함이 아니겠는가. 귀가 좋은 소리를 듣고 싶어 하고 눈이 아름다운 색을 보고 싶어 하고 코가 좋은 냄새를 맡고 싶어 하고 입이 맛있는 음식을 먹고 싶어 하고 사지(四肢)가 안일을 원하고 싶은 것에 이르러도 또한 이 리(理) 아닌 것이 없다. 리의 떳떳함에서 나온 것을 성 밖의 일이라고 말하는 것이 되겠는가. 그러므로 그 성을 일러 큰 근본이라 하고 그 정을 일러 공통된 도라고 하는 것이다. 만일 과연 이 이치가 한 번 정하여 바뀌지 않는 법칙을 순히 하여 그 발함에 반드시 그 일에 맞게 하고 반드시 그 때에 맞게 하고 반드시 그 절도에 맞게 하면 정이 그 성을 순히 따르고 위가 그 경을 준칙으로 삼아서 도의 지선(至善)이 되니, 바로 이른바 편벽되지 않고 치우치지 않고 과(過)와 불급(不及)이 없는 중(中)이어서 곧바로 하늘과 땅이 제자리를 편안히 하고 만물을 길러주는 것이 여기에 있는 것이다.[199] 오직 그 각기

199 바로……것이다 : 《중용장구》 서문에 "중은 편벽되지 않고 치우치지 않고 과(過)와 불급(不及)이 없는 것의 명칭이고, 용은 평상(平常)이다.〔中者, 不偏不倚無過不及

자기 몸을 보전하고 자신의 몸을 소유하였으므로 사사로움에 흐르기가 쉬워서 일곱 가지가 발하는 것이 올바른 일이 아니고 혹 제때가 아니고 혹 그 절도가 아니다. 그런 뒤에야 기가 리를 어기고 정이 성을 어그러지게 되면 바로 경을 준칙으로 삼지 않는 위가 되는 것이니, 이것이 어찌 칠정이 리가 발하여 그런 것이 아니겠는가. 다만 그 기가 과와 불급에 달려있어서 위를 다스리는 공부를 가하지 않았기 때문이다. 이 칠정에 선이 있고 불선이 있으나 그 불선이 되는 것은 성의 잘못이 아니요, 기가 스스로 막 발하는 즈음에 잘못됐기 때문이다. 그리고 사단을 일러 또한 기에 속했다고 하는 것은 정 가운데에 있으면 이미 발함이 되니, 어느 것이 이미 발하고서 기가 아닌 것이 있겠는가. 그러므로 측은이 되고 수오가 되고 사양이 되고 시비가 된 것이 비록 네 가지 덕의 싹과 맥이 있으나, 모두 기가 하는 것이다. 이미 기인데 리를 따라 곧바로 나오면 순수하게 선하여 악함이 없으므로 정 가운데에 가장 바르고 가장 참됨이 되니, 이것을 특별히 사덕의 단서라고 지목하여 범칭하는 정과 구별한 것이다. 단(端)이라는 것은 처음 발하여 순선함을 칭한 것이니, 단이 따로 단이 되어서 정이 되지 않는다고 말한 것은 아니다. 그러나 혹 덕성(德性)에 함양(涵養)하는 공부가 없는 자는 본원(本源)의 중정(中正)을 잃게 되면 비록 측은이라고 말하나 슬퍼하는 바가 마땅히 슬퍼

之名; 庸, 平常也.〕"라고 보인다. 장현광은 〈만학요회〉에서 "보지 않고 듣지 않는 때에는 편벽되지 않고 치우치지 않는 중을 지극히 해서 천하의 대본(大本)이 되고, 나타나지 않고 드러나지 않는 즈음에는 정(情)이 발함에 반드시 절도에 맞는 화(和)를 지극히 해서 천하의 달도(達道)가 되어야 한다. 이렇게 하면 천지가 제자리를 편안히 할 수 있고 만물이 잘 길러질 수 있으니, 그런 뒤에야 학문이 이루어지는 것이다.〔在不睹不聞之時, 致不偏不倚之中, 而爲天下之大本, 在莫顯莫見之際, 致發必中節之和, 而爲天下之達道, 則天地可以位, 萬物可以育矣, 然後學是成也.〕"라고 하였다.

할 바가 아니고, 애통하게 여기는 바가 마땅히 애통히 여길 바가 아니며, 비록 수오라고 말하나 부끄러워하는 바가 부끄러워할 바가 아니고, 미워하는 바가 미워할 만한 바가 아니다. 그리고 당연히 사례하고 당연히 사양해야 하는 것이 아닌 사양과 당연히 옳고 당연히 그른 것이 아닌 시비에 이르러도 모두 사덕에 본연한 법칙이라고 말할 수가 없어서 그 사단의 명목에 어긋난 바가 있는 것이다. 측은하나 인이 아니고 수오하나 의가 아니고 사양하나 예가 아니고 시비를 구별하나 지가 아닌 것이 혹 있으면 사단을 순수한 리라고 말할 수가 없으니, 이 또한 기에 해당하기 때문이다. 그렇다면 이것은 맹자의 본지(本旨)의 밖에 나아가서 그 기에 해당되는 것을 미루어 말하면 이와 같은 것이 있을 뿐이요, 맹자가 말씀한 것으로 말하면 마땅히 측은해야 할 측은과 마땅히 수오해야 할 수오와 마땅히 사양해야 할 사양과 마땅히 시비를 분별해야 할 시비를 가리켜서 원래 성이 발함을 따라 선만 있고 악이 없어서 굳이 사유하지 않고, 미쳐 교란되지 않은 것을 가리켜 말씀한 것이 이것이다. 사덕(四德)이라고 말씀하지 않고 이미 사단이라고 말씀하였으면 단은 바로 기에 간섭되었다는 칭호이니, 그렇다면 사단 또한 기가 하는 것인데 기가 리에 순수한 명목이요, 칠정 또한 리에서 나왔는데 애당초 선과 불선으로 나누어 소속시킨 명목이 아니다. 이른바 합하여 말하면 사단과 칠정이 네 가지가 되고 일곱 가지가 된 것이 모두 기에 속하고, 사단과 칠정이 정이 되고 단서가 된 것이 모두 리에서 나온 것이다. 칠정으로서 모두 사단의 바름이 되면 정의 선함이 되고, 사단의 바름이 되지 못하면 정의 불선함이 되는 것이다. 사단으로서 그 선을 채우면 칠정이 절도에 맞는 화(和)가 되어서 사덕의 쓰임이 사해(四海)의 준칙이 될 것이요, 채우지 못하면 발하는 바의 단서가 곧바로 질곡되고 망하여 잘못되고 치성한데로 흘러 방탕한 정에게 가리움을 당할 것이니, 어찌 끝내 사덕의 공용을 이룰 수 있겠는가. 이는 사단과 칠정의 득실이 일찍이 서로 통하지 아니하여 간격이 없지 못한 것이다. 그러므로 사단을 넓히는 것은 칠정을 묶어 검속하는 것이요, 칠정을 묶어 검속하는 것은 사단을 넓히는 것이니, 진실로 두 길의 공정(功程)이 아니다."

맹자가 또 말씀하였다. "나는 나의 호연지기(浩然之氣)를 잘 기르노라. 호연지기의 기운 됨이 지극히 크고 지극히 강하니, 곧음으로써 기르고 해침이 없으면 천지의 사이에 꽉 찬다. 그 기운 됨이 의(義)와 도(道)에 배합(配合)되니, 이 호연지기가 없으면 굶주린다. 이 호연지기는 의로운 류를 많이 축적하여 생기는 것이다. 의가 갑자기 덮쳐서 취하는 것이 아니니 행하고서 마음에 부족하게 여기는 바가 있으면 굶주리게 된다."[200]

의와 도는 바로 경(經)이고 기는 바로 위(緯)이다. 경은 반드시 위를 기다려 행해지므로 맹자가 반드시 이 기를 기르셨으니, 이 기를 기르신 것은 위를 다스린 것이요 그 기를 적에 반드시 의로운 일을 많이 축적한 것은 바로 경을 주장하여 위를 다스리는 것이다. 그 의로운 일을 축적하는 것은 또 별도로 다른 방도가 있는 것이 아니요, 다만 미발(未發) 전에 함양(涵養)하는 것은 그 경을 주장하고, 이발(已發)한 뒤에 성찰하는 것은 그 의로운 일을 잃지 않는다. 그리하여 칠정(七情)의 발함이 각각 그 절도에 맞고 사물을 응접함에 그 법칙을 순한 것이 바로 의가 축적되는 것이요, 기(氣)가 곧음으로 길러지

200 나는……된다 : 이 내용은 《맹자》 〈공손추 상(公孫丑上)〉에 보인다.

는 것이다. 조금이라도 혹 안을 살펴봄에 하자가 있거나 밖으로 응함에 잘못되면 그 곧음에 해(害)가 됨이 크니, 어떻게 지극히 크고 지극히 강한 체(體)를 길러서 성대히 유행하는 용(用)이 있을 수 있겠는가. 그러므로 기가 그 길러줌을 얻은 뒤에 나에게 있는 오상(五常)의 성(性)이 넓고 깊음이 하늘과 같고 연못과 같은 것이다. 이 때문에 때로 나오는 것이 무궁하면 나타남에 백성들이 공경하지 않는 이가 없고, 말함에 백성들이 믿지 않는 이가 없고, 행함에 백성들이 기뻐하지 않는 이가 없어서 명성이 중국에 넘쳐나고 뻗쳐 만맥(蠻貊)에까지 이른다. 배와 수레가 이르는 바와 인력이 통하는 바와 하늘이 덮어주는 바와 땅이 실어주는 바와 해와 달이 비춰주는 바와 서리와 이슬이 내리는 바에 이르기까지 모든 혈기(血氣)가 있는 자들이 높이고 친애하지 않는 자들이 없으며 여러 백성들이 크게 변하여 이에 화합하고 새와 짐승과 물고기와 자라가 모두 순해서 천지의 화(和)가 응함에 이르는 것이 이 기운이 통달하는 것 아님이 없는 것이다. 이는 도가 위가 되고 리가 경이 된 것이 이 사이를 주장하기 때문이니, 이른바 천지의 사이에 꽉 찼다는 것이 이것이다."

또 말씀하였다. "입이 맛있는 음식에 있어서와 눈이 좋은 색에 있어서와 귀가 아름다운 소리에 있어서와 코가 좋은 냄새에 있어서와 사지가 안일함에 있어서 성(性)이나 명(命)이 있다. 군자는 이것을 성이라고 말하지 않는다. 인(仁)이 부자(父子)에 있어서와 의(義)가 군신(君臣)에 있어서와 예(禮)가 빈주(賓主)에 있어서와 지(智)가 현자에 있어서와 성인이 천도(天道)에 있어서 명이나 성이 있다. 군자는 이것을 명이라고 말하지 않는다."[201]

사람으로서 하늘과 땅에서 생명을 받은 자는 형체가 있지 않은 이가 없고 덕행이 있지 않은 이가 없으니, 형체와 덕행이 되게 한 것은 모두가 성명(性命)이나, 성명이 서로 가볍고 중한 것이 있다. 하늘에 말미암은 것은 명이고 자기에게 정해진 것은 성이다. 성명은 형체에 소속된 것이 있고 덕행(德行)에 소속된 것이 있으니, 그 형체에 소속된 것은 성이 가볍고 명이 중하며 덕행에 소속된 것은 명이 가볍고 성이 중하다.[202] 이른바 형체라는 것은 귀와 눈과 입과 코와 사지인데 감동하는 것은 소리와 색깔과 냄새와 맛과 안일(安逸)이고, 그 스스로 감동하는 바가 각각 정해짐이 있어서 피할 수 있는 것은 성인데 득(得)과 실(失), 요(饒)와 핍(乏)의 똑같지 않음이 있는 것은 명이다. 이른바 덕행이라는 것은 인·의·예·지·성(聖)의 도인데 응하는 바의 부자와 군신과 빈주(賓主)와 현자(賢者)는 천도이고, 그 부여받음에 후(厚)와 박(薄)과 청(淸)과 탁(濁)의 똑같지 않음이 있는 것은 명인데 다섯 가지는 내가 간직하고 있는 떳떳함이 되어서 바꿀 수 없는 것은 성이다. 그러므로 명이 중한 곳에는 성이 가볍지 않을 수가 없고, 성이 중한 곳에는 명이 가볍지 않을 수가 없는 것이다. 똑같이 명이고 똑같이 성인데 그 가볍고 중함이 서로 뒤바뀜은 어째서인가. 형체의 성은 기의 위에 속하는데 그 득실과 요핍(饒乏)의 명을 순히 받은 것은 리의 경이요, 후박과 청탁의 명을 받은 것은 기의 위에 속하는데 덕행의 성은 리의 경이다. 이 때문에 형체에 있으면 성이나 성이라고 말하지 않고, 덕행에 있으면 명이나

201 입이……않는다 : 이 내용은《맹자》〈진심 하(盡心下)〉에 보인다.

202 성명은……중하다 : 장현광은 인·의·예·지·신을 성(性)의 조목이라 하고, “다섯 가지의 성이 하늘로부터 부여되었으므로 이것을 명이라 하며, 하늘의 명을 부여받아 내 마음의 이치가 되었으므로 이것을 성이라 한다.”라고 하였다.《旅軒集 卷6 學部名目會通旨訣》

명이라고 말하지 않는 것이니, 이는 맹자가 경을 주장하여 위를 다스린 방도이니 리가 경이 되고 기가 위가 되며, 경은 항상하고 위는 변하는 뜻 아닌 것이 없다.

주자(周子)의 《태극도설(太極圖說)》[203]

태극(太極)은 리(理)이고 음양(陰陽)은 기(氣)이니, 음과 양을 태극이 동(動)하고 정(靜)하여 낳았다고 하면 이와 기를 나누어 두 물건

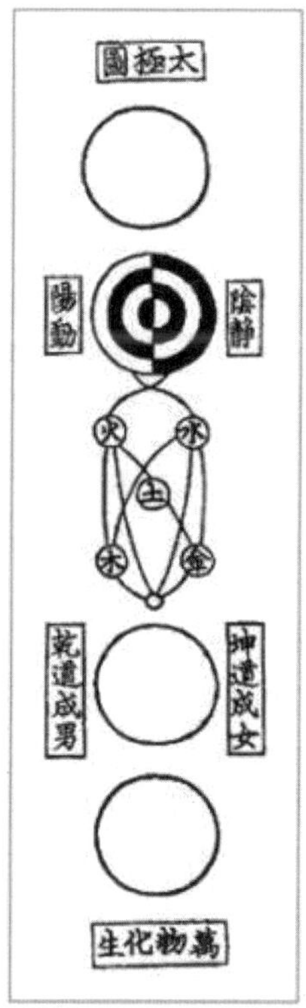

203 태극도설(太極圖說) : 전문(全文)은 다음과 같다. "무극(無極)이면서 태극(太極)이니, 태극이 동(動)하여 양(陽)을 낳아 동이 극(極)에 달하면 정(靜)하고, 정(靜)하여 음(陰)을 낳아 정이 극에 달하면 다시 동(動)하니, 한 번 동하고 한번 정함이 서로 그 뿌리가 되어 음으로 나뉘고 양으로 나뉨에 양의(兩儀)가 확립되었다. 양이 변하고 음이 합하여 수(水)·화(火)·목(木)·금(金)·토(土)를 낳으니, 오행(五行)의 기운이 순차적으로 펴짐에 사시(四時)가 운행하게 된다. 오행은 하나의 음·양이요 음·양은 하나의 태극이니, 태극은 본래 무극이다. 오행이 생겨남에 각기 그 성(性)을 하나씩 간직하였다. 무극의 진리(眞理)와 이기(二氣)·오행(五行)의 정기(精氣)가 묘(妙)하게 합하고 엉기어, 건도(乾道)는 남(男)을 이루고 곤도(坤道)는 여(女)를 이루어 두 기운이 교감하여 만물(萬物)을 화생(化生)하니, 만물이 낳고 낳아 변화가 무궁하게 된다. 오직 사람만이 빼어난 기운을 얻어 가장 영특하니, 형체(形體)가 생기자 지혜(智慧)가 발한다. 그리하여 오성(五性)이 감동하여 선악(善惡)이 나뉘고 만사(萬事)가 나온다. 성인(聖人)이 중(中)·정(正)·인(仁)·의(義)로써 정(定)하되 정(靜)을 주장하시어 사람의 극(極)을 세우셨다. 그러므로 성인은 천지(天地)와 덕(德)이 합(合)하며 일월(日月)과 밝음이 합하며 사시(四時)와 차례가 합하며 귀신(鬼神)과 길흉(吉凶)이 합하는 것이니, 군자(君子)는 이것을 닦기 때문

으로 만드는 것이 옳겠는가.[204] 그 무극(無極)이 태극이라고 말한 것은 이로써 태극이 항상하고 한결같아서 변함이 없는 체를 밝히려고 한 것이니, 경(經)이기 때문에 정해지는 것이다. 음과 양이 서로 그 뿌리가 되어서 의(儀)가 나뉘어 둘이 정해지고, 한 번 변하고 한 번 합하여 오행(五行)을 낳아서 오행이 각각 성을 간직하는 것은 위가 행해지는 것이며, 그 오행은 한 음양이고 음양은 한 태극이니, 태극은 본래 무극이라고 말한 것은 또 리와 기를 합쳐서 하나로 만든 것이다. 위는 경에서 나오니 경이 위 가운데 있는 것은 진실로 볼 수 있으나 그 무극의 진리와 이오(二五)의 정기가 묘하게 합하여

에 길(吉)하고 소인(小人)은 어기기 때문에 흉(凶)하다. 그러므로 말하기를 '하늘의 도(道)를 세움은 음(陰)과 양(陽)이요, 땅의 도를 세움은 유(柔)와 강(剛)이요, 사람의 도를 세움은 인(仁)과 의(義)이다.' 하였고, 또 말하기를 '시작을 근원해보고 끝을 궁구해본다. 그러므로 사생(死生)의 원리를 안다.' 하였으니, 위대하다, 주역(周易)이여! 지극하도다.〔無極而太極, 太極動而生陽, 動極而靜, 靜而生陰, 靜極復動, 一動一靜互爲其根, 分陰分陽, 兩儀立焉. 陽變陰合, 而生水火木金土, 五氣順布, 四時行焉. 五行一陰陽也, 陰陽一太極也, 太極本無極也. 五行之生也, 各一其性. 無極之眞、二五之精, 妙合而凝, 乾道成男, 坤道成女, 二氣交感, 化生萬物, 萬物生生, 而變化無窮焉. 惟人也得其秀而最靈, 形旣生矣, 神發知矣. 五性感動而善惡分, 萬主出矣. 聖人定之以中正仁義, 而主靜, 立人極焉. 故聖人與天地合其德, 日月合其明, 四時合其序, 鬼神合其吉凶. 君子修之吉, 小人悖之凶, 故曰立天之道曰陰與陽, 立地之道曰柔與剛, 立人之道曰仁與義. 又曰原始反終, 故知死生之說. 大哉! 易也, 斯其至矣.〕"

204 태극(太極)은……옳겠는가 : 장현광은 〈도통설〉에서 "태극(太極)이 도(道)가 된 것이 하늘에 있어 기(氣)가 되면 음양(陰陽)이라 하고, 땅에 있어 질(質)이 되면 유강(柔剛)이라 하고, 사람에 있어 덕(德)이 되면 인의(仁義)라 한다. 기가 기가 된 것도 또한 이 리이고, 질이 질이 된 것도 또한 이 리이고, 덕이 덕이 된 것도 또한 이 리이니, 바로 이 리 아닌 것이 없다. 이 때문에 모두 도라고 이르는 것이다.〔太極之爲道也者, 在天爲氣則曰陰與陽也, 在地爲質則曰柔與剛也, 在人爲德則曰仁與義也. 氣之爲氣, 亦此理也; 質之爲質, 亦此理也; 德之爲德, 亦此理也, 卽莫非此理也, 故皆謂之道.〕"라고 하여 리와 기는 결국 둘이 아닌 하나라고 해석하였다.

응집되어서 건곤(乾坤)과 남녀가 서로 감동하여 화생해서 만물의 변화가 무궁하다고 하였으니, 그렇다면 바로 이른바 경과 위가 하나로 합하는 도이다. 다만 그 무극과 이오를 함께 말하였는데 무극은 진리라 하고 이오는 정이라 하였으며 또 묘하게 합했다고 하면 혹 그 무극이 한 물건이 되고 두 기(氣)가 한 물건이 되고 오행이 한 물건이 되어서 세 가지가 모여 합친 뒤에야 조화를 이룬다고 의심할 수 있으니, 이는 리(理)와 기(氣)가 서로 나눔이 있을 뿐만 아니라 기 가운데의 리기(理氣)와 오행이 또 각각 서로 나눠짐이 있는 것이요 그 조화가 있을 때 비로소 서로 합한 것이니, 이것이 어찌 도를 아는 사람의 말이겠는가. 태극을 말할 때에 무극이 이 안에 들어 있고, 두 기를 말할 때에 무극과 태극이 이 안에 들어 있고, 오행을 말할 때에 무극과 태극과 두 기가 이 안에 들어있다. 나누어 말하는 즈음에 비록 반드시 선후(先後)의 순서가 있으나 그 스스로 도가 되어서 경이 되고 위가 되는 것은 리와 기가 일찍이 선후와 피차(彼此)가 있지 않다. 그러니 진실로 무극과 태극, 이기와 오행이 각각 주장하는 바가 있고 각각 그 쓰임이 있어서 곳에 따라 다르고 때에 따라 달라서 떨어지고 합함이 있는 것이 아닌데 함께 말한 것은 그 관통하는 묘함을 밝힌 것이요, 진리라고 하고 정기(精氣)라고 말한 것은 리와 기의 실제가 그 경이 되고 위가 됨에 따라 묘함을 달리 함을 밝힌 것이다. 그러나 진리로써 정기를 내는 것을 진리라 하였고, 정기는 진리에서 나온 것을 정(精)이라 하여 마침내 한 도가 되어 조화를 낳았다. 그러므로 묘하게 합했다 하였으니, 그 말한 것이 치밀하고 그 뜻이 구비함이 이와 같은데 사람들은 묘(妙)자를 제대로 이해하지 못한다. 그러므로 그 망령된 의심을 이룰 뿐이다. 그 오직 사람이 가장 빼어난 기운을 얻어 가장 신령스러워서 형체가 생김에 신(神)이 발하고 오성이 감동하여 선과 악이 나누고 만사(萬

事)가 나온다고 말한 것은, 사람이 하늘과 땅의 위(緯)에서 얻은 것이 강(剛)과 유(柔)에 따른 선과 악의 구분이 있고 오성이 감동하여 정(情)이 된 것이 과와 불급, 참과 망령, 편벽과 바름이 서로 현격함이 없지 못하니, 그렇다면 사람에 있는 경 또한 일찍이 한결같지 않음이 없으나 위가 사람의 몸과 마음에 행해지는 것은 모두 경을 준칙으로 삼지 못함이 있는 것이다. 성인이 중정인의(中正仁義)로 정하되 정(靜)을 주장하여 사람의 극(極)을 세웠다고 말한 것은 바로 성인이 경과 위의 도를 다한 것이다. 이것을 닦는 군자는 성인을 스승삼아 길함을 취하고, 이것을 위배하는 소인은 성인을 어겨 흉함을 취하니 위(緯)가 다스려지고 다스려지지 못함에 길과 흉의 구분이 하늘과 땅처럼 크게 다르지 않겠는가. 그 하늘의 도를 세움은 음과 양이요, 땅의 도를 세움은 유와 강이요, 사람의 도를 세움은 인과 의라고 말한 것은 삼재(三才)를 합하여 아울러 말한 것이니 경위의 도가 여기에서 다하였다.

정백자(程伯子)가 말씀하였다. "태어난 이후를 성(性)이라 하니, 사람이 태어나기 이전은 말할 수 없고, 조금이라도 성을 말할 때는 이미 성이 아니다."[205]

205 태어난……아니다 : 정자는 "타고난 것을 성(性)이라고 하니, 성은 바로 기(氣)요, 기는 바로 성이니, 타고남을 말한 것이다. 사람이 기품을 받고 태어나는데 리(理)에 선(善)·악(惡)이 있다. 그러나 이는 성 가운데에 원래 이 선·악 두 가지가 상대하면서 생긴 것이 아니라 어릴 때부터 선한 사람이 있고 어릴 때부터 악한 사람이 있으니, 이는 기품이 그러하기 때문이다. 선은 진실로 성이지만 악 또한 성이라고 말하지 않을 수 없다. 타고난 것을 성이라고 하니, 사람이 태어나 고요한 상태 이상에서는 성을 말할 수 없고, 조금이라도 성을 말하는 순간에는 이미 성이 아니다.〔生之謂性, 性卽氣, 氣卽性, 生之謂也. 人生氣稟, 理有善惡. 然不是性中元有此兩物相對而生也, 有自幼而善, 有自幼而惡, 是氣稟有然也. 善固性也. 然惡亦不可不謂之性也. 蓋生之謂性, 人生而

저 생지위성(生之謂性)[206]은 고자(告子)의 말이다. 맹자가 이미 이것을 비판하셨는데 명도(明道) 선생이 또 이 말씀을 하신 것은 어째서인가. 말은 같으나 뜻은 다른 것이다. 고자의 생각은 사람과 물건의 지각과 운동이 똑같은 것을 성(性)이라고 보아 그 물건이 된 바의 리(理)가 그 물건의 품휘(品彙)에 따라 그 법칙이 다름을 알지 못한 것이니, 그렇다면 그 병폐가 사람과 물건을 동일한 성이라고 여겨서 사람의 성이 물건의 성과 구분이 없음에 이를 것이니, 이것이 어찌 이치겠는가. 정자(程子)의 뜻은 생각건대 모든 물건이 된 것은 이미 이 물건의 리(理)를 가지고 있으므로 바로 이 물건이 되었다. 그렇다면 그 태어나서 이 물건이 될 즈음에 그 리(理)가 이미 형기의 가운데에 정해져서 마침내 형기의 주장이 되었으니, 이것이 바로 이른바 성이라는 것이다. 그 태어나는 것에 따라 성이 있으므로 태어난 것을 성이라고 하신 것이니, 그렇다면 이른바 성이라는 것은 천명(天命)을 받아서 나누어 자기의 리(理)가 되어서 혼연한 가운데에 있을 때 곧바로 성이라고 말할 수 있으니 《예기(禮記)》에 이른바 "사람이 태어나 고요한 것은 하늘의 성[207]"이라는 말이 이것이다. "사람이 태어나 고요한 상태 이상에서는 성을 말할 수 없다"라는 말씀은 말할 수 없을 때는 다만 스스로 천리(天理) 뿐이요 측량할 수 있는 단위가 없으니, 그렇다면 과연 어떻게 말할 수 있겠는가. 이것이 바로 그 성이다. 이어서 "조금이라도 성을 말하는 순간에는 이미 성이 아니

靜以上不容說, 才說性時, 便已不是性也.〕"《二程遺書 卷1 端伯傳師說》

206 생지위성(生之謂性) : 삶의 본능을 성(性)이라고 본 고자(告子)의 말로, 이 내용은 《맹자》〈고자 상〉에 보인다.

207 예기(禮記)에……성 : 《예기》〈악기(樂記)〉에 "사람이 태어나서 고요함은 하늘의 성(性)이고 외물에 감응되어 동함은 성의 욕망이니, 외물이 이르면 지각이 이것을 아는 것이다.〔人生而靜, 天之性也, 感於物而動, 性之欲也, 物至知知.〕"라고 하였다.

다"라고 말씀하셨으니, 이것은 성을 말하면 이미 사람과 관련이 되어서 물건에 감동하여 동하기 때문에 미루어 이것을 근본하면 성이라고 말할 수 있는 것이다. 물건에 감동하여 동하는 것은 성이 원해서이니, 욕(欲)은 바로 정(情)이 동한 것이다. 그 정이 이미 발한 뒤에 그 자애(慈愛)로운 마음이 있는 것으로 인하여 그 성이 인(仁)이 됨을 알고, 그 결단하고 제재하는 마음이 있는 것으로 인하여 그 성이 의(義)가 됨을 알고, 그 공경하고 두려워하는 마음이 있는 것으로 인하여 그 성이 예(禮)가 됨을 알고, 그 분별하는 마음이 있는 것으로 인하여 그 성이 지(智)가 됨을 알고, 그 독실한 마음이 있는 것으로 인하여 그 성이 신(信)이 됨을 아니, 이는 모두 그 마음이 이미 발한 것을 인하여 곧바로 성을 말한 것이다. 성을 말한 것은 이미 발한 뒤에 있으니, 그렇다면 이것은 과연 성이 아니라 바로 성의 정이며 경(經)의 위(緯)이니, 고자가 위만 있음만 알고 경이 있음을 모르는 것과는 똑같지 않다.

또 말씀하였다. "성(性)만 논하고 기(氣)를 논하지 않으면 구비되지 못하고, 기만 논하고 성을 논하지 않으면 분명하지 못하니 성과 기를 둘로 나누면 옳지 않다."[208]

경은 위에 비하면 진실로 중(重)하고 위는 경에 비하면 진실로 가볍다. 그러나 한갓 경만 있고 위가 없으면 물건과 일을 이루지 못하고, 한갓 위만 있고 경이 없으면 또 통기(統紀)를 잃으니, 그 어떻게 도가 될 수 있겠는가. 성만 논하고 기를 논하지 않으면 구비되지

208 성(性)만……않다 : 이 내용은 《이정유서 권6》에 보인다.

못한다고 하시고, 기만 논하고 성을 논하지 않으면 분명하지 못하다고 하셨다. 비(備)와 명(明) 두 글자는 그 가볍고 중함이 되는 것을 알 수 있는데, 그 리(理)는 기(氣)가 없을 수 없고 기는 리가 없을 수 없는 이유는 똑같다. 리와 기를 합쳐서 한 도로 만드니, 이른바 "둘로 나누면 옳지 않다"고 하신 것은 그 사람에게 보여준 것이 분명하고 또 구비되었다.

성(性)을 정(定)하는 편지[209]

성(性)이 정해진 것은 바로 경(經)이고 마음에 동(動)과 정(靜)이 있는 것은 바로 위(緯)이다. 그 "동(動)하여도 정(定)하고 정(靜)하여도 정(定)하여 보내거나 맞이함도 없고 안과 밖도 없다"라고 한 것은 경이 위를 주재(主宰)하는 것이고, "노할 때 갑작스럽게 화가 나는 것을 잊어서 리의 옳고 그름을 살펴본다"라고 한 것은 위가 경을 순히 따르는 것이다. 이른바 천지의 떳떳함은 바로 천지의 경이다. 그리고 마음이 만물을 두루 미치되 마음 씀이 없는 것은 바로 천지의 위가 저절로 천지의 경을 준칙으로 삼은 것이다. 성인의 떳떳함은 바로 성인의 경이고, 정이 만사에 순응하되 정(情)이 없는 것은 바로 성인의 위가 성인의 경을 준칙으로 삼은 것이다. 툭 트여서 크게 공평한 것은 군자가 그 경을 세우는 것이고, 사물이 오면 순응하는 것은 군자가 그 위를 삼가는 것이니,[210] 하늘과 사람과 성인과

209 성(性)을 정(定)하는 편지 : 정호가 장재(張載)에게 준 편지로, 성(性)에 대해 논한 것이다. 이 내용은 《근사록(近思錄)》 권2 〈위학(爲學)〉에 보인다.

210 이른바……것이니 : 편지 중에 "천지의 떳떳함은 그 마음이 만물을 두루 미치되 마음 씀이 없기 때문이요, 성인의 떳떳함은 그 정이 만사에 순응하되 정이 없기 때문이다. 그러므로 군자의 학문은 툭 트여서 크게 공평하여 사물이 오면 순응하는 것이 가장

현인의 경과 위의 도가 모두 여기에 있는 것이다.

정이(程頤)의 호학론(好學論)[211]

그 하늘과 땅이 정기를 쌓았다고 말한 것은 하늘과 땅의 경과 위를 가지고 말한 것이요, 그 오행(五行)의 빼어남을 얻은 자가 사람이 되었다고 한 것은 사람이 하늘과 땅의 경위의 도를 얻어 태어난 것을 가지고 말한 것이요, 그 근본은 참되고 고요하니 그 발하지 않았을 때는 오성(五性)이 구비되어 있으바, 인・의・예・지・신이라고 말한 것은 사람에게 있는 경을 가지고 말한 것이요, 그 물건에 감동하여 동함에 칠정(七情)이 나오니 희(喜)・노(怒)・애(哀)・구(懼)・애(愛)・오(惡)・욕(欲)이라고 한 것은 사람에게 있는 위를 가지고 말한 것이다. 그리고 정이 이미 치성(熾盛)하여 더욱 방탕하면 그 성이 해침을 당한다고 한 것은 위가 경에 위반됨이 있음을 가지고 말한 것이요, 그 이치를 깨달은 자는 그 정(情)을 검속해서 하여금 중(中)에 합하게 한다고 한 것은 경을 주장하여 위를 다스림을 가지고 말한 것이니,[212] 위를 다스리는 방법은 학문이 이것이다. 공자의

좋다.〔夫天地之常, 以其心普萬物而無心; 聖人之常, 以其情順萬事而無情. 故君子之學, 莫若廓然而大公, 物來而順應.〕"라고 하였다. 《近思錄 卷2 爲學》

211 정이(程頤)의 호학론(好學論) : 정이가 태학(太學)에서 공부할 때, 호안정(胡安定)이 안자(顏子)가 좋아한 학문은 무슨 학문인가(顏子所好何學論)라는 과제에 답한 논이다. 이 내용은 《근사록(近思錄)》 권2 〈위학〉에 보인다.

212 그 하늘과……것이니 : 인용한 〈호학론〉의 일부는 다음과 같다. "하늘과 땅이 정기를 쌓음에 오행의 빼어남을 얻은 자가 사람이 되니 그 근본은 참되고 고요하다. 그 발하지 않았을 때는 오성(五性)이 구비되어 있으니, 바로 인・의・예・지・신이요, 형체가 이미 생긴 뒤에 외물이 그 형체에 접촉하면 그 마음을 움직이니, 그 마음이 동하면 칠정이 나오니, 희・노・애・락・애・오・욕이다. 정이 이미 치성하여 더욱 방탕해지면 그 성이 해침을 당한다. 이 때문에 깨달은 자는 그 정을 검속하여 중(中)에

문하 삼천 명 가운데에 오직 안자(顔子)만이 능히 극기복례(克己復禮)에 종사하셨으니, 극기복례는 바로 경을 주장하여 위를 다스리는 일이다. 그리하여 끝내 불천노(不遷怒 노여움을 옮기지 않음), 불이과(不貳過 허물을 두 번 다시 저지르지 않음)에 이른 것은 거의 경을 준칙으로 삼은 위인데 이것을 홀로 배우기를 좋아하였다고 성인에게 칭찬을 받았으니, 정자가 아니면 누가 그 배움을 좋아하는 실제를 밝혔겠는가.

또 말하였다. "희·노·애·락·애·오·욕은 본래 칠정의 조목인데, 구(懼)를 락(樂)으로 바꾼 것은 아마도 락은 기쁨에 가까우니, 기쁨이 극에 달하면 즐겁기 때문에 구를 락으로 바꾼 듯하다. 그러나 구 또한 노여움과 미워함에 가까우니, 무릇 사람의 정이 미워함이 심하면 노하고, 노여워하되 베풀 수 없음에 이르면 두렵다. 두려움 또한 미워하고 노하는 따위인데 바꾼 이유가 무슨 뜻인지는 알 수 없다. 또 희·노와 애·락과 애·오는 모두 순하고 거슬리는 환경의 응함에 상대하여 들어서 말한 것이니, 즐거움이 슬픔에 있어서는 상대가 된다. 그러나 두려움이 슬픔에 있어서는 순(順)과 역(逆)처럼 상대가 되는 응(應)이 아니어서, 희와 노, 애와 오처럼 상대과 되는 것과는 다르니, 락 자(字)의 본래 명목이 이런 것이 아니겠는가."

합하게 해서 그 마음을 바르게 하고 그 성을 기르며, 어리석은 자는 그 성을 제재할 줄을 몰라서 그 정을 따라 사벽(邪僻)한데 이르게 되어 그 성을 질곡하여 없애버린다. 〔天地儲精, 得五行之秀者爲人, 其本也眞而靜, 其未發也, 五性具焉, 曰仁義禮智信, 形旣生矣, 外物觸其形而動其中矣, 其中動而七情出焉, 曰喜怒哀樂愛惡欲. 情旣熾而益蕩, 其性鑿矣, 是故覺者約其情, 使合於中, 正其心, 養其性, 愚者則不知制之, 縱其情而至於邪僻, 梏其性而亡之.〕"

장자의 《정몽(正蒙)》에 말하였다. "태허(太虛)를 말미암으면 하늘의 명칭이 있고 기화(氣化)를 말미암으면 도(道)의 명칭이 있고 허와 기를 합하면 성(性)의 명칭이 있고 성과 지각을 합하면 심(心)의 명칭이 있다."[213]

태허(太虛)는 바로 하늘의 형체인데 장자(張子)가 이를 가리켜 말씀하셨으니, 이는 바로 천도(天道)의 경이요 기화(氣化)[214]는 바로 천도의 위이다. 순수한 리(理)를 들어 이름을 붙이면 하늘이라고 칭하고, 기화를 가리켜 이름을 붙이면 도라고 칭하니, 하늘에 있는 경과 위가 구비되었다. 허와 기를 합하면 성이란 명칭이 있다는 것은 하늘의 경・위의 도가 사람과 물건에게 부여된 것이니, 성은 리(理)가 사람과 물건에게 있는 명칭이 아니겠는가. 성과 지각은 바로 사람에게 있는 경과 위이니, 마음이 경・위의 도를 갖추고 있으면서 용(用)이 우주의 가운데에 쓰여지면 그 도가 큼이 되지 않겠는가. 이는 장자의 학문이 하늘과 땅과 사람과 물건의 이치를 이해하고 계셨던 것이다.

또 말하였다. "형체가 있은 뒤에 기질지성(氣質之性)이 있으니, 기질지성을 잘 회복하면 천지의 성이 존재한다. 기질지성은 군자는 성(性)이라고 하지 않는다."

213 태허(太虛)를……있다 : 이 내용은 《장자전서(張子全書)》권2〈정몽(正蒙)〉에 보인다.

214 기화(氣化) : 음양(陰陽)의 기(氣)가 만물을 화생(化生)하는 것을 가리키는 말로, 《이정유서(二程遺書)》 권5에 "만물의 시작은 모두 기화로부터 비롯되었다.〔萬物之始, 皆氣化.〕"라고 하였다

천지의 성(性)은 바로 천지의 경(經)에 근본하여 사람에게 있는 경이 되는 것이요, 기질지성(氣質之性)은 바로 천지의 위(緯)에 얻어서 사람에게 있는 위가 되는 것이다. 그러나 천지의 경은 사람에게 있는 경이 되고 천지의 위는 사람에게 있는 위가 되니, 이는 리(理)는 기를 상관하지 않고 리(理)가 저절로 와서 리가 되고, 기는 리를 간섭하지 않고 기가 저절로 와서 기가 되어서 리와 기가 각기 길이 되어서 서로 통하지 않는다고 말한 것은 아니다. 리는 본래 기의 소이연(所以然)이요 기는 본래 리의 소능연(所能然)이니, 그 소이연이 있음으로 인하여 소능연이 되었다면 리와 기는 바로 각각 길이 있는 것이 아니다. 그런데 다만 그 소이연이 있으면 그 반드시 소능연이 있어서 쓰임이 되고, 소능연이 있으면 그 반드시 소이연이 있어 주장이 된다. 그러므로 리는 기가 없는 리가 없고, 기는 리가 없는 기가 없으니 하늘과 땅에 있어서도 이와 같고 사람과 물건에 있어서도 같아서 항상 한길로 가게 되는 것이다. 다만 하늘과 땅에 있고 사람과 물건에 있는 소이연의 곳을 가지고 항상 리로 삼고, 소능연의 곳을 가지고 항상 기로 삼으니, 그 소이연이 된 것은 하늘과 사람에 있이서 모두 그 리이고, 소능연이 된 것은 하늘과 사람에 있어서 모두 그 기이다. 그러므로 사람에게 있는 경을 하늘에 있는 경에 소속시키고, 사람에게 있는 위를 하늘에 있는 위에 소속시킨 것이니, 이는 또한 리(理)의 자연이며 당연일 뿐이다. 만약 성인으로 말하면 하늘과 땅의 위에서 얻은 것이 그 지극히 깨끗하고 순수하기 때문에 기(氣)가 순박하고 질(質)이 순수해서 그 천지의 성의 용(用)이 된 것이 중(中)과 화(和)의 덕을 구비하여 과(過)와 불급(不及)의 편벽됨이 없으니, 그렇다면 되돌리는 공력을 기다리지 않아도 경・위의 도가 저절로 다하지 않음이 없는 것이다. 그러나 중인(衆人)에 이르러서는 그 받은 바의 기질이 혹 강유

(剛柔)의 과한 것이 있고 혹 강유의 미치지 못한 것이 있으니, 만약 그 받은 것이 똑같지 않은 것을 그대로 방치하여 방탕한 데로 흘러 돌아가는 것을 내버려 둔다면 그 하늘과 땅의 중정(中正)한 성에 어기고 잘못되는 바가 멀게 된다. 그러므로 반드시 바로잡고 다스리는 공력을 가해서 그 인도하는 방법을 힘쓰는 것이니, 그러한 뒤에야 하늘과 땅의 성이 그 경이 되는 것을 잃지 않고, 기질의 성이 위가 되는 것을 어긋나지 않는 것이다. 이른바 기질의 성을 군자가 성이라고 하지 않는다는 것은 그 기질의 용을 완벽하게 제거함을 말한 것이 아니요, 다만 마땅히 그 과하고 미치지 못하는 편벽됨을 다스려 제거할 뿐이니, 이것이 바로 이른바 위를 다스려서 경을 기준으로 삼는 도라는 것이다.

또 말하였다. "이미 천지의 성(性)이라고 말하고 또 기질의 성(性)이라고 말하여 마침내 두 가지의 명목을 세우면 누가 사람들이 다 두 가지의 성이 있다고 말하지 않겠는가. 두 성의 명목을 세운 이유를 가만히 생각해보면 이는 부득이해서 나온 것이다. 후학들이 사람의 성이 모두 선하다는 말을 믿고자 하면 사람 중에 악을 행하는 자가 많으니 이 말을 믿을 수 없을 듯하고, 또 성이 선하다는 말을 믿지 않고자 하면 무극(無極)과 태극(太極)의 리(理)가 어찌 일찍이 일푼(一分)인들 섞임이 있겠는가. 이로써 반신반의하여 평생토록 그 견해를 분명히 알지 못하는 사람들이 많을 것이다. 다만 그 견해를 분명히 알지 못할 뿐만 아니라, 선을 반드시 해야 하는 것과 악을 반드시 키우지 말아야 하는 것을 전혀 모를 것이니, 이 학문과 이 도에 근심이 될 만한 것을 어찌 이루 말할 수 있겠는가. 이에 마침내 기질지성이란 말을 하고, 또 잘 돌이킨다는 것(善反)과 성으로 여기지 않는다(不性)[215]는 의논을 하여 기질이 이치에 따라 생겨서 이미 있지 않을 수가 없고, 또 천지의 성으로 돌이키지 않을 수 없음을 보인 것이니, 이 때문에 두 성(性)[216]의 말이 있는 것이다. 그 기질을 또한 성이라고 한 이유는 실로 바로 천지의 성이 본연지성(本然之性)이 되어서 끝내 바꿀 수 없음을 밝히려고 한 것이다. 기질로서 받은 것을 비록 우선 성(性)이라고 지목하지 않을 수가 없으나, 끝내 스스로 얻어서 성으로 삼게 할 수가 없으니, 그렇다면 필경 천지의 성이 저절로 우리 사람의 한 성이 되고 기질은 다만 천지의 성의 용(用)이 될 뿐이다. 그러나 기질지성 또한 태어나는 초기에 받았기 때문에 또한 성이라고 말한 것이니, 배우는 자가 마땅히 두 성 가운데의 경과 위를 나누면 주장하는 바와 다스리는 바가 정해질 바를 알 것이다. 한 번 정자와 장자 두 선생의 뜻을 가지고 그 말씀을 거듭 연구해보겠다. 천지의 위(緯)를 따라 나누어 한 물건의 시초가 되니, 이 물건의 리가 되는 것은 바로 이른바 천지의 경(經)으로 선만 있고 악이 없어서 바꿀 수 없는 바의 성이요, 이미 이 물건이 형체가 있고 기가 있은 뒤에 이 물건이 되었으면 무릇 그 성으로 삼아 감동하여 흘러나온 것이 반드시 형기의 기틀을 따르게 마련이

215 잘……않는다 : 장횡거는 "형체가 있은 뒤에 기질지성이 있는 것이니, 기질지성을 잘 회복하면 천지의 성이 그대로 보존된다. 기질지성을 군자는 성으로 여기지 않는다.〔形而後有氣質之性, 善反之則天地之性存焉。氣質之性, 君子有不性者焉.〕"라고 하였다. 《近思錄集解 卷2》

216 두 성(性) : 천지의 성과 기질지성(氣質之性)을 가리킨다. 이에 대해서 주자는 "천지의 성은 오로지 리만을 가리켜 말한 것이요, 기질지성은 리에 기가 섞인 것을 가지고 말한 것이다."라고 하였다. 정이천(程伊川)은 기질지성에 대하여 "성이 바로 리이니 리는 요·순으로부터 보통 사람에 이르기까지 똑같은 것이요, 재질은 기에서 받으니 기에는 청탁(淸濁)이 있어 맑은 기를 받은 자는 현인이 되고 탁한 기를 받은 자는 우인(愚人)이 된다. 그러나 배워서 알면 기의 청탁에 관계없이 다 선에 이르러 성의 근본을 회복할 수 있다."라고 하였다. 《近思錄集解 卷2》, 《孟子集註 告子上》

다. 그런데 오직 중화(中和)의 덕을 구비한 성인 이외의 중인은 그 과함과 불급의 편벽됨이 있는 것이 혹은 깊은 연못과 얼음이 되고 혹은 타는 불이 되어서, 이리저리 날아다니고 방탕한데로 잘못되면 그 하늘에서 나온 성이 본연(本然)히 중정한 것과는 얼음과 숯, 흑과 백처럼 상반될 뿐만이 아니다. 그러므로 부득이 그 조목을 나누어서 하나는 천지지성(天地之性)이라 하고 하나는 기질지성(氣質之性)이라 한 것이니, 두 가지 성으로 나누어 그 명목을 달리한 까닭은 사람들이 기질에 선과 악이 있다 하여 이로 인해 본연의 성 또한 본래 선과 악이 있다고 의심할까 염려해서이다. 이른바 천지지성은 바로 그 원초에 천지에 받은 바의 리(理)가 다만 본래 선만 있고 악이 없는 것을 가리킨 것이요, 이른바 기질지성이라는 것은 바로 그 이미 형과 기가 있어서 스스로 한 물건이 된 뒤에 자기에게서 발동하여 선이 있고 악이 있는 것을 가리킨 것이니, 이는 실로 경을 주장하여 위를 다스리는 뜻이 되는 것이다. 그러나 그 실제는 본래 어찌 두 가지 성이 있겠는가. 사람은 다만 천지에게 받은 바의 본성이 있을 뿐이다. 기질이라는 것은 바로 이 리가 형질(形質)이 되고 운용(運用)이 된 것일 뿐이니, 형질과 운용이 그 과연 이 리 밖의 물건이 되겠는가. 형질은 바로 리의 형질이요 운용은 바로 리의 운용이니, 이는 경에 위가 있고 위가 경의 위가 되는 것과 같으니, 그 위로써 경 밖의 물건이라고 하는 것이 옳겠는가. 그렇다면 기라는 것은 성이 행해지는 것이요, 질이라는 것은 성이 정해진 것이다. 한 번 기질의 떳떳한 이를 가지고 말하면 기는 이 성을 벗어나지 않는데 그 행함은 이 성의 치우치지 않은 중(中) 아님이 없고, 질은 이 성을 벗어나지 않는데 그 정함은 이 성의 편벽되지 않은 바름 아님이 없으니, 저 어찌 기질의 불선(不善)함이 있겠는가. 그러므로 그 성인에게 있으면 기질지성이 저절로 천지지성을 준칙으로 삼고 천지지성이 기질지성에 유통하니, 어찌 두 성을 나눌 수 있겠는가. 오직 그 경은 떳떳함이 있고 위는 변함이 많기 때문에 하늘과 땅에 있는 위가 그 유행하는 즈음에 이미 청(淸)과 탁(濁), 수(粹)와 박(駁), 정(精)과 추(粗), 후(厚)와 박(薄)의 똑같지 않음이 없지 못하고 이것을 받은 품휘(品彙)들도 다 청(淸)과 수(粹), 정(精)과 후(厚)의 정기를 얻지 못하여 탁과 박, 추와 박한 것이 십상팔구(十常八九)이다.[217] 그러므로 기질이 똑같지 않음이 허다한 분수가 있어서 본연지성에 병이 되지 않는 자가 드문 것이다. 그러나 기질은 따로 하나의 리가 된 것이 아니요 또한 천지의 성에 근본하여 그 용이 된 것 아님이 없는데, 그 받은 바가 똑같지 않은 것으로 인하여 마침내 과와 불급의 병통이 있어서 악으로 돌아갔을 뿐이다. 예컨대 강과 유는 본래 천지의 덕인데 사람에게 있으면 강이 과한 자는 강악(剛惡)이 되고 유가 과한 자는 유악(柔惡)이 되니, 그 강과 유가 악이 된 것을 가지고 강유의 본덕 외에 별도로 따로 한 리(理)가 되었다고 하는 것이 옳겠는가. 목(木)의 리(理)가 사람에게 있으면 인(仁)의

217 오직……십상팔구(十常八九)이다 : 장현광은 〈만학요회(晩學要會)〉에서 "리(理)는 본래 하나인데 쓰임이 되는 것은 반드시 기(氣)로써 이뤄진다. 이 때문에 이 리는 기를 용(用)으로 삼지 않을 수 없다. 그렇다면 기는 리에서 나오는 것이니, 별도로 리 밖의 근원이 있는 것이 아니다. 다만 기가 되어 쓰임을 지극히 하는 즈음에 변화하고 작용하는 기틀이 없지 못하므로 유행하는 사이에 반드시 정하고 거칠고 후하고 박함이 똑같지 않으며, 모이고 흩어지고 성하고 쇠함이 일정하기가 어렵다. 그래서 품휘(品彙)가 만나는 바에 청(淸)과 탁(濁), 수(粹)와 박(駁), 강(剛)과 유(柔), 선(善)과 악(惡)의 만 가지 다름이 있으니, 이렇게 되면 진실로 병이(秉彝)의 똑같음을 볼 수가 없다. 〔蓋理本自一也, 而其致用也必以氣, 故理不得不有氣以爲用焉. 然則氣之出, 出於理也, 非別有理外之源也. 惟於爲氣致用之際, 不能無變化作用之機, 故其流行之間, 必有精粗、厚薄之不一, 聚散、盛衰之難常, 而品彙之所値者, 淸濁、粹駁、剛柔、善惡之有萬不齊, 則固未見其有秉彝之一焉.〕"라고 하였다.

성이 되고 화(火)의 리가 사람에게 있으면 예(禮)의 성이 되고 금(金)의 리가 사람에게 있으면 의(義)의 성이 되고 수(水)의 리가 사람에게 있으면 지(智)의 성이 되고 토(土)의 리가 사람에게 있으면 신(信)의 성이 되니, 오상(五常)의 성은 사람에게 경이 되는 것이다.[218] 관유온유(寬裕溫柔)는 인의 덕이고 제장중정(齊莊中正)은 예의 덕이고 발강강의(發强剛毅)는 의의 덕이고 문리밀찰(文理密察)은 지의 덕이고 진실성간(眞實誠懇)은 신의 덕이다.[219] 이는 모두 사람에게 있어 바꿀 수 없는 것이니, 처음에 어찌 불선함이 있겠는가. 그러나 그 이루어 정해지고 운용하는 기추(機樞)는 바로 그 기질이니, 기질이 따라 나온 것도 또한 일원(一原)의 리(理)이나, 그 잡박함이 똑같지 않음에 따라 관유온유의 인이 잘못되면 고식(姑息)이 되고, 제장중정의 예가 잘못되면 사치함과 화려함이 되고, 발강강의의 의가 잘못되면 포악하고 거슬림이 되고, 문리밀찰의 지가 잘못되면 천착함이 되고, 진실성간의 신이 잘못되면 고체(固滯)함이 됨에 이르는 것이다. 양주(楊朱)와 묵적(墨翟), 노장(老莊)과 불교(佛敎)의 이단(異端)이 됨에 이르러도 천리가 한쪽으로 편벽됨에

218 목(木)의……것이다 : 주염계의 〈태극도설〉에 따르면 무극(無極)과 태극(太極)이 하나이며, 태극이 음(陰)과 양(陽)으로 나뉘고, 여기에서 다시 화(火)・수(水)・목(木)・금(金)・토(土)의 오행(五行)이 생겨난다고 하였다. 그리고 이를 근거로 인간의 선(善)・악(惡)과 인(仁)・의(義)・예(禮)・지(智)・신(信)의 오상(五常)을 설명하였다.

219 관유온유(寬裕溫柔)……덕이다 : 《중용장구》 31장에 "오직 천하의 지극한 성인이어야 총명예지(聰明睿智)가 충분히 임할 수 있으니, 관유온유(寬裕溫柔)가 충분히 용납함이 있으며, 발강강의(發强剛毅)가 충분히 잡음이 있으며, 재장중정(齋莊中正)이 충분히 공경함이 있으며, 문리밀찰(文理密察)이 충분히 분별함이 있는 것이다."라고 하였는데, 주자의 주에 '관유온유' 이하 '문리밀찰'까지 네 가지는 인・의・예・지의 덕이라고 하였다.

말미암지 않음이 없는데, 털 끝만한 차이가 천리만큼이나 어긋나는 것이다. 이는 진실로 기질이 따로 하나의 성이 되는 것이 아니요, 경(經)이 된 이 리(理)가 반드시 그 위(緯)가 있고, 위가 되는 기가 반드시 그 변함기 때문에 경은 항상 선하나 위는 선과 악 두 가지가 있는 것이다. 그러니 성(性)의 조목이 이 때문에 나눈 것이지, 실로 두 가지 리(理)가 있는 것이 아니다. 기질(氣質)을 비록 또한 성이라고 하나 군자가 그 성을 성으로 여기지 않아서 변하여 교화시켜서 하여금 선으로 함께 돌아가게 하니, 이 때문에 경은 항상 경이 되고 위는 끝내 경 가운데의 위가 되는 것이다."

주자(朱子)의 《대학(大學)》 서문(序文)에 말하였다. "하늘이 생민(生民)을 내림으로부터 이미 인의예지(仁義禮智)의 성을 주지 않음이 없건마는 그 기질의 받음이 혹 똑같지 못하다. 이 때문에 사람들이 다 그 성이 있는 바를 알아서 이것을 온전히 함이 있지 못하는 것이다. 한 사람이라도 총명하고 예지하여 능히 그 성을 다하는 자가 그 사이에서 나옴이 있으면 하늘이 반드시 그에게 명하여 억조(億兆)의 군주와 스승으로 삼아서 하여금 백성을 다스리고 다스려서 그 성을 회복하게 하시니, 이는 복희(伏羲)·신농(神農)·황제(皇帝)와 요(堯)와 순(舜)이 하늘을 이어 극(極)을 세우고 사도(司徒)의 직책과 전악(典樂)의 관원을 이 때문에 베푼 것이다."

인·의·예·지의 성(性)은 그 경(經)이고 기질의 받음이 똑같지 않은 것은 위(緯)의 변(變)이며, 그 성이 있는 바를 알아서 온전히 함이 있지 못한 것은 위가 경을 준칙으로 삼지 못하는 것이며, 총명과 예지(睿智)가 있어서 그 성을 다하는 것은 성인이 경위의 도를 다하는 것이며, 명하여 군주와 스승을 삼아서 백성에게 다스리고 가르치게 하는 것은 경을 주장하여 위를 다스리는 일이다. 주자는 지나간 성인을 잇고 오는 후학을 열어주는 것을 자신의 책임으로 삼아서 평생 마음과 힘을 쓰신 것이 모두 이 일을 강론하고 이 도를 밝히고 이 학문을 업으로 삼은 것인데, 그 큰 강령은 이 한 단락의 말에 벗어나지 않기 때문에 특별히 이것을 기재하는 것이다. 전후의 성현이 비록 일찍이 경과 위를 가지고 리와 기를 말씀하지 않았으나, 세우신 바의 말씀과 후세에 남긴 바의 가르침은 그 대지(大旨)와 요귀(要歸)를 연구해보면 경・위의 뜻과 경을 주장하여 위를 다스리는 도가 아닌 것이 없다. 그러므로 그 대략의 내용을 이처럼 기재하는 것이다.

여헌성리설

제5권

經緯說總論
경위설총론

5.1 경위설총론 經緯說總論[1]

5.1.1

전기(傳記) 가운데 경(經)자와 위(緯)자를 통행한 것이 한두 번이 아니고 그 해석도 또한 하나의 설이 있는 것도 아니다. 그러나 경・위 두 글자가 모두 사(糸)의 변방을 따랐으니, 그렇다면 포백(布帛) 가운데의 경・위가 아마도 그 글자를 만든 본지(本旨)일 것이다. 베 짜는 일을 보면 그 이치는 또한 하늘과 땅에서 근본을 삼았는데 그 이치를 취하여 포백을 짜내는 일에 사용하니, 북과 바디(柚)의 종횡하는 묘(妙)와 종리(綜理)하여 서로 꿰뚫는 묘가 만일 천지에 고유한 이치가 아니고 또 성신(聖神)이 묵묵히 아는 지혜가 아니면 이것을 만들 수가 없는 것이다. 이 경과 위를 가지고 우주 사이의 모든 일과 모든 물건에 크고 작고 정하고 거친 종류와 모의해보면 그 뜻 아닌 것이 없는데, 그 뜻 중에 큰 것은 리와 기가 이것이다. 그러나 포백의 경과 위가 모두 사람이 만든 것이지만 리(理)가 경이 되는 것은 고금(古今)에 이어 그대로인 것이니 그 더하고 덜 수 있는 바가 아니고, 기(氣)가 위가 되는 것은 이 사이에 생기는 허다한 변화이니 또한 이 리 가운데 자연의 쓰임 아님이 없는데 비록 그 하늘과 땅에 있는 것이라도 또한 덮어주고 실어주고 낳고 이루는 편벽됨이 있어서 우리 사람을 기다려

1 경위설총론(經緯說總論) : 〈경위설총론〉은 장현광이 앞서 리(理)와 기(氣)와 체(體)와 용(用) 등을 경위(經緯)에 비유하여 설명한 4.1절 〈경위설〉의 내용을 총 정리한 내용으로, 자문자답의 형식을 취하여 리와 기를 설명하고 있다.

참여하여 도와주지 않을 수가 없는 것이다.[1] 그리고 사람에게 있고 물건에게 있는 기에 이르러서는 만약 천지와 덕이 똑같아서, 준칙으로 삼는 위(緯)가 아님이 없는 성인이 아니라면 반드시 사람의 공력을 오로지 써서 닦아야 하니, 그런 뒤에 본연(本然)의 리(理)에 부합하여 중정(中正)한 도가 되는 것이다. 그러므로 옛날부터 이후로 성현의 사업이 모두 이 리의 경을 주장하여 이 기의 위를 다스림에서 벗어나지 않는 것이다. 리(理)는 기에 행해지고 기는 리를 순종한 뒤에야 체와 용 본과 말이 서로 어긋남이 없어서 경과 위가 된 것이 맞게 된다. 이 일을 강습하는 것은 학문이요 이 일을 몸소 행하는 것은 도(道)요 마음에 이 일을 얻은 것은 덕(德)이다. 이것을 가지고 몸을 닦으면 한 몸의 경과 위가 얻어지고, 이것을 가지고 사람을 다스리고 물건을 다스리면 사람과 물건의 경과 위가 얻어지고, 이것을 가지고 하늘과 땅에 참여하여 도우면 하늘과 땅의 경과 위가 얻어진다. 그렇다면 사람이 선하고 악함과 세상이 다스려지고 혼란함이 모두 경과 위의 득실에 결단되는 것이다. 그러므로 경을 주장하여 위를 다스리는 방법은 제왕(帝王)의 도와 성현의 가르침으로 모든 경전 가운데 기재되어 있는 내용에 모두 구비되어 있는 것이다.

5.1.2

또 말하였다. "리(理)와 기(氣)를 합하여 이름을 붙인 것은 바로 이른바 도(道)라는 것이요, 그 체(體)와 용(用), 본(本)과 말(末)을 가지고

1 그러나……것이다 : 장현광은 경은 체(體), 위는 용(用), 경은 리(理), 위는 기(氣)로 구분할 수 있지만 결국 포백(布帛)을 제작하는 실이라는 관점에서 보면 똑같다고 보아, 리와 기는 서로 떨어질 수도 없는〔理氣不相離〕 반면, 서로 뒤섞일 수도 없다〔理氣不相雜〕고 보았다. 〈경위설〉 4.1.1.1절 참고.

나눈 뒤에 이것을 리라 하고 이것을 기라 한다. 리는 크고 작은 것을 통합하기 때문에 혹 크게 말하면 만물이 통체(統體)인 한 태극(太極)이 이것이니, 이는 그 조화의 원두(原頭)를 가리킨 것이요, 혹 작게 말하면 만물이 각기 갖추고 있는 한 태극이 이것이니, 이는 사람과 물건이 부여받은 것을 가리킨 것이다. 그러나 가리켜 말하는 것이 크고 작다는 차이가 있을 뿐이요, 이 리(理)는 크고 작은 것이 아니어서 바로 하나의 리이다.[2] 기는 형질과 운행을 겸하기 때문에 예를 들면 가볍고 깨끗한 것은 하늘이 되고, 중하고 탁한 것은 땅이 된 것과 같은 것은 형기(形氣)를 가지고 말한 것이요, 음양이 오고 가고 오르내리고 굴신(屈伸)하는 것은 운행을 가지고 말한 것이다. 그러나 형질이 된 것은 운행의 기틀을 싣고 있고, 운행이 된 것은 형질의 가운데에 있어서 하나의 기 아닌 것이 없다. 체와 용을 가지고 리와 기를 말하면 리는 형질이 없고 운행이 없으며, 기는 형질이 있고 운행이 있으니, 형질이 있고 운행이 있는 기가 만약 형질이 없고 운행이 없는 가운데에 이 리가 있어서 형질과 운행의 리가 됨이 있지 않다면 그 무엇을 준칙으로 삼아 형질의 모범이 되고 무엇을 중요한 자루로 삼아 운행의 기축(機軸)이 될 수 있겠는가.[3] 이는 바로 리(理)가 기를 체로 삼은 것이다.

2 리는……리이다 : 장현광은 〈사물론〉에서 "다만 그 만 가지 일을 하고 만 가지 물건이 되는 것이 통체(統體)의 태극에 근본하지 않은 것이 없다. 그러나 이미 일이 되고 물건이 되면 또 각기 갖추어진 한 태극이 있지 않을 수 없다. 태극이 일에 있으면 의(義)라 하고, 물건에 있으면 성(性)이라 하니, 물건이 그 성(性)을 잃으면 물건이 올바른 물건이 아니며, 일이 그 의(義)를 잃으면 일이 올바른 일이 아니다.〔但其爲萬事, 爲萬物, 莫不本於統體之太極, 而旣爲事爲物, 則又莫不有各具之一太極焉. 太極之在事曰義, 在物曰性, 物失其性, 則物不物矣; 事失其義, 則事不事矣.〕"라고 하여 리와 기의 구분을 설명하였다.

3 체와……있겠는가 : 경과 위, 체와 용, 형질과 운행의 관계에 대해서는 위의 〈경위설〉4.1.2.5절 참고.

그리고 형질이 없고 운행이 없는 리가 만약 그 형질이 되고 그 운행이 된 기가 없다면 어떻게 기물과 법상(法象)이 있으며 어떻게 변화와 공용이 있겠는가, 이는 바로 리가 기를 용으로 삼은 것이다. 그러나 용이 없는 체는 제 스스로 체가 될 수 없고, 체가 없는 용 또한 용이 될 수가 없으니, 그렇다면 체와 용이 어찌 서로 없을 수 있겠는가. 그 본과 말을 가지고 리와 기를 말하면 형질의 큰 것은 하늘과 땅이고 작은 것은 사람과 물건이며, 운행의 큰 것은 하늘과 땅에 있어서는 추위와 더위 낮과 밤이 되고, 작은 것은 사람에 있어서 동과 정, 말과 침묵이 된다. 그러나 천지의 도에 음양과 강유(剛柔)로서 그 떳떳함이 있는 것은 그 실제이고 푸른 하늘과 두터운 땅의 형질로 말하면 그 도구이며, 봄에 낳고 여름에 자라고 가을에 거두고 겨울에 갈무리함에 그 철을 잃지 않는 것은 운행의 실제이고 어둠과 밝음, 오르고 내리는 것이 변하는 것은 그 도구이며, 사람과 물건의 도에 성명(性命)과 떳떳한 윤리로서 그 법칙을 다하는 것은 그 실제이고 여러 무리와 수많은 형질로 말하면 그 도구이며, 예의와 공경이 절도를 잃지 않는 것은 운행의 실제이고 보고 들음과 말하고 동함의 용은 그 도구이다. 실(實)은 그 근본이고 도구는 그 말이니, 이는 기가 리(理)를 근본으로 삼고 리가 기(氣)를 말(末)로 삼는 것이다. 그러나 말이 없는 근본은 자연 근본이 될 수가 없고 근본이 없는 말 또한 말이 될 수가 없으니, 근본과 말이 어찌 서로 없을 수 있겠는가. 그렇다면 체와 용으로 말하는 것이 본래 한 뜻이요, 본과 말을 가지고 말하는 것도 또한 한 뜻이다. 체와 용은 다만 체와 용의 뜻만 있어서 본과 말의 뜻을 겸하지는 못하고, 본과 말은 다만 본과 말의 뜻만 있어서 체와 용의 뜻을 겸하지는 못한다. 이제 경과 위를 가지고 따져보면 다만 체와 용, 본과 말의 뜻을 겸할 수 있을 뿐만 아니라 체와 용, 본과 말 두 도구가 서로 다할 수 없는 뜻에 이르러도 또한 충분히 포함할 수 있으니, 그 뜻이 이미 이상각 단락의 가운데에 갖추어져 있다."

5.1.3

또 말하였다. "리와 기는 체와 용, 본과 말로 말할 뿐만 아니라 모두 각각 비유할 만한 뜻이 있으니, 또 물의 근원과 흐름, 그물의 강(綱)과 목(目)을 가지고 취하여 비유하면 또한 서로 발명하는 단서가 있을 듯하다.[4] 그러나 천지와 만물이 천지와 만물이 된 것은 기이고 천지와 만물이 천지와 만물이 된 이유는 리(理)이니, 체와 용을 가지고 말하면 리가 체가 되고 기가 용이 되며, 본과 말을 가지고 말하면 리가 본이 되고 기가 말이 되며, 근원과 흐름과 강과 목을 가지고 말하면 리가 근원이 되고 강이 되며 기가 흐름이 되고 목이 된다. 각각 그 명목의 본래 뜻을 따라 리와 기에 모의하면 비록 모두 과연 증명할 수 있고 밝힐 수 있는 실체가 있으나 천지 만물의 리와 천지 만물의 변(變)을 진실로 한 명목으로 그 묘함을 다하고 그 형상을 연구할 수가 없다. 체와 용을 가지고 모의하면 체와 용이 그 뜻을 다할 수가 없고, 본과 말을 가지고 비견하면 본과 말이 그 뜻을 다할 수가 없으니, 근원과 흐름, 강과 목이 그 뜻을 다할 수 없는 것도 또한 그렇지 않은 것이 없다. 그러나 네 가지를 가지고 하나만 들어 비유하면 비록 각각 그 뜻을 다할 수 없으나 또한 모름지기 혹 체와 용을 들어 말하고, 혹 본과 말을 들어 말하고, 혹 근원과 흐름을 가지고 말하고, 혹 강과 목을 가지고 말하여 겸하여 취하고 함께 비유한 뒤에야 리가 기의 리가 되고 기가 리의 기가 된 소이(所以)를 참고하여 서로 보고 증험해서

4 리와 기는……듯하다 : 강(綱)과 목(目)에 대한 설명은 위의 〈도서발휘편제〉에 상세하게 보인다.

그 실제를 알 수 있을 것이다. 경・위의 설에 이르러서는 전기(傳記)에서 취하여 쓴 뜻을 상고하여 이와 기에 비견해보면 실로 부합하는 묘(妙)가 있어서 가장 친절하고 적당함이 되니, 체와 용, 본과 말, 근원과 흐름, 강과 목이 각각 한 뜻에 가까울 뿐인 것과는 똑같지 않다. 이는 어찌 경위의 제도가 실로 하늘과 땅의 리와 기를 취하여 그러한 것이 아니겠는가.

혹자는 다음과 같이 말하였다. '경과 위는 본래 베를 짜는 실의 종(縱)과 횡(橫)의 이름이니, 바로 사람이 손수 만든 제도로 사람 집에 북과 바디 가운데 가장 천한 하나의 물건과 일이 됨에 불과하다. 그러므로 옛날 사람 중에 취하여 비유한 자가 비록 혹 이것을 큰 곳에 사용하였으나, 그 이른바 경과 이른바 위라는 것이 모두 형질(形質)이 있는 것을 가지고 말하였다. 예컨대 하늘을 경이라 하고 땅을 위라 하고, 남과 북을 경이라 하고 동과 서를 위라 하고, 문(文)을 경이라 하고 무(武)를 위라고 한 따위의 설(說)이 모두 눈에 볼 수 있는 것을 가지고 아울러 하나의 경과 하나의 위를 삼은 것이다. 이제 만약 리를 가리켜 경이라 하고 기를 가리켜 위라 하면 리가 비록 우주가 있기 전부터 우주가 바로 생긴 뒤에까지 하나의 리(理)라고 말하지만 이미 형과 상이 없고 또 방위와 처소가 없으면 무슨 물건을 가리켜 종(縱)인 실(絲)의 경(經)을 비견할 수 있겠는가. 기는 형질이 되고, 운행이 있는 것이 모두 기인데 그 형질의 크고 작고 정하고 거칠고, 운행의 길고 짧고 넓고 좁은 것이 열, 백, 천, 만 가지 차이가 있는 것을 함께 횡(橫)인 실의 위에 비견하는 것이 옳겠는가.'

내가 다음과 같이 대답하였다. '도는 본래 사람이 밟는 길로 평지 위에 사통팔달(四通八達)하여 통행하는 것이 이것인데 마침내 이것을 가지고 삼재(三才 하늘 땅 사람)가 함께 행하는 도로써 이름하였으니, 그렇다면 평지의 길은 다만 마땅히 눈이 있으면 모두 보고 발이 있으면

다 밟을 뿐이지만 삼재의 도로 말하면 가까이는 부부가 방안에 거처하는 사이로부터 멀리는 하늘과 땅도 능히 다할 수 없는 것에 이르러 그 큼이 밖이 없고 그 작음이 안이 없는 것인데 저것을 취하여 이것을 이름하였으니, 이는 거친 것을 들어 정한 것을 비유하고, 물건을 빌어 리(理)를 이름하였으니 진실로 불가할 것이 없다. 이제 경과 위를 사용하여 리와 기를 칭하니, 어찌 서로 거리가 멀겠는가. 오직 그 안목을 크게 하여 보면 리는 하늘과 땅의 앞뒤에 있는데 선천지(先天地)와 후천지(後天地)가 그 가운데에서 시작하고 끝나고, 리는 천지가 이미 자리하고 있는데 음양의 조화가 그 가운데에서 시작하고 끝나고, 리는 우리 사람의 떳떳한 성품에 있는데 덕행과 사업이 그 가운데에서 시작하고 끝난다. 그 떳떳함이 있음을 가지고 리라 하고 그 변함이 있는 것을 가지고 기라 한 것인데, 기는 리에서 나오고 리는 기에서 행해짐이 어찌 자연의 경위가 아니겠는가.'

혹자가 말하였다. '리가 있기 때문에 기가 따라 나왔으면 기가 리에 근본을 둔 것은 당연하지만 경과 위로 말하면 경의 실(實)은 본래 경의 실이 되고 위의 실은 본래 위의 실이 되니, 이것을 가지고 저 근원이 하나인 리와 기에 비하면 서로 다르지 않겠는가?'

내가 다음과 같이 대답하였다. '경과 위가 어찌 하나는 종(縱)이고 하나는 횡(橫)인 것을 가지고 그 둘임을 의심하겠는가. 경이 있으면 위가 없을 수 없으니 위가 나오는 것은 바로 경에서 연유한 것이라면 경과 위가 바로 하나의 리이고 바로 하나의 실(絲)인 것이다. 경은 위를 받는 것이고 위는 경을 이루는 것이니, 경은 위에서 기인(起因)인하고 위는 경에서 기인한다면 그 리에 기가 있고 기가 리를 체행하는 것과 어찌 다르겠는가. 또 리와 기의 명칭은 그 리가 된 곳을 가리킬 때는 기라고 이름을 붙일 수가 없고 그 기가 된 곳을 가리킬 때는 또한 리라고 이름을 붙일 수가 없다. 그렇다면 경은 위라고 이름을 붙일 수 없고 위는 경이라고 이름을 붙일 수 없는 것과 유사한데 경이 된 리는 본래 허다한 조리와 맥락을 갖추고 있고 위가 된 기는 실로 문란하지 않은 조리와 종류가 있으니, 이는 또 취하여 비유한 뜻이다.'

5.1.4

또 말하였다.[5] "천하의 물건이 모두 리와 기에서 나왔다. 그러므로 리가 경이 되고 기가 위가 되는 상(象)이 있지 않은 것이 없으니, 한 번 오행(五行)이 물건이 된 것을 가지고 말해보겠다. 하늘이 일(一)로 낳고 땅이 육(六)으로 이룬 것이 수(水)이니, 그 성(性)이 윤하(潤下)임은 비유하면 리(理)의 경이며, 사시(四時)의 수가 있고 성수(星宿)의 수가 있고 방저(方諸)의 수가 있고 우로(雨露)의 수가 있고 천정(泉井)의 수가 있고 지택(池澤)의 수가 있고 강하(江河)의 수가 있고 사해(四海)의 수가 있고 생물 가운데 자연(自然)의 수가 있어서 그 깊고 얕고 짜고 싱겁고 순하고 거슬리는 용(用)이 된 것이 똑같지 않은 것은 비유하면 기의 위이다. 땅이 이(二)로 낳고 하늘이 칠(七)로 이룬 것이 화(火)이니 그 성이 염상(炎上)임은 비유하면 리의 경이며 사시의 화가 있고 성수의 화가 있고 뇌전(雷電)의 화가 있고 양수(陽燧)의 화가 있고 찬목(鑽木)의 화가 있고 금석(金石)의 화가 있고 생물 가운데 자연의 화가 있어서 그 크고 작고 순하고 거슬림의 쓰임이 똑같지 않은 것은 비유하면 기의 위이다. 하늘이 삼(三)으로 낳고 땅이 팔(八)로 이룬 것이 목(木)이니, 그 성이 곡직(曲直)임은 비유하면 리의 경이며 사시의 목이 있고 성수의 목이 있고 춘계(椿桂 춘나무와 계수나무)의 목이

5 또 말하였다 : 이 내용은 1.1의 〈도서발휘(圖書發揮)〉 편을 정리하여 재설명한 것이다.

있고 송백(松柏 소나무와 측백나무)의 목이 있고 저력(樗櫟 가죽나무와 상수리나무)의 목이 있고 형극(荊棘 가시나무)의 목이 있어서 이로써 기둥과 들보를 만들고 배와 수레를 만들고 땔 나무의 나무섶을 만드는 용이 똑같지 않은 것은 비유하면 기의 위이다. 땅이 사(四)로 낳고 하늘이 구(九)로 이룬 것이 금(金)이니 그 성이 종혁(從革)임은 비유하면 리의 경이며 사시의 금이 있고 성수의 금이 있고 황금(黃金)의 금이 있고 백금(白金)의 금이 있고 동철(銅鐵)의 금이 있어서 이것으로 종률(鍾律)을 만들고 가마솥과 솥을 만들고 칼과 검을 만들고 자물쇠와 열쇠를 만드는 쓰임이 똑같지 않은 것은 비유하면 기의 위이다. 하늘이 오(五)로 낳고 땅이 십(十)으로 이룬 것이 토(土)이니 그 성이 가색(稼穡)임은 비유하면 리의 경이며 사시의 토가 있고 성수의 토가 있고 옥석(玉石)의 토가 있고 구릉(丘陵)의 토가 있고 옥유(沃腴 비옥)의 토가 있고 분연(墳衍)의 토가 있고 강노(剛鹵)의 토가 있어서 이로써 도시를 만들고 전원(田園)을 만들고 숲과 못을 만들고 황복(荒服)을 만드는 쓰임이 똑같지 않은 것은 비유하면 기의 위이다. 그러나 하나가 아닌 수가 수 아님이 없고 하나가 아닌 화가 화 아님이 없고 하나가 아닌 목과 하나가 아닌 금과 하나가 아닌 토가 목과 금과 토가 아님이 없으니, 그렇다면 어찌 경 밖의 위가 있겠는가.[6] 이는 그 큰 것을 들었을 뿐이요 그 나머지 만물이 또한 모두 리와 기의 상을 가지고 있다. 사람의 일과 집안과 나라의 가운데에 이르러도 또한 체와 용, 본과 말, 근원과 흐름, 강(綱)과 목(目)이 비견할 만한 것이 모두 있어서 반드시 서로 따르고 함께 행해지는 것은 어째서인가. 이는 이 리의 밖에 딴 리가 없기 때문에 리와 기가 큰 경위가 되고 리와 기 가운데의 물건이

6 그러나……있겠는가 : 이는 물질의 종류는 다양하지만 그 성질은 똑같다는 의미로, 리와 기는 모두 하나에서 나온 것임을 가리킨다.

또 각각 경위의 뜻이 있는 것이 이와 같은 것이다."

5.1.5

또 말하였다. "리는 기의 리이고 기는 리의 기인데 리를 말하면 기가 그 안에 들어있음은 어째서인가. 리가 기를 포함하기 때문이다. 기를 말하면 리가 그 가운데에 들어있음은 어째서인가. 리가 기가 되었기 때문이다. 기의 앞에 기의 근본이 이미 리에 들어있지 않은 것이 없으니, 기가 리 안에 있는 것이 이것이요, 이미 기가 있은 뒤에 리의 용이 마침내 기에 행해지니 리가 기 안에 있는 것이 이것이다. 하늘과 땅의 큼으로부터 물건의 작음에 이르기까지 무엇이 리가 아니며 무엇이 기가 아니겠는가. 그러나 옛날 성인이 리에 대해서 언급한 것이 적고 비록 혹 말씀하였더라도 일과 물건에 있는 리에 불과하여 일찍이 원두(原頭)의 큰 통체(統體)의 상[7]을 말씀한 적이 없었는데, 공자가 《주역》에 〈계사전〉을 달면서 처음으로 태극의 명칭을 말씀하였으나 저 다른 말은 듣지 못하였다. 다만 리를 말씀하신 것이 적을 뿐만 아니라 그 기를 말씀한 것도 또한 적었는데, 맹자에 이르러 처음으로 호연지기(浩然之氣)의 말씀을 하였으나 또한 다만 사람에게 있는 것을 가지고 말씀하셨을 뿐이다. 리와 기를 말씀한 것이 적은 이유는 다만 리와 기를

7 원두(原頭)의……상 : 통체에 대해서 주자는 "합하여 말하면 만물이 한 태극의 통체에 통합되고, 나누어 말하면 한 물건이 각각 한 태극을 간직하고 있는 것이다.〔蓋合而言之, 萬物統體一太極也; 分而言之, 一物各具一太極也.〕"라고 하였다. 《近思錄集解 卷1》 장현광은 "이치는 본래 통체가 된 것이 있고 각구(各具)가 된 것이 있다. 통체인 것은 만리(萬理)를 총괄하여 하나가 된 것이고 각구인 것은 속하고 있는 물건에 따라 각자 성이 된 것이다." 하였고, "만화(萬化)의 원두(原頭)가 되고 만물의 총회(總會)가 되는 것으로 이 이치를 살펴보면 그것이 통체가 됨을 알게 된다."라고 하였다. 〈태극설〉 3.1.1.46절 3.1.1.47절 참조.

말하기 어려워서일 뿐만 아니라 또한 진실로 여기에는 깊은 뜻이 있었을 것이다. 리는 형(形)과 상(象), 방위와 처소가 없기 때문에 만약 가볍게 리를 말하면 사람들이 반드시 이를 공탕(空蕩)한데서 구하고 허원(虛遠)한데로 치달려서 독실한 지점에 평평히 다리를 붙이려고 하지 않을 것이요, 기는 발동하고 유전(流傳)하여 열리고 닫히고 변하고 화하기 때문에 만약 범연히 기를 말하면 사람들이 혹 소매를 걷어부치고 활보하여 반드시 날고 달리려는 생각을 가지고 있을 것이니, 그 얘기를 적게 말씀한 이유는 이러한 까닭이 아니겠는가. 매번 평실(平實)하고 절근(切近)한 제목으로 도덕과 언행, 인의(仁義)와 예지(禮智), 효제(孝弟)와 충신(忠信), 공경과 절검(節儉) 등과 같은 글자를 취하여 반복하여 자세히 권면하는 뜻을 지극히 하였으니, 이것이 그 항상 말씀한 것이다. 그러나 그 실제는 리가 통솔하고 기가 행한 것 아님이 없는데 다만 모두 마음과 몸에서 체인(體認)하고 실천한 명목이다. 그러므로 사람들이 이 말을 듣는 자가 마음을 단속하고 몸을 단속하여 모름지기 돌이켜 찾고 실천하지 않음이 없으면 경(經)을 주장하여 위(緯)를 다스리는 일이 바로 여기에 있는 것이다. 후세에 이르러는 비록 초학자라도 먼저 그 리와 기의 이름과 뜻을 알지 않으면 안 된다고 하여 그 이상을 향하는 표적으로 삼으니 책을 펼치고 입을 함부로 놀려서 사람마다 리기를 말하지 않은 이가 없다. 그러나 그 말을 들으면 무극과 태극을 마치 눈으로 본 것처럼 하고 음양의 조화를 마치 손으로 가리키는 듯이 하나, 그 실제를 연구해보면 혹은 리를 가리켜 기라 하고 혹은 기를 가리켜 리라 하며, 혹은 리와 기를 지나치게 나누어서 이 두 근본인 것과 두 물건인 것처럼 여긴다. 그러니 저 참으로 마음과 몸에 체인하고 실천하는 실제가 없고 갑자기 성명(性命)의 심오함을 말하는 사람이 그 과연 이것을 제대로 말할 수 있겠는가. 이것은 굳이 말할 것이 없다. 세상에 뛰어나 기치(旗幟)를 세운 유자(儒者)와 우리 당(黨)의 종주(宗主)라고 이름난 자에 이르러도 평상적인 것을 지키는데 병폐가 생기면 혹 옛날 사람의 말에 현혹되고, 이론(異論)을 세우기 좋아하면 혹 망령된 고집에 빠지니, 그 참된 견해가 가지고 있는 사람이 몇이나 되겠는가."

5.1.6

또 말하였다. "옛날 성인들이 리와 기를 말씀한 적이 이미 적고, 또 리와 기를 나누어 말씀한 분이 없었다. 리가 통체가 되는 것은 곧바로 천지와 고금에 뻗쳐서 볼 만한 형과 상이 없고 찾을 만한 방소와 위치가 없다. 그렇다면 진실로 말할 수가 없으니 말로 할 수 없는 것이라면 비록 그 포함하고 감싸고 있는 것은 다만 기이나 근원을 끝까지 연구하여 여기에 이르면 기 또한 나눌 수가 없는 것이다. 사물에 흩어져 있는 것에 이르러서는 리 아님이 없고, 리가 있는 곳은 기 아님이 없는데 또한 일찍이 리와 기를 나누어 말씀하지 않은 것은 어째서인가. 내 생각건대 리가 실용(實用)에 나타난 것이 이미 천지 만물의 형질이 되고 인하여 천지만물의 운행이 되었으면 형질이 없는 리가 이에 형질이 있게 되었고, 운행이 없는 리가 이에 운행이 있게 되었다. 형질은 진실로 기이나 비록 리의 형질이라고 말해도 괜찮고, 운행은 진실로 기이나 비록 리의 운행이라고 말하여도 괜찮으니, 어찌 기 밖에 리가 있고 리를 떠나 기가 된 것이 있겠는가.[8] 그렇다면 천지 만물이 모두

8 어찌……있겠는가 : 장현광은 〈태극설〉에서 "리 밖에 기가 있고 기 밖에 리가 있는 것이 아니다. 리가 기를 내고 기는 리로부터 나오니, 그렇다면 기의 동은 바로 리의 동이고 기의 정은 바로 리의 정이다. 기가 동하고 정할 수 있는 것은 기 스스로 동하고 정할 수 있는 것이 아니요, 바로 리 때문에 동하고 정하는 것이다."라고 설명하였다. 3.1.1.45절 참조.

기 가운데의 물건이요, 기는 모두 리 가운데의 기이다. 그러므로 리와 저 기의 경계를 굳이 나누지 않고, 다만 리와 기가 혼합하여 한 물건을 이룬 것을 가지고 참되게 하여 망령됨이 없게 하고, 순수하게 하여 잡됨이 없게 하고, 선을 하여 악함이 없게 하고, 중을 하여 편벽됨이 없게 하고, 바르게 하여 간사함이 없게 하고, 공평하게 하여 사사로움이 없게 하고, 곧게 하여 굽음이 없게 하고, 순하게 하여 거슬림이 없게 하고, 평이하게 하여 험함이 없게 하고, 한결같게 하여 둘로 함이 없게 하고, 온전하게 하여 이지러짐이 없게 하고, 떳떳하게 하여 변함이 없게 하고, 치밀하게 하여 문란함이 없게 하고, 옳게 하여 그르지 말게 하고, 합당하게 하여 어긋남이 없게 해야 한다. 그래서 무릇 그 해야 할 바는 바로 모두 리의 본연(本然)이요, 무릇 그 하지 말아야 할 바는 바로 모두 기가 흘러 잘못된 것이다. 그러니 그 흘러 잘못된 기를 다스려 제거해서 본연의 리로 모두 돌아가게 하면 이것은 그 리와 기를 나누지 않는 가운데에 크게 나누는 것이 바로 여기에 있는 것이니, 이는 경(經)을 주장하여 위(緯)를 다스리는 방법 아님이 없는 것이다. 이는 바로 이른바 성명(性命)의 리요 이륜(彝倫)의 가르침이요 바른 학문이요 큰 도(道)요 지극한 덕이니, 우리 사람의 극(極 표준)이 이에 세워진다. 후세의 유자(儒者)들은 무릇 선한 종류는 모두 리이고 악한 종류는 모두 기인데 선과 악이 상반된 것이 바로 얼음과 숯불, 백과 흑, 하늘과 땅처럼 차이가 있으면 리와 기가 더불어 서로 연속되지 않는다고 생각하였다. 이에 설을 지으면 그 조목을 나누고, 그림을 만들면 그 동그라미를 둘로 나누니, 이는 그 말(末)이 둘이 있는 것만 알고 그 근본이 하나가 되는 것은 모르는 것이다. 한갓 그 둘이 있는 것만 알아서 달리하고자 하나 기가 기가 되는 것이 끝내 없을 수가 없으니, 그렇다면 그 기를 다스리는 것이 도리어 태만한 바가 있는 것이다. 그리하여 이것을 어쩔 수 없는 자리에 내버려 두어서 하나로 돌아오게 하지 못하니, 이는 그 근원을 환히 밝혀서 그 나눌 수 있는 것을 나누고 그 다스릴 수 있는 것을 다스리지 못하기 때문이다. 반드시 모름지기 그 근본이 하나가 되는 것을 알고 그 말이 두 가지가 있는 기틀을 연구해서 그 편벽됨을 바로잡고 그 기욺을 곧게 하고 그 과와 불급인 것을 맞게 하여 그치면 가한 것이다. 이는 기로써 기를 다스려서 그 기가 된 법칙을 잃지 않음에 지나지 않는데 성명의 리(理)도 여기에서 벗어나지 않으니, 이것이 유정유일(惟精惟一)[9]과 극기복례(克己復禮)[10]의 요점이 아니겠는가. 이는 옛날 성현이 리와 기를 억지로 나누지 않고 다만 그 기를 다스리고 기를 기르는 방법만을 말씀하신 것인데 리와 기의 구분이 나뉘지 않는 가운데에 스스로 분명해지는 것이다. 한 번 리와 기를 나누어 많은 설화를 다 허비한 뒤로부터 이 학문의 밝음이 더욱 옛날만 못하니, 이는 어째서인가."

5.1.7

또 말하였다. "떳떳함이 있는 것은 진실로 리(理)의 떳떳함이요 변함이 있는 것도 리의 변함이다. 오직 그 떳떳함이 있은 뒤에 변(變)이 변함이 될 수 있고, 또 그 변함이 있은 뒤에 떳떳함이 떳떳함이 될 수 있어서 떳떳함을 우선하고 변함을 뒤에 하니, 앞이 있지 않으면 어찌 뒤가 있겠는가. 떳떳함으로써 시작하고 변함으로써 끝마치니, 끝마침이 있지 않으면 어찌 시작이 있겠는가. 떳떳함이 있고 형체가

9 유정유일(惟精惟一) : 순(舜)임금이 우(禹)임금에게 말씀하신 것으로 "인심(人心)은 위태롭고 도심(道心)은 은미하니, 정(精)하게 살피고 한결같이 지켜야 진실로 그 중(中)을 잡아 지킬 수 있다."라고 하였다. 《書經 大禹謨 》

10 극기복례(克己復禮) : 안연이 인(仁)에 대해서 묻자 공자가 하신 말씀으로, 이 내용은 《논어》 〈안연(顏淵)〉에 보인다.

없는 것은 바로 리이고 변함이 있고 떳떳함이 없는 것은 바로 기(氣)이다. 리는 기가 기가 된 이유이고 기는 리가 리가 된 소이이니, 리의 변함은 바로 기이고 기의 주장은 바로 리이다. 리가 기가 없을 수 없고 기가 리가 없을 수 없는 것은 리와 기가 똑같은 하나의 도요, 리가 주장이 되고 기가 그 실제를 이루니, 주장이 확립되지 않으면 실(實)이 어디로부터 지극하며 실이 지극하지 않으면 주장이 어떻게 주장이 될 수 있겠는가. 이는 선과 후, 시(始)와 종(終)이 서로 없을 수 없는 것이다. 체(體)와 용(用), 본(本)과 말(末), 원(源)과 류(流), 강(綱)과 목(目), 경(經)과 위(緯)를 가지고 리와 기에 모의해보면 체와 본과 원과 강과 경은 이에 모의한 것이요 용과 말과 류와 목과 위는 기에 모의한 것이니, 체가 없으면 진실로 용이 없을 수 없고 체가 있어도 용이 없으면 또한 무엇을 기다려 체가 되며, 본이 없으면 진실로 말이 있을 수 없고 본이 있어도 말이 없으면 또한 무엇을 기다려 본으로 삼겠는가. 진실로 원이 없는 류가 없으니 또 어떻게 류가 없는 근원이 있겠는가. 진실로 강이 없는 목이 없으니 또 어떻게 목이 없는 강이 있겠는가. 경과 위가 서로 필요로 하는 것이 이와 같으므로 리에 기가 있고 기에 리가 있는 것을 여기에서 알 수 있는 것이다. 그러나 또한 체가 한때이고 용이 한때이며 본이 한때이고 말이 한때이며 원과 류가 각각 한때이고 강과 목이 각각 한때이고 경과 위가 각각 한때인 것이 아니다. 또 체가 한 곳이고 용이 한 곳이며 본이 한 곳이고 말이 한 곳이며 원과 류가 각각 한 곳이고 강과 목이 각각 한곳이며 경과 위가 각각 한 곳인 것이 아니다. 리가 있으면 기가 있고 기가 행해지면 리가 행해져서 일찍이 더불어 때가 되고 곳이 되지 않음이 없으니, 그 한 시각과 한 털끝만치라도 혹 서로 나뉘어 분별될 수 있겠는가. 오직 그 체는 항상 용을 통솔하나 용은 체를 통솔할 수가 없고, 본은 항상 말을 통솔하나 말은 본을 통솔할 수가 없으며, 원은 항상 류를 통솔하고 강은 항상 목을 통솔하나 류는 원을 통솔할 수 없고, 목은 강을 통솔할 수 없음에 이르러도 또한 그러하니, 그렇다면 리를 위에 모의할 수 없고 기를 경에 모의할 수 없는 것은 바로 당연한 순서가 아니겠는가. 이는 떳떳함이 있는 것은 항상 스스로 떳떳함이 있고 변함이 있는 것은 항상 스스로 변함이 있어서, 변함이 되는 것이 또한 스스로 변하여 떳떳함을 따르게 되는 것이다. 그렇다면 떳떳함에 변함이 있는 것은 바로 그 떳떳함이니 이것이 하나의 도가 되는 이유일 것이다."

5.1.8

또 말하였다. "리(理)가 하나인 일(一)은 형체가 없는 일(一)이고 일이(一二)의 일(一)은 하늘의 일(一)이라는 일이다.[11] 모든 물건이 앞에 있으면 다만 앞이 되고, 뒤에 있으면 다만 뒤가 되고, 작은 것에 있으면 다만 작은 것이 되고, 큰 것에 있으면 다만 큰 것이 되고, 여기에 있으면 다만 이것이 되고, 저기에 있으면 다만 저것이 되어서 이미 선(先)과 후(後), 대(大)와 소(小), 피(彼)와 차(此)로 나뉘니, 그렇다면 하나가 될 수 없어서 바로 두 가지로 나뉘게 되는 것이다. 오직 리는 앞이면서도 그렇고 뒤이면서도 그렇고 크면서도 그렇고 작으면서도 그렇고 여기에 있으면서도 그렇고 저기에 있으면서도 그러하여 항상 그러하여 옮기고 바꿀 수가 없다. 그러므로 하나라 하였으니 리는 수(數)에 참여되지 않으나 수의 근원이 되는 것이다. 일이(一二)의 일이 비록 수의 첫 번째가 되나 또한 스스로 하나가 될 뿐이어서 십 가운데 하나가

11 리(理)가……일이다 : '리일(理一)'은 우주의 근원은 유일(唯一)의 이치 하나라는 의미로, 《주자어류》〈리기 상(理氣上)〉에 보인다. '천일(天一)'은 하늘의 숫자가 1이라는 의미로 이 내용은 《근사록집해》〈태극도설주(太極圖說註)〉에 보인다.

되는 것과는 다르다. 리(理)가 하나인 일로 말하면 본래 형체가 없는 것을 하나로 삼기 때문에 하나가 되는 도가 있으나 하나가 되는 형체가 없으니, 그렇다면 리가 하나인 일은 형이상(形而上)이 되는 것이요, 일이의 일은 이미 형이하(形而下)에 속하는 것이다. 형이상은 위에서 지극하여 형체가 없는 체가 되어서 때와 장소마다 그 항상 하나가 되지 않음이 없고, 형이하는 아래에 수를 가지고 있으므로 거하는 바의 순서와 정해진 바의 위치가 있어서 머리에 있으면 꼬리에 있지 못하고 시초에 있으면 종말이 되지 못하고 적은 것이 되면 많은 것이 되지 못하여 반드시 미루어 부연한 뒤에 십, 백, 천, 만의 무궁함이 되는 것이다. 형체가 없는 하나는 비유하면 한 집안의 가군(家君)이니 더불어 상대할 자가 없고, 일이의 일은 비유하면 한 집안의 장형(長兄)이니 그 아래에 여러 아우가 있다. 가군이 있은 뒤에 여러 아들과 형제가 있으니 그렇다면 가군의 높음은 장형에 비할 것이 아니니, 이는 형체가 없는 하나가 수에 참여되지 않는 이유이다. 만약 형체가 없는 체가 체가 되지 않으면 어찌 무궁한 용이 용이 될 수 있겠는가. 오직 그 형체가 없는 가운데에 자연 포함하지 않는 바가 없고 구비하지 않는 바가 없고 통하지 않는 바가 없고 꿰뚫지 않는 바가 없는 하나가 있다. 이 때문에 그 무궁한 용이 되는 것이 일부터 십에 이르고 십부터 백, 천, 만, 억의 허다한 수에 이르는 것이다. 일부터 십에 이르고 십으로부터 백, 천, 만, 억에 이르는 것은 하나라도 어긋나는 부분이 있으면 차서(次序)를 이루지 못하고 하나라도 없으면 위열(位列)을 이루지 못하니, 그 차례가 가지런하고 위치가 구비하여 어지럽지 않고 빠지는 부분이 없는 것은 바로 형체가 없는 하나가 포함하고 구비하고 통하고 꿰뚫기 때문이다. 그 형체가 없는 것을 가리켜 리라 하고 그 무궁함을 가리켜 기라 하니, 이는 경과 위가 나누어지는 이유이다."

5.1.9

또 말하였다. “기가 아직 형체가 없고 기물(器物)이 있지 않은 것을 리라 하고 리가 형체가 되고 기물이 된 것을 기라 하니, 그 아직 형체가 없고 기물이 없으나 형체가 될 수 있고 기물이 될 수 있는 이유가 있으므로 이것을 리라 하고, 그 형체가 되고 기물이 될 수 있으나 형체가 없고 기물이 없는 소이연(所以然)에 연유하므로 이것을 기라 하는 것이다. 이는 바로 리가 기의 리가 되고 기가 리의 기가 되어서 이 기로 인하여 이 리라는 이름이 있고, 이 리로 인하여 기라는 이름이 있는 것이다. 이른바 리와 기가 두 물건이 아니라는 것은 그 뜻이 불가함이 되지 않는다. 다만 물(物)자는 리와 기에 마땅히 놓을 수 있는 것이 아니다. 형체가 없고 기물이 없는 것은 체(體)이고 본(本)이고 원(源)이고 강(綱)이고 형체가 되고 기물이 되는 것은 용(用)이고 말(末)이고 류(流)이고 목(目)이니, 있고 없는 것을 가지고 말하면 형체가 없고 기물이 없는 것은 없는 것이 아니요 바로 있는 것의 주(主)이며, 형체가 되고 기구가 된 것은 항상 있는 것이 아니요 바로 있는 것의 객(客)이다. 형체가 없고 기물이 없는 것은 무(無)가 있는 것이고 형체가 되고 기물이 되는 것은 유(有)가 있는 것이니, 무가 있는 것은 때마다 있지 않음이 없으니 이는 유의 항상(常)함이요, 유가 있는 것은 때로 없을 때가 있으니 이는 유의 변(變)이다. 유의 떳떳함은 이미 스스로 항상 보존되기 때문에 유가 변하는 것이 왕래하여 다하지 않고, 유가 변하는 것이 왕래하여 다하지 않기 때문에 유의 떳떳함이 자연스레 그 떳떳함을 잃지 않으니, 이것이 그 경과 위가 되는 소이일 것이다.”

5.1.10

또 말하였다. “선유(先儒)가 사람과 말(馬)을 가지고 리(理)와 기(氣)를 비유하여 리를 사람에 비유하고 기를 말에 비유하니, 리가 기를 타고 있는 것이 사람이 말을 타는 것과 같아서 리가 제 스스로 행하지 못하여 기를 타고 행하는 것은 사람이 스스로 걸어가지 못해서 말을 타고 걸어가는 것과 같다. 이 비유가 근리(近理)하여 좋은 비유라고 말하지 않는 이가 없다. 그러나 나는 생각건대 사람과 말은 본래 두 물건이지만 리와 기로 말하면 사람과 말이 두 물건이 되는 것과는 다르다. 사람과 말은 귀하고 천한 것이 비록 다르지만 이미 사람은 따로 사람이고 말은 따로 말이어서 각자 한 물건이 되는데, 다만 천한 것(馬)은 마땅히 귀한 것(人)의 부리고 쓰임이 되어야 하므로 사람이 말을 취하여 타는 바의 물건으로 삼으니, 그 물건이 되는 것은 두 가지인 것이다. 리(理)가 기에 있고 기가 리에 있는 것으로 말하면 한 근원일 뿐이다. 리는 기가 없으면 쓰임을 지극히 할 수가 없고, 기는 리가 아니면 주장으로 삼을 것이 없으니, 진실로 경각이라도 서로 없을 수 없는 것이다.[12] 사람의 몸을 가지고 비유하면 시력과 눈이 서로 떨어질 수 없고, 청력과 귀가 서로 떨어질 수 없고, 후각과 코가 서로 떨어질 수 없고, 미각과 입이 서로 떨어질 수 없고, 말과 혀가 서로 떨어질 수 없고, 마음과 백체(百體)가 서로 떨어질 수 없고, 성(性)과 정(情)

12 리(理)가……것이다 : 장현광은 〈태극설〉에서 “기(氣)라는 것은 리에서 나와 리와 짝이 된 것이다. 리는 기를 타고서 리가 되고 기는 리를 받들어 기가 되었다. 그러므로 리가 있으면 기가 없을 수 없고 기가 되었으면 리가 없을 수 없으니, 이것은 진실로 리와 기가 서로 떨어질 수 없는 것인데, 기는 반드시 리를 기준으로 삼는 것이다.〔氣也者出於理矣, 而配乎理者也。理乘氣而爲理; 氣承理而爲氣, 故有理則不可無氣; 爲氣則不得無理. 此固理氣之不可離者, 而氣必準乎理也.〕”라고 하였다.

이 서로 떨어질 수가 없다. 설령 반드시 사람과 말에 있는 것을 가지고 비유한다면 마땅히 타는 방도가 사람에게 있기때문에 사람이 마침내 말을 타고, 사람을 태우는데 당하는 방도가 말에 있기 때문에 말이 마침내 사람에게 태워지니, 도(道)는 리이고 사람과 말은 기이다. 사람을 가지고 사람에 있는 리와 기를 논하고, 말을 가지고 말에 있는 리와 기를 논하면 옳지만 만약 사람과 물건을 하나는 리에 비교하고 하나는 기에 비하면 주인이 되고 부림을 당하는 말의 분별이 진실로 유사하다. 그러나 다만 두 물건을 가지고 리와 기에 비유하면 사람들이 리와 기가 두 근본이라고 의심할까 두렵다. 사람이 비록 말을 타고 가지만 혹은 말이 없이 도보로 가는 경우도 있다. 리가 과연 기를 기다리지 않고 스스로 행할 수 있겠는가. 이는 진실로 사람과 말을 가지고 리와 기를 서로 비유할 수 없는 것이다. 천하에 경이 없이 위가 되고 위가 없이 경이 되는 경우는 있지 않다."

5.1.11

또 말하였다. "리라 하고 기라 하여 그 명목이 비록 다르지만 기는 리에서 나왔으니 그 도가 되는 것은 똑같은데 가리켜 지목한 것을 분별하지 않을 수 없는 것이다. 나누고 합하고 다르고 같음이 있는 것은 도(道)의 전체(全體)와 대용(大用)이다. 합한 것은 반드시 나뉘고 나뉜 것은 반드시 합하며, 같은 것은 반드시 다르고 다른 것은 반드시 같아지니, 만약 합할 줄만 알고 나눌 줄 알지 못하며 나눌 줄만 알고 합할 줄을 모르며, 같음만 알고 다름을 알지 못하며 다름만 알고 같음을 알지 못한다면 모두 도를 아는 자가 아니다. 그러므로 리만 알고 기를 알지 못하면 비록 리를 안다고 하나 참으로 리를 아는 자가 아니요, 기만 알고 리를 모르면 비록 기를 안다고 하나 또한 기를 아는 자가 아니다. 과연 리를 알면 반드시 기가 있음을 알 것이요 과연 기를 알면 반드시 리가 있음을 알 것이며, 과연 리와 기가 한 도임을 알면 또 반드시 리와 기가 모름지기 분별되는 것임을 알 것이다. 어째서인가. 본(本)과 말(末)이 하나의 나무이니 말은 본에서 나왔으나 본을 가리켜 말이라 하고 말을 가리켜 본이라 할 수 없으며, 원(源)과 류(流)가 하나의 물이니 류는 원에서 나왔으나 원을 가리켜 류라 하고 류를 가리켜 원이라 할 수 없는 것이다. 이는 체가 반드시 용이 있고 용이 반드시 체를 기다리나 반드시 체와 용을 각각 가리킴이 있고, 경(經)이 반드시 위(緯)가 있고 위가 반드시 경을 기다리나 반드시 경과 위의 별칭이 있는 것과 같다. 그러니 통합하여 말하면 한 리이기 때문이다. 만약 이 리가 본래 하나가 아니면 그 어떻게 나누고 합하며 다르고 같은 도가 있겠는가. 나누고 합하며 다르고 같음은 리가 되고 도가 되는 소이(所以)이니, 바로 하늘과 땅과 사람과 물건이 있게 된 이유이다. 하늘과 땅과 사람과 물건의 가운데에 있으면서 이 리를 알지 못하는 것이 되겠는가."

5.1.12

또 말하였다. "횡거(橫渠)가 이르기를, '태허(太虛)로 말미암아 하늘의 이름이 있다.'라고 하였으니,[13] 이는 태허를 리(理)라고 한 듯하나, 그 실상은 태허를 리라고 한 것이 아니다. 기화(氣化)[14]가 있기 전에는

13 횡거(橫渠)가……하였으니 : "태허(太虛)를 말미암아 하늘의 이름이 있게 되었고, 기화(氣化)를 말미암아 도(道)의 이름이 있게 되었고, 태허와 기화를 합하여 성(性)의 이름이 있게 되었고, 성과 지각을 합하여 심(心)의 이름이 있게 되었다.〔由太虛有天之名, 由氣化有道之名, 合虛與氣, 有性之名; 合性與知覺, 有心之名.〕"《張子全書 卷2 太和篇》

태허만 있을 뿐이니, 바로 리가 그 가운데에 있다. 리는 볼 수 없고, 볼 수 있는 것은 태허이다. 그러므로 리를 말하지 않고 태허를 말했으니, 이미 하늘의 이름이 있다고 하였으면 하늘이 리가 아니겠는가. 만일 과연 횡거가 태허를 리라고 하셨다면 어찌 리를 아신 분이겠는가. 리로 말하면 허(虛)를 말할 수가 없으니 태허는 바로 기이다. 이는 리(理)가 있으면 기가 있어서 진실로 리가 없는 때가 없고 또 리가 없는 곳이 없는 것이다. 그러므로 또한 기가 없는 때와 기가 없는 곳이 없는 것이다. 그 아직 기화가 있기 전에는 다만 본래 태허인 것이 바로 기의 본체이다. 아직 천지가 있기 전에 태허가 된 것은 바로 천지가 있기 이전 원기(元氣)의 태허이며 이미 천지가 생겨난 뒤에 태허가 된 것은 바로 천지 가운데에 있는 원기의 태허이다. 태허가 천지의 앞에 있을 때는 천지가 그 기화를 따라 생겨났고 태허가 천지의 중간에 있을 때는 만물이 그 기화를 따라 생겨났으니, 그렇다면 태허가 기가 되는 것이 대화(大化 큰 조화)의 큰 근본이 아니겠는가. 또 기화가 있은 뒤에 엉켜 모여서 형질이 되고 드러나 보여서 소리와 색깔이 되었는데, 그 형질이 엉켜 모이고 소리와 색깔이 드러나 보이는 것이 태허 가운데 배태(胚胎 잉태)하고 온양(醞釀 품음)하여 조화가 되지 않는 것이 없다. 그러나 태허를 기의 본체라고 하는 것은 리가 기의 체가 되는 것만 못하다. 리가 기의 체가 되는 것은 리와 기를 통합하되 체와 용을 나누어서 리를 체로 삼고 기를 용으로 삼는 것이요, 태허를 기의 본체라고 하는 것은 기의 동(動)과 정(靜)을 가지고 체와 용을 나누어서 태허를 체로 삼고 기화를 용으로 삼은 것이다. 리를 말미암아 기를 알고 기로

14 기화(氣化): 음양(陰陽)의 기(氣)가 만물을 화생(化生)하는 것을 이른다. 《이정유서(二程遺書)》 권5에 "만물의 시작은 모두 기화로부터 비롯되었다.〔萬物之始, 皆氣化.〕"라고 하였다.

이 리를 드러내어서 기를 인하여 리를 알고 리를 연구하여 기를 증험하는 것이다. 그렇다면 리와 기가 체와 용이 되는 것이요, 허를 말미암아 실(實)이 되고 실을 따라 허로 돌아가서, 허로 인하여 실을 알고 실을 보고 허를 아니, 그렇다면 한 기의 허와 실이 체와 용이 되는 것이다. 한번 하나의 기의 허와 실을 가지고 말하면 비록 깨끗하고 탁하고 모이고 흩어짐의 구분이 있으나, 허 또한 기이고 실 또한 기이니 어찌 실을 기라 하고 허를 기가 아니라고 하겠는가. 허와 실이 모두 기이므로 그 허를 근거하여 허라 하고, 그 실을 근거하여 실이라 한 것이다. 이는 모두 근거할 만한 자취가 있는 것이니 모두 기가 되지 않겠는가. 이 때문에 태허를 가지고 리라고 한다면 리를 아는 자가 아니다. 리라는 것은 허라고 말하려고 하면 그 허를 형상할 수가 없고, 실이라고 말하려고 하면 그 실을 가리킬 수가 없다. 무극(無極)이라고 말했으면 허인 듯하나 곧바로 태극이라고 말했으면 진실로 허가 아니요, 이미 태극이라고 말했으면 실인 듯하나 마침내 무극이라고 했으면 진실로 실이 아니다. 그렇다면 무슨 뜻으로 태극이라 하였는가. 지극하면서 크기 때문에 태극이라고 말하지 않을 수가 없는 것이요, 어찌하여 다시 무극을 가했는가. 지극하나 없기 때문에 무극이라고 말하지 않을 수 없는 것이다. 태극이라고 하고 무극이라고 하면서 주재(主宰)하지 않는 주재와 행위가 없는 행위가 근저(根柢)와 추뉴(樞紐)가 될 수 있으니,[15] 그렇다면 극이 리가 되는 것을 마음으로 알 수 있을 것이다. 기가 허하면 다만 허가 되고, 실하면 다만 실이 되는 것과는 다르니 이는 진실로 태허를 리라고 할 수 없는 것이다. 《악기(樂記)》에 이르기를,

15 태극이라고……있으니 : 이에 대해서 주자는 "상천(上天)의 일은 소리도 없고 냄새도 없으나 실로 조화의 추뉴이고 품휘(品彙 만물)의 근저이다. 그러므로 〈〈태극도설(太極圖說)〉에〉 '무극이면서 태극'이라 했다."라고 하였다. 《性理大全書 卷1 太極圖》

'사람이 태어나서 정(靜)함은 하늘의 성(性)이다.'[16]라고 하였으니, 그 말은 정을 성이라고 한 듯하나 그 실제는 정을 성이라고 한 것이 아니니, 정은 사람 마음이 아직 동하지 않음을 이른다. 만약 사람의 마음을 가지고 말하면 정 또한 사람의 마음이 정한 것이니, 정이 어찌 홀로 하늘의 성이 될 수 있겠는가. 만약 하늘의 성을 가지고 말하면 동(動) 또한 하늘의 성이 동함이니, 동이 어찌 홀로 하늘의 성이 아니겠는가. 동하고 정하는 기틀은 바로 기이고, 정함이 있고 동함이 있는 떳떳함은 바로 리이니, 리를 말하면 기가 리 가운데에 들어있고 기를 말하면 리가 이 가운데에 들어있어서 편벽되이 정만을 가리켜 하늘의 성이라 하고, 동을 하늘의 성이 아니라고 말해서는 안 된다. 오직 사람이 태어나 정할 때는 성으로 삼은 것이 순수하여 잡되지 않고 참되어 망령되지 않으므로 이것을 곧바로 하늘의 성이라고 하여 그 인욕(人欲)의 사(私)에 동요됨이 없어서 성의 본연(本然)의 그러함을 보인 것이다. 그러다가 물건에 감동하여 동함에 이른 뒤에야 성의 욕이 비로소 행해져서 마침내 정이 이기고 성을 잃는 근심이 있다. 그러므로 이것을 천(天)이라고 말하지 않고 성의 욕이라고 한 것이다. 그러나 이미 욕이라고 하여 성의 욕이라고 말했으면 동할 때는 전혀 성이 있지 않다고 말한 것이 아니다. 여기에 만약 천이라 말하고 욕이라고 말한 뜻을 분명하게 밝히지 못하여 곧바로 정을 하늘의 성이라고 한다면《예기》를 아는 사람의 뜻이 아니니, 그 어찌 태허를 리라고 하는 자와 다르겠는가. 정백자(程伯子)의《정성서(定性書)》에 이르기를, '이른바 정(定)이라는 것은 동(動)하여도 정하고, 정(靜)하여도 정하다.'라고 하

16 악기(樂記)에……성이다 : "사람이 태어나서 정(靜)한 것은 하늘의 성(性)이고 물건에 감동이 되어 동(動)하는 것은 성의 욕(欲)이다.〔人生而靜, 天之性也, 感於物而動, 性之欲也.〕"《禮記 樂記》

였으니, 이는 성이 안과 바깥이 없음을 말한 것이다. 동은 바로 물건에 감동하여 동하는 것이고 정은 바로 감동함이 없어 정한 것이다. 정(定)은 바로 마땅히 정(靜)할 때 정하여 정하면서도 정함이 없고, 마땅히 동(動)할 때 동하여 동하면서도 동함이 없어서 한결같이 오직 천리의 자연인 것이니, 어찌 정만을 편벽되이 가리켜 성이라 할 수 있겠는가. 지금 경과 위를 가지고 말하면 기에 허와 실이 있고 마음에 정과 동이 있는 것이 모두 위(緯) 가운데의 묘용(妙用)이다. 하지만 허와 실이 모두 그 떳떳함이 있고 동과 정이 각각 그 법칙이 있는 것으로 말하면 똑같이 리의 경이니, 도를 아는 자가 아니면 누가 그 묘(妙)의 요묘함과 정(精)의 정밀함을 알겠는가. 오직 리(理)는 형체가 없고 기는 자취가 있다. 이 때문에 후학 중에 혹 잘못 알아 그 허한 것을 리라 하고 정한 것을 성이라고 하는 자가 있으니, 허와 실, 동과 정이 모두 리의 용이 되어서 기에 소속되는 것을 모르는 것이다. 리가 만약 편벽되이 주장하는 바가 있다면 어찌 주재하지 않는 주재와 무극의 극이 될 수 있겠는가."

5.1.13

또 말하였다. "기를 주장하는 것은 리이고 리가 발하는 것은 기인데 기가 주장하는 것을 가지고 리라 하고 리가 발하는 것을 가지고 기라 한다. 리 밖에 기가 없고 기 밖에 리가 없으니, 어떻게 리를 벗어나 기의 주장이 된 것이 있으며 기를 벗어나 리의 발함이 된 것이 있겠는가. 성(性)과 정(情)도 또한 그러하니 정을 주장하는 것은 성이고 성이 발하는 것은 정인데, 정이 주장하는 것을 가지고 성이라 하고 성이 발하는 것을 정이라 한 것이다. 성 밖에 정이 없고 정 밖에 성이 없으니 어찌 성을 벗어나 정의 주장이 되는 것이 있으며, 정을 벗어나 성의 발함이 되는 것이 있겠는가. 리와 기, 성과 정은 이른바 하나이면서 둘이고 둘이면서 하나라는 것이다. 다만 리에 있으면 참될 뿐이고 기가 되면 청(淸)과 탁(濁), 정(精)과 추(粗)의 차이가 있으며, 성에 있으면 순수할 뿐이고 정이 되면 선과 악, 사(邪)와 정(正)의 차이가 있다. 그러므로 사람들이 곧 그 기가 리에서 발하지 않은 것이 있고 정이 성에서 발하지 않은 것으로 의심하여 리와 기, 성과 정을 논할 때 대부분 두 갈래로 나누는 오류를 면치 못하니, 이는 경과 위의 도가 그렇지 않을 수 없는 형세가 있으나 끝내 다시 하나로 돌아가는 것이 바로 원래 두 근본이 없기 때문임을 모르는 것이다. 그러므로 리에서 기가 되고 성에서 정이 된 것이 비록 나누지 않을 수 없을 듯하나, 다만 수직으로 나누고 횡으로 나누어서는 안 되는 것이다. 횡으로 나누는 것은 피(彼)가 있고 차(此)가 있어서 피와 차가 함께 서 있는 것(立)을 말하고, 수직으로 나누는 것은 체가 되고 용이 되어서 체와 용이 유행함을 이른다. 리와 기, 성과 정은 이 두 가지가 나란히 서 있는 물건과 일이 아니요, 바로 하나의 도의 경이 서고 위가 행해지는 것이다. 기가 리를 순히 따르고 정이 성을 순히 따르면 기는 본래 리의 기이고 정은 본래 성의 정(情)이니 어찌 어긋나는 기와 사악한 정이 있겠는가. 다만 기는 비록 리에서 나왔으나 그 기가 된 뒤에 도리어 기는 스스로 기가 되어서 리의 기가 되지 못하고, 정은 비록 성에서 나왔으나 그 정이 되는 즈음에 도리어 정은 스스로 정이 되어서 성의 정이 되지 못하는 경우가 있으니, 스스로 기로 여기는 기와 스스로 정으로 여기는 정은 어찌 리와 성과 서로 거리가 멀지 않겠는가. 성인이 기를 조화롭게 하고 정을 다스리는 도는 또한 다른 방법이 있는 것이 아니라 다만 기가 리의 기가 되어서 제멋대로 하는 기가 되지 않게 하고, 정이 성의 정이 되어서 제멋대로 하는 정이 되지 않게 해서 경과 위의 도를 온전하게 할 뿐이다."

5.1.14

또 말하였다. "리와 기는 하늘과 땅과 사람과 물건에 있는 것을 가지고 통합하여 말한 것이고 성과 정은 사람과 물건에 있는 것을 가지고 가리켜 말한 것이다. 그러나 성은 바로 리이고 정은 바로 기이니, 리가 발한 것은 기이고 성인 발한 것은 정이다. 리와 기, 정과 성은 바로 하나의 도인데 기는 리에 의하여 발하고 리는 기를 따라 행하며, 정은 성을 말미암아 발하고 성은 정을 따라 행하니 다만 그 발하기 이전과 발한 뒤를 가지고 그 명목을 달리할 뿐이다. 예를 들면 목(木)이 땅속에 있는 것을 가리켜 근본(根本)이라 하고, 땅 위로 나온 것을 근간(根幹)과 가지라고 말하나 그 실제는 하나의 나무이며, 물이 처음 솟아 나온 것을 원천(源泉)이라 하고 흘러내려 가는 것을 유파(流派)라고 하나 그 실제는 하나의 물이다. 그러나 그 뿌리는 곧지만 그 줄기와 가지는 곧지 못한 것이 있고, 그 원천은 맑지만 그 유파는 맑지 못한 것이 있으니 이는 리(理)는 순수하나 기는 순수하고 순수하지 못함이 있고, 성은 선하나 정은 불선(不善)이 있는 것과 같지 않겠는가. 리(理)에 기가 있는 것은 그 리의 순수함을 행하게 하는 것이니, 바로 그 떳떳한 도이다. 이는 바로 지극히 성실하여 쉼이 없는 천지이니,[17] 그 순수하지 않음이 있으면 그 리의 본연이 아니다. 성(性)에 정이 있는 것은 하여금 그 성의 선함을 행하게 한 것이니 또한 그 떳떳한 도이다. 이는 바로 순수함이 또한 그치지 않는 성인이니,[18] 그 불선이

17 이는……이니 : 《중용》 제26장에 "지극히 성실하여 쉼이 없으니, 쉬지 않으면 오래가고, 오래가면 징험이 나타난다.〔至誠無息, 不息則久, 久則徵.〕"라고 하였다.

18 이는……성인이니 : 《중용》 제26장에 "시경에 이르기를……'아! 드러나지 않는가. 문왕의 덕의 순수함이여!'라고 하였으니, 이는 문왕이 문(文)이 되신 소이가 순수함이 또한 그치지 않음을 말한 것이다.〔詩云……於乎不顯? 文王之德之純! 蓋曰 : 文王之所

있으면 그 성의 본연이 아니다. 기가 순수하지 못함을 기가 스스로 가지고 있고 정이 선하지 못함을 정이 스스로 가지고 있으니, 후대의 학자들이 리와 기, 성과 정을 두 갈래로 나누어서 함께 상대하는 것은 바로 여기서 나온 것이다. 그러나 이것은 리와 기에 두 근본이 있고 성과 정에 두가지 근원이 있는 것이 아니요, 바로 기가 되고 정이 된 형세가 리의 순수함과 성의 선함과는 다르지 않을 수가 없기 때문이다. 그렇다면 기와 정에 있어서 그 형세가 그렇게 된 것 또한 리라고 말하지 않을 수가 없으나, 다만 이것은 리의 변함이요 리의 본연이 아니다. 그러므로 이것을 배우는 방도는 그 변함을 구원하여 다시 그 본연으로 돌아가게 하는 것을 귀하게 여기니, 경을 주장하여 위를 다스리는 방도를 어찌 그만둘 수 있겠는가."

5.1.15

또 말하였다. "리와 기의 간격은 참으로 알기 어렵지만 또 어찌 끝내 모르는 것이겠는가. 사람이 그 스스로 하늘과 땅 사이에 서(立) 있는 것을 따라 보면 나의 몸은 진실로 우리 부모가 낳아주신 것인데 우리 부모가 나를 낳을 수 있었던 것은 누가 그렇게 만든 것인가. 내 몸이 이미 하늘과 땅 사이 서 있는 하나의 물건이 되었으니, 우러르면 나를 덮어주는 하늘이 있고 굽어보면 나를 실어주는 땅이 있으며 옆으로 보면 나와 함께 있는 만 가지 종류가 있으니, 저 하늘과 땅과 만 가지 종류라는 것은 과연 모두 어느 곳으로부터 있게 된 것인가. 이른바 리라는 것이 진실로 원래부터 존재하여 정정당당하게 상하와 뻗쳐있고 전후로 뻗쳐 있다. 이 때문에 하늘은 그 마땅히 하늘이 되어야 할 것을

以爲文也, 純亦不已.]"라고 하였다.

얻어서 하늘이 되고, 땅은 그 마땅히 땅이 되어야 할 것을 얻어서 땅이 되고, 사람은 그 마땅히 사람이 되어야 할 것을 얻어서 사람이 되고, 만물에 이르러도 또한 각각 그 마땅히 만물이 되어야 할 것을 얻어서 물건이 된 것이 아니겠는가. 만일 그 리가 없다면 하늘이 어떻게 이처럼 만물을 덮어주고 땅이 어떻게 이처럼 잡아주고 실어주며, 사람이 어떻게 이처럼 하늘과 땅 사이에 서 있고 물건이 어떻게 이처럼 만 가지가 있을 수 있겠는가. 오직 그 리에 고유(固有)한 것이 있기 때문에 그러한 것이다. 리가 고유하기 때문에 이에 기가 있고, 기가 있기 때문에 이에 하늘과 땅과 사람과 물건이 되었으니, 그 근본은 리일 뿐이다. 그렇다면 리를 어디에서 관찰하는가. 마땅히 그 기가 된 것에서 관찰해야 할 것이다. 기를 어디에서 관찰하는가. 마땅히 하늘과 땅과 사람과 물건이 된 것에서 관찰할 뿐이다. 그러나 리와 기를 말하는 자가 이미 리가 있은 뒤에 기가 있다고 한다면 사람들은 매번 기가 있기 이전에서 구하니, 이는 때(時)로써 리를 구하는 것이니 리가 어찌 별도로 따로 그 때가 있겠는가. 이미 운행하고 엉켜서 맺힌 것이 기라고 한다면 사람들은 또 기가 있는 밖에서 리를 구하니, 이는 장소(處)로써 리를 구하는 것이니 리가 어찌 별도로 따로 그 장소가 있겠는가. 리는 기 안에 있고 기는 리 안에 있는데 마침내 기를 벗어나 리를 구하려 하고, 리를 벗어나 기를 말하려고 하면 리와 기를 어떻게 알 수 있겠는가. 가는 것이 막 지나가는데 오는 것이 계속되고 있으니, 그렇다면 진실로 한 시각도 기가 없는 때가 없고 상하와 사방이 충만하여 가득 차 있으면 진실로 한 공간도 기가 없는 곳이 없다. 그러니 리 밖에서 기를 말하고 기 밖에서 리를 구하는 것을 나는 그 리와 기를 제대로 안다고 생각하지 않는다. 리는 본래 기가 된 이유요 기는 본래 하늘과 땅과 사람과 물건이 된 것이니, 엉켜서 맺히고 운행하는 것을 가지고 말하면 하늘과 땅과 사람과 물건이 모두 기이고 그 엉켜서 맺히고 운행하는 것으로 말하면 하늘과 땅과 사람과 물건이 모두 리이다. 그런데 다만 모두 경으로 삼고 위로 삼아서 그 조목을 달리할 뿐이다. 이제 형(形)과 상(象)이 있는 기류(氣類)를 가지고 비유해보겠다. 리와 기가 경과 위가 되면 리는 태허이고 기는 해와 달과 성수(星宿)로서 태허 가운데에 있는 것이며, 리는 육지의 흙이고 기는 풀과 나무와 온갖 풀로 흙 속에 있는 것이며, 물은 리이고 거북과 용과 물고기와 자라로서 물속에 있는 것은 기이며, 바람은 리이고 사람과 새와 짐승으로 바람 가운데에 있는 것은 기이다. 해와 달과 성수는 태허를 얻어 광채의 정이 되었고 풀과 나무와 온갖 풀은 육지의 흙을 얻어 식물이 되었고, 거북과 용과 물고기와 자라는 물을 얻어 비늘이 있는 물고기와 개충(介蟲)이 되었고 사람과 새와 짐승은 풍화(風化)를 얻어 생겨났으니, 태허가 없으면 해와 달과 성수가 없을 것이며, 육지의 흙이 없으면 풀과 나무와 온갖 풀이 없을 것이며, 물이 없으면 거북과 용과 물고기와 자라가 없을 것이며, 바람이 없으면 사람과 새와 짐승이 없을 것이다. 그러나 태허가 해와 달과 성수가 아니면 다만 높고 높을 뿐이니 무엇을 하며, 육지의 흙이 풀과 나무와 온갖 풀이 아니면 다만 두텁고 두터울 뿐이니 무엇을 하며, 물이 거북과 용과 물고기와 자라가 아니면 다만 혼혼(混混 섞여있음)할 뿐이요, 바람이 사람과 새와 짐승이 아니면 한갓 선선(旋旋 회전)할 뿐이다. 그렇다면 리에 기가 있고 기에 리가 있는 것이 바로 이와 같으니, 경이 없으면 위가 될 수 없고 위가 아니면 경이 될 수 없는 것이 어찌 옳지 않겠는가."

5.1.16

또 말하였다. "리(理)는 진실로 항상 그대로인데 리는 다만 스스로 항상 리가 될 뿐만이 아니라 반드시 발하여 기(氣)가 되니, 그런 뒤에 공용과 사업이 있다. 이 때문에 음양(陰陽)과 오행(五行)을 낳고 하늘과 땅과 만물이 된 것이 이 리의 공용과 사업 아님이 없는 것이다. 그렇다면 리로써 기가 된 것은 별도로 한 종류가 된 것이 아니며 바로 이 리 가운데의 공용과 사업이 참으로 당연히 허다한 기가 있게 된 이후에야 비로소 경영하여 나올 수 있다. 그렇다면 발동하여 운행이 되고 엉켜 맺혀서 형질이 된 것이 무엇이 이 리의 자연한 쓰임이 아니겠는가. 오직 그 운행하는 것은 성(盛)과 쇠(衰), 영(盈)과 축(縮)이 없지 못하고 형질은 대(大)와 소(小), 정(精)과 추(粗)가 없지 못하다. 그러니 성과 쇠, 영과 축에서 얻은 것은 류(類)와 족(族)이 이것으로 나누어지고, 그 대와 소, 정과 추가 된 것은 물건과 내가 이것으로 구별되어서 류는 별도의 류가 되고 족은 별도의 족이 되어서 거슬림과 순함, 간사함과 바름이 이에 뒤섞이고, 물건은 별도의 물건이 되고 나는 별도의 내가 되어서 공정과 사사로움, 선과 악이 서로 나뉘게 된 것이다. 그러므로 이 도가 이에 리(理)가 되는데 있어서는 순수하게 선하고 순하고 공정하고 바르었을 뿐이요, 이 도가 기가 되는데 미치면 선하고 순하고 공정하고 바른 것이 순수하지 못해서 간사하고 사사롭고 악하고 거슬림이 또한 함께 나타나는 것이다. 저 간사함과 사사로움과 악함과 거슬림을 나쁘게 여기는 자는 반드시 이 허물을 기에 돌려서 마침내 기는 리 밖에 있는 한 종류이기 때문에 스스로 순수하지 못하여 이 잡스러움이 있다 하니, 이는 리와 기의 종류가 본래 구별된 것이 아니라 다만 한 경(經)과 한 위(緯)에 떳떳함과 변함이 있기 때문임을 몰라서 하는 소리이다. 이 때문에 삼대(三代) 이상 경전(經傳)에 실려 있는 성인의 가르침은 리와 기, 성(性)과 정(情)을 가지고 상대하여 들고 나누어 말씀한 적이 있지 않은 것이다. 요(堯)・순(舜)은 다만 인심(人心)과 도심(道心), 유정유일(惟精惟一)과 중(中)을 잡으라는 말씀[19]이 있었고, 탕(湯) 임금과 무왕(武王)은 중(中)을 세우고 극(極)

을 세우라는 말씀[20]이 있었고, 공자는 극기복례(克己復禮)와 나의 도는 한 이치가 꿰뚫는다는 가르침[21]이 있으셨으니, 그 도(道) 또한 모두 리와 기를 벗어나지 않는다. 하지만 일찍이 어떤 것이 리이고 어떤 것이 기이며, 리는 어떠하고 기는 어떠하다고 말씀하지 않았고, 다만 사람들이 선을 하고 악을 제거하여 순함으로 거슬림을 다스리고, 공정함으로 사사로움을 멸하고, 바름으로 간사함을 이겨내서 리가 곧 그 보존되는 바에 있고 기가 곧 그 절제하는 바에 있게 하였다. 그러므로 경을 주장하여 위를 다스리는 방도가 바로 여기에 있었던 것이다. 그런데 진한(秦漢) 이후로는 성현이 나오지 않고 교화가 행해지지 못해서 인욕(人欲)이 멋대로 흐르고, 천리(天理)가 어둡고 막혀서 삼극(三極 하늘·땅·사람)의 도가 서지 못하니, 이렇게 되면 사람이 금수가 되고 중화(中華)가 이적(夷狄)이 되는 것이다. 송(宋)나라의 여러 선생이 서로 뒤이어 나와서 공자와 맹자의 학문을 잇고 요순의 도를 밝혀 남은 힘을 모두 쏟았다. 이에 맹자의 공이 우(禹)임금 아래에 있지 않다고 말한 것은 다른 내용이 아니라 오직 성선(性善)의 이치를 밝혀서 사람

19 요(堯)……말씀 : "인심(人心)은 위태롭고 도심(道心)은 은미하니, 정(精)하게 살피고 한결같이 지켜야 진실로 그 중(中)을 잡아 지킬 수 있다.〔人心惟危, 道心惟微, 惟精惟一, 允執厥中.〕"《書經 大禹謨》

20 탕(湯) 임금과……말씀 : 《서경》 〈중훼지고(仲虺之誥)〉에 "왕께서는 힘써 큰 덕을 밝히시어 백성들에게 중용의 도를 세우십시오.〔王懋昭大德, 建中于民.〕"라고 하였고, 《서경》 〈홍범〉에 "다섯 번째 황극(皇極)은 임금이 극(極)을 세움이니, 이 오복(五福)을 거두어서 여러 백성들에게 펴주라.〔五皇極, 皇建其有極, 斂是五福, 用敷錫厥庶民.〕"라는 내용이 있다.

21 공자는……가르침 : 《논어》 〈안연(顔淵)〉에 안연이 인에 대해서 묻자, "자기의 사욕(私慾)을 이겨 예(禮)로 돌아가는 것이 인을 하는 것이다.〔克己復禮爲仁.〕"라고 하였고, 《논어》 〈이인(里仁)〉에 "우리의 도는 하나의 이치로써 만사(萬事)를 꿰뚫고 있다.〔吾道一以貫之.〕"라는 내용이 있다.

들 모두 요순이 될 수 있다는 것을 알게 한 부분이다. 이에 부득이하여 마침내 기질지성(氣質之性)이란 말을 하였으니, 이는 바로 배우는 자들에게 본연(本然)의 성은 바꿀 수가 없고 그 모두 불선(不善)하여 악이 있고 모두 불순(不順)하여 거슬림이 있고 모두 불공정하여 사사로움이 있고 모두 부정(不正)하여 간사함이 있는 것은 모두 기질(氣質)의 다름이 구애하는 것임을 알게 한 것이다. 그러니 이 기질지성 또한 성이라고 말하지 않을 수 없으나 사람들이 만약 이 기질지성을 성이라고 여겨서 변화하지 않고, 다만 그 편벽되고 기울고 과(過)하고 불급(不及)한 것을 받는데 그대로 둔다면 바꿀 수 없는 본연지성을 잃지 않는 이가 없을 것이다. 그러므로 반드시 사람들에게 그 편벽되고 기운 것을 변하여 바름에 돌아가게 하고 그 과하고 불급한 것을 변하여 중(中)으로 돌아가게 한 것이니, 그런 뒤에야 본연과 기질이 간격이 없어서 모두 순수하게 선하고 순하고 공정하고 바른 도를 하게 될 것이다. 이것은 정자(程子)와 주자(朱子) 이후로 모든 성인의 학문을 하는 사람으로서 그 설을 지키지 않는 자가 없는 것이다. 다만 만약 기를 리와 상대하여 서로 말하고 함께 제시하면 후학들은 또 이른바 기라는 것이 리의 밖에 별도로 행해져서 따로 하나의 종류가 된다고 잘못 알 것이다. 이는 또 리와 기의 실제를 참으로 아는 것이 아니요 또한 정자와 주자의 뜻을 잘 아는 사람이 아니니, 이것이 내가 경위의 설이 있게 된 이유이다."

5.1.17

또 말하였다. "기(氣)는 리(理) 가운데에서 생겨난 것이니, 리는 없는 때가 없으므로 기는 쉬는 때가 없는 것이다. 그 운행을 함에 앞에 나온 것이 다하면 뒤에 나온 것이 계속하고, 그 형질이 됨에 앞에 있는 것이 끝나면 뒤에 있는 시작 되어서 이미 계속하면 또 다하고 이미 다하면 또 계속하며, 이미 끝나면 또다시 시작하고 이미 시작하면 또다시 끝나니 그 어느 때에 그치고 끊기겠는가. 기가 발동하는 것은 바로 운행이고 기가 응결된 것은 형질이다. 발동하는 것이 운행이 있은 이후에야 운행하는 것이 응결하여 형질이 되고, 응결하는 것이 형질이 된 이후에야 형질이 또 스스로 발동되어서 운행이 되니, 성정(性情)의 사업이 이 때문에 보존되는 것이다. 누가 이렇게 발동하고 누가 이렇게 응결되게 하는가. 이것은 바로 하나의 리(理)일 뿐이다. 그렇다면 기가 운행이 있는 것은 바로 이 리가 운행하는 것이요 기가 형질이 된 것은 바로 이 리의 형질이다. 그러나 운행하는 것은 다함이 있고 형질이 있는 것은 깎이고 흩어지기 마련인데 깎이고 흩어지면 반드시 다시 응결이 있고, 다하면 반드시 발동이 있다. 이 때문에 큰 것은 큰 시(始)와 종(終), 큰 진(盡)과 계(繼)가 있고 작은 것은 작은 시와 종, 작은 진과 계가 있으니, 또 그 진과 계, 시와 종이 무궁한 까닭은 실로 이 하나의 이치가 항상 그러하기 때문이다. 큰 것은 작은 것을 포함하고 먼 것은 가까운 것을 포함하여 이 사이에서 낳고(生) 화(化)하여 각각 스스로 그 성명(性命)을 다할 수 있게 하는 것은 바로 이 리가 하나인 것이다. 운행하는 것은 반드시 형질이 있어야 하고 형질은 반드시 운행이 있어야 해서 운행과 형질이 일찍이 서로 떨어져 있지 않다. 작은 형질은 큰 형질의 가운데에서 시작하고 끝마치고 작은 운행은 큰 운행의 가운데에서 다하고 계속하는데 형질 중에 큰 것은 하늘과 땅보다 더 큰 것이 없으니, 하늘과 땅은 다만 시와 종이 없을 뿐만 아니라 그 시와 종에 있어서도 가장 큰 것이 된다. 그러므로 이 사이에 시작하고 끝나는 것이 자연스레 천지의 시작과 끝을 보지 못하는 것이니, 그렇다면 곧 하늘과 땅을 무궁한 하나의 물건이라고 여기게 되는바, 이는 그 보는 것이 작기 때문이다. 지금 하루살이가 또한 형질과 운행의 가운데에 있는데 그의 시작하고 끝마침이 하루 사이를 벗어나지 못하니, 그렇다면 저 한 달, 한 철, 한 해의 물건이 어찌 시와 종을 알겠는가. 더군다나 저 시와 종의 큰 것을 알겠는가. 형질과 운행이 크고 작음이 되는 것이 한 두 가지가 아닌데 각각 진과 계, 시와 종이 차이가 없는 것은 그 리(理)가 하나인 것이 아니겠는가. 그 각자 형질이 되고 각자 운행이 있기 때문에 마침내 크고 작고 편벽되고 바르고 피(彼)와 차(此), 물(物)과 아(我)가 있는 것을 면치 못해서 그 하나의 리의 용(用)이 되는 것이 천 가지 차이와 만 가지 구별, 천 가지 어그러지고 만 가지 잘못되는 차이가 생기는 것이다. 오직 운행의 빼어난 정기를 받고 형질의 바름을 얻은 사람은 그 형질의 적음에 구애되지 않고 천지 만물의 이치를 통달하며, 세상에 태어난 가까움에 막히지 않고 고금(古今)과 억대(億代)의 멂에 통달하니, 이는 바로 우리 인간의 도인데 그 리와 기가 되는 것은 하나의 근원(一原)일 뿐이다."

5.1.18

또 말하였다. "리와 기를 반드시 경(經)과 위(緯)를 가지고 밝히는 것은 이유가 있다. 사람의 성(性)은 모두 선해서 요·순과 똑같지 않은 사람이 없다는 것은 맹자의 뜻이다. 그러나 예나 지금이나 천하의 사람 중에 오직 순수하여 잡됨이 없는 성인 외에는 그 나머지는 비록 선과 악의 분수가 많고 적음의 차이가 있으나 모두 잡됨을 면치 못하니, 그렇다면 과연 사람이 사람의 성이 모두 선하다는 것을 반드시 믿을 만하다고 여기는 자가 적을 것이다. 그러므로 성이 선(善)한 경우도 있고 불선(不善)한 경우도 있다고 말하며, 성은 선도 불선도 없다고 말하며 심지어는 사람의 성이 악하다고 말하는 사람도 있으니, 이는 모두 다만 리(理)를 알지 못할 뿐만 아니라 또한 기(氣)를 알지 못한 자이다. 또 그 강(剛), 유(柔)의 선악(善惡)이 혹 바르고 혹 편벽되어서 그 받은 바에 따라 각기 다르다. 그러므로 정자와 장자가 기질지성(氣質之性)이라는 의논이 있으신 것이니, 그 이치를 통달하지 못한 자는 마침내 기를 리 밖의 물건이라 하여 리와 서로 상관이 없는 것이라고 여긴다. 그러나 형기(形氣)는 본래 내가 몸으로 받아서 없을 수 없는 것이니, 무릇 이 형기로 말미암아 스스로 지각한 것은 모두 단 하루라도 폐할 수 없는 것이다. 그렇다면 보통사람 중에 통달하여 알지 못하는 자들은 이미 성이 선하다는 가르침을 두려워하고 또 형기가 폐지되는 것을 어렵게 여겨서 마침내 리와 기가 두 가지가 양립(兩立)하고 병행(竝行)하여 서로 한쪽만 폐할 수 없다고 생각하였다. 그리하여 또, 그 리(理) 중에 순수하게 선하지 못하고 기(氣) 중에 온전히 악하지 않은 것을 취하여 그 스스로 점유하여 편리하게 여길 수 있는 자리로 만들려 하였다. 그러나 저 이미 리를 한 물건으로 삼고 기를 한 물건으로 삼아서 마침내 두 개의 항목으로 세우면, 리와 기가 이미 하나가 될 수 없어서 선과 악이 서로 반으로 나뉘게 되어서 끝내 지극한 도를 이룰 수가 없게 된다. 더구나 은미한 도심(道心)이 매번 위태로운 인심(人心)에게 빼앗김을 당하니, 그 어떻게 이를 수가 있겠는가. 마침내 인욕(人欲)이 나날이 심해지고 천리(天理)가 나날이 어두워지는 것을 면치 못하니, 이 또한 다른 이유가 없다. 이미 리를 알지 못하고, 또 기를 알지 못하기 때문이다. 그리고 만약 허무적멸(虛無寂滅)[22]한

22 허무적멸(虛無寂滅) : 허무는 노장(老莊)의 학문을 가리키고, 적멸은 불교의 학문을 가리킨다. 〈대학장구 서〉"이로부터 이후로 속유(俗儒)들의 기송(記誦)과 사장(詞章)의 익힘은 그 공부가 소학(小學)보다 배가 되었으나 쓸 곳이 없었고, 이단(異端)의 허무(虛無)하고 적멸(寂滅)의 가르침은 그 높음이 대학보다 더하였으나 실제가 없었다.〔自是以來, 俗儒記誦詞章之習, 其功倍於小學而無用, 異端虛無寂滅之教, 其高過於大學而無實.〕"라고 하였다.

학문을 하는 자들은 이미 이 리에 문란할 수 없는 질서와 폐할 수 없는 차례를 미워하고, 또 이 기에 만 가지 다른 용(用)과 만 가지 변하는 응(應)함이 있음을 미워하여 마침내 이륜(彛倫)과 사물(事物)을 끊어 버리려고 해서 천리와 인정(人情)에 없을 수 없는 것을 일체 버려두고, 한결같이 모두 공허하고 적막해서 일어나지도 않고 없어지지도 않는 자리에 나아가 그 망상을 두려워한다. 그리고 이것을 마음(心)이라 하고 이것을 성(性)이라 하고 이것을 도(道)라 한다. 그러나 마음은 지각이 있는 마음이 아니고 성은 병이(秉彛)의 성이 아니니, 천하에 어찌 이러한 도가 있겠는가. 그들이 말하는 마음은 우리가 말하는 마음이 아니요, 그들이 말하는 성은 우리가 말하는 성이 아니요, 그들이 말하는 도는 우리가 말하는 도가 아니다. 이것을 리라고 하나 기를 만드는 리가 아니고, 이것을 기라 하나 리가 발하는 기가 아니고, 이것을 도라고 하나 리와 기를 합친 도가 아니니, 리가 어찌 기가 없는 리가 있고, 기가 어찌 리가 없는 기가 있고, 도가 어찌 리도 없고 기도 없는 도가 있겠는가. 이 또한 실제로 리와 기가 경(經)과 위(緯)가 되는 것을 알지 못해서 끝내 하늘의 도를 끊고 사람의 인륜을 없애는데 까지 이른 것이다. 그러므로 반드시 리와 기가 원래 두 가지의 물건이 아니어서 리는 스스로 경이 되고 기는 반드시 위가 되며, 경은 그 떳떳함이 있고 위는 그 변함이 있어서 떳떳함으로써 그 체(體)를 세우고, 변함으로써 그 용을 지극히 함을 알아야 하니, 그런 뒤에 경이 위 가운데에 있어서 그 경이 되는 것을 잃지 않고 위가 경 가운데에 있어서 그 위가 되는 것을 잃지 않아서 도가 여기에 있을 것이다. 내가 경과 위를 가지고 리와 기를 말하는 것은 리와 기가 본래 체와 용이 되어서 도가 선한 이유를 밝히려고 한 것이다. 오직 이 리를 참으로 아는 사람이어야 비로소 이 기를 참으로 알 수 있고, 이 기를 참으로 아는 사람은 또한 이 리를 참으로 알 수 있으니 비록 리를 안다고 말하더라도 만약 기를 알지 못하면 이는 진실로 리를 참으로 알지 못한 자요, 비록 기를 안다고 말하더라도 만약 리를 알지 못하면 이는 진실로 기를 참으로 알지 못한 자이다. 기가 드러나는 것은 리가 은미한 것과는 다르니, 그 발동의 성함과 응결(凝結)의 실제를 쉽게 알 수 있다. 하지만 또한 혹 알더라도 참되지 못함이 있는 것은 그 성함과 그 실제는 귀와 눈으로 바로 보고 들을 수 있지만, 그 성(盛)한 소이(所以)와 진실한 소이로 말하면 보고 들어서 알 수 있는 것이 아니기 때문이다. 오직 그 성한 소이와 진실한 소이로서 보고 들을 수 없는 것이 바로 그 리가 아니겠는가. 이는 진실로 리와 기가 두 가지 물건이 아니고, 그 기를 알고 리를 아는 것도 또한 두 가지 일이 아니기 때문이니 이는《대학(大學)》의 격물치지(格物致知)가 한 때의 공부가 되는 것이다. 과연 이것을 참으로 안다면 어찌 기를 알지 못하는 자가 있겠는가. 과연 기를 참으로 안다면 어찌 리를 알지 못하는 자가 있겠는가. 그러므로 리와 기를 참으로 아는 자는 반드시 경과 위의 뜻을 알 수 있을 것이다."

5.1.19

또 말하였다. "리(理)와 기(氣)를 어째서 하나이면서 둘이고 둘이면서 하나라고 말하는가. 기는 리의 기이다. 기는 리에서 나와서 리를 주장으로 삼아 항상 리 가운데에서 행해지니, 이는 곧 위(緯)는 경(緯)으로써 나오고 경은 위로써 행해지기 때문에 하나라고 말할 수 있는 것이다. 오직 그 리(理)를 가리켜 리라고 하면 마땅히 이것을 기라고 말해서는 안 되고, 기를 가리켜 기라고 말하면 마땅히 이것을 리라고 해서는 안 되니, 하나의 경(經)과 하나의 위(緯)가 구분이 없지 못하면 둘이라고 말하지 않을 수가 없는 것이다. 그러나 경은 위를 얻어 경이 되고, 위는 경을 얻어 위가 되어서 경과 위가 하나로 합쳐져서 일찍이 두 물건이 되지 않으므로 또 둘이면서 하나라고 말한 것이다. 그러므로 나는 말하기를 '리가 있으면 이 기가 있고 기가 있으면 반드시 이 리가 있다.'라고 하고, 또 말하기를 '리가 없는 때가 없기 때문에 또한 기가 없는 때가 없고, 리가 없는 곳이 없기 때문에 또한 기가 없는 곳이 없다.'라고 하는 것이다. 만약 리가 따로 한 때이고 기가 따로 한 때이며, 리가 따로 한 곳이고 기가 따로 한 곳이라고 말한다면 리와 기를 아는 자가 아니다. 선유(先儒)가 리와 기를 논할 적에 반드시 먼저 리가 있은 뒤에 비로소 기가 있다고 말씀하였는데, 후학들은 마침내 먼저는 별도로 먼저이고 뒤는 별도로 뒤라고 생각해서 이에 리와 기가 각각 때가 있는 것처럼 생각한다. 그리고 또 어느 것은 순수하게 리이고 어느 것은 오로지 기라고 하였는데, 후학들은 마침내 순수한 것은 본래 순수하고 전일(專一)한 것은 본래 전일하다고 생각하여 이에 리(理)와 기가 각각 구별이 있는 듯하다. 이른바 리가 먼저이고 기가 뒤라는 것은 리를 가지고 추측해서, 그 본래 이 리가 있기 때문에 바로 이 기가 있는 것을 알았을 뿐이요, 어제 리가 있고 오늘 기가 있는 것과 같다고 말한 것은 아니다. 먼저를 말하면 기가 그 가운데에 있고 뒤를 말하면 리가 그 가운데에 있어서 실로 서로 먼저하고 뒤에 할 수가 없는 것이다. 이른바 리는 순수하고 기는 전일하다고 하는 것도 또한 체(體)와 용(用), 본(本)과 말(末)이 혹 바르고 혹 편벽된 형세를 가지고 말했을 뿐이요, 리가 순수한 것은 전혀 기가 없고 기가 전일한 것은 전혀 리가 없다고 말한 것이 아니다. 기가 아니면 무엇으로 인하여 그 순수함을 보며 기가 리가 아니면 무엇으로 말미암아 그 전일할 수 있겠는가. 순수함이 있고 전일함이 있는 것은 리와 기가 합한 것이다. 리라 하고 기라 하여 명목은 비록 둘이나 바로 한 근원에 체와 용이 있고 한 형체에 형이상(形而上)과 형이하(形而下)가 있는 것이다. 이미 한갓 리만 있고 기가 없는 때가 없으니, 어찌 한갓 기만 있고 리가 없는 때가 있겠는가. 이미 한갓 리만 있고 기가 없는 곳이 없으니, 어찌 한갓 기만 있고 리가 없는 곳이 있겠는가. 나는 그러므로 리가 발한 것은 기가 되고 성(性)이 발한 것은 정(情)이 된다고 한 것이다. 저 우주 가운데에 천 가지 변화와 만 가지 변화(千變萬化)가 기 아닌 것이 없는데, 그 기가 어디로부터 나오는가. 리에서 나온다. 사람에게 있는 백행(百行 모든 행실)과 만선(萬善 많은 선)이 정 아닌 것이 없는데 그 정이 어디로부터 나오는가. 성에서 나온다. 리가 있기 때문에 기가 있고, 기가 있기 때문에 천 가지 변화와 만 가지 변화가 되며, 성이 있기 때문에 정이 있고, 정이 있기 때문에 백행과 만선이 되는 것이다. 리가 없으면 기가 없으니 기가 없으면 그 어떻게 우주에서 천변만화가 될 수 있겠는가. 성이 없으면 정이 없으니 정이 없으면 그 어떻게 우리 인간의 백행과 만선이 되겠는가. 그러므로 리는 함이 있는(有爲) 근본인데 제 스스로 하는 것이 없어서 기가 있은 뒤에야 함이 있고, 성은 씀을(用) 지극히 하는 근원인데 제 스스로 씀을 지극히 하지 못하여 정이 있은 뒤에야 씀을 지극히 하는 것이다. 기는 바로 리의 기이고 정은 바로 성의 정이니, 기가 리에 있어서와 정이 성에 있어서 다 발하는 바로 말한 것은 이 때문이 아니겠는가. 그렇다면 이른바 발한다는 것은 유독 동(動)만 발하는 것이 아니요, 정(靜) 또한 발하는 가운데의 정(靜)이며, 유독 감동하는 것만 발함이 되는 것이 아니요, 고요함 또한 발하는 가운데의 고요함이다. 어째서인가. 원기(元氣)로써 하늘과 땅이 되고 유기(遊氣)로써 사람과 물건이 된 것이 태극(太極)의 발함 아닌 것이 없으니, 무형(無形)을 따라 유형(有形)이 되고 무위(無爲)를 따라 유위(有爲)가 된 것이 이른바 발(發)이란 것이 아니겠는가. 이미 하늘과 땅이 되었으면 하늘과 땅은 동과 정이 있고 이미 사람과 물건이 되었으면 사람의 마음에는 고요하고 감동함이 있으니, 이는 리가 발한 가운데의 동정이요 성이 발한 가운데의 고요하고 감동 아닌 것이 없다. 어째서 이렇게 말하는가. 동과 정이 하늘과 땅에 있는 것이 모두 기이니, 똑같이 리가 발한 것이라고 말할 수 있고, 고요하고 감동함이 사람의 마음에 있는 것이 모두 정이니 똑같이 성이 발한 것이라고 말할 수 있다. 그러므로 동함은 발하는 가운데의 동함이 되고 정함 또한 발함의 가운데의 정이며, 감동함은 발하는 가운데의 감동함이 되고 고요함 또한 발하는 가운데의 고요함인 것이다. 사람들은 항상 그 정할 때 기가 막 수렴(收斂)하고 흡취(翕聚)하여 작용하는 자취가 있지 않음을 보고는 곧 리일 뿐이라고 여기고, 그 동할 때 기가 처음 유행(流行)하고 발육(發育)해서 조화의 자취에 드러나면 곧 기일 뿐이라고 여긴다. 그래서 마침내 사람 마음의 고요한 것을 성이라 하고 감동하는 것을 정이라 하니, 이는 리가 따로 한 때이고 기가 따로 한 때이면 리가 따로 한 곳이고 기가 따로 한 곳이 된다. 그래서 때는 한갓 리만 있고 기가 없거나 또는 한갓 기만 있고 리가 없는 것이 될 것이요, 곳은 한갓 리만 있고 기가 없거나 또는 한갓 기만 있고 리가 없는 것이 될 것이다. 성(性)은 성일 때가 있고 정(情)은 정일 때가 있어서 성과 정이 때가 다르고, 성은 성인 곳이 있고 정은 정인 곳이 있어서 성과 정이 곳이 똑같지 않으니, 어찌 리와 기가 하나이면서 둘이고 둘이면서 하나인 것을 알겠는가. 하늘과 땅이 정함이 있고 동함이 있는 것은 리(理)이고 정하고 동하는 것은 기(氣)이며, 사람의 마음에 고요함이 있고 감동함이 있는 것은 성이고 고요하고 감동하는 것은 정이다. 동과 정이 모두 리이고 기이며 고요하고 감동함이 모두 성이고 정이다. 다만 그 고요할 때는 기가 모여 리가 멈춰 있고, 동할 때는 기가 일어나 리가 행해지며, 고요할 때는 정이 응집되어 성이 그치고, 감동할 때는 정이 발하여 성이 행해진다. 그러므로 기가 정한 것은 리가 정한 것이며, 기가 동한 것은 리가 동한 것이며, 정이 고요한 것은 성이 고요한 것이며, 정이 감동함은 성이 감동하는 것이다. 리와 기, 성과 정이 일찍이 같은 곳에 행해지고 같은 때에 행해지지 않는 경우가 없으니, 그렇다면 그 과연 한갓 리만 있고 한갓 성만 있으며, 한갓 기만 있고 한갓 정만 있는 때와 곳이 있겠는가. 혹자가 말하기를 '동정이 하늘과 땅에 있어서 모두 기가 된다는 것은 선유들이 진실로 이런 말씀을 하였지만, 사람 마음의 고요하고 감동함에 이르러서는 이것은 이른바 칠정(七情)이요 사단(四端)이니, 모두 발하는 곳을 가지고 말하였다. 이미 모두 감동하는 것을 정(情)이라고 하였으니 고요한 것을 정(情)이라고 하는 경우는 듣지 못했다.'라고 하였다. 이에 내가 다음과 같이 말하였다. '하늘과 땅에 있어서 동하고 정하는 것이 모두 기가 그러한 것이라면 사람의 마음에 있어서 고요하고 감동함이 되는 것을 모두 정이라고 말하는 것 또한 마땅히 일설(一說)이 될 듯하다. 물건에게 감동되어 동하는 곳을 가지고 정이라고 한 것은 그 조목조목 나뉘고 실마리가 구별되어서 명목을 들 수 있는 것을 가지고 말한 것이니 칠정과 사단이 모두 이것이요, 혹 기뻐하고 혹 노여워하고 혹 슬퍼하고 혹 즐거워하고 혹 사랑하고 혹 미워하고 혹 미워하고자 해서 그 조목이 일곱 가지가 되면 혹 측은하고 혹 수오하고 혹 사양하고 혹 시비를 분별해서 그 조목이 넷이 된다. 그러니 사단과 칠정이 진실로 모두 성이 기에 관계되는 것을 가지고 정이 되었다면 고요하여 동하지 않았을 때 그 허명(虛明)하고 담일(湛一)함이 되는 것 또한 어찌 기가 모인 정이 아니겠는가. 감동하여 칠정이 되고 사단이 된 것은 정이 이미 드러난 것이요, 고요하여 허명하고 담일한 것은 정이 아직 드러나지 않은 것이니, 이는 이미 드러난 것을 홀로 정이라 하고, 아직 드러나지 않은 것을 홀로 정이 아니라고 할 수가 없는 것이다. 만약 리를 가지고 말하면 한 번 고요하고 한 번 감동하는 것이 모두 리이니 홀로 고요한데서만 성을 말할 수 없으며, 만약 기를 가지고 말하면 고요함이 되고 감동함이 되는 것이 모두 기이니 홀로 감동하는데서만 정을 말해서는 안 된다. 또 그 막 고요하여 발하지 않을 때는 또한 혹 편벽되고 혹 편벽되지 않고, 혹 치우치고(倚) 혹 치우치지 않는 것이 있어서 모두 중(中)하지 못하니, 그렇다면 이를 미발(未發)하기 전에만 오로지 말할 수 있겠는가. 이미 감동하고 이미 발한 즈음에 또한 절도에 맞고 절도에 맞지 않음이 있어서 절도에 맞는 것이 곧 화(和)이니, 그렇다면 어찌 오로지 기를 이발(已發)의 뒤에서만 말하겠는가. 진실로 경(經)이 된 리는 항상 그대로이나 위(緯)가 된 기는 일찍이 리를 받들지 않음이 없는 것이다. 일원(一元)을 가지고 말하면 그 천지를 개벽한 것이 진실로 위인데 아직 개벽하기 전에 엉켜 모여서 혼돈(混沌)이 된 것이 또한 일찍이 위가 되며, 한 해를 가지고 말하면 그 조화와 발육이 된 것이 진실로 위인데 아직 발육하기 전에 닫히고 감추어 겨울이 된 것이 또한 일찍이 위가 되며, 하루를 가지고 말하면 해가 나와서 낮이 되는 것이 진실로 위인데 그 해가 들어간 뒤에 깜깜하여 어두운 밤이 되는 것이 또한 일찍이 위가 되며, 사람의 마음을 가지고 말하면 그 감응할 때에 나오는 것이 진실로 위인데 아직 감응하기 전에 엉켜 정해져서 고요해지는 것이 또한 일찍이 위가 되는 것이다. 그 응취(凝聚)가 되고 폐장(閉藏)이 되고 흑솔(黑窣)이 되고 응정(凝定)이 된 것이 과연 기가 하는 것이 아니겠는가. 이미 모두 기가 하는 것이라면 그 리가 되고, 성이 되어서 형(形)과 상(象)과 소리와 냄새가 없는 입장에서 말하면 이것을 다 발(發)했다고 말할 수 있는 것이다. 이 때문에 성학(聖學)의 공부는 오로지 동할 때와 감동한 곳에만 있지 않아서 본원을 모름지기 먼저 정(靜)할 때와 고요한 곳에서 존양(存養)히야 하니, 이것이 경을 주장하여 위를 다스리는 올바른 학문이요 동과 정이 순환하는 한 도이다.'"

5.1.20

또 말하였다. "《역(易)》은 경(經)을 주장하여 위(緯)를 다스리는 강령(綱領)이요, 《서경(書經)》은 경을 주장하여 위를 다스리는 사업이요, 《시(詩)》는 경을 주장하여 위를 다스리는 권징(勸懲)이요, 《예(禮)》는 경을 주장하여 위를 다스리는 의칙(儀則)이요, 《춘추(春秋)》는 경을 주장하여 위를 다스리는 권형(權衡)이요, 《악(樂)》은 경을 주장하여 위를 다스리는 풍뢰(風雷)요, 《논어(論語)》는 경을 주장하여 위를 다스리는 지결(旨訣)이요, 《대학(大學)》은 경을 주장하여 위를 다스리는 문로(門路)요, 《중용(中庸)》은 경을 주장하여 위를 다스리는 준적(準的 표준)이요, 《맹자(孟子)》는 경을 주장하여 위를 다스리는 모범(模範)이다. 이는 우주의 사이에 삼대(三代)의 도(道)가 리(理)와 기(氣)의 경과 위를 벗어난 것이 있지 않고, 우리 사람이 업으로 삼는 것도 또한 경을 주장하여 위를 다스리는 일에서 벗어나지 않으니, 제왕의 다스리고 가르침과 신하들이 보좌함과 사문(師門)이 강명(講明)하는 것이 모두 이 일이다. 그러므로 옛날 성현이 경전(經傳)에 가르침을 남긴 것이 바로 모두 이 도 뿐이니, 이 도의 밖에 어찌 다른 일이 있겠는가."

여헌성리설

제6권

經緯排說帖
경위배설첩

6.1 경(經)과 위(緯)를 배설한 글에 대한 서 經緯排說帖序[1]

내가 적이 리(理)와 기(氣)를 경위(經緯 날줄과 씨줄)에 모의하고 해설을 만들어 밝히고는 이어서 그 뜻을 취하여 각 장에 따라 해설을 배열하여 도식(圖式)을 만들고 장차 이것을 자리의 벽에 걸어두고서 눈으로 익숙하게 보고 마음으로 이해하여 생각하고 연역하는 자리로 삼고자 하였으니, 이렇게 하면 거의 하루아침에 분명한 견해를 갖게 될 것이라는 것이 내가 처음 먹은 생각이었다. 그런데 내가 난리를 만나서 항상 이리저리 떠돌며 지내는 가운데에 있고 또 응수(應酬)하고 접대(接待)하는 번거로움에 시달리니, 어찌 한 방에 조용히 앉아서 마음을 고명(高明)함에 둘 수 있겠는가. 이제 늙고 병약함이 심해져서 눈이 어둡고 정신이 현란(眩亂)하여 더욱 눈을 들어 보기가 어렵다. 그렇다면 이것을 책자에 등서(謄書)해서 행장 가운데에 가지고 다니며 때에 따르고 장소에 따라 한가한 틈을 만나면 보고 살피는 것이 더욱 요긴할 듯하므로, 이제 책자로 도식을 대신한다.

1 經緯排說帖序 : 경위배설첩(經緯排說帖) : 배설(排說)은 끊임없이 조목조목 서술하는 것으로, '경위배설첩'은 여헌(旅軒)의 《경위설(經緯說總論)》 중 〈리(理)가 기(氣)의 경(經)이 됨을 배설한 첩(帖)〔理爲氣經排說之帖〕〉·〈기가 리의 위(緯)가 됨을 배설한 첩〔氣爲理緯排說之帖〕〉·〈경과 위가 하나임을 배설한 첩〔經緯合一排說之帖〕〉·〈성(性)과 정(情)이 경과 위가 됨을 배설한 첩〔性情爲經緯排說之帖〕〉 등을 가리켜 말한 것이다. 여헌은 리와 기를 이원적(二元的)으로 보지 않고 합일적(合一的)인 것 혹은 한 물건의 양면적인 현상으로 파악하여, 《경위설》에서 리를 경(經 날줄)으로, 기를 위(緯 씨줄)로 비유해 리와 기가 둘이 아니고 체(體)와 용(用)의 관계에 있음을 주장하였다.

6.2 리(理)가 기(氣)의 경(經)이 됨을 배설(排說)한 첩

理爲氣經排說之帖

6.2.1

태극(太極)의 리(理)는 하늘과 땅과 사람과 물건에 있어서, 비유하면 시냇물에 샘의 원천이 있는 것과 같고, 식물에 뿌리가 있는 것과 같고, 동물에 머리가 있고 심장이 있는 것과 같고, 그물에 벼리가 있고 옷에 옷깃이 있는 것과 같고, 문에 지도리와 끈이 있는 것과 같다. 시냇물에 원천이 없으면 사독(四瀆)[2] 이 될 수 없고, 동물에 머리와 심장이 없으면 곤충이 될 수 없고, 식물에 뿌리가 없으면 초목이 될 수 없고, 옷과 그물에 벼리와 옷깃이 없으면 옷과 그물이 될 수 없고, 문에 지도리와 끈이 없으면 문이 될 수 없으며, 하늘과 땅과 사람과 물건에 태극이 없으면 하늘과 땅과 사람과 물건이 될 수 없는 것이다. 그러나 샘의 근원과 식물의 뿌리와 짐승의 머리·심장과 그물의 벼리·옷의 옷깃과 문의 지도리·끈은 모두 형이하(形而下)에 속하는 것이므로, 눈이 있는 자가 모두 이것을 볼 수 있고 손이 있는 자가 모두 이것을 가리킬 수 있고 귀가 있는 자가 모두 이것을 들을 수 있고 입이 있는 자가 모두 이것을 말할 수 있다. 그러나 태극이 리가 됨에 이르러서는 누가 이것을 볼 수 있고 이것을 가리킬 수 있고 이것을 말할 수 있고 이것을 들을 수 있겠는가? 오직 가장 영험(靈驗)하여 지각(知覺)이 있는 사람

2 사독(四瀆) : 중국의 4대강인 양자강(揚子江), 황하(黃河), 회수(淮水), 제수(濟水)를 가리킨다.

만이 혹 이것을 인식하여 알 수 있는데, 그 이른바 리(理), 극(極)이라는 것 또한 그 전체(全體)의 본연(本然)의 실제를 분명히 가리켜서 명목(名目)을 세우고 명칭을 한 것이 아니다. 다만 그 천 가지 만 가지 단서가 갖추어지지 않은 것이 없는 것을 가지고 리라고 하였는데, 이는 맥리(脈理 질서와 무늬)의 치밀함이 옥(玉) 만한 것이 없으므로 취하여 명목을 세운 것이니, 이 때문에 '리(理)' 자의 편방(偏旁)이 '옥(玉)' 자를 따른 것이다. 또 다만 그 천 가지 만 가지 변화가 통솔하지 않는 바가 없는 것을 가지고 극(極)이라고 하였는데, 이는 가장 높은 데에서 총괄함이 극(極 용마루) 만한 것이 없으므로 취하여 명칭을 한 것이니, 이 때문에 '극(極)' 자의 편방(偏旁)이 '목(木)' 자를 따른 것이다.[3] 천 가지 만 가지 단서가 구비되지 않음이 없는 것은 덕(德)으로 말하였는데 도(道)가 이 가운데에 들어있고, 천 가지 만 가지 변화가 통솔하지 않음이 없는 것은 도로써 말하였는데 덕이 이 가운데에 들어있으니, 어찌 덕 밖에 도가 있고 또 어찌 도 밖에 덕이 있겠는가. 오직 그 리가 되고 극이 되는 것만이 시작과 종말이 없고 성함과 쇠함이 없고 형(形)과 상(象)이 없고 방위와 처소가 없다.

리(理)라는 글자가 미처 만들어지기 전에도 리는 일찍이 있지 않은 적이 없으니, 이 리라는 글자가 있은 연후에 그 리가 비로소 있게 된 것이 아니며, 또 극이란 칭호가 미처 세워지기 전에도 극은 일찍이 서지 않은 적이 없으니, 이 극이란 칭호가 있은 연후에 태극이 비로소 서게 된 것이 아니다. 그렇다면 리라고 말하지만 리에 일찍이 이에 걸맞는 형과 상이 있은 적이 없고, 극이라고 말하지만 극에 일찍이

3 리(理) 자의……것이다: '편방(偏旁)'은 한자의 합체자의 조성 부분으로 왼쪽을 편이라고 하고 오른쪽을 방이라고 하는바, '리(理)' 자는 부수(部首)가 구슬 '옥(玉)' 변이고 '극(極)' 자는 부수가 나무 '목(木)' 변임을 말한 것이다.

이에 걸맞는 방위와 처소가 있은 적이 없으니, 이것이 없기를 바라도 없게 할 수가 없고 이것이 있기를 바라도 있게 할 수가 없는 것이 태극의 리가 아니겠는가. 이 때문에 태극의 실제를 말할 적에 반드시 리라 하고, 이 리의 묘함을 말할 적에 반드시 태극이라 하는 것이니, 그렇다면 리라 하고 극이라 하는 것은 모두 바꿀 수 없는 명목이다. 리와 극 이 두 글자를 근거하여 그 구비되지 않은 것이 없는 천만 가지의 단서와 통솔하지 않은 것이 없는 천만 가지의 변화를 알 수 있으니, 하늘과 땅과 사람과 물건이 하늘과 땅과 사람과 물건이 된 소이(所以)가 어찌 이 극과 이 리에서 연유하지 않았겠는가.

6.2.2

한번 태극(太極)의 리(理)를 가지고 그 강(綱)과 목(目)을 나누어 보면 그 강이 되는 것이 하나이니, 선(善)하여 악(惡)함이 없는 것이다.

> 태극의 리가 득(得)이 되고 실(失)이 되지 않으며, 이로움이 되고 해로움이 되지 않으며, 옳음이 되고 그름이 되지 않으며, 성공이 되고 실패가 되지 않으며, 길함이 되고 흉함이 되지 않으며, 보존함이 되고 망함이 되지 않으며, 편안함이 되고 위태로움이 되지 않으며, 다스려짐이 되고 어지러움이 되지 않으며, 복이 되고 화가 되지 않으며, 계속함이 되어 끊김이 되지 않기 때문이다.

6.2.3

그 조목이 되는 것이 열다섯이다.

참되어 거짓이 없어서 남의 것을 빌릴 수 없는 것이다. 참됨은 그 자연스러움을 이르고 거짓이 없음은 참됨이 지극한 것이다.

성실하여 망녕됨이 없어서 속일 수가 없는 것이다. 성실함은 그 충만함을 이르고 망녕됨이 없음은 성실함이 지극한 것이다.

항상되어 바뀜이 없어서 틈이 있을 수 없는 것이다. 항상됨은 고금(古今)에 뻗쳐 영원함을 이르고 바뀜이 없음은 항상됨이 지극한 것이다.

곧아서 굽힘이 없어서 왜곡할 수가 없는 것이다. 곧음은 그 떳떳한 법칙을 이르고 굽힘이 없음은 곧음이 지극한 것이다.

순하여 거스름이 없어서 어긋날 수가 없는 것이다. 순함은 그 마땅하고 온당함을 이르고 거스름이 없음은 순함이 지극한 것이다.

평탄하여 험함이 없어서 기울 수가 없는 것이다. 평탄함은 그 편안하고 견고함을 이르고 험함이 없음은 평탄함이 지극한 것이다.

중도에 맞아 치우침이 없어서 한쪽으로 기울 수가 없는 것이다. 중도에 맞음은 그 매우 합당함을 이르고 치우침이 없음은 중도에 맞음이 지극한 것이다.

정직하여 사특함이 없어서 멋대로 하거나 편벽될 수가 없는 것이다. 정직함은 그 바르고 확고함을 이르고 사특함이 없음은 정직함이 지극한 것이다.

공변되어 사사로움이 없어서 함부로 범할 수가 없는 것이다. 공변됨은 그 고르고 두루 함을 이르고 사사로움이 없음은 공변됨이 지극한 것이다.

일정하여 흔들림이 없어서 옮기거나 바꿀 수가 없는 것이다. 일정함은 그 본분(本分)을 이르고 흔들림이 없음은 일정함이 지극한 것이다.

표준에 맞아 결핍됨이 없어서 흠이 있거나 모자랄 수가 없는 것이다. 표준에 맞음은 그 걸맞고 가지런함을 이르고 흠이 없음은 표준에 맞음이 지극한 것이다.

치밀하여 누락됨이 없어서 비거나 이지러질 수가 없는 것이다. 치밀함은 그 골고루 갖추어짐을 이르고 누락됨이 없음은 치밀함이 지극한 것이다.

온전하여 훼손됨이 없어서 사라질 수가 없는 것이다. 온전함은 그 모두 아우름을 이르고 훼손됨이 없음은 온전함이 지극한 것이다.

완전하여 결손됨이 없어서 소모될 수가 없는 것이다. 완전함은 그 본초(本初) 그대로임을 이르고 결손됨이 없음은 완전함이 지극한 것이다.

통하여 막힘이 없어서 막히거나 궁할 수가 없는 것이다. 통함은 그 변통하여 민첩하게 활동함을 이르고 막힘이 없음은 통함이 지극한 것이다.

6.2.4

염계(濂溪) 주자(周子)가 《태극도(太極圖)》를 지으셨는데, 그 위에서 첫 번째 그림의 가운데가 빈 하나의 동그라미는 바로 태극이다.

6.2.5

또 회암(晦庵) 주자(朱子)가 《역학계몽(易學啓蒙)》을 지으셨는데, 그 첫 번째 그림의 가운데가 빈 하나의 동그라미 또한 태극이다.[4] 두 선생이 모두 가운데가 빈 하나의 동그라미를 첫 번째로 삼은 것은 태극의

4 염계(濂溪) 주자(周子)가……태극이다: 〈태극도(太極圖)〉는 주염계가 무극(無極)인 태극(太極)에서부터 음양(陰陽)·오행(五行)과 만물이 생성하는 발전 과정을 그림으로 풀이한 것으로, 이에 대한 설명서가 바로 《태극도설》이다. 《역학계몽(易學啓蒙)》은 주자(朱子)가 저술한 《주역》 연구의 입문서(入門書)인바, 그의 《주역본의(周易本義)》와 표리(表裏)가 되는 책으로 상(象)을 중심으로 《주역》을 풀이하였다. 내용은 네 부분으로 나눌 수 있는데, 〈본도서(本圖書)〉는 〈하도낙서(河圖洛書)〉에 대한 수리적인 설명, 〈원괘획(原卦畫)〉은 태극·양의(兩儀)·사상(四象)·팔괘(八卦)에 대한 설명, 〈명시책(明蓍策)〉은 서법(筮法)에 대한 설명, 〈고변점(考變占)〉은 각 괘에 관한 설명으로 이루어져 있다. 주염계의 〈태극도〉와 주자(朱子)의 《역학계몽》의 태극 그림은 아래와 같다.

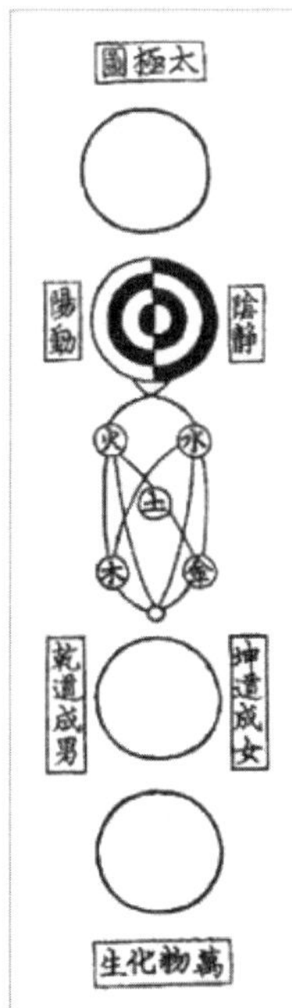

염계의 태극도

역학계몽의 태극 :

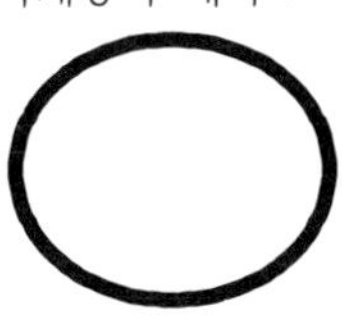

陰儀 陽儀

양의 : 

太陰四 少陽三 少陰二 太陽一

사상 : 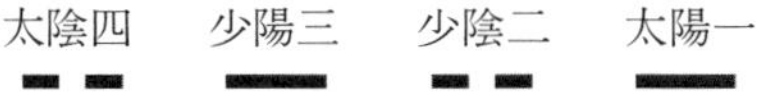

리(理)가 가운데가 빈 동그라미와 같다고 말씀한 것이 아니요, 그 리(理)는 지극히 있으나(至有) 그 상(象)은 지극히 없기(至無) 때문에 이에 어쩔 수가 없어서 마침내 가운데가 빈 하나의 동그라미를 만들어서 태극에 해당시켰으니, 이것이 무극(無極)이면서 태극인 리가 되는 이유이다. 주자(周子)의 그림에서 음양(陰陽)과 오행(五行), 건곤(乾坤)과 남녀(男女), 만물(萬物)이 화생(化生)함과 주자(朱子)의 그림에 양의(兩儀)와 사상, 팔괘로부터 64괘와 384효에 이르는 것은 실로 모두 이 무극이면서 태극인 리 가운데에서 나온 것이다.[5]

6.2.6

주자(朱子)가 《주역(周易》 〈계사전 상(繫辭傳上)〉의 태극에 주를 달기를 "상수(象數)가 아직 드러나지 않았으나 그 리(理)가 이미 갖추어진 것을 지칭한 것이고, 상수가 이미 나타났으나 그 리가 조짐이 없는 것을 지목한 것이다."라고 하였다.[6] 나 또한 말하기를 "태극은 하늘과 땅과 사람과 물건이 아직 있지 않을 때 그 리가 근본이 되는 것을 지칭한 것이고, 하늘과 땅과 사람과 물건이 이미 있고 나서 그 리가 주장이

坤八 艮七 坎六 巽五 震四 離三 兌二 乾一

팔괘 : 

5 태극(太極)의 리(理)는……것이다 : 이 내용은 여헌(旅軒)의 〈성리설〉 제설회통(諸說會通의 첫 부분에 그대로 보인다.

6 주자(朱子)가……하였다 : 공자가 말씀하신 "역에 태극이 있다.〔易有太極〕"에 대해 주자가 태극을 풀이한 내용으로, 원래는 "상수(象數)가 아직 드러나지 않았으나 그 리(理)가 이미 갖추어진 것을 지칭한 것이고, 형기(形器)가 이미 갖춰졌으나 그 리가 조짐이 없는 것을 지목한 것이다.〔象數未形而其理已具之稱, 形器已具而其理無眹之目.〕"이다.

되는 것을 지목한 것이다."라고 한다.

6.2.7

주자(朱子)가 주자(周子)의 〈태극도(太極圖)〉의 가장 위에 있는 하나의 동그라미에 주를 달기를 "이것이 이른바 '무극이태극(無極而太極)'이니, 동(動)하여 양(陽)이 되고 정(精)하여 음(陰)이 되는 본체이다. 그러나 음과 양에서 떠날 수 있는 것이 아니고 음과 양에 나아가 그 본체가 음과 양에 뒤섞이지 않은 것을 가리켜 말씀한 것이다."[7]라고 하였다. 나 또한 말하기를 "만약 하늘과 땅과 사람과 물건이 위, 아래와 둘 사이에 있는 것이 아니라면, 하늘과 땅과 사람과 물건의 소이연(所以然)[8]이 실로 태극의 리(理)라는 것을 알 방법이 없다. 그러나 태극의 리는 진실로 본래 무궁 하니, 절대로 하늘과 땅과 사람과 물건이 능히 다할 수 있는 바가 아니다. 지금 이때의 사람과 물건의 전에도 일찍이 사람과 물건이 있지 않았던 것이 아니고, 또 지금 이때의 사람과 물건

7 이것이……것이다 : 이 내용은 《성리대전(性理大全)》 권1 〈태극도〉에 보인다.

8 소이연(所以然) : 성리학(性理學)에서 사물의 존재 근거로 말하는 리(理)로, 인(仁)·의(義)·예(禮)·지(智)·신(信)의 오성(五性)과 태극(太極)·천도(天道) 등을 이른다. 《논어(論語)》 〈위정(爲政)〉편 4장에 공자가 말씀하신 "나는 마흔 살에 의혹하지 않았고, 쉰 살에 천명(天命)을 알았다.〔四十而不惑, 五十而知天命.〕"에 대하여, 《집주(集註)》에서 "사물의 소당연(所當然)에 대해서 모두 의혹하는 바가 없다면, 아는 것이 분명해서 지키는 것을 일삼을 필요가 없다. 천명은 천도가 유행하여 사물에 부여한 것이니, 바로 사물에 당연한 바의 소이연이다. 이것을 안다면 앎이 그 정(精)함을 지극히 하여 의혹하지 않음을 또 굳이 말할 것이 없을 것이다.〔於事物之所當然, 皆無所疑, 則知之明而無所事守矣. 天命卽天道之流行而賦於物者, 乃事物所以當然之故也. 知此則知極其精而不惑, 又不足言矣.〕"라고 하였다. '소당연'은 사물의 존재 법칙으로 말하는 리로, 사람이 마땅히 행해야 할 도리인 충(忠)·효(孝)나 오륜(五倫) 등의 인륜(人倫)을 이른다.

의 뒤에도 다시 사람과 물건이 있지 않는 것이 아닐 것이니, 그렇다면 이 리는 진실로 사람과 물건이 능히 다할 수 있는 것이 아니다. 그러나 이른바 '전후(前後)의 사람과 물건'은 모두 이 하늘과 땅 사이의 전후를 가지고 말한 것에 불과하니, 이 천지의 앞에도 반드시 이미 지나간 천지의 무궁함이 있었을 것이고, 이 천지의 뒤에 또 반드시 장래의 천지의 무궁함이 있을 것이다. 이 천지의 전후에 무궁한 천지가 있다면, 그 사이에 사는 사람과 물건 또한 따라서 절로 전후의 천지에서 무궁할 것이다. 그렇다면 태극의 리가 무궁한 것을, 과연 하늘과 땅과 사람과 물건이 다할 수 있겠는가."라고 한다.

6.2.8

주자(朱子)가 또 주자(周子)의 《태극도설(太極圖說)》의 첫 번째 구(句)인 '무극이태극(無極而太極)'에 주를 달기를 "상천(上天)의 일이 소리도 없고 냄새도 없으나, 실로 조화(造化)의 추뉴(樞紐 문의 지도리와 옷의 단추로 중심축)이고 만물의 근저(根柢 뿌리)이다."라고 하였다. 나 또한 말하기를 "태극은 도덕의 두로(頭顱 머리)이다"라고 한다.[9] 지금 하늘과 땅을 가지고 말하면, 음(陰)과 양(陽)이 양의(兩儀)가 되고 원(元)·형(亨)·이(利)·정(貞)이 사덕(四德)이 되고 수(水)·화(火)·금(金)·목(木)·토(土)가 오행(五行)이 되고 춘(春)·하(夏)

9 상천(上天)의……두로(頭顱 머리)한다 : 여헌은 자신의 〈태극설〉에서 "이른바 '조화의 추뉴'라는 것은 천지에 있는 태극을 가지고 말한 것이고, 이른바 '품휘의 근저'라는 것은 만물에 있는 태극을 가지고 말한 것이다. 내가 말하는 '도덕의 두로'라는 것은 바로 3재(三才 하늘, 땅, 사람)를 아울러 총괄한 태극을 가지고 말한 것이다.〔所謂造化之樞紐, 以太極之在天地者言之也; 所謂品彙之根柢, 以太極之在萬物者言之也; 至於愚所謂道德之頭顱, 乃以太極之兼總三才者而言之也.〕"라고 하였다.

· 추(秋) · 동(冬)이 사시(四時)가 되는 것 중에 무엇이 이 리(理)의 유행(流行)이 아니겠는가. 그리고 우리 사람을 가지고 말하면, 인(仁) · 의(義) · 예(禮) · 지(智) · 신(信)의 오상(五常)과 희(喜) · 노(怒) · 애(愛) · 락(樂) · 애(哀) · 오(惡) · 욕(欲)의 칠정(七情)과 삼강오륜(三綱五倫)의 온갖 행실 중에 무엇이 이 리가 큰 근본이 된 것이 아니겠는가. 이 때문에 태극을 '도덕의 두로'라고 말하는 것이다.

6.3 기(氣)가 리(理)의 위(緯)가 됨을 배설(排說)한 첩

氣爲理緯排說之帖

6.3.1

음

노음 소양

곤 간 감 손

태극(太極)이 양의(兩儀)를 낳고,
양의가 사상(四象)을 낳고,
사상이 팔괘(八卦)를 낳는다.

태극이 동(動)하여 양(陽)을 낳고 정(靜)하여 음(陰)을 낳아서
양이 변하고 음이 합하여
수(水)·화(火)·목(木)·금(金)·토(土)
를 낳는다.

양

소음 노양

진 리 태 건

그 기(氣) 됨이
그 실제를 말하면

역량(力量)이 있다	재구(材具)가 있고	진액(津液)이 있고	정영(精英)이 있고	운행(運行)이 있고	충만(充滿)이 있고	체단(體段)이 있고	후식(候息)이 있고

그 법칙을 말하면

시종(始終)이 있다	제한(際限)이 있고	시절(時節)이 있고	방소(方所)가 있고	도수(度數)가 있고	차서(次序)가 있고

그 재질을 말하면

사속(嗣續)할 수 있다	추천(推遷)할 수 있고	성취(成就)할 수 있고	비진(備盡)할 수 있고	생화(生化)할 수 있고	흥작(興作)할 수 있고	배태(胚胎)할 수 있고	온양(醞釀)할 수 있고	발시(發施)할 수 있고	저축(儲畜)할 수 있고

음양(陰陽)으로
말하면

소장	왕래	굴신	창화	승강	영허	취산	합벽	화엄	강유	건순	동정
(消長)	(往來)	(屈伸)	(唱和)	(升降)	(盈虛)	(聚散)	(闔闢)	(和嚴)	(剛柔)	(健順)	(動靜)

은 기의
떳떳함이다

성쇠	후박	통색	부침	명암	청탁	순역	숙특
(盛衰)	(厚薄)	(通塞)	(浮沈)	(明暗)	(淸濁)	(順逆)	(淑慝)

은 기의 변함이다

오기(五氣)가
서로 이기는 순서

흙은	나무는	쇠는	불은	물은
물을	흙을	나무를	쇠를	불을
이긴다	이기고	이기고	이기고	이기고

오행(五行)으로
말하면
천지가 생성하는
순서는
일육수(一六水),
이칠화(二七火),
삼팔목(三八木),
사구금(四九金),
오십토(五十土)
이다.[10]

사시(四時)가
서로 낳는 순서

쇠는	흙은	불은	나무는	물은
물을	쇠를	흙을	불을	나무를
낳는다	낳고	낳고	낳고	낳고

6.3.2

음(陰)과 양(陽)은 하나의 기운으로 말할 수 있고, 두 기운으로 말할 수 있다. 하나의 기운을 가지고 말하면 양이 바로 음이 되어서 음의 종자가 따로 있지 않고, 음이 바로 양이 되어서 양의 종자가 따로 있지 않으니, 변화(變化)와 굴신(屈伸)이 서로 뿌리하고 유통(流通)하는 것이 이것이다. 그리고 두 기운을 가지고 말하면 양은 따로 양이 되니 음이 될 수가 없고, 음은 따로 음이 되어서 양이 될 수가 없어서 두

10 오행(五行)……이다 : 하늘이 1로 물〔水〕을 낳으면 땅이 6으로 이루어주고, 땅이 2로 불〔火〕을 낳으면 하늘이 7로 이루어주고, 하늘이 3으로 나무〔木〕를 낳으면 땅이 8로 이루어주고, 땅이 4로 금〔金〕을 낳으면 하늘이 9로 이루어주고, 하늘이 5로 흙〔土〕을 낳으면 땅이 10으로 이루어주는 것을 가리킨다.

가지로 나뉘어 서로 섞일 수 없는 것이 이것이다. 음과 양은 또 서로 필요로 하는 것으로 말한 것이 있고, 서로 이기는 것으로 말한 것이 있다. 서로 필요로 하는 것으로 말하면 양은 음을 얻어 양이 되니 음이 아니면 양이 홀로 행할 수가 없고, 음은 양을 얻어 음이 되니 양이 아니면 음이 홀로 이룰 수 없는 것이 이것이다. 그리고 서로 이기는 것을 가지고 말하면 양은 발산(發散)을 주장하고 음은 수장(收藏)을 주장하며, 양은 생장(生長)하고 음은 숙살(肅殺)하여 그 쓰임이 서로 반대되는 것이 이것이다. 음과 양이 하나의 이치에 근본하지만 나뉘어 두 기운이 되니, 이것이 이른바 '리(理)는 하나이나 나타나는 현상이 다르다'는 것이다. 하나의 리가 있지 않으면 두 기운의 근본이 될 수가 없고 두 기운이 있지 않으면 하나의 리의 쓰임이 될 수가 없으니, 이것이 이른바 '하나이면서 둘이고 둘이면서 하나[11]여서 서로 필요로 하고 서로 반대되는 것이 모두 자연의 법칙'이라는 것이다. 그러므로 음과 양 두 기운이 반드시 서로 과(過)하지 않고 서로 불급(不及)하지 않아 서로 필요로 하고 서로 구제해 준 뒤에 하나의 리의 자연스러운 법칙을 잃지 않아서 조화(造化)가 물건을 낳는 공(功)을 이루게 되는 것이다. 하늘과 땅과 사람과 물건이 만고(萬古)에 다하지 않는 소이(所以)는 모두 이 두 기운이 하는 것이다. 그리고 음과 양이 한쪽에 치우쳐 이겨서 재려(災戾)가 되는 것으로 말하면 비록 양으로 치우쳐 이기더라도

11 하나이면서……하나 : 리(理)와 기(氣), 체(體)와 용(用)은 혼륜(渾淪)하여 서로 떨어질 수 없고〔不離〕 또 판연히 상이하여 서로 뒤섞여 합하지 못하니〔不雜〕, 서로 떨어지지 못하므로 일(一)이 되고, 서로 뒤섞여 합하지 못하므로 둘〔二〕이 된다는 말로, 이천(伊川) 정이(程頤)의 "생(生)의 도(道)를 알면 사(死)의 도를 알고 사람 섬기는 도를 다하면 귀신 섬기는 도를 다할 것이니, 사와 생, 인과 귀는 하나이면서 둘이고 둘이면서 하나이다.〔知生之道, 則知死之道, 盡事人之道, 則盡事鬼之道, 死生人鬼, 一而二, 二而一者也.〕"라는 말에서 유래하였다.

오히려 안되는데, 더군다나 음이 양을 이기는 경우에 있어서이겠는가.

6.3.3

또 말하였다. "통합하여 말하면 상하사방(上下四方)의 우(宇)와 고금왕래(古今往來)의 주(宙)는 그 시작을 근원하여 시작해보면 앞에 진실로 공결(公缺)이 없고 그 종말을 돌이켜 끝마쳐보면 뒤에 또한 공결이 없어서 앞과 뒤가 없고 시작과 종말이 없어서 항상 영만(盈滿)하고 충색(充塞)하니, 태극(太極)의 무극(無極)이라고 칭하는 것은 바로 일원(一元)의 기운이다. 그 나뉘어 둘이 된 것은 엉겨 모여서 형체가 되면 대대(對待)하여 짝이 되고, 그 유행하여 쉬지 않으면 번갈아 운행하여 체대(遞代)가 있다. 원기(元氣)를 가지고 말하면 시작과 종말이 없고 앞과 뒤가 없어서 항상 영만하고 충색한 것은 체(體)가 서는(立) 것이고, 혹은 응취(凝聚)하고 혹은 유행(流行)하여 상대가 있고 번갈아 운행하는 것은 용(用)이 행해지는 것이다. 그 나뉘어 둘이 된 것을 가지고 말하면 상대하여 짝이 되는 것은 체가 서는 것이고, 번갈아 운행하여 체대(遞代)가 있는 것은 용이 행해지는 것이니, 이는 기(氣) 가운데의 체용(體用)이다. 만약 큰 체용을 가지고 말하면 리가 체가 되고 기가 용이 되는 것이 이것이다."

또 말하였다. "양의(兩儀)가 또다시 나뉘어 사상(四象)이 된 것을 가지고 말하면 바로 태양(太陽)·태음(太陰)과 소양(少陽)·소음(少陰)이요, 두 기운이 또 나뉘어 오행(五行)이 된 것을 가지고 말하면 바로 목(木)·화(火)·토(土)·금(金)·수(水)이다. 저 기가 하나에서 둘이 되고 둘에서 삼, 사, 오, 육이 되어 십, 백, 천, 만에 이르는 것은 이 어찌 반드시 나누는데 뜻이 있어 변혁(變革)하기를 좋아해서이겠는가. 이는 모두 하나의 리의 자연(自然)이어서 그칠 수 없음이 있어서일 것이다. 그러나 네 개의 상(象)과 여덟 개의 괘(卦)가 16에서 32가 되고 32에서 64가 됨에 이르는 것도 또한 모두 하나가 나뉘어 둘이 되어 생겨난 것이요, 5행(行)과 4시(時)와 24기(氣 절기(節氣))와 72후(候)[12]와 360일(日) 또한 모두 둘이 나뉘어 다섯이 되어서 이루어진 것이다. 이것은 바로 두 기운이 태극의 용이 되어서 그 십, 백, 천, 만의 변화가 있는 것이니, 그 요점을 총괄하면 음과 양 두 가지일 뿐이다."

또 말하였다. "두 기운이 서로 감동하고 서로 응하고 서로 사귀고 서로 구제하는 것이 무궁하여 크고 작은 변화가 이것으로 나오고 고금(古今)의 조화가 이것으로 이루어지니, 이는 진실로 천지와 만물이 이 가운데에 천지와 만물이 된 소이(所以)인 것이다."

또 말하였다. "리(理)가 있기 때문에 기(氣)가 있고 기가 있기 때문에 물건이 있으니, 리가 무궁하기 때문에 기가 나옴이 또한 무궁하고 기가 나옴이 무궁하기 때문에 물건의 생겨남이 마침내 무궁한 것이다. 하늘과 땅도 또한 물건인데 물건의 큼이 되기 때문에 만물의 아버지와 어머니가 될 수 있는 것이요, 사람 또한 물건인데 물건의 우두머리가 되기 때문에 천지를 제자리에 편안히 서게 하고 만물을 잘 생육할 수 있는 것이다."

또 말하였다. "물건은 사람들이 함께 보는 것이니, 물건의 생겨남이 무궁한 것을 보면 저 기의 나옴이 무궁한 것을 알 수 있고, 이미 저 기의 나옴이 무궁한 것을 알면 바로 저 리가 태극(太極)이 됨이 진실로

12 72후(候) : 1년의 기후(氣候)를 72로 나눈 것이다. 5일이 1후, 3후가 1기(氣)로, 1년은 24절기마다 각각 3후씩이 들어 있어 모두 72후가 된다. 24절기 중 입춘절(立春節)의 경우는 동풍해동(東風解凍)·칩충시진(蟄蟲始振)·어상빙(魚上氷)의 3후가 들어 있다.

무궁한 것임을 알게 될 것이다."

또 말하였다. "기는 충색(充塞 꽉 참)하여 간격이 없는 것이며 운행(運行)하여 그침이 없는 것이니, 충색하여 간격이 없는 것은 기의 실제이고, 운행하여 그치지 않는 것은 기의 떳떳함이다. 그 실제가 있기 때문에 떳떳함이 있고, 떳떳함이 있기 때문에 그 실제가 있으니, 이것이 조화가 무궁한 이유이다. 누가 이렇게 만드는가. 이것은 바로 무극(無極)과 태극의 리이다. 기가 이미 충색하여 간격이 없으면 어찌 기 밖의 구역이 있겠는가. 운행하여 그치지 않는다면 어찌 기가 다할 시각(時刻)이 있겠는가. 무극태극은 리이고 무한하고 무궁한 것은 기인데 무한하고 무궁한 기가 무극태극의 리 가운데에서 나오니, 이는 자연히 그러하고 항상 그러하여 그칠 수가 없고 없을 수가 없는 것이다. 이제 원천(源泉)이 땅에서 나오고 여러 식물이 흙에서 생겨나는 것을 보면, 저 기가 리에서 나오는 것이 그 과연 그칠 수가 없고 없을 수 없는 실제가 됨을 미루어 알게 될 것이다. 항상 그러하여 없을 수 없는 것은 바로 이른바 '성(性)'이요, 자연히 그러하여 그칠 수 없는 것은 바로 이른바 '도(道)'이니, 성이 어느 때인들 없으며 도가 어느 때인들 그치겠는가. 이것이 항상 충색하고 항상 운행하는 이유이다. 그러나 이른바 '운행'이라는 것은 간 것이 왔다가 다시 가고, 오는 것이 갔다가 또다시 오는 것이 아니다. 지나간 것은 이미 지나감에 오는 것이 또다시 새롭게 잇는 것으로, 수레바퀴가 뒤로 움직였던 것이 또다시 앞으로 움직이고, 앞으로 움직였던 것이 또다시 뒤로 움직이는 것과는 다르다. 이른바 '충색'이라는 것은 앞에서 충색했던 것이 또다시 뒤에서 충색하고, 뒤에서 충색한 것이 바로 앞에서 충색한 것이 아니다. 때에 따라 만족하여 그 보존되는 것이 그대로 있는 것으로, 항아리에 예전부터 보관하고 있는 물건이 나중에 그대로 보관하고 있는 것과는 다르다. 오직 그 뿌리로 삼은 것이 하나의 리여서 낳고 낳아 다하지 않으므로[13]

운행이 가고 오는 것이 있고 충색이 전후(前後)가 없는 것이다. 그런데 그 실제는 충색과 운행이 모두 항상 새로워서 막히지 않는 것이다. 만일 과연 하나의 기운이 모여서 항상 운행하고 항상 충색한다면 어찌 다하지 않고 끝나지 않는 리가 있겠는가. 그러므로 오직 이 리를 통달한 자만이 이 기를 알 수 있는 것이다."

또 말하였다. "기는 진실로 또한 크고 작은 경(經)과 위(緯)가 있으니, 그 경이 되어 큰 것은 시작으로부터 종말에 이르기까지 바로 하나의 기요, 그 위가 되어 작은 것은 그 실마리가 여러 갈래이고 그 변화가 여러 가지이다. 그러므로 또 자연스레 왕래(往來)와 전후(前後)의 무궁함이 있는 것이다. 지나간 것은 지나갔기 때문에 앞으로 오는 것이 와서 이어주고, 예전 것은 예전 것이어서 허(虛)하기 때문에 뒤에 있는 것이 뒤에 와서 채워주니, 이것이 각각 그 분한(分限)을 이루어서 함께 행해지고 함께 길러지는 이유이다."

또 말하였다. "리가 한계가 없으면 기 또한 마땅히 한계가 없을 것이다. 이미 모여서 크고 작은 형기(形器)가 되었으면 형기의 가운데에 진실로 각각 충색하고 운행하는 기가 있을 것이다. 그러나 형기의 밖에 어찌 충색하고 운행하는 기가 없겠는가. 아마도 반드시 형기 밖의 큰 기가 또한 본래 충색하고 운행함이 있는 것이다. 그러므로 형기가 된

13 낳고……않으므로: 원문의 '生生不窮'은 천지가 만물을 낳는 이치를 가리키는 말로, 《주역》 〈무망괘(无妄卦)〉의 "무망(无妄)은 크게 형통하고 정(貞)함이 이로우니, 정도(正道)가 아니면 재앙이 있으므로 가는 바를 둠이 이롭지 않다. 〔无妄, 元亨, 利貞, 其匪正, 有眚, 不利有攸往.〕"에 대하여, 이천(伊川) 정이(程頤)의 〈역전(易傳)〉에 "무망(无妄)은 지성(至誠 지극히 성실함)이니, 지성은 하늘의 도(道)이다. 하늘이 만물(萬物)을 화육(化育)하여 낳고 낳아 다하지 않아서 각기 성명(性命)을 바르게 함이 무망이니, 사람이 무망의 도에 합(合)하면 이른바 '천지와 더불어 덕이 합한다.'라는 것이다.〔无妄者, 至誠也, 至誠者, 天之道也. 天之化育萬物, 生生不窮, 各正其性命, 乃无妄也. 人能合无妄之道, 則所謂與天地合其德也.〕"라고 하였다.

것이 이 가운데에 있으면서 이어 받들 수가 있을 것이다. 그렇다면 하늘과 땅이 비록 크나 그 큼이 또한 한계가 없을 수 없고, 그 밖에는 반드시 마땅히 충색하고 운행하는 기(氣)가 있을 것이다. 그렇지 않다면 하늘과 땅이 또한 어떻게 하늘이 되고 땅이 되어서 만물이 그 중간에 있을 수 있겠는가. 다만 하늘과 땅의 안에 사는 자는 귀와 눈이 다만 하늘과 땅 사이에만 미치니, 하늘과 땅 밖의 기운으로 말하면 어떻게 측량하고 헤아릴 수 있겠는가. 오직 한계가 없고 한계가 없는 것이다."

6.3.4

또 말하였다. "기는 이 리(理)에서 만들어져서 항상 이 리를 기준으로 삼는다. 비록 체질(體質)이 없고 방소(方所)가 없고 내외(內外)가 없고 시종(始終)이 없고 쇠왕(衰旺)이 없고 영축(贏縮 지나침과 부족함)이 없지 못하나, 그 대소(大小)와 고비(高卑), 심천(深淺)과 원근(遠近), 선후(先後)와 피차(彼此)가 되는 것은 한결같이 오직 이 리를 기준으로 삼는다. 곧 이른바 리가 없는 곳이 없기 때문에 기 또한 따라서 혹시라도 기가 없는 곳이 없는 것이요, 리가 없는 때가 없기 때문에 기 또한 따라서 일찍이 기가 없는 때가 없는 것이다. 이른바 곳(處)이라는 것은 다만 사람이 보고 아는 장소를 곳이라고 하는 것이 아니니, 무릇 사람이 보지 못하고 모르는 곳이 그 얼마나 되겠는가. 이른바 때(時)라는 것은 다만 사람이 만나고 듣는 시간을 때라고 하는 것이 아니니, 무릇 사람이 만나지 않고 듣지 않을 때가 그 또한 얼마나 되겠는가. 하늘과 땅 사이에 만물이 된 것은 모두 몸에 있는 리와 기가 있어서 각각 물건의 가운데에 스스로 갖추어져 충만한 것이니, 만약 만물의 각 모습에 모여 있는 리와 기 외에 하나의 큰 자연의 리와 기가 천지의 사이에 충만하지 않다면 만물에 있는 리와 기를 그 어디에서 받아서 만물이 되겠는가. 그렇다면 만물 가운데의 리와 기는 바로 모두 천지의 리와 기를 받아서 각각 물건의 리와 기가 된 것이다. 그러나 천지의 리와 기로 말하면 그것은 또 어디에서 받아서 스스로 천지의 리와 기가 되겠는가. 반드시 천지 밖의 리와 기가 있고 또 천지 가운데의 리와 기보다 더 큰 것이 있어서 천지가 이것을 받아서 천지가 되었을 것이다. 천지가 비록 크나 또한 물건이니, 그 천지를 만든 리와 기가 없겠는가. 그렇다면 리와 기를 어찌 다할 수 있겠는가. 다만 리가 리가 된 것은 바로 하나의 리가 항상 보존되고 고유한 것이요, 기가 리를 기준으로 삼는 것은 지난 것이 가고 오는 것이 이어져서 끊어짐이 없는 것이니, 이 때문에 리가 경(經), 기가 위(緯)로 나뉘는 것이다. 사람들은 모두 만물을 낳는 리와 기가 천지가 생겨난 뒤에 있는 것임은 알지만, 천지를 낳은 리와 기가 본래 천지가 아직 생기기 전에 있는 것임은 알지 못한다. 만물을 낳은 리와 기는 진실로 하늘이 덮어주고 땅이 실어주는 가운데에 쌓여있지만, 천지를 낳은 리와 기는 마침내 어떠한 구역 가운데에 쌓여있어서 천지를 낳고 만들었겠는가. 이는 사색(思索)하여 알고 모상(模象)하여 알 수 없으니, 그 리와 기의 묘함이 되는 것이 과연 무궁하지 않은가."

6.4 경(經)과 위(緯)가 하나임을 배설(排說)한 첩

經緯合一排說之帖

6.4.1

리(理)는 하늘과 땅의 앞에 있어 경(經)이 되고 원기(元氣)를 위(緯)로 삼아 하늘과 땅을 만들어낸다.

무겁고 탁한 것은 가운데에 방(方)이 되어 엉키고 정해져 흩어지지 않으니, 산악(山嶽)과 천독(川瀆)이 이 때문에 높이 솟고 흐른다.

가볍고 깨끗한 것은 밖에 원(圓)이 되어 돌아 그치지 않으니, 해와 달과 별이 이 때문에 숨고 나타난다.

이 천지의 뒤는 뒤의 천지가 되니, 뒤이고 또 뒤에 하여 모두 몇 번의 천지가 되는가.

뒤 일원(一元)의 시작이 큰 장(長)이 되고 큰 벽(闢)이 된다.

이는 바로 큰 소장(消長)이고 큰 합벽(闔闢)이다.

앞 일원(一元)의 끝이 큰 소(消)가 되고 큰 합(闔)이 된다.

이 천지의 앞은 앞의 천지가 되니, 먼저하고 또 먼저 하여 모두 몇 번의 천지가 되는가.

<table>
<tr><td colspan="4"></td><td>리(理)가 천지에 있으면 경(經)이 【원(元)・형(亨)・리(利)・정(貞)이다.】 되니,
두 기운과 【양(陽)과 음(陰)이다.】
오행(五行)을 【목(木)・화(火)・토(土)・금(金)・수(水)이다.】
위(緯)로 삼아서 【추위와 더위, 낮과 밤이 번갈아 운행하고 바람과 우레, 비와 햇빛이 서로 베풀어진다.】 사람과 만물을 만들어낸다.</td><td colspan="4"></td></tr>
<tr><td colspan="2">초목(草木)</td><td colspan="2" rowspan="2">리의 온전함을 얻음</td><td rowspan="4">사람은 가운데에 서서 하늘을 이고 땅을 밟아 참여하여 삼재(三才)가 되고 만물의 으뜸이다.</td><td colspan="2" rowspan="2">기(氣)의 빼어남을 받음</td><td colspan="2">금수(禽獸)</td></tr>
<tr><td>리의 매어있는 것을 얻음</td><td>기의 막힌 것을 받음</td><td>리의 한 부분을 얻음</td><td>기의 편벽됨을 받음</td></tr>
<tr><td colspan="2" rowspan="2">다만 궁실(宮室)과 윤여(輪輿), 소과(蔬果)와 약이(藥餌)의 쓰임이 됨</td><td>손(手)으로는 천하의 사무(事務)를 다함</td><td>마음(心)으로는 천하의 의리(義理)를 다함</td><td>코(鼻)로는 천하의 기취(氣臭)를 받아들임</td><td>귀(耳)로는 천하의 성음(聲音)을 분별함</td><td colspan="2" rowspan="2">다만 타고 싣는 것과 희생(犧牲)과 피모(皮毛)와 육골(肉骨)의 쓰임이 됨</td></tr>
<tr><td>발(足)로는 천하의 구역(區域)을 다님</td><td>몸(身)은 천하의 도덕(道德)을 닦음</td><td>입(口)으로는 천하의 자미(滋味)를 삼킴</td><td>눈(目)으로는 천하의 형색(形色)을 살핌</td></tr>
</table>

마음으로 말하면 성정(性情)이라 한다.【성은 정 때문에 성이 되고 정은 성을 얻어 정이 되니, 성은 정이 있음을 이르고 정은 성이 있음을 이른다. 성은 정을 내는 것인데 정은 성이 발한 것이요, 성은 정을 주장하는데 정은 성을 운행하는 것이다.】

리가 우리 사람에게 있으면 경이 된다.【인(仁)·의(義)·예(禮)·지(智)·신(信)이다.】 칠정(七情)을【희(喜)·노(怒)·애(哀)·락(樂)·애(愛)·오(惡)·욕(欲)이다.】 위로 삼아서 성현의 사업(事業)을 만들어낸다.

도(道)로써 말하면 리기(理氣)라 한다.【리는 기로써 리가 되고 기는 리를 얻어 기가 되니, 리는 기가 있음을 이르고 기는 리가 있음을 이른다. 리는 기를 내는 것인데 기는 리가 발한 것이요, 리는 기를 주장하는 것인데 기는 리를 운행하는 것이다.】

성정이 도에 있으면 리와 기이다

수신제가(修身齊家) 치국평천하(治國平天下)의 가르침을 세움

격물치지(格物致知) 성의정심(誠意正心)의 학문을 다함

오륜(五倫)의 도를 밝힘

육예(六藝)의 이치를 통함

리와 기가 마음에 있으면 성정이다

만물을 길러주고 오는 후학들을 열어줌

천지가 제자리를 편하게 하고 지나간 성인을 계승함

6.4.2

또 리(理)가 경(經)이 되고 기(氣)가 위(緯)가 되는 것은 경은 따로 경이 있고 위는 따로 위가 있는 것이 아니다. 리가 경이 되는 것은 기에 경이 되는 것이고, 기가 위가 되는 것은 리에 위가 되는 것이다. 경은 위 가운데에 들어있고 위는 경 가운데에 들어있어서 묘하게 합하는 도가 된 뒤에야 하늘과 땅과 사람과 물건이 이에 나오고 성명(性命)

과 도덕(道德)이 이에 행해지니, 이는 리와 기가 경이 되고 위가 되는 소이(所以)의 공용(功用)이다. 마침내 대략적인 말로 배열하여 첩 하나를 만들었다.

6.4.3

만선(萬善)과 만화(萬化)의 주장이 되어 고유(固有)하고 상연(常然 항상 그러함)한 것은 바로 리(理)요, 만선과 만화의 기틀이 되어서 치용(致用 씀을 지극히 함)하고 능(能)함을 이루는 것은 바로 기이다. 리가 있지 않으면 만선이 종주(宗主)로 삼을 곳이 없고 만화가 뿌리로 삼을 곳이 없으니 이것이 리가 주장이 되는 까닭이다. 그리고 기가 있지 않으면 만선이 선(善)이 될 수 없고 만화가 화(化)가 될 수 없으니 이것이 기가 기틀이 되는 까닭이다. 고유한 것은 이미 지나가기 전에 지극히 하더라도 그 시작하는 것을 볼 수 없고, 항상 그러한 것은 장차 다가온 뒤에 지극히 하더라도 그 끝나는 것을 볼 수 없으니, 이는 리가 리가 된 것이다. 치용은 마땅히 낳아야 하면 반드시 낳고, 마땅히 행해야 하면 반드시 행해서 일찍이 모자라거나 부족한 것이 없고, 성능(成能 능함을 이룸)은 짓지 않는 것이 없고 기준하지 않는 것이 없어서 일찍이 부족하거나 궁핍하지 않은 것이니, 이는 기가 기가 된 이유이다. 이미 고유와 상연의 리가 있기 때문에 마침내 치용과 성능의 기가 될 수 있으니, 기는 리가 아니면 어디에서 생겨 나오겠는가. 리는 기가 아니면 어떻게 무슨 일을 할 수 있겠는가. 이는 진실로 리는 기가 없을 수 없고 기는 반드시 리를 근본으로 삼는 것이다. 이제 리가 주장이 되어서 고유하고 상연하는 것을 가지고 경(經)에 비견하고, 기가 기틀이 되어서 치용하고 성능하는 것을 가지고 위(緯)에 비견하였으니, 이는 별도의 일설(一說)이다.

6.5 성(性)과 정(情)이 경(經)과 위(緯)가 됨을 배설(排說)한 첩 性情爲經緯排說之帖

6.5.1

<table>
<tr><td colspan="3" rowspan="5"></td><td>천지와 그 덕이 합하는 인(仁)은 바로 대인(大仁)의 인이다.</td><td rowspan="5">이는 모두 천리(天理)의 바름에 부합하여 그 본연(本然)의 체(體)를 채운 것이다.</td></tr>
<tr><td>일월(日月)과 그 밝음이 합하는 지(智)는 바로 대지(大智)의 지이다.</td></tr>
<tr><td>사시(四時)와 그 순서가 합하는 예(禮)는 바로 대례(大禮)의 예이다.</td></tr>
<tr><td>귀신과 그 길흉(吉凶)이 합하는 의(義)는 바로 대의(大義)의 의이다.</td></tr>
<tr><td>낮과 밤과 추위와 더위에 그 떳떳함이 합하는 신(信)은 바로 대신(大信)의 신이다.</td></tr>
<tr><td rowspan="10">오상(五常)의 성(性)이 경(經)이 됨</td><td rowspan="2">인</td><td>천도의 원(元)</td><td colspan="2" rowspan="10">막 심(心)에 리(理)가 되어서 미발(未發)했을 때는 어찌 일찍이 다섯 가지의 경계와 구별이 있겠는가. 혼연(渾然)한 하나의 리일 뿐이요, 그 정(情)에서 발하여 외면에 나타남에 미친 뒤에 그 관유온유(寬裕溫柔)는 바로 사랑하는 리에서 나와 성의 인(仁)이 됨을 알 수 있고, 발강강외(發强剛毅)는 바로 마땅한 리에서 나와 성의 의(義)가 됨을 알 수 있고, 제장중정(齊莊中正)은 공경하는 리에서 나와 바로 성의 예(禮)임을 알 수 있고, 문리밀찰(文理密察)은 분별하는 리에서 나와 바로 성의 지(智)임을 알 수 있고, 사덕(四德)이 진실로 그러한 것은 바로 진실한 리여서 곧 성의 신(信)임을 알 수 있으니, 그렇다면 이것은 그 성(性)이 발하는 것을 가지고 그 성의 다섯 가지가 고유함을 아는 것이다.</td></tr>
<tr><td>오행의 목(木)</td></tr>
<tr><td rowspan="2">의</td><td>천도의 리(利)</td></tr>
<tr><td>오행의 금(金)</td></tr>
<tr><td rowspan="2">예</td><td>천도의 형(亨)</td></tr>
<tr><td>오행의 화(火)</td></tr>
<tr><td rowspan="2">지</td><td>천도의 정(貞)</td></tr>
<tr><td>오행의 수(水)</td></tr>
<tr><td rowspan="2">신</td><td>천도의 성(誠)</td></tr>
<tr><td>오행의 토(土)</td></tr>
<tr><td colspan="3" rowspan="5"></td><td>후후(煦煦 아첨)의 인(仁)과 고식(姑息 한시적)의 인은 바로 인다운 인이 아니다.</td><td rowspan="5">이는 모두 비슷하나 본래의 덕(德)에 크게 위반됨이 있는 것이다.</td></tr>
<tr><td>혈혈(孑孑 외로운)의 의(義)와 참각(慘刻 잔인)의 의는 바로 의다운 의가 아니다.</td></tr>
<tr><td>녹녹(碌碌 하찮은)한 예(禮)와 공손이 지나친 예는 바로 예다운 예가 아니다.</td></tr>
<tr><td>너무 살피는 지(智)와 천착(穿鑿)하는 지는 바로 지다운 지가 아니다.</td></tr>
<tr><td>구구(區區 구차)한 신(信)과 고체(固滯 꽉막힌)된 신은 바로 신다운 신이 아니다.</td></tr>
</table>

<table>
<tr>
<td rowspan="3">칠정
(七情)이
위(緯)가 됨</td>
<td rowspan="3">희(喜)
노(怒)
애(哀)
락(樂)
애(愛)
오(惡)
욕(欲)</td>
<td>칠정이 과연 모두 마땅히 발해야 할 때 발하고 절도에 맞아 그치면 이것은 바로 오상의 용(用)이 한결같이 그 법칙대로 하여 본연(本然)의 선(善)이 유행(流行)하는 것 아님이 없으니, 바로 경(經)이 위(緯)에 행해지고 위가 경을 순종해서 백행(百行)과 만선(萬善)이 모두 이로 말미암아 나오는 것이다. 그러니 예악(禮樂)과 형정(刑政), 교화(敎化)와 풍속(風俗), 수신제가(修身齊家)와 치국평천하(治國平天下)와 참찬(參贊)하고 화육(化育)함[14]이 모두 그 능사(能事)이다.</td>
<td rowspan="3">칠정(七情)을 말할 적에 구(懼) 자를 락(樂)으로 바꾼 경우가 있으니, 즐거움과 기쁨(喜)은 한 종류인데 기쁨이 칠정의 맨 앞에 있기 때문에 즐거움을 버리고 두려움을 취한 것이다. 그러나 기쁨과 즐거움과 사랑(愛) 세 가지는 모두 순경(順境)에 응하는 것이고, 노여움(怒)과 슬픔(哀)과 미워함(惡) 세 가지는 모두 역경(逆境)에 응하는 것이니, 기쁨과 노여움은 상대가 되고 슬픔과 즐거움은 상대가 되고 사랑과 미워함은 상대가 되어서 오직 하고자 하는 것(欲)이 상대가 없는 외에는 모두 서로 반대되는 것을 가지고 상대하여 들었다. 만일 두려움을 가지고 슬픔과 상대하면 모두 역경에 응하는 것이니, 이는 홀로 상반된 상대가 아니다. 더구나 칠정은 두려움을 시(始)와 종(終)으로 삼지 않은 것이 없다. 발하지 않았을 때 두려워한 뒤에, 칠정이 모두 마땅히 발해야 할 때 발하고, 이미 발하고서 두려워한 뒤에 칠정이 모두 마땅히 그쳐야 하면 그치는 것이니, 이는 바로 군이 두려워하는 명목을 따로 들지 않아도 두려움이 본래 이 가운데에 있는 것이다. 또 칠정 가운데 오직 즐거움이 가장 두려움에 간절하니, 사람이 두려움을 생각하지 않으면 어떻게 그 즐거움을 보존하여 소유할 수 있겠는가. 그렇다면 즐거움을 말하면 두려움이 즐거움 가운데에 들어 있는 것이다. 또 서로 비슷한 것을 가지고 말하면 두려움은 항상 미워하고자 하나 미워할 수가 없고, 노여워하고자 하나 노여워할 수 없는 곳에서 나오니, 이는 미워함과 노여움이 또한 두려움과 유사한 것이다. 자사(子思)가 《중용(中庸)》에서 즐거움을 슬픔의 상대로 삼고 두려움을 아직 들지 않은 것은 이 때문이 아니겠는가.</td>
</tr>
<tr>
<td>일곱 가지의 정이 오상(五常)의 쓰임이 아님이 없고, 오상은 칠정이 아니면 어디서부터 나날이 쓰며 항상 행하는 도(道)가 됐겠는가. 이는 오상이 진실로 칠정의 성(性)이 되고 칠정은 오성(五性)의 정(情)이 되는 것이다.</td>
</tr>
<tr>
<td>칠정이 혹 마땅히 발해야 할 때 발하는 것이 아니고 절도에 맞는 그침이 아니라면 이것은 바로 오상의 용이 곧 그 법칙이 아니어서 사사로움에 구애되고 정이 치우쳐 과(過)와 불급(不及)의 편벽됨을 면치 못한 것이다. 이는 바로 위(緯)가 경(經)에 어긋나고 경이 그 위를 잃어서 천흉(千凶)과 만악(萬惡)이 또한 이로 말미암아 나온다. 얼음처럼 얼었다가 불처럼 타오르며 하늘로 날아오르다가 연못에 빠짐에[15] 삼강(三綱)이 실추되고 구법(九法)이 무너지고 오륜(五倫)이 어지럽고 오전(五典)이 어지러워서 이로써 몸을 망치고 종족을 멸하고 집안을 실패하고 나라를 망하게 하는 것이 모두 그 재앙이다.</td>
</tr>
</table>

14 참찬(參贊)하고 화육(化育)함 : 삼재(三才 하늘·땅·사람)에 참여하여 천지를 도와 만물을 기르는 것을 말한다. 《중용장구》에 "오직 천하에 지극히 성실한 사람이어야 본성을 다할 수 있으니, 본성을 다하면 사람의 본성을 다하게 할 수 있고, 사람의 본성을 다하면 물건의 본성을 다하게 할 수 있고, 물건의 본성을 다하면 천지의 화육을 도울 수 있고, 천지의 화육을 도우면 천지에 참여할 수 있다.〔惟天下至誠, 爲能盡其性, 能盡其性, 則能盡人之性, 能盡人之性, 則能盡物之性, 能盡物之性, 則可以贊天地之化育, 可以贊天地之化育, 則可以與天地參矣.〕라고 하였다.

15 얼음처럼……빠짐에 : 헤아릴 수 없는 사람의 마음을 비유한 말로, 주자의 〈재거감흥(齋居感興)〉 시 제3수에 "인심의 오묘함은 예측할 수 없어, 드나들 때에 기기를 타고 나오네. 얼음처럼 얼었다가 불처럼 타오르며, 연못에 빠졌다가 다시 하늘로 날아 오르네.〔人心妙不測, 出入乘氣機. 凝冰亦焦火, 淵淪復天飛.〕"라고 보인다.

<table>
<tr><td rowspan="4">오행(五行)에 속함</td><td>기쁨은 화(火)에 속한다.</td><td rowspan="11">한번 나의 어리석은 소견을 가지고 설명하겠다. 기쁨이 오행(五行)에 있어 과연 화(火)에 속한다면 마땅히 오상(五常)에서는 예(禮)에 속해야 할 것이다. 그러나, 여기서 도리어 인(仁)에 속함은 어찌 기뻐하는 바가 반드시 사랑하는 데서 나오니, 사랑은 바로 인의 용(用)이기 때문이 아니겠는가. 또 기쁨은 항상 하고자 하는 바가 이뤄주는데서 나와 그 정(情)이 방탕한 데로 흐르기가 쉬우니, 그렇다면 수(水)에 속하는 지(智)에 가까울 듯하다. 슬픔은 사랑에서 연유하니 또 물건을 낳는 목(木)과 측은한 인과 통할 듯하나 그 베풂이 절도가 있는 것은 예에 가깝고, 그 기운이 차갑고 괴로운 것은 금(金)에 속할 듯하고, 괴로움이 심하면 눈물이 생기는 것은 수에 속할 듯하다. 하고자 하는 것은 기류(氣類)에서 생기니 목과 인에 속할 듯하나 그 바르고 또 깨끗한 것은 금에 가까울 듯하고, 그 찌꺼기와 탁한 것이 있음은 토(土)에 가까울 듯하고, 그 흐르기 쉽고 빠지기 쉬움이 되는 것은 바로 수이다. 그 사단(四端)에 있어서 기쁨과 사랑과 슬픔과 두려움과 하고자 함을 모두 측은(惻隱)에서 발한 것이라 하고 오직 미움과 노여움을 수오(羞惡)에서 발한 것이라 하였다. 적이 생각해 보니 만약 정(情)이 성(性)에 뿌리하여 그 발동하는 곳을 가지고 말하면 칠정 중 무엇이 측은이 주장이 되지 않겠는가. 비록 미워하고 노엽더라도 그 발동하는 것은 또한 측은인 것이다. 대개 정은 성이 발한 것인데 그 성이 되고 정이 되는 이유는 모두 이 하나의 리(理)이다. 하늘과 땅에 있으면 리기(理氣)와 오행(五行)이 되는 것이 모두 이 리이다. 그러므로 사람에 있어 성과 정이 되는 것은 상(常)의 다섯 가지와 정의 일곱 가지를 그 조목을 비록 나누지 않을 수 없으나, 그 리는 서로 통하고 서로 꿰뚫는 것이다. 이는 바로 칠정을 가지고 오행과 오상, 사단에 소속시킨 것은 비록 명목을 따라 각기 배열하고자 한 것이나 서로 출입이 없을 수가 없으니, 이는 바로 하나의 리가 서로 통하고 서로 꿰뚫기 때문이다. 목은 오행의 첫 번째가 되고, 원(元)은 사덕의 첫 번째가 되고, 인은 오상의 첫 번째가 되고, 측은은 사단의 첫 번째가 되어서 온전히 남은 것을 다 포괄한다. 그러므로 칠정이 오행의 목과 오상의 인과 사단의 측은에 통하는 것이 그러한 것이다. 오직 이것을 아는 자가 모름지기 넓게 보아서 막히는 것이 없는데 달려 있을 뿐이다.</td></tr>
<tr><td>사랑은 목(木)에 속한다.</td></tr>
<tr><td>미워함과 노여움은 금(金)에 속한다.</td></tr>
<tr><td>슬픔과 두려움과 하고자함은 수(水)에 속한다.</td></tr>
<tr><td rowspan="4">사덕(四德)에 근본함</td><td>기뻐함과 사랑은 인(仁)이다.</td></tr>
<tr><td>미워함과 노여움은 의(義)이다.</td></tr>
<tr><td>슬픔과 두려움은 예(禮)이다.</td></tr>
<tr><td>하고자함은 수(水)에 속하니 이것은 지(智)이다.</td></tr>
<tr><td rowspan="2">사단(四端)에 모의함</td><td>기쁨과 사랑과 슬픔과 두려움과 하고자함은 모두 측은(惻隱)에서 발한다.</td></tr>
<tr><td>노여움과 미워함은 수오(羞惡)에서 발한다.</td></tr>
<tr><td></td><td>위 칠정(七情)은 본래 사단에서 횡(橫)으로 꿰뚫는다.</td></tr>
</table>

<table>
<tr><td></td><td>예의 단서는 한편으로는 공경(恭敬)이라고 하니, 공경은 바로 사양의 실제이고 사양은 바로 공경을 베푸는 것이다.</td><td rowspan="6">네 가지는 또한 칠정(七情)의 구역을 벗어나지 않는다. 칠정은 선악(善惡)이 없을 수가 없고, 사단(四端)은 칠정 가운데에서 그 사덕(四德)이 각각 촉발하는 것에 따라 처음 나와 순선(純善)한 곳을 가리켜 든 것이니, 또한 성(性)의 정(情)이라고 말하는데 불과할 뿐이다. 어찌 정 밖에 별도로 단서가 있겠는가. 단서라는 것은 근본이 있음을 이른다. 단서에 측은(惻隱)이 있으면 성에 인(仁)이 고유하고 있음을 알 수 있고, 단서에 수오(羞惡)가 있으면 성에 의(義)가 고유하고 있음을 알 수 있고, 단서에 사양(辭讓)이 있으면 성에 예(禮)가 고유하고 있음을 알 수 있고, 단서에 시비(是非)가 있으면 성에 지(智)가 고유하고 있음을 알 수 있다. 그러므로 사단이라 한 것이다. 오직 그 확충하는 도(道)는 다만 마땅히 동(動)하는 즈음에 있으니, 성찰(省察)하고 근신(謹愼)해서 발하는 것에 따라 반드시 배양해서 하여금 잠시 나오고 곧 어지럽히지 않게 할 뿐이다. 이것은 바로 칠정 중에 순선한 것이니, 만약 이것을 확충한다면 사덕이 그 단서에 따라 매일 쓰는 사이에 유행(流行)하는 것이 마치 불이 처음 타오르고 샘물이 처음 나와서 이루다 쓸 수가 없어서 몸에서 집안에 이르고, 집안에서 나라에 이르고, 나라에서 천하에 이르러 하늘이 덮어주고 땅이 실어주는 가운데에 두루 통할 것이다.</td></tr>
<tr><td rowspan="4">사단</td><td>측은(惻隱)은 인(仁)의 단서</td></tr>
<tr><td>수오(羞惡)는 의(義)의 단서</td></tr>
<tr><td>사양(辭讓)은 예(禮)의 단서</td></tr>
<tr><td>시비(是非)는 지(智)의 단서</td></tr>
<tr><td></td><td>신(信)의 단서를 말하지 않은 것은 사단(四端)의 발함이 진실한 이 리(理) 아닌 것이 없으니, 그렇다면 신에 어찌 별도로 단서를 말하겠는가.</td></tr>
</table>

<table>
<tr><td rowspan="4">마음이 물건과 접하는 조목</td><td>분치
(忿懥)</td><td rowspan="9">분치(忿懥)는 바로 미워하고 노여워하는 것이고, 호요(好樂)는 바로 기뻐하고 즐거워하는 것이며, 공구(恐懼)는 미워하고 노여워하는 실제가 있으나 자연 미워하고 노여움으로 응할 수가 없으면 이 정이 있어서 미워하고 노여움으로 그 류(類)를 함께 따르되 더 깊고 중한 것이니, 만일 칠정(七情)이 구(懼 두려움) 자를 락(樂 즐거움) 자와 바꾼다면 이것이 본래의 명목이다. 우환(憂患)은 바로 미움과 슬픔이 모인 것이요 두려움이 발하는 것이다. 친애(親愛)에 이르러서는 바로 사랑이고, 천오(賤惡)는 바로 미움이고, 외경(畏敬)은 바로 친애하되 더 높임을 가하는 것이다. 애긍(哀矜)은 바로 슬픔이고, 오타(敖惰)는 천하게 여기고 미워할 만한 실제가 없어서 뜻을 다하고 유념(留念)하지 않는 것이니, 그렇다면 사랑과 미움 밖에 밖에 있는 것이다. 오직 네 가지와 다섯 가지는 본래 마음의 떳떳한 정 아닌 것이 없으나, 이것은 바로 마음이 병이 되는 조목이다. 이른바 유소(有所)라는 것은 바로 네 가지가 병이 되는 이유이니, 유(有)라는 것은 마땅히 있어서는 안 되는데 있는 것이요, 소(所)라는 것은 그 올바른 대상이 아닌 것이다. 일이 아직 오지 않았는데 먼저 마음속에 두고 있는 것은 미리 기대하는 것이며, 일이 막 응(應)하였는데 지나치게 중(重)하게 여기는 것은 한쪽에 치우쳐 매여있는 것이며, 일이 이미 지나갔는데도 마음속에 아직도 남아있는 것은 유체(留滯)하는 것이니, 이는 유소가 병이 된 것이다. 이른바 지벽(之辟)이라는 것은 바로 또한 다섯 가지가 병통이 되는 것이다. 지(之)라는 것은 향하여 고착되어 가는 것을 이르고, 벽(辟)이라는 것은 오로지 중하게 여기는 것을 이르니, 친애에 편벽되면 친애하는 법칙을 잃고, 천오에 편벽되면 천오하는 법칙을 잃고, 외경에 편벽되면 외경하는 법칙을 잃고, 애긍에 편벽되면 애긍하는 법칙을 잃고, 오타에 편벽되면 오타의 법칙을 잃으니, 이는 지벽이 병이 된 것이다. 그 병이 되기 때문에 반드시 뜻이 같은 두 글자를 가지고 거듭 연이어서 그 조목을 삼아 병이 되는 것을 밝혔으니, 이는 진실로 증자(曾子)의 말씀 중 물을 담아도 세지 않는다는 부분이다. 그 처음은 모두 이 칠정 가운데 정(情)인 것이다.</td></tr>
<tr><td>공구
(恐懼)</td></tr>
<tr><td>호요
(好樂)</td></tr>
<tr><td>우환
(憂患)</td></tr>
<tr><td rowspan="5">몸이 물건과 접하는 조목</td><td>친애
(親愛)</td></tr>
<tr><td>천오
(賤惡)</td></tr>
<tr><td>외경
(畏敬)</td></tr>
<tr><td>애긍
(哀矜)</td></tr>
<tr><td>오타
(敖惰)</td></tr>
</table>

6.5.2

리(理)와 기(氣)가 하늘과 땅에 있어 경(經)과 위(緯)가 되는 것은, 하늘과 땅은 본래 편벽됨에 구애되는 바가 없고 사사로움에 유혹되는 바가 없어서 지극히 성실하고 쉼이 없어서 아, 심원하여 그치지 않는다. 이 때문에 경위(經緯)의 도가 순히 다스려지지 않는 것이 없어서 해와 달과 별이 그 떳떳한 운행을 얻고, 산악(山嶽)과 천독(川瀆)이 그 상평(常平 떳떳하고 공평함)을 얻고, 더위와 추위, 낮과 밤이 항상 제 때에 맞고, 비가 내리고 해가 뜨고 바람이 불고 우레가 치는 것이 항상 그 시절에 맞아서 조화(造化)로 생육(生育)하는 공이 어긋나지 않아서 만고(萬古)를 지나도 하루와 같은 것이다. 그리고 성(性)과 정(情)이 사람에 있어 경과 위가 되는 것은 동일한 리와 기이나, 오직 성인은 천리(天理)에 순수하여 또한 그치지 않아서 지극히 하는 것이 중화(中和)의 덕이고, 잡아 지키는 것이 중용(中庸)의 도이다. 그러므로 천지가 제자리를 편안하게 하고 만물을 길러줄 수가 있으며, 지나간 성인을 계승하고 오는 후학들을 열어줄 수 있는 것이 모두 경위의 도가 다하지 않는 바가 없는 것이다. 그러나 중인(衆人)에 이르러서는 그렇지 않아서 기품이 처음 받아 태어나는 초기에 편벽되지 않을 수가 없고, 물욕의 유혹이 지각이 발함에 얽매이지 않을 수가 없다. 그리고 이른바 칠정(七情)이라는 것이 편벽되이 중함에 잘못되지 않으면 혹 편벽되이 가벼움에 잘못되니, 중한 것은 항상 과(過)함을 염려하고 가벼운 것은 항상 불급(不及)을 염려한다. 일을 응하는 즈음에 유소(有所)의 네 가지 단서를 면치 못하고, 물건을 접하는 사이에 지벽(之辟)의 다섯 가지 병통을 면치 못하니, 이렇게 되면 오상(五常)이 반드시 그 본연(本然)을 잃으며 사단(四端)이 막 노출되었다가 곧바로 어지럽혀진다. 그리하여 엉켜서 얼음이 되고 타올라 불이 되고 연못에 빠지고 하늘을 나는데 이르러 삼강(三綱)이 삼강답지 못하고 오륜(五倫)이 오륜답지 못하며, 심한 경우 혹 몸이 망하고 집안이 폐하고 나라를 전복하는 자도 있으니, 이 어찌 경이 제대로 경이 되지 못하고 위가 제대로 위가 되지 못해서 이렇게 된 것이 아니겠는가. 그 과연 두려워할 만하다.

旅軒性理說
校勘·標點

卷四

經緯說

4.1 經緯說

4.1.1 論經緯可以喩理氣

4.1.1.1

古人借物明理者多矣, 以物可見而理難見, 故假易見而形難見也。 因其比擬, 遂以爲號者有之, 如三才、萬物之所以爲三才、萬物者, 曰道而已矣。無此道, 則無三才萬物矣, 而有此道, 故乃有此三才、萬物, 則道之爲道, 豈不大矣哉? 然而本無其字, 遂借道路之道而名焉, 以其三才萬物之所共由, 而極之於旣往之前, 莫極其始; 窮之於將來之後, 莫窮其終, 故借其古今通行人所共見者名之, 而其義見矣。蓋聖人之作字, 或取於形, 或取於事, 或取意, 或取聲, 覆上名天, 載下名地, 陽精爲日, 陰精爲月, 至於山川、草木、人事之名, 皆各有所取也, 而惟道無形象可擬, 無端倪可擧, 故無本字而必借之也。所謂理, 所謂氣, 卽此道之理, 此道之氣也。理亦本無其字, 而借治玉之理名焉, 以理之爲理, 爲萬有之所宗, 而物之有脈理, 惟玉最密, 故借之; 氣亦本無其字, 而借雲氣之氣名焉, 以氣之爲氣爲萬有之所成, 而物之有變化, 惟雲最盛, 故借之。理爲道之理, 氣爲道之氣, 而不可以一道字, 而明其體用之妙, 故又必以理字氣字, 而分其名, 此其借中之大者耳。其餘本末、源流、綱領、條目、根柢、樞紐等目, 莫非借於物目而明夫義理也。 竊見經緯字之借用於文籍中者亦尙矣。 經卽織縷之縱而在柚者也，緯卽織絲之横而在杼者也，經則自始至終，通貫在達而無有變易，緯則一左一右，反覆往來而須備曲折。惟其織出布帛之工，未知果肇於何聖之世乎？聞黃帝元妃西陵氏始養蠶爲絲，則布帛之制，蓋出於黃帝時耶！其制作之妙，則實本於天地之理者也。經以縱之，緯以横之，非經則無以出緯，非緯則無以承經。經緯旣備然後，布帛之用行矣，而衣裳帷幕、黼黻文章，至于交幣通貨之具，皆此焉出矣，其爲功用不亦大乎？故有經則有緯，未有無經之緯，又未有無緯之經。經之通貫直達者，未有一縷之或離於緯，緯之反覆往來者，亦未有一縷之或違於經，相須以就，竝行以成焉。然其爲絲則一也，其爲物則非二也。必也絲功能齊，縷色能純，然後經以緯而致用，緯從經而成布。不然而功有精粗，色有純雜，經雖常一，而緯自不同，則經緯不倫，而於是有反於經之緯焉，布帛之用斯不成矣。此乃經之所以不可無緯，而緯之不可有戾於經者也。夫經緯雖不相離，而其縱横之勢，旣有體用之分，則經之縱者固常一矣，而緯之所以錯綜旁行於經之中者，不能無出入得失之端焉，此必有治緯準經之道，而制其出者，使入其倫；矯其失者，使得其常，然後其事順而其功成矣。經緯之義如是，故提此二字，擬之於理氣，則竊以爲似乎近矣。理乃道之經也，氣乃道之緯也，爲經爲緯者雖別，而同是絲也，則其可以二其本乎？爲理爲氣者雖分，而同是道也，則其可以二其源乎？指其常一者而謂之理，指其變化者而謂之氣，則理固經於氣，而氣固緯於理矣，理豈有不管氣之理，氣豈有不本理之氣哉？惟以理則無變而常一，氣則有變而不齊，故疑於理自理，氣自氣也。然無變者，爲有變者之體，而有變者，爲無變者之用也。常一者，爲不齊者之本；

而不齊者，爲常一者之末也，但其用分於體，或有偏勝之弊，末遠於本，或有橫戾之端，故用勝於體，末戾於本，然後道失其常，緯與經反，而始有違理之氣矣。見其違理之氣，便以爲理外有氣，則是實不知道者也。惟其氣出於理，而乃有違理之氣者，何也？卽所謂理之爲經者無變，而氣之爲緯者有變，故無變者一直而常然，有變者萬曲而多差故也。然則緯之反於經者，何以辨之？亦不過曰"據其經而知之耳。"緯出於經，故緯之能準于經者，緯之正也，過於經非準也，不及於經亦非準也。於是裁其過者，而使之不過；引其不及者，而使之能及，蓋莫非經之常一者爲之主，而致其準也，故緯之反於經者，不能終於反，而畢竟歸準於經，則經之常一者固自若也。以此而論理氣，夫豈遠哉？

4.1.1.2

又曰：今此所擬之經緯，止以理氣言也。凡觀宇宙間道理，莫不有經緯焉，姑以宇宙言之。上下四方曰宇，是經也，一定而不易焉；古往今來曰宙，是緯也，其變則無窮焉。至以《河圖》、《洛書》言，《河圖》爲經,《洛書》爲緯，以八卦先後天圖言，先天圖爲經，後天圖爲緯；天地則形上形下爲經，一泰一否爲緯；陰陽則對待者爲經，流行者爲緯；時節則暑寒晝夜爲經，雨暘風雷爲緯。又至於物理、人事之間，無大，無小，無顯，無微，皆各有經緯之義，其有常者經也，有變者緯也。不常則無以立體，不變則無以致用，常變相須，體用必待者，固理之自然也，道之常然也。有常有變之中，理氣之爲經緯者最大焉。有物之常而大者，莫天地若也，而天地亦有時而變，則天地果爲氣中物也。其有以造天地，窮天地者，豈非常之常、大之大而爲一大經乎? 大經緯之中，又有許多經緯，而道之爲道盡矣夫。

4.1.2 **論理氣爲經緯**

4.1.2.1

"夫道之大本，固無象，而實有條理之不可紊者，具於自然之中，故乃以理名之，則人便疑夫理之爲理，其亦一箇物者，而有如天地之形于上下，日月之麗于晝夜者然，故言是理者，又以爲無形體，無聲色，無方所焉，則人之想象之者，又疑其有不形，不體，不聲，不色，不可以一物名之，不可以耳目接之者，在於天地萬物之外，而其名爲理也，故理終不可得以明焉。然則何從而求之，何從而知之? 固不可用耳目視聽，又不可用手足奔探，只可以心會之而已。此心卽此理中物也，以此心求此理，何遠乎哉? 然亦非猝然强用心力，而可以會得者也，要須聚精凝神，積以歲月，平心一志，不爲外物所攪撓，則可以因可目，而有以會夫不可目之妙; 據可耳，而有以會夫不可耳之蘊，旣自著見於尋常事物間者，實此理也，亦豈渺茫，終不可求者哉? 然則理果何如也? 不過以天地萬物而知之矣。吾身亦萬物中一物也。俯仰觀之，四方觀之，孰有非此理之所形哉? 然若曰: '天地萬物，便是此理。'，則天地未開闢，萬物未生出，而此理固已有焉; 萬物已盡，天地已窮，而此理亦未嘗窮盡焉，則此理似乎不寓著於天地萬物者矣。若曰: '此理果不寓著於天地萬物。'，則天何從而爲天，地何從而爲地，萬物何從而爲萬物乎? 理又主張乎何事何物，而爲理乎? 夫旣上焉而天，下焉而地，以之有天地事業; 中焉而人物，以之有人物事業，則天地不自天地，人物不自人物，其必有主張而綱領之者矣，其必有根柢而樞紐之者矣，卽此理是也。理當有天，故斯有天，理當有地，故斯有地，理當有人與萬物，故斯有人與萬物，觀天地人物之形體，而察天地人物之事業，則其理斯可得而識矣。因可耳可目，而會夫不可耳不可目之妙蘊者，其不在是耶？然天地人物，亦皆是此理中聚散往來者爾，又不可以此天地萬物，謂可以盡夫此理之全體極致，則其全體極致，斯亦可得以心會之矣。理之云者，不涉形氣之稱也，而又不可外形氣而求之者也。高下之所從出，而不可以高下偏言之也；遠近之所從出，而不可以遠近偏言之也，其以大小焉如是，其以表裡焉如是，其以精粗焉如是，其以貴賤焉如是。若以其不涉形氣者而言之，則其所占者，似是高也，遠也，大也，裡也，精也，貴也，而以其不可外形氣求之者而言之，則高下焉者旣皆此理矣，下非其所遺也；遠近焉者亦皆此理矣，近非其所遺也，至於爲大，爲小，爲表，爲裏，爲精粗，爲貴賤者，莫非此理矣，則小者，表者，粗者，賤者，皆其所統也，皆其所在也。豈非無所不包，無所不備，無所不通，無所不貫，無時或無，無處或外，無事或欠，無物或缺者，其實也哉？其不可以一字之義而盡之，故孔子謂之“太極”，極是無所不統之義也，而又加太字於其上，則太是無所復加之義也。至周子又加無極二字於太極之上，則以明夫太極之非自爲一物，而其爲極也，雖曰：“太矣”，而不可得以見其爲太，則所以爲極之太之實也，必置而字於無極、太極之間者，所以明夫無極、太極之爲一極也。大極固自無極，而無極所以爲太極者也。以此言之，則眞而無妄者此理也，純而無雜者此理也，善而無惡者此理也，中而無偏，正而無邪，公而無私者此理也；直而無曲，順而無逆，易而無險者此理也；是而無非，當而無乖，密而無紊者此理也；一而無二，全而無虧，常而無變者此理也。然亦非此理果有㨾象體段之可指，而遂以爲眞矣，純矣，善矣，中矣，正矣，公矣，直矣，順矣，易矣，是矣，當矣，密矣，一矣，全矣，常矣焉者也。直以其著爲形器，流爲性命者觀之，便可窮得其必眞，必純，必善，必中，必正，必公，必直，必順，必易，必是，必當，必密，必一，必全，必常者，自爲根柢樞紐於無形無象之中矣，此此理之所以無盛衰，無始終，亘古今，一彼此，恒爲道之經者然也。然則經不是止自爲經而無所爲者也，必有緯以成之，經得緯爲經，緯得經爲緯，經之不可無緯，猶緯之不可無經也。但經先而緯後，經體而緯用，其爲先後體用之分，則不容無辨。夫所謂理者，乃是有事物而窮原之稱，若無事物，則據何者而知有其理乎？理之爲理，以有條脈，不可紊者而名之，若無事物，則條脈之散布流注者，其在何所乎？無所不包者，必有以盡其所包；無所不備者，必有以盡其所備；無所不通者，必有以盡其所通；無所不貫者，必有以盡其所貫，然後已也，此所以理之必有氣也，有氣然後條理脈絡著於實用，而爲是道之成矣。於是氣之凝聚者爲形質，形有大小貴賤，質有厚薄粹駁；氣之運行者爲候度，候有淸濁精粗，度有始終盛衰。然則自至大，至至小，其間凡幾萬般大小也；自至貴，至至賤，其間凡幾萬般貴賤也，自至厚，至至薄，自至粹，至至駁，至於淸濁精粗，始終盛衰，其所以爲幾萬般厚薄粹駁，幾萬般淸濁精粗，幾萬般始終盛衰於其間者，莫非所謂氣也。於是不能皆眞而妄者存焉，不能皆純而雜者存焉，不能皆善而惡者存焉，中之有偏，正之有邪，公之有私，直之有曲，順之有逆，易之有險，是之有非，當之有乖，密之有紊，一之有二，全之有虧，常之有變者，皆不得不竝焉，此則氣之所以爲道之緯者，而氣不能自氣，必由于理之所以爲經者，使之緯耳。然則緯由經作，氣從理出，而氣之所以爲緯者，乃與理之所以爲經者，有所相戾者無怪也。何則？固以理則常一而立經，氣則待二而致緯，一之所以無變，二之所以萬變也。然而所謂無變，果爲萬變之體，萬變果爲無變之用，則終何害於體用之一源乎？有眞則有妄，有純則有雜，有善則有惡，有中則有偏，有正則有邪，有公則有私，有直則有曲，有順則有逆，有易則有險，有是則有非，有當則有乖，有密則有紊，有一則有二，有全則有虧，有常則有變者，固是氣之緯於理者，其勢不容不然也。然而眞者，純者，善者，中者，正者，公者，直者，順者，易者，是者，當者，密者，一者，全者，常者，道之常也，政所謂緯之準於經者也；妄者，雜者，惡者，偏者，邪者，私者，曲者，逆者，險者，非者，乖者，紊者，二者，虧者，變者，道之變也，卽所謂緯之反於經者也。經之常一者，無時不一，故緯之互變者，終不得不歸於常一之中矣，苟有能準於經者，爲之主而立其極焉，則其反於經者，始雖不能無矣，而畢竟無不服順於準經之化也。妄不能爲妄，而伏於眞；雜不能爲雜，而伏於純；惡不能爲惡，而伏於善，偏伏於中，邪伏於正，私伏於公，曲伏於直，逆伏於順，險伏於易，非而伏是，乖而伏當，紊而伏密，二而伏一，虧而伏全，變而伏常者，必皆然也。其所以致此者何也？理之爲經者常一，而氣之爲緯者，固爲此理之所統故也。蓋氣之緯也，其聚結而爲形器者，固一定而不可易，其賦予而爲性命者，固各正而不可亂矣，至於流行循環，升降往來之際，其有厚薄精粗，淸濁粹駁之不齊者，必有無窮之變化，變化而有戾於經者，旣不能無焉，故邃因其變化之機，而開發焉，敎迪焉，馴致之，轉移之，使之各順其常然之則焉，則理之爲經者，卽此而存焉，而氣之緯者，不得自任其變，必歸於常一之經矣，此聖人所以有學問之術，教化之方，裁成輔相之事，參贊位育之業者也。”

4.1.2.2

或曰：“理固難言矣。夫發明此理之原奧，莫盡於大易矣，而伏羲止設卦畫而已，未有說理之文字，文王繫彖，止說卦義；周公繫爻，止說爻義，而皆未嘗說到理之源頭，至孔子繫辭，始言太極，而太極二字，亦明此理無對之義而已，非所以說出此理之實狀，周子之加無極者亦明太極之不爲一物也而已矣。惟《詩》之所云：‘上天之載無聲無臭者’至矣，而亦不言所載之何如矣。今子收拾得眞也、純也、善也、中也、正也、公也、直也、順也、易也、是也、當也、密也、一也、全也、常也等十五字，明其所以爲理也，子果能言前聖之所未言歟？ 又況十五字之錯出於經傳中者， 或言於性命道德之際、政令事物之間，隨章句而說過焉，實未有直指此理而具擧並著者也，今何比而類之，不憚煩褻如此哉？ 無乃欲明之而還晦，欲狀之而反失者耶？”曰：“子之譏之者近矣。理果微矣、妙矣，無形而難狀，欲言而難說矣。然此理也，有物之所同得，有時之所常存。 外可驗於耳聽目見， 內可認於心會身體， 俯仰焉而著於天地，旁觀焉而察於萬物，考諸古今之事而可見，質諸聖賢之訓而可明，顧可以難言難狀，而當說不說哉？ 聖人造書契，立文字者，乃所以明此道也，苟能熟玩字義，默會理趣，則其於曲暢旁通之間， 可以究達於一原之奧矣。 況此十五字者，前後聖賢皆所著用於義理之洽好處者也。今就而收取之，類而比之，以爲互證相發之地者，其可得已耶。且立言之法，如不得如聖人之片言隻字，能盡乎衆妙之歸趣，則不如備擧而類悉之爲得也。若懼煩思約，單言徑說，或言東而失西，說上而遺下，則其可乎哉?”

4.1.2.3

又曰:“理氣之爲經爲緯者，無時不然，無物不然，故大觀之，有大經緯；小觀之，有小經緯。理在未有天地之前而爲經，則以元氣爲之緯，遂做出輕淸之天，使之居上，覆幬之，重濁之地，使之居下，持載之，以爲萬物之大父母焉，理在有天有地之後而爲經，則以二氣五行爲之緯，遂做出無窮之造化，有萬之品彙，以爲大化之機軸焉；理在人物禀生之後而爲經，則以七情五事爲之緯，遂做出動天地之言行，參天地之道德，以爲三才萬物之極焉。夫其所以爲經者，不是在天地之先者，旣自爲一理；在天地者，又自爲一理；在人物者，又自爲一理也。其理則乃一理也，而當有天而斯有天，當有地而斯有地，當有人而斯有人，當有物而斯有物，此則氣之所以爲理之緯也。是故無時無理氣，無物無理氣，而其爲經緯者，在在可見焉。緯實出於經矣，而緯之所行，經未嘗離焉，則曰理、曰氣，固不可換名，而又不可謂二道也。理之一者，所謂‘統體一太極’者也；性命之各正者，所謂‘萬物各具之太極’也。統言之，而爲統體之太極；各言之，而爲各具之太極，一太極也，而有統體，有各具，此則緯在經中也。統體焉而此太極，各具焉而亦此太極，有統體，有各具，而爲太極者一焉，此則經在緯中也。經緯之爲一物，理氣之爲一道，不容相無，不得相異者，斯可見矣。”

4.1.2.4

又曰：“未有物之前，自有將爲是物之理者爲之經，是理之作爲胚胎是物之氣者爲之緯，此所以合理氣而物生焉。既有物之後，此理之在物爲性命者，爲之經；是性之發爲情意有所云爲者，爲之緯，此所以合理氣而道行焉。然則經緯固非二理也，前後之經緯亦非二道也。惟其爲理也者，無始終，無盛衰，無大小，無精粗，在古如是，在今如是，在彼如是，在此如是，故謂之經矣。其爲氣也者，有始終，有盛衰，有大小，有精粗，不能無古今，不能無彼此，故謂之緯矣。合經緯而爲一物，則理氣本非二道也，而其有不順理之氣者，卽所謂用分於體，末遠於本故也，所以有不準經之緯也。然而不順者有可順之理，不準者有可準之道，則理之爲經者其有易乎？氣之爲緯而或戾者，特變中之變而已，其何損於不易之經哉？”

4.1.2.5

又曰：“理不可以先後言，又不可以表裏言。若曰“在先”，則後爲不在焉，是則理乃時有時無者也；若曰“在棵”，則表爲不在焉，是則理乃有有處無處者也，是豈理也哉？理無或無之時，又無或無之處，豈可以在先，在裡爲言哉？但其作爲其氣者，有時節，有形象，故據其氣之時節，知其理之在先，則曰“理先而氣後”；據其氣之形象，知其理之無象，則曰“理裏而氣表”，理固非自先之、非自裡之。自是無先無後，先後皆其所在；無表無裏，表裏皆其所在者，乃其常也。氣之從而有時節者，原其所本則理也；從而爲形象者，求其所主則理也，此或以先後、表裏，致疑於理氣者也。理氣之稱，雖以體用爲别，而其實本非二種者也。氣之大本曰理，理之大用曰氣，氣若無是理，何從而爲是氣；理若無是氣，何據而爲其理哉？氣有理爲之本，理有氣爲之用，此經緯之義也。惟其理常而氣變，故氣須始終往來於其中，對待流行於其中，大小貴賤於其中，屈伸消息於其中，而理未嘗不爲之經焉，故是非善惡之别，吉凶禍福之道，雖在叔季之世，終不得以爽也。”

4.1.2.6

又曰："經緯之義，要須活認得，不可泥從。布帛之經緯上，執定形質，以求之於理氣之經緯也，只取一縱、一横、一常、一變之義，推之於萬事萬物，則可以得其相須、相備之妙矣。且況經中亦有經緯之義，緯中亦有經緯之義，如《河圖》、《洛書》相爲經緯，而《河圖》中亦自有經緯，《洛書》中亦自有經緯，先天、後天二圖既分經緯，而先天一圖亦自有經緯，後天一圖亦自有經緯，就以理氣之爲經緯者言之，理亦自有經緯，統體之太極，非理中之經；而各具之太極，非理中之緯乎？氣亦自有經緯，凝定而爲形質者，非氣中之經；而運行而有往來者，非氣中之緯乎？今此書所取之經緯，則不分統體與各具之理，惟以常一不易者，擬之於經，不分凝定與運行之氣，惟以變化萬殊者，擬之於緯，便是一事而有經緯，一道而有理氣也。不但經緯之義如此。如體用、本末等名目，皆要理會得活，則可通於名理之本義，而其於義理無所繫滯矣。”

4.1.2.7

又曰："理經氣緯者，以理常而氣變也。然而理有統物之常，有隨物之常；氣有當然之變，有或然之變，理之無精粗，無厚薄，無大小，無古今，一定而不易者，統物之常也，其在物爲性者，有天地之性，有吾人之性，有萬物之各性者，似乎有變，而其爲理則有一，其爲經則無變者，隨物之常也。氣之有精粗，有厚薄，有大小，有盛衰，而不得不異者，當然之變也，在天地而有寒暑災祥之不得其正，在人物而有善惡邪正之不得其常者，或然之變也。然則在理而統物之常，似乎經；隨物之常，似乎緯，然而統物之常者，散爲在物之常；隨物之常者，渾是統物之常，則理之所以爲經者，益可見矣。在氣而當然之變，似乎經；或然之變，似乎緯，然而當然之變，終不失其爲變，而或然之變，終亦不能保其不善之變，而不得不爲善變之歸，則無非變也，氣之所以爲緯者，亦益可見矣。"

4.1.3 **論最上經緯**

4.1.3.1

"有物之最大者，莫天地若也；有物之最先者，莫天地等也；有物之最久者，莫天地如也。雖以最大，最先，最久之天地，非能自大，自先，自久而爲天地也，其必有造之者存焉，然則造天地者，何物歟？曰理也。理是無極底太極，則非有形質聲臭者也，而其以何道，能造此莫大，莫先，莫久之天地歟？曰元氣也。元氣何從出歟？曰出於太極之理也。太極旣爲常一之經，而有元氣爲其緯，故於是乎用輕淸爲天而圓之，用重濁爲地而方之，此卽一大經緯之在元始者也。理之爲經者，不以天地之消長而有變焉，故氣以緯之，有以生天地；有以窮天地，此天地之始終也。究而論之，其在天地之先，卽此理也，故先天地之終，而此理未嘗與之終焉，遂復緯其元氣，以生此天地；其在天地之後，亦此理也，故此天地之終，而此理亦必不與之終焉，又復緯其元氣，以生後天地也。先不但此天地之先，先而又先，理惟此理，則其曾有天地，亦必如此天地也，後不但此天地之後，後而又後，理無他理，則其復有天地，亦必如此天地也。推而極其先，凡幾天地也，而蓋無非此理之天地也；推而極其後，又凡幾天地也，而必無非此理之天地也。然則先乎此天地之天地，其始終、其盛衰，固皆如此天地之始終、盛衰；後乎此天地之天地，其始終、其盛衰，亦果皆如此天地之始終、盛衰乎。曰：天地當不以先後而有別，同一理矣，則其爲盛衰，其爲始終，又何不同之有哉？先後天地之太古，必有如此天地之太古也；其有人物，必如此天地之人物也；其有聖賢、愚不肖，必如此天地之所生人也；其有否泰、治亂，必如此天地之所相乘也；其有末世，亦必如此天地之季世也，其間豈無小所差殊者，而特如今歲與前歲、後歲之或有小異耳，若其大槩，則必不異也。其所以常一而不易者，非理之爲經者乎？其所以有先後，有始終者，非氣之爲緯者乎？夫人之生於此天地者，不得見夫先天地與後天地，不但不得見夫先後天地。生于此天地之始者，不得見夫此天地之終；生于此天地之終者，亦不得見此天地之始；生于中世者，幷不得見夫此天地之始終。旣皆不得見也，而知其有所不見之始終，又知其有先後天地，何也？蓋天地亦一形氣之物也，旣是形氣焉，則必也有時而始，有時而終，旣有始終焉，則一天地不能常存，而先者盡，後者繼，而先後皆天地也。惟其不得以相見者，氣之爲緯者，先後、始終自有界別也。旣不得見矣，而能有以知之者，理之爲經者，無先後、始終，常然而不易也，此則此理之在於天地之先後而爲經者，以元氣爲緯，而始終其先後天地也。然則理氣之爲經緯者，非是道之常耶？”

4.1.3.2

或曰：“古之聖賢，莫不以開來學爲己責，而其爲窮源極本之論者，皆不出彛倫日用之間，古今天下之事矣，皆未嘗有曠蕩無稽之言者也，而邵子亦曰：‘天地之外，別有天地，則吾不得而知之，非惟吾不得而知之，聖人亦不得而知之’，今子之言，則推之於先天地、後天地，而極言夫此理之爲其經也，是則出乎此宇宙之上下也遠矣。子果能知聖人之所不知，能言聖人之所不言乎？無乃歸於鑿空駕虛之境，而不自知其爲妄者耶？”曰：“理固一理也。無前後，無古今，無彼此，無大小矣。吾之理卽人之理也，人之理卽物之理也，人物之理卽天地之理也。此天地之理，卽先後天地之理也。知吾之理則知人之理，知人之理則知物之理，知人物之理則知天地之理，知天地之理則先後天地之理，亦不外此矣。物無大小，莫不有始終，以吾人言之。有生之初，其始也；生畢而死，其終也。人先之人，卽先人也；人後之人，卽後人也。人先之人，凡幾千人也；人後之人，亦凡幾千人也，不過以方在之人，知先後皆人也，人之理亦豈有先後之異哉？其道則莫非彛倫之道耳。物莫不然，天地亦物也。旣有此天地之始，則知其始之前，必有所終之天地，卽所謂先天地也；又須有此天地之終，則知其終之後，必有所始之天地，卽所謂後天地也。有始則必有終，有終然後方有始焉，則必有始終者物也，而所以有有始終之物者，必有所無始終之理，而爲之經，以出緯，然後物得始終於其中焉，此固此理之常然者爾。恒人亦可窮之而知矣，況聖人乎？但聖人每據其見在之形、方値之時，而言其理。卽就事論事，就物論物，就位論位，就時論時，故所言之理常不出於事物時位之上，而以之處其事，以之應其物，以之守其位，順其時，則擧皆當然之則，而三才之道斯以立矣。當是時也，緯不待有事於治爲，而自無不準於經者矣。及夫世降風澆，民僞日滋，則道之經，雖常一矣，而道之緯，漸與經悖矣。聖人於是不得已焉而始畫八卦，開物成務，以體天地之撰，以通神明之德，以類萬物之情，以盡變化之道，以順性命之理，而治緯之具設矣，此伏羲之時，已異於太古洪荒之世者也。然亦不出乎形而下者，故止闡夫陰陽之變而已矣。文王之彖卦，周公之繫爻，皆發伏羲之旨而已，至孔子，則推本陰陽之所以生，而曰太極，乃就其形而下者之上，而指說其形而上之理，則所以使人知夫天地間萬物、萬事之變，都原於一理，而理未嘗一刻一物不存焉者也。此孔子之時，又異於羲、文之世也。又降而至于周、程之時，則加無極於太極之上，然後其所以說得形而上之理者，更無以加矣，而理之所以爲經者，極其原頭處也。在無形無象之中，爲有形有象之樞紐根柢者然矣，而兩程又從而發揮其緯，其爲慮也亦深且至矣。雖然理只是一理也，故前聖之就事物時位之上，而設其敎者，卽八卦、四象、兩儀之理也，卽太極、無極之理也，至其所謂無極、太極、兩儀、四象、八卦之賾而隱者，卽天地、人物常行共由之理也。深言之而深，淺言之而淺，大言之而大，小言之而小，遠言之而遠，近言之而近，高言之而高，卑言之而卑，此其所以理之爲經爲一，而有千變萬用者也。言何必乎高深遠大，又何必乎近小卑淺哉？蓋亦時焉而已。然則吾之所以說及乎先後天地者，乃所以明夫此天地之理也；明天地之理者，所以明夫此人物之理也；明人物之理者，所以止說其彜倫日用之常道，反而求之，則卽吾身吾心之所固有者爾，初非曠蕩虛無之論也，只欲明此理爲經之一。及其氣爲緯之變，而泝而極之，盡言之，勢有不得不爾也。然實不出此理而已，豈至於犯踰越之罪哉？且邵子之所謂別天地者，乃謂竝此天地，而又別有天地，則無其理也云耳，非謂先後天地之有無也。邵子旣有一元之說，則一元之先後，復無一元乎？一元，猶一歲、一日焉。歲之先後，乃前歲、來歲也；日之先後，卽昨日、來日也，今余之言，亦豈無據者哉？”

4.1.4 **論天地經緯**

4.1.4.1

理之爲經者，其在有天有地之後，乃亦所謂太極也，卽常一而無變者也。旣曰太極，則非可定其所在之處、所在之時也，天地之間，無非處也，而處有或上或下，或左或右，或內或外，而理不當偏指爲某處也；天地之運，無非時也，而時有或先或後，或始或終，或古或今，而理不當偏指爲某時也。上焉而上，下焉而下，左焉而左，右焉而右，內焉而內，外焉而外，無非其所在之處；先焉而先，後焉而後，始焉而始，終焉而終，古焉而古，今焉而今，無非其所在之時也，而上下有上下之物，左右有左右之物，內外有內外之物，則兩間所有皆物也；先後有先後之事，始終有始終之事，古今有古今之事，則由來所行皆事也。其所以爲物爲事者，有非此理之爲者乎？無非其所在也，而不可得以見其在焉；無非其所爲也，而不可得以見其爲焉，所以謂之太極者此也。自是常一而無變，故竪說之，一元有開閉，一氣有否泰，一歲有寒暑，一月有晦朔，一日有晝夜，而此理則常此理也；橫說之，國有治亂，人有善惡，物有巨細，品有貴賤，地有中外，而此理則一此理也，所以謂之常一無變者此也。夫旣常一者，此理也，而元不能常開，氣不能常泰，歲不能常暑，月不能常朔，日不能常晝，必有一閉，一否，一寒，一晦，一夜焉；國不能皆治，人不能皆善，物不能皆巨，品不能皆貴，地不能皆中，必有或亂，或惡，或細，或賤，或外焉者何也？固以無一則無以立經，不二則無以致緯，物不對待則不成物，時不禪代則不成時，此非一陰一陽所以有相互之妙耶？然則開閉也，否泰也，寒暑也，晦朔也，晝夜也者，有時之所必變也；治亂也，善惡也，巨細也，貴賤也，中外也者，有物之所必分也，不有以類聚群分，則太極者，其何以致用而立極乎？不有以相禪互代，則常一者其何以致變而爲一乎？此經緯之道也。夫太極之以氣爲緯，流行於天地之間者，其變至于十、百、千、萬之無窮，而其機則初不出陰陽兩端而已。陰陽旣分，則陰中又有陰陽，而陰之陰，陰之陽是分焉；陽中又有陰陽，而陽之陰，陽之陽亦分焉。陰陽之陰陽各分，則又有陰之陰之陰陽，陰之陽之陰陽；又有陽之陰之陰陽，陽之陽之陰陽，轉輾各分，而無窮之變在是矣。蓋陰陽兩端，旣自有相反之理，又必有相應之道，以其有相反之理，故遂有相應之道也。若不相反，豈有相應？此所以成變化而行鬼神者也。其爲順逆也，闔闢也，幽明也，淸濁也，舒慘也，生殺也者，相反之最者也，一吉一凶，不能相同焉；其爲動靜也，剛柔也，升降也，屈伸也，生成也，始終也者，相應之大者也，一唱一和，不可偏廢焉。因其有相應之道，而必成共濟之功；因其有相反之理，而或爲互勝之弊，其於共濟之間，互勝之際，所以爲同異之勢，變化之端者，有不可窮焉矣。夫元氣之運行於宇宙中者，有升降盛衰，而中和、過不及之變，有不一焉；大化之陶甄於天壤間者，有精粗厚薄，而美惡偏正之別有不齊焉，五運六氣之迭主四時，雨暘之錯行者，又有變之變，化之化，而造化不得不多端。於是品彙之產，族類之分，有什、百、千、萬矣。以二氣言之，得陰陽中和之德者蓋少，而得其過不及之氣者每多焉，剛善、剛惡，柔善、柔惡之類是也；以五行言之，得其純且備者蓋寡，而得其偏且雜者恒衆焉，其爲有餘不足，在五相錯之類是也。於是等品類族之有大小貴賤者，在動植皆然。所謂天有至粹，又不能無至戾；地有至精，又不能無至幽，飛類有鸞鳳，有梟鴆；走類有麒麟，有虎狼；介類有龜龍、有虺蜴；草類有芝蘭，有至毒；木類有松柏，有不材；石類有金玉，有礓礫者，乃其不同有如此也。斯人也而有聖賢，有愚不肖，亦何怪哉？然則人之聖賢，飛之鸞鳳，走之麒麟，介之龜龍，草之芝蘭，木之松柏，石之金玉，皆陽類也。若愚不肖之在人，梟鴆之在飛，虎狼之在走，虺蜴之在介，至毒之在草，不材之在木，礓礫之在石，皆陰類也，此則以美惡分陰陽者也。其間人而美不至於聖賢，惡不至於愚不肖；鳥而美不至於鸞鳳，惡不至於梟鴆；獸而美不至於麒麟，惡不至於虎狼；介而美不至於龜龍，惡不至於虺蜴，至於爲草爲木爲石之不至於至美至惡，而居美惡之間者，莫不以得二五分數之多寡，而爲陰陽之類者也，此非所謂氣之在天地，爲緯而變化者耶？然緯之所以有許多變化，産許多品彙者，卽無非從無所不包，無所不備，無所不通，無所不貫底一太極之理而出焉，則氣果有外理而能爲氣者乎？凡其至微，至細，至賤，至粗者亦莫非此理中物也，故其因物賦予者，莫非其則，則所謂則者，卽此理也。旣有一物，必有一則，故凡在覆幬持載之間，居竝育竝行之中者，莫不有統紀條理、分限節度之一定而不可亂者也。大者有以統小者，而小者必聽命於大者；貴者有以統賤者，而賤者必聽命於貴者，其如上下、內外之相統相承，各效其當取之長者，莫非其本然之則也。惟其品彙之中，得爲血氣之類者，雖共生於天地經緯之中，其所禀受非與植物同矣，而旣各自爲一物，自有其己，則或因其氣禀之偏，敢逞其知覺之私，不自安其所性之分限，不能守其一定之節度，肆情妄行，踰涯犯分，小或侮大，賤或陵貴，下不聽命於上，外不聽命於內，此亦大者不能盡大之道，而不足以統其小；貴者不能盡貴之道，而不足以御其賤；上者內者不能盡爲上爲內之道，而不足以制其下者外者故也。以之失其統紀，亂其條理，則大小貴賤、上下內外俱失其則，而天地之間，陽之類微，陰之類盛，彝倫斁敗，綱紀滅絶，以至天地不位，萬物不育，晦盲否塞，壞亂必極，玆非所謂大道之緯旣失其常，而宇宙之大經不得其行者耶？然緯雖亂矣，而經未嘗不一，故其爲理之無極、太極也者，固自若矣。萬物之中人爲至物，斯人之中聖人爲至人，所謂至人，是盡經緯之道者也。苟以至人爲一世之主，建中和之極，旣能盡其性，又能盡人物之性，性卽在民而彝，在物而則也。民彝明而物則得焉，則擧天下之物皆爲吾人之用，擧天下之人皆爲聖人之徒，陽之類旣有以統御乎陰之類，而陰之類皆可以服順乎陽之類矣。人物之性旣盡，則又能峻極于天地，而陰陽之過者裁成之，不及者輔相之，覆載生成之偏者，參贊之，寒暑災祥之不得其正者，燮理之，遏惡揚善，順天休命，咸歸於交泰之中，則天地之元氣於是乎隆盛，大化於是乎純淑，昏者明，濁者清，薄者厚，逆者順，而二氣調，五行和，溫凉寒暑以時，風霜雷雨以節，則兩間禀受而生者，人皆聖賢、君子之輩，物多麟、鳳、龜、龍之祥，黎民於變時雍，鳥獸率舞，魚鱉咸若，庶草蕃茂，皆其能事也，豈有邪氣或敢干於其間，而悖天地之經哉？夫聖人亡而天地之緯有失其道者，非天地常經之理亦隨而變也；聖人存而天地之緯咸順其道者，非天地常經之理有加而然也。無變故曰經，有變故曰緯，理氣所以爲一道者也。

4.1.4.2

又曰：理之爲經者，自無所不包，故其行於緯者，精粗必備焉，凡爲德性者精也，爲形質者粗也。以天地運行者言之，健順剛柔、元亨利貞者屬於德性；而風雷雨暘、水火土石者屬於形質；以人物禀受者言之，聰明弘毅，仁、義、禮、智者其德性也，而在人爲言貌筋力，在禽獸爲皮毛肉骨，在草木爲根榦花實，皆其形質也。然則精粗皆理也，不可謂精者是理，而粗者非理也。蓋其或精或粗者，氣之緯也；而所以爲精爲粗者，理之經也，此其所以常一之經，未或不行於精粗之緯也，而緯中精粗未嘗不相隨竝行，則經之一者，於是乎常存矣。惟其精粗之不得不備者如是，故其所以爲斯道之用者，精粗皆在其中矣。但隨其爲物之大小貴賤，而所取以爲用者，自不得同焉，或取於精，或取於粗，物之大且貴者，精之所取，而其所以爲用者, 從而貴且大; 物之小且賤者, 粗之所取, 而其所以爲用者, 從而小且賤。然無非所以爲體道之事, 行道之具, 而本末輕重之序有相因焉, 皆不可廢也。試言之。人爲萬物之首, 故於人所貴者德性也, 而四民之中, 士則修明斯道者也。天地人物經緯之道, 皆其所責任, 則其爲用也果不爲至大且至貴耶? 農、工、賈三者其所取用也, 筋力之勞, 而非三者, 亦無以爲天下國家, 則其爲用也, 亦豈輕且賤哉? 況皆囿於風化之中, 而孝悌忠信, 禮義廉恥, 莫非其所勸之道, 所敦之俗者哉? 然則道之精者其在人矣。君乎人者, 生斯道者也; 臣乎君者, 宣斯道者也; 民乎下者, 從斯道者也。若夫聖賢者, 斯道之所從而立者也。至於禽獸之中, 六畜者, 所以爲騎載犧牲養生送死之用也, 其餘羽毛鱗介之屬, 莫非所取, 雖其至微如鼯鼠, 至暴如豺虎, 而或取其皮毛, 或取其肉骨, 皆在所收。又如草木之中, 雖至毒見取於醫藥, 雖不材見收於燔燎, 則無非道中之用也。況其飛潛之大, 植中之美者乎? 此豈非天地之緯, 所造者至廣, 所需者至備, 而無不統於一理之經乎?

4.1.5 **論在人經緯**

4.1.5.1

人與萬物, 則生於天地緯行之中, 而其所受之性命, 莫不爲之經焉, 性命卽所謂太極之理也。然則物物皆有理而有氣, 卽所謂經緯也, 而率皆品二五之糟粕, 爲物類之偏塞。雖有得夫太極之一端, 終不過乎備造化許多之品彙, 充吾人使用之資具而已, 其何擬議於經緯之大道哉? 惟吾人也, 禀得天地之緯者，乃二氣之秀，五行之精也，故參乎三才，首乎萬物，其所以性於心而爲經者，卽此理也，而其目有五，曰仁、義、禮、智、信，卽所謂太極之全體也，卽所謂經於天地之先與天地之後者也，而人參於天地，故得其全焉耳。惟此五常者，聖於人而不過此五，愚於人而不減此五，人於古者亦此五，人於今者亦此五也，乃所謂所降之衷，所秉之彝，有物之則也。上與天地之四德，異其名而同其理者也；下與庶物之一端，異其用而同其理者也，故天地之所流通，庶類之所包囿，萬事之所綱領，百行之所根本，前萬古後萬世，先天地後天地，無此人則已，如有此人，則孰有無五常而爲人者哉？目之雖有五焉，而五者實一理也，此非所謂在人之經乎？然其所以爲性者，只是理也，故爲經而常一焉；其發而爲情者，便是氣也，故爲緯而有不一焉。情之目，則曰喜怒哀樂愛惡欲，七者之外無他情焉。雖有曰意、曰志、曰思慮之各目，亦非七情之外，別有條脈之各出，各行者也。意則是以此情有所料度者也，志則是此情之有定向者也，思慮是因此七者之情，周流省念於萬變者也。然則是性之用，情外有何歧歟？惟其存焉爲性，發焉爲情之統體者曰心，故言性者必曰心，言情者亦曰心，則理氣之非爲二本，此亦明矣。夫性之用，發於心，行於身，行於家，行於國，行於天下，達於天地，通於古今者也，而要其所發之機，則七者之情而已。性之目五也，而情之目有七焉，此卽緯之變也。雖有五常之性，若不以七情，則何由而致其用乎？故性於理爲經，情於氣爲緯，然後道之體用備，而德業成矣。氣卽理發之名也，情卽性發之名也，性卽理也，情卽氣也，而所以曰性，曰情者，特在人之稱也，相通相貫之妙，孰不可以心會乎？然則緯當準乎經，情當順乎性者也。

理之有氣，所以發其理之用也；性之有情，所以發其性之用也，則當準當順者，乃其常道也。苟能當喜而喜，喜節而止；當怒而怒，怒節而止，其爲哀樂愛惡欲者皆得其當而節焉，則緯豈有不準經之失哉？五常之性，當如泉達火然，其流行之盛大有可量耶？此則聖人之情，得其和也。如或發不以時，又不能中節，喜非當喜，怒非當怒，其餘五者皆失其節，則出於言行，措諸應接者，顚錯悖亂，爲狂爲妄，而莫之覺矣，其與所經之性，豈不遠哉？是則常人之情，失其順也，此在人之緯，所以不一。其所以不一者何哉？蓋其氣質之禀乎天地之緯者，旣不得不殊矣。天之陰陽，在人爲氣，而有昏明淸濁之不一；地之剛柔，在人爲質，而有粹雜厚薄之不齊，氣之淸明，質之粹厚者，則其情之緯於性者，自合於中和之德，有以全乎五常之經也，氣之昏濁，質之雜薄者，則其情必不免或重或輕之偏，遂失五常之經，以致善惡邪正之別，終至於霄壤之逈絶焉。此乃在人之緯之不同，實由於天地之緯之殊其變也。然性之爲經者，常自一矣，曾不以氣之昏濁，質之雜薄，情之顚錯悖亂者，而有變焉，故因其性之常一者而復之，則氣之不一者，有可以一之之道；質之不齊者，有可以齊之之道；情之顚錯悖亂者，有可以矯治之道，卽所謂主經治緯之事也。然其所以一之，齊之，矯治之者，非能令草木禽獸，可以爲人，下愚暴棄，可以爲聖智，止可就其不一，不齊之品，隨其分限而馴正之，雖草木禽獸，處之得其宜，養之順其性，俾不失其蕃茂卵育之理足矣，雖下愚暴棄，使之不得不戢於治化之中，而能不至於干常亂紀，則可矣。其或不得已焉而施刑加法，誅絶其已甚者，亦莫非經一之道有以行矣者也。況人而不至於下愚之暴棄，能耻不仁，能畏不義，小有回心向化之機，則其昏可開，其濁可去，雜可礪，薄可敦，狂妄之習，可以消剝之，其得爲聖賢之徒者，有何不可哉？何則？同爲人而同有是性故也。故治緯之事，專由於學問有術，敎化有政也。非學問，無以講治緯之道；非敎化，無以行治緯之法，任學問者師友也，主敎化者君相也。學問之術明然後，敎化之政行焉，敎化之政行然後，彝得其常，倫得其叙，風敦俗美，體信達順，凡在理氣之中者，咸得其情性之正，則人之經緯莫非其道，而天地之經緯亦無有干撓之物矣。所謂中和位育之致，卽此道也。然則天地之所以爲天地者，以此經緯之道也；人物之所以爲人物者，亦以此經緯之道也。旣有此人物，必立君師以御宇內者，非他事也，乃屬之以主經治緯之事也，其事卽學問與敎化也。曰理學者，明此理也，以治緯之綱主於經也；曰道學者，體此道也，以從經爲緯必須準也；曰心學者，正此心也，以存經出緯之地當先正也，孰非治緯之學乎？又孰非治緯之政乎？三皇之所以皇，五帝之所以帝，三王之所以王，孔、孟之所講明，經傳之所記載，皆此道也，皆此學也。

4.1.6 **中論理氣經緯**

4.1.6.1

夫以理擬之於經，以氣擬之於緯者，經緯非二物也，理氣非二道也，以此喩彼，可知其一道之有體用、本末耳。後儒不知體用之一源，經緯之一物，只據曰理曰氣之名目，便作理自理，氣自氣，殊不成理氣之爲一道焉。至謂某底出於理，某底出於氣，是則道若有二本者然，天下寧有是理哉？蓋見善惡之對作，邪正之互立者，皆從於屬于氣者，故乃以氣爲理外之物，而但曰:"理則純善無惡，氣則有善有惡"，於是歧理氣而二之也。理固純善無惡矣，氣固有善有惡矣。然氣非理外之氣也。理氣卽一道也，而指其道之屬于理處，則以未涉於用者言之，故不見其有對善之惡、反正之邪，則理焉而純善無惡者此也。及夫道之屬于氣處，則卽以方涉於用者言之，故用不能皆中於節，或不免有過與不及之偏，則氣焉而有善有惡者此也。夫其氣之過與不及者，亦不是自爲一道於此理之外而然也，到此陰陽分路，剛柔磨蕩之際，純善之理，亦無如何於用勝末重之勢矣，故以致善惡、邪正之竝立竝行焉。雖然用之於體，末之於本，誤勝誤重於一時者，或然之變也，非承體順本之常道，故畢竟邪必不勝於正，惡必不敵於善矣，而古今天下之人，皆知善正之必可爲，邪惡之必不可爲，善正之必可取，邪惡之必不可容，雖其身爲邪惡者，亦知邪惡之可恥、善正之可畏，則此非理之爲經者，爲之主而善正，則從理至氣，直遂而順行焉，邪惡則理發爲氣，然後橫作妄出焉故耶？夫氣之不能純爲善正，而有或爲邪惡者，固如此矣，然不可以其有或爲邪惡者，而謂不可有氣也。若理焉而不氣，則理何得有作爲之用哉？雖有爲天爲地之理，非元氣，則天地何得以成乎？雖有爲人爲物之理，非二五之氣，則人物何得以生哉？人雖有五常之性，爲五倫百行之理，非七情則五倫百行之道，何得以出乎？此卽理之所以不可無氣，而理氣之爲一道者然也。但不可不慮其用勝末重之弊，必須爲扶善正抑邪惡之方也。若以理氣判而別之，謂氣不與理相屬，則非也，此余所以爲經緯之說也。然判理氣爲二物，以爲不相屬者，非有他意也，只嫌其善惡、邪正之竝立竝行，故斥外其氣，要與純善之理，區分其原也。愚見則以爲理氣之分，只在於體用、本末之間，正不可分解其原，以起後學二本之疑也。理氣分明是有二目，而非二道者也。

4.1.6.2

又曰：以理氣之分言之，則孰不曰理大而氣小，理重而氣輕哉？若以理氣之一者言之，則理大而氣亦大，理重而氣亦重，似不可以小且輕者，歸之於氣也。惟其理之所大所重者，本以大而常大，本以重而常重，故其大也大之大，其重也重之重矣，常不失其大且重也，無時無處而或小或輕焉。氣之亦大亦重者，本以小而能大，本以輕而能重，故其大也，小之大；其重也，輕之重，而其分之爲小爲輕，則自如焉。夫理則主宰乎氣，氣則成就乎理，主宰者爲根柢樞紐之謂也，成就者爲功用事業之謂也。理矣而不有氣之功用、事業，其何得而爲無極、太極至尊至貴之全體哉；氣矣而不有理之根柢、樞紐，其何得而有天地人物至盛至備之大用哉？故氣者恒準乎理者也，理無斯須之或無，故氣之準乎理之常者，亦無斯須之有息焉；理無絲毫之或欠，故氣之準乎理之全者，亦無絲毫之不備焉，此所以理大而氣與之稱其大，理重而氣與之稱其重也。但理之大，大而純；氣之大，大而有雜；理之重，重而眞；氣之重，重而有妄，此終不免其小且輕也。然則氣之爲小爲輕者，以其有理之大，理之重也；氣之亦大亦重者，以其能準乎理之大，理之重也，此理氣之旣不得無分，而亦未嘗不一者也。夫以經緯擬之有分之義、有一之義，其義竝行而不相悖者也。

4.1.7 歷引經傳

圖河

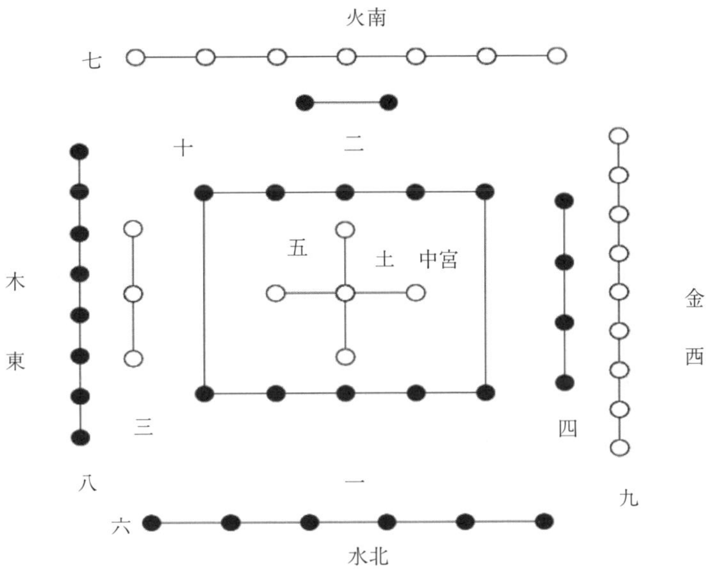

書洛

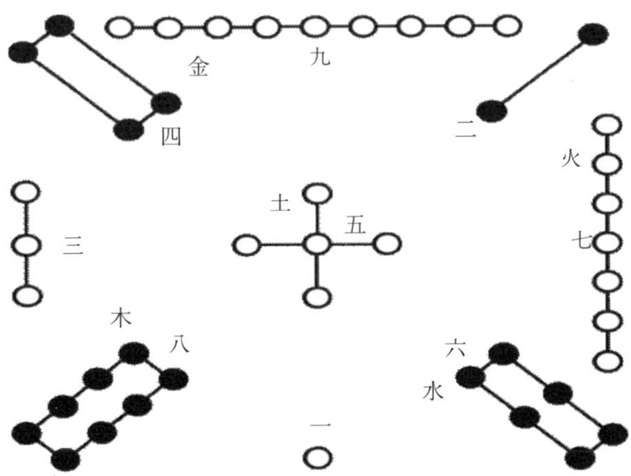

4.1.7.1

《河圖》之理，卽經也，《河圖》之數，卽氣之緯也；《洛書》之理，卽經也，《洛書》之數，卽氣之緯也。《河圖》之理則一也，而一理之中，十綱五十五目之條理本自具焉，故其爲《圖》而出者，其綱便爲十，其目便爲五十五，以各成其段落焉。《洛書》之理，則亦一也，而一理之中，九綱四十五目之條理本自具焉，故其爲《書》而出者，其綱便爲九，其目便爲四十五，亦各成其段落焉。《圖》焉而所以成變化，行鬼神者在此；《書》焉而所以協民居，叙彜倫者在此，則十綱中五十五目、九綱中四十五目者，寧有一箇子目，非此理之所形哉？夫所謂成變化，行鬼神者，非謂《圖》未出之前，變化未成，鬼神未行，而《圖》出然後變化、鬼神，始成始行也。所謂協民居，叙彜倫者，非謂《書》未出之前，民居未協，彜倫未叙，而《書》出然後，民居始協，彜倫始叙也。自有天地人物以來，凡其所以形形色色，生生化化者，無非此氣之根於一理者，有此數度之不能欠闕，次第之不能錯亂，故天得以爲天，地得以爲地，人得以爲人，物得以爲物也。觀其奇偶，旣皆自有次第，而生成同方者《圖》也，正側異位者《書》也。有十、有九互爲體用者，蓋亦氣之所以緯於理者也。其實《圖》、《書》二數之理亦一而已矣。不然，《圖》之負在河馬之背而出於先者，其自一至十之數，其序無忒焉；《書》之著在洛龜之背而出於後者，其自一至九之數，其序亦無忒焉，而中央四方之排位，亦何竝與之符哉？以其緯也，故有方圓贏乏，同方異位之殊耳。其理卽所謂太極也，從天地未有之先，曁天地旣有之後，恒自爲之經者也。

夫一理也而其爲氣之行於數者，不得不有奇偶之竝焉，奇則陽也，偶則陰也。以獨陽不能成造化，獨奇不能爲成數，故《圖》必奇偶生成然後，有以致其共濟之道；《書》必奇偶正側然後，有以成其主佐之功，此卽陽之必有陰，奇之必有偶也。然則陰陽、奇偶，孰非一理之用也？此又經緯之妙也。但此經緯，與第一章所證《圖》、《書》經緯不同，彼則就《圖》、《書》二者而分經緯，此則以《圖》、《書》之理爲經，《圖》、《書》之數爲緯，直明理氣之爲經緯者也。

太極、兩儀、四象、八卦、六十四卦

4.1.7.2
《易大傳》曰："易有太極，是生兩儀，兩儀生四象，四象生八卦。"

太極，卽理之經。儀之兩，象之四，卦之八者，卽氣之緯也。方其理之一也，安有儀、象、卦之畫哉？又安有儀、象、卦之名哉？惟其所以爲理者，乃是儀、象、卦苗脈之所根柢也。故因其理之發而爲氣者，有陰陽兩端，始畫而儀，再畫而象，三畫而卦，則分而又分，加倍而成者，出於自然之數，而序不可亂，位不可闕，有如是也。然則儀、象之至卦爲八者，是形而下者也，而經一之理無不條貫者，形而上者也。不然則其於神明之德、萬物之情，所以通之，類之者，必有所闕欠，而開物成務之道，當不得周偏而長遠矣。其何可與天地準哉？惟其卦之爲八者，陰陽二畫而已。以相應者言，則如動靜、闔闢必須相竝相禪也；以相反者言，則如幽明、淑慝，不可竝立、竝行也。卦中陰陽，其在相應之道，固不得相無，而若於相反之義，不爲嫌乎？陽主於淑明，陰主於幽慝，而卦有陽稚者，陰尙盛也；有陽陷者，陰所掩也；有陽窮者，陰方盛也；有陽無者，陰全勝也。經於緯者，是至眞至純之理也，而緯於經者，有此屬幽、屬慝之竝，何也？此所謂陰陽分路，剛柔磨蕩之際，其有幽明、淑慝，互勝迭旺之勢者，雖至眞、至純之理爲之經矣，而亦所無如之何者也。爲太極者，其可以有幽明、淑慝或竝之故，而全無動靜、闔闢之機耶？此所以爲經者一太極也，而緯之者必有陽、有陰也。《河圖》、《洛書》之數必竝奇偶者，卽此理也。惟是聖人，必有扶陽抑陰之道，以裁成輔相之也，此固易之所以作也。理氣經緯之道，於易乎尤可見矣。

4.1.7.3

又曰：八卦之上，各加八卦，則爲六十四卦矣。就六十四卦之橫圖而觀之，右三十二卦，皆陽儀也；左三十二卦，皆陰儀也。右三十二卦，雖皆陽儀，而乾卦之外，無一卦無陰；左三十二卦，雖皆陰儀，而坤卦之外，無一卦無陽，此卽陰中有陽，陽中有陰，陰陽參錯於六虛之中者，乃所謂氣之爲緯也。參錯之中，又自有整然不可紊之妙，夫其所以爲六十四卦、三百八十四爻者，無一卦一爻有非太極之理之所在，則緯果自緯而不本於經乎？其間有陽居陽位，陰居陰位而得其正者；有陽居陰位，陰居陽位而失其正者；有陽居陽位，陰居陰位而失中者；有陽居陰位，陰居陽位而得中者；有陽上陰下，而得其分者；有陽上陰下，而不相交者；有陰上陽下，而情相感者；有陰上陽下，而失其分者，有陽盛而過者，有陰盛而過者，有陽決陰者，有陰剝陽者，有陽與陰相應者，有陰與陽相逼者，有陽爲陰所陷者，有陽爲陰所悅者，有陰爲陽所和者，有陰爲陽所敵者。有一卦一爻也，而在前而吉，在後而凶；在前而凶，在後而吉；在己而吉，在人而凶；在己而凶，在人而吉；在上而吉，在下而凶；在上而凶，在下而吉；在男而吉，在女而凶；在男而凶，在女而吉；在君子而吉，在小人而凶；在君子而凶，在小人而吉，隨時而異，隨處而殊者，非所謂緯歟？ 此利害、順逆、吉凶、悔吝， 必常相互者也。 若以太極之至眞至純者而經之，則宜乎有中無偏，有正無邪，有吉無凶，有順無逆矣，而易中乃有不中，不正，或凶或逆之相反者，何哉？ 爲緯之勢不得不然也。故用易者，所以處之之道，則隨時隨處，量勢度宜，一惟義理之所在者而順之，或屈或伸，或進或退， 能不失乎時中之道， 則逆可變而爲順， 害可變而爲利，凶吝可變爲吉祥，所謂時中之道，卽經一之理也，聖人作易，爲此道也。

4.1.7.4

堯命舜曰：“允執厥中。”

中之理卽人道之經也。 在天地則太極之理， 在人心則本然之性，在事物則當然之則也。必曰允執者，性之在心，固自有本然之常，而其發而緯於用者，乃有七者之情，則情不能無過與不及、中節不中節之差，　故其於百行之際、萬事萬物之應，能不失時中之道者鮮矣，而其流之弊有不可勝言者矣。惟帝是慮之，必使之於厥中允執焉。允執者，篤實執守之謂也，此非聖學之原而道統之傳耶？卽以緯準經之道也。夫堯、舜皆大聖人也，舜固不待堯之有是命而其知之也，已明矣。其執之也已允矣，堯不必有所告也，而乃於授受之際，提此一言而命之，其旨不爲大矣、遠矣乎？

4.1.7.5

舜之命禹曰：“人心惟危，道心惟微，惟精惟一，允執厥中。”

“此舜就其所受乎堯者，而復推其厥中之原、允執之要，以備其言者也。蓋人道之經，固人人之所同得、所共行者也，況帝王立極之事業乎？人心以道之緯者言，卽七情之情於心，而爲五常之用者是也；道心以道之經者言，卽五常之性於心，而爲七情之主者是也。性情皆統於心，故竝謂之心。情雖本於性，其發也，由人形氣，故屬之以人；性雖爲情之主，其原也，直從天命，故屬之以道。然道自是爲人之道，人自是行道之人，不是人外有道，道外有人者也。心之理爲經者，道心也；心之氣爲緯者，人心也。氣出於理，情出於性，則元非二本也，而其所以爲經爲緯者，自不無常變之異耳。理雖有常，而無形跡，是不爲微乎？氣則多變而有莫測，是不爲危乎？然則人心自道而出者也，道心以人而行者也。道心卽人之性也，人心卽性之情也。性爲理而難明，情爲氣而易熾，易熾者危，難明者微，若任其危而不爲之制正，置其微而不爲之擴明，則危者不止於危，而必至於陷溺不可救，蕩逸不可遏矣；微者不但爲微，而必至於閉塞莫能發，晦昧莫能著矣，其何以爲厥中之道哉？故舜之授禹也，必添三句之言，卽所謂主經治緯之法也。道心是經，人心是緯，而人心之發，或有過不及之差，以失其當然之則，爲莫測之變，有如此者，則非所謂緯戾於經乎？顧其常一之性，不以情失其正而虧損其經，故節約其情而使合於中者，卽有其要，所謂惟精惟一是也。精卽察其情之過與不及，審於毫釐之差，而必求時中之道，當然之則也。一卽察之旣明，審之旣精，則又須不敢過焉、不敢不及焉，必得其當然之則、時中之道，而不易不遷者也。凡此十有二字，而功程節目詳盡如此，三聖授受之訣，詳略不同者，允執厥中一句，惟舜能默會其理焉，大聖以下，則訓不可不備也。但言允執厥中而不言心，則不知其允執之機在於心矣；言心而不分人與道，則不知厥中與非中之可辨矣；言人心而不言道心，則一惟其緯之任焉，而不知有經之存焉矣；言道心而不言人心，則不知其經之用，必須緯以行者矣；言人心、道心而不言危、微，則不知安其危，著其微之功矣，不言精、一兩法，則又不知厥中之可擇可守，合人心、道心而一之者矣，允執厥中之道，其有所欠漏者乎？其爲聖學之大要、綱領不在是耶？”

4.1.7.6

又曰：“朱子以人心爲生於形氣之私，道心爲原於性命之正？ 後儒因是言而錯認之，直以形氣爲人心之本，以性命爲道心之本，則是一心之中，有兩箇本，而形氣、性命，分作彼此，其可乎哉？人之生于天地也，固非受形氣爲一物，受性命爲一物者也。以此性命而爲此形氣，以此形氣而有此性命，性命自是形氣上性命，形氣自是性命中形氣，則性命卽形氣之理，形氣卽性命之器也。但此性命、形氣，皆從天地得來，及其生而爲人，旣自爲一物，則性命之在人者，雖具在形氣之中，而其流行之際，必從形氣而發動，視聽之以耳目，嗅喫之以鼻口，思慮之以臟腑，云爲之以喉舌、手足，則無非形氣之用也。故指其從形氣而發動者，曰人心，卽七情之緯，感於外物之觸，而應以五常之經者也。惟其耳目之有視聽，鼻口之有嗅喫，臟腑之有思慮，喉舌、手足之有云爲者，無非天地自然之理，人事當然之則，而非我之得私也。知其非我得私，而思所以合則者，曰道心，卽五常之經，以七情爲緯，而流行節制之者也，是不過就一心性情而分理氣耳。人心或受制於所觸之物，不能順其五常之經，故曰危；道心或見鑿於所發之情，不能立其常一之經，故曰微。然言人而道在其中，言道而人在其中，不是人心自一心，道心自一心，各立爲兩心者也。心之知覺，固一而已矣，知覺卽爲人身之主，具有天性，發爲人情者也。以其具有天性，故得道心之名；發爲人情，故得人心之名，人不自人，得於天爲性；道不自道，待於人爲情，由天性而爲人情，何二心之有哉？"或曰："如果道心是性，人心是情，則性是未發，情是已發也，而其以道心竝言於人心者，不是俱以已發爲言耶？若非已發，豈有人心道心之可分哉?”曰:“未發之前，不容有人心，則人心、道心之別，須在已發之後者，固然矣。顧道心旣是性也，而亦可言於已發之後者，所謂已發，卽是性之發也，而發之者須關形氣，故名之以人心。然人心之中，天理實爲之主焉，則天理卽道心也，故道心可通言於已發之後矣。蓋體得兼用，而用不得兼體，故理可兼言於氣，而氣不可兼言於理；性可兼言於情，而情不可兼言於性，此所以道心雖以性言，而亦可言於已發爲情之後矣，氣之所行，理無不在者，非此之謂乎？然道心非自爲一心於人心之外也，情只是人心矣，而人心中之天理，卽所謂道心也。其情方發之機，必關形氣之變，故目之以人心，所關之機，雖是形氣，而其理必本於性命，則道心未嘗不在其中焉，故人心方發之際，其情又自能照管其所發之爲公私，有以致愼而制節之者，便是道心也，何則？性無內外故也，故道心雖通言於已發之後，豈害其爲性之經也哉？經未嘗離於緯者是也，然則舜之所以必分人與道而言之者，非謂有二心也。此情之關於形氣者，易於自私；其本於性命者，易於被掩，故不得不分說其危微之異焉，欲令道心，能有以道其人，而不爲其所汨，人心不敢自其心，而以道心爲心，然後厥中在是也。朱子之謂人心生於形氣之私者，非以爲人心之理，出於形氣者也，卽以此情，雖本於性，所從以發之者，必關形氣，故謂之生矣，其所謂生者，非若原本字之深言也。如五行之理，實本於太極也，而曰水生木，木生火，火生土，土生金，金生水，豈謂其理之能相生乎？特言其所從之機，爲氣之序，各有所因者也。然則人心生於形氣之生，亦如五行相生字之例，若究其本，則人心乃出於性者也，後學二本之疑，豈非錯認者乎?”

4.1.7.7

《湯誥》曰:“惟皇上帝，降衷于下民，若有恒性，克綏厥猷，惟后。”

恒性者，經也，綏厥猷者，主經治緯之事也。蓋性受乎天，民莫不有，故曰恒，恒者經之義也。由其氣質之不齊，習俗之相遠，而其性之發而爲七情，行而爲百行者，不能皆得乎當然之則，有失其彛倫之道者多矣，則玆非緯之謬耶? 湯於是能有一德，建中于民，表正萬邦，卽所謂克綏厥猷，盡惟后之責者也。

《洪範》曰:“五皇極，皇建其有極，斂時五福，用敷錫厥庶民。”，又曰:“無偏無陂，遵王之義；無有作好，遵王之道；無有作惡，遵王之路。無偏無黨，王道蕩蕩；無黨無偏，王道平平；無反無側，王道正直，會其有極，歸其有極。”

極者經也。道之從太極來，而以爲人之極者，卽堯、舜、禹相授受之厥中，湯之克綏厥猷之恒性也，建之者惟皇也。五事之肅、乂、哲、謀、聖，卽人道物則之目也，三德之正直、剛克、柔克，卽所以立皇極之經，而治庶民有猷、有爲、有守之緯者也。蕩蕩也、平平也、正直也者，卽王道中正之表準也，會極、歸極，卽庶民錫汝保極之極功也。箕子之告武王者，其於主經治緯之道盡矣。彛倫自叙於九疇之明，而九疇之經，非皇極之建乎?

《詩》曰:“上天之載，無聲無臭。”又曰:“維天之命，於穆不已。”又曰:“嗚呼不顯? 文王之德之純。”

無聲無臭者，以理言卽經也，於穆不已者，以流行言卽緯也。是則天道之經緯也，而惟文王與之同焉，其曰之德之純，則所以盡人道之經緯者，無以加矣。蓋道之爲經緯者，在天人一理也，而所異者，爲緯之用爾。

孔子《傳易》曰:“一陰一陽之謂道，繼之者善也，成之者性也。”

陰陽，氣也，有以一一之者，理也，道則通理氣之名也。繼之成之者，氣也，曰善曰性者，理也。理之所以爲經者，固在於陰陽之先。故從而爲陰，從而爲陽，而緯斯行焉，緯斯行焉，而經在其中，故繼焉爲善、成焉爲性。善與性，雖異其目，而其爲理則一也。善卽在天地則緯中之經，在人則始發之情能順其性者也，在易則處事之義也；性卽在天地則賦物之理，在人則所秉之彛，在易則成務之則也。經之緯、緯之經，所以無時無處有不備也。

又曰:“形而上者，謂之道，形而下者，謂之器。”

就一形之中，謂其上者爲道，謂其下者爲器，上者謂夫不可見者也，下者謂夫可見者也。不有可見，則何據而知其有不可見乎? 因其可見而知其有不可見者也, 若不有不可見之理, 其何得有可見之器乎? 有其器之可見者如此, 則以其器之理所以當如此故也。 然則何以謂之道, 何以謂之器歟? 理非滯於一處, 繫於一時者也。 在古如是, 在今亦如是, 在此如是, 在彼亦如是, 在天爲天之道, 在地爲地之道, 在人爲人之道, 在物爲物之道, 天地萬物所共由, 故謂之道也。 形則天自天而不可爲地, 地自地而不可爲天, 人自人而不可爲物, 物自物而不可爲人, 一定而不可易, 故謂之器也。 然而道自是器之道, 器自是道之器, 道外無器, 器外無道, 則其可分道器爲二物乎? 就形而指理謂道, 就理而指形謂器, 一形之中而所指者有別, 非曰道是一物, 器是一物也。形卽理之形也, 理卽形之理也。謂道、謂器, 不出一形, 所以不可二之者然也。然則器非氣之成乎, 道非理之行乎? 器有大小、貴賤之不齊者, 非緯乎、道無精粗、輕重之不統者, 非經乎? 此乃理氣之爲經緯者也。

《論語》曰:"七十而從心所欲, 不踰矩。"

心所欲, 卽流行日用之間者, 而聖道之緯也, 矩,卽天理本然之準則, 乃聖道之經也。矩是理也, 欲是氣也, 理爲體氣爲用, 而用自不踰於體也, 緯之準於經者是也。 情與性符, 心與理一, 人而道, 道而人, 卽所謂:'天地合其德, 日月合其明, 四時合其序, 鬼神合其吉凶'者也。至七十而後有覺其從心所欲不踰矩, 則未七十之前, 猶常慮其或踰於矩, 而不弛其自愼之意, 此可見矣。 聖人亦未嘗不有治緯之功焉，所以語此者，欲令學者，知此矩之不可少踰，而必須致愼於其心之所欲也。孔子之矩，卽堯、舜、禹相授受之厥中也。

又曰："人能弘道，非道弘人。"

此道，非兼理氣之道，止指其理而言者也，此人，卽指其形氣而言者也。道固無不在矣，天有天之道，地有地之道，人有人之道，道苟不爲之弘焉，則天不得爲天，地不得爲地，人不得爲人矣，而弘天之道者天也，弘地之道者地也，弘人之道者人也。道之在物能常存，而不能自弘者也，天也、地也、人也者，爲道之器，而能體道者也。蓋天地之道，固存於天地未有之先，而必待有天地然後，以天地而弘其道焉；人之道固存於人未有之先，而必待有人然後，以人而弘其道焉，其道卽經也，天地人之爲三才，而做其事業者緯也。然而天地無私，故未有不能弘道之天地；聖人亦無私，故其弘道也與天地同焉，常人之心易私，故有不能弘其道者多矣。道則無不同矣，而有能弘者，不能弘者，此固不能弘者人也，非道之有不同也，故聖人有是言也。夫五常之德、五倫之典，性於心而道於身者，固有之經也，以其知覺之心，有以明之，有以誠之；以其運動之身，有以體之，有以行之者，治緯之事也。然則弘道卽主經治緯之道也，所以弘之者，何止於一身哉？參天地贊化育，無非所弘之道也。

又曰："性相近也，習相遠也。"

發而爲情然後，見其性之爲相近，則豈非氣之爲緯者乎？旣曰相近，則本然之一可知矣，本然之一非性之爲經乎？習之以善，則可以爲聖；習之以惡，則可以爲狂，所以相遠也。聖人所以言此者，以主經治緯之道，不可不明也。能治其緯，而相遠者歸於近，相近者歸於一，則緯得以準於經矣。

又曰："中庸其至矣乎。民鮮能久矣。"

中庸卽道之經也，三聖允執之中是也，庸是不易之理也，古今天下之道，其有加於此者乎？此道民莫不性矣，而其爲鮮能者，以其緯之不能準經也；有不能準經者，以治緯之教不能盡也。曰久矣者，謂治緯不盡之後也。若三皇之世，無爲而化者，經緯之準，不足言矣，其在五帝、三王，執中，建中，建極之日，豈有鮮能之民哉？久矣之嘆，蓋傷之也。

又曰："道之不行也我知之矣，智者過之，愚者不及也。道之不明也我知之矣。賢者過之，不肖者不及也。"

雖不行，不明，而道未嘗不存者，常一之經也，智愚、賢不肖之過、不及，則稟於天地之緯者不齊，而發爲人道之緯者多差失也。然而有經焉，其所過不及者，可治而一之也，如戒懼愼獨也、擇善固執也、尊德性道問學也、三近也、明誠也、致曲也者，無非治緯準經之事也，能盡其事，則何憂乎不行不明也哉？

答顔淵問仁曰："克己復禮爲仁。"，請問其目，曰："非禮勿視，非禮勿聽，非禮勿言，非禮勿動。”

仁禮卽性之理，而經於道者也。已卽情之緯，而發於視聽言動者也，舜之所謂人心是也。有非禮則私之勝而失於理，卽緯之失其經也。治而克之，隨其所非禮而皆勿焉者，治緯之事也；已旣克之而復禮歸仁者，準經之極功也。顏子亞聖也，而尙有非禮處，故聖人告之以克復之方、四勿之目，況下於顏子者哉？惟其所以請事斯語者，乃所以爲三千之一未達一間，而好學之稱，獨發於旣死之後者也。

呼參乎而謂之曰：“吾道一以貫之。”

一卽道之經也。貫者經之所以行於緯者，泛應曲當無非時中之道也。所謂惟仁體事而不遺是也。經之必行於緯，而緯之必有其經者，其道固如是矣。若性自性，情自情，經緯不相準，則豈有一貫之道哉？惟聖人能盡經緯之道，而惟曾子始可以會聖人經緯之道矣。故曰唯，若曾子以下，則所謂忠恕，卽其主經治緯之要也。

子貢曰：“夫子之文章，可得而聞也，夫子之言性與天道，不可得而聞也。”

文章，卽聖道之緯發於言動威儀之間者，無非天理之節文、人事之儀則也。性與天道，卽聖道之經德於心而純亦不已，至誠無息者也。子貢始得聞之，有以識夫緯之從經而出，經未始不行於緯，則其所以自幸焉者深矣。

孔子言大學之道曰：“在明明德，在新民，在止於至善。”

明德者以在我之經言之也。上明字卽治緯之功夫也。格致誠正修其目也。新民者所以治民緯而使準於所性之經也。齊、治、平其目也。至善者經之在於百行萬事也。止者行得百行，處得萬事，皆合於當然之則，有以準乎常一之經，則己德民德未有不明者矣，而無復更進一步處也，主經治緯之法，莫備於大學一書矣。

子思《中庸》曰："天命之謂性，率性之謂道，修道之謂敎，道也者不可須臾離也。可離非道也。是故君子戒愼乎其所不覩，恐懼乎其所不聞，莫顯乎隱，莫見乎微，故君子愼其獨也。喜怒哀樂之未發謂之中，發而皆中節謂之和，中也者天下之大本也，和也者天下之達道也。致中和天地位焉，萬物育焉。"

太極之在天爲經者，以二氣、五行爲緯，造化許多之品彙，則氣之所生，理未嘗不行焉，卽所謂命也。於是品彙之爲萬物者，莫不各有其所受之理焉，卽所謂性也。此則在人物爲經者也。性旣爲之經矣，則此性發於心身之用，行諸事物之間者，卽率性之道也。以此理爲此形氣，因爲形氣之性而旣爲形氣，則以此形氣行此性故曰率，率之者非所謂氣耶？於是乎其所爲情、爲行者，一順於所性之經，而不戾於上天之命，則可謂能準其經矣，聖人是也。不能自準於經而勉焉，思以準之者，賢人也。若衆人則其於率之之際，雖亦未嘗不因其所經之性，而發爲所緯之情者，或過焉而失其中，或不及焉而違於中，是則以緯而反戾於經，至或有差之毫釐謬以千里者矣；有或甘爲下流無意自力者矣，必有聖人者在上位，順天理酌人情，立主經治緯之道，大之爲三綱、五常之典，細之爲三百三千之禮，置師表以訓誨之，敎學問以講明之，抑過者而俯就之，引不及者而跂及之，俾萬姓皆歸於敎化之中，至庶類咸遂其性者，卽修道之敎也。夫旣有爲人、爲物之理，然後遂爲此人物，而以此人物行此性命者，爲是道也，則其可一刻離道而爲人乎？性焉爲經；情焉爲緯，無間可容息矣，則其所以養性、約情者，非主經治緯之學耶？戒懼、愼獨固其要法也。蓋五常之經，雖爲固有之性，而不爲中之而自中者，惟聖人也。其下若不能戒懼於不覩、不聞之地，則無以立乎不偏、不倚之體，而爲天下之大本；七情之緯，雖爲是性之用，而不爲和之而自和者，惟聖人也。其下不免有氣禀之拘、物誘之蔽者。若不能省愼於莫顯、莫見之際，則無以致無過不及之節，而爲天下之達道。故子思揭訓於一篇之首，推極其經緯之道，至於位育夫天地萬物者而後已焉，旨哉言乎！

孟子道性善，言必稱堯、舜。

性固善故直曰善，卽以理之在人爲經者而言也，卽所謂太極之理，而天得之爲天；地得之爲地，而人之所以爲人者，此理而已。在人而爲人之理，故曰性，其本也何嘗有不善哉？惟其爲緯於心身之動，然後爲情意，爲德行，爲事業，而始有善惡之什百千萬焉。善有如堯、舜也，惡有如桀紂也，堯、舜之爲聖人者，非其所受之性，有加於人而能爲人所不能，爲之道也。惟其生也得夫天地緯中之極純、極粹者，而能盡在人之經緯，則有以全夫所善之性，故便爲人中之堯、舜也。至於桀、紂，其所經之性非獨不固有也。但其所稟受者，天地緯中之極麤、極戾，則旣自暴棄其固有之經，而無復人道之緯，故所有者惡而已矣。此桀紂自爲桀、紂，非其性之元自不善也。故爲善、爲惡皆在於人，苟能全其本性之善，孰不可爲堯、舜哉？然則知其所經之性固有於我，而能勉於治緯之功者，堯、舜之徒也，不知其固有之性，未始不與堯、舜同焉，而放情肆行罔念經緯之道甘於下流之歸者，皆桀、紂之徒也。故孟子必擧堯、舜以爲性善之準的，所以明此理之經也，治緯之道在其中矣。

又曰："惻隱之心仁之端也，羞惡之心義之端也，辭讓之心禮之端也，是非之心智之端也，人之有是四端也猶其有四體也。"

四者之情謂之曰四德之端，則所以明夫四德之性於人者，固有焉而不可易也。非其爲固有之性也，則四者之端何從而發乎？其發也皆從其本德，故曰端，其端何因而見歟？曰七情之中而已，七情之外，豈有他情而四端何得外七情而有發乎？然而孟子何不曰四情，而必曰四端乎？四端之目，何以與七情之目不同乎？七情皆各以一字目之，而四端皆著兩字目何也？竊嘗思之，七情亦出於五常，喜愛仁之發也，怒惡義之發也，哀樂禮之發也。喜與怒對；哀與樂對；愛與惡對，而喜、樂、愛三者感於順境也，怒、惡、哀三者應於逆境也。隨其順逆之境，而有其感應之別者智之發也。可喜，可樂，可愛，而必欲之，可怒，可惡，可哀，而必不欲之者信之發也。然則七情者誰非五常之用乎？夫世間事物之自外來者，都是順逆二境而已，此心之應乎順逆二境者，有此七情而已。

性於心而爲經者五者之性也，情於心而爲緯者七者之情也。性外無性，情外無情，則心之所統者豈出於五者與七者乎？所謂心如穀種，生之理固有者性也，因其生之理而生爲芽苗者情也，長爲莖葉花實者事業也。順境之來有三而其情之應之者亦三，逆境之來有三而其情之應之者亦三，應於順者皆欲之類也，應於逆者皆不欲之類也，則七箇字以目其情者無剩言矣。四端卽非七情之外別有四者之路脈也。惻隱直是七情之愛與哀也，羞惡直是七情之怒與惡也。辭讓施於喜怒哀樂愛惡之際，是非別於順逆輕重之境，則其於七情之外有四端乎？孟子但就愛哀兩情之發於仁性最初頭，不能自遏者，以惻隱兩字目之曰仁之端也，就怒惡兩情之發於義性最初頭，不容私僞者，以羞惡兩字目之曰義之端也，旣有可喜怒哀樂愛惡之地，則恭敬廉遜之發於禮性者，自不容吝，故以最初頭辭讓之作爲兩字之目曰禮之端也。其於事物之來爲順爲逆，皆自於彼而我之所以順其順，逆其逆者，實發於智性而有不容掩，故以最初頭是非之分爲兩字之目曰智之端也。苟不有四德之性經於人心，則其何從而發焉爲情乎？故以其由根本發動之始稱之曰端，四者之端實不能自已者，卽信之端也。故止言四端，而性之有信可知矣。蓋情則旣發已成之名也。端則纔動未成之稱也。旣發已成之名故謂之情，則或有眞妄之雜，纔動未成之稱故謂之端，則一於眞而未涉於妄，所以一於眞者，乃是四德之直出，故不謂之情而謂之端，豈非所以明此性之本善者乎？然則七情不是外四端而別爲情，四端不是離七情而別爲端也。就夫七情之中，指其各從本德始發無僞者是四端也。然則於其四七未形、未發之前，必有以存養之，不使之偏倚於其爲端也；必有以擴充之，不使之牿亡於其爲情也；必有以節約之，不使之乖戾焉者，乃所以主經治緯之學也。朱子以爲四端理發，七情氣發云者，蓋就其已發爲情之後，而分屬理氣者耳，豈是究極其一原而乃有所分屬者乎？四者雖亦七情中之情也，而孟子特指其順發於性者言之，故屬之以理焉，非謂四端是七情外之情也；七者雖亦本於性也，而皆是氣與物接關，由形氣之機，故屬之以氣焉。然而言氣時，四者亦未必不在其中矣，卽所謂言理而氣在其中；言氣而理在其中者也。是若人心、道心卽一心也，而分人與道焉，道心果別爲心於人心之外，四端果別爲情於七情之外耶。理氣之一而二，二而一者此也。然而後學之未達者，因兩發之言，遂以四端爲斷然從理而發，謂不離於氣，七情爲斷然從氣而發，謂不係於理，界分四七，必欲二其本，此豈知性情之理者哉？是則一心之中本有二條路，一通於理、一通於氣者也。又以理屬之性，以氣屬之心，則性與心分爲二物，而性自有性之用，心自有心之用，二者之用不相通也。此不但不知朱子之意，亦不知子思、孟子之本意也。

又曰："五常之性經於人者，無古今，無聖愚，爲常一者也，而七情之緯於人者，亦無古今，無聖愚，爲必有者也，則豈不以有經必有緯故也？惟其爲情者不能皆中，皆正，或有偏邪，過不及之異者，以其已發爲氣，氣不得常純故也。然而情出於性，性無不中、不正，故情亦隨而中，隨而正者，乃其順常也，其有過與不及爲偏，爲邪者，乃其已涉於氣，或流而失、或熾而蕩者爾。雖其爲流失熾蕩之情者，其本然之性之恒中，恒正者，未嘗泯滅，故若不至爲不移之下愚，則亦必有妄中之眞，暗中之明，偏中之中，邪中之正者，因其固有之天，隨其觸動之機，或有時而闖發焉，卽所謂四端也。後儒見夫泛稱之七情，不能皆純爲眞正，而有偏邪妄暗之不一者，則指之爲氣焉，見夫特擧之四端是七情中從本德直萌乃爲妄中之眞、暗中之明、偏中之中、邪中之正者，則指之爲理焉，是則心有二用，而性有所不包之情者也，豈理也哉？七情之外無他情也，四端斷不出七者之區域矣。合而言之，四端七情皆理之發也。何則七情爲性之用也。四端七情皆屬於氣也。何則四端亦七情中已發也。夫謂七情爲理發者，七者之應旣不出順逆二境矣。愛發於所順，喜發於所愛，樂成於所喜三者，是順境而皆人之所欲也，惡發於不順，怒發於所惡，哀發於失其所順三者，是逆境而皆人所不欲也。因其順而順之，因其逆而逆之者，非此理之常耶？至於耳之欲聲，目之欲色，鼻之欲臭，口之欲味，四肢之欲安逸，亦莫非此理也。出於理之常者，其謂之性外之事可乎？故謂其性曰大本，謂其情曰達道，如果能順此理一定不易之則，其發也必以其事、必以其時，必以其節，則情順其性，緯準其經，而爲道之至善矣。正所謂不偏不倚，無過不及之中，而卽可以位天地育萬物者在是矣。惟其各身其身，自有其己，故易流於私，而七者之發或非其事，或非其時，或非其節，然後氣焉而違於理，情焉而悖於性，卽爲不準經之緯矣，此豈七情非理發而然乎？只以任其氣之過與不及，而不加治縴之功故也。此七情之有善有不善而其爲不善者，非性之咎也，氣之自謬於方發之際也。夫謂四端亦屬氣者，在情中爲已發，孰有爲已發而非氣者哉？故爲之惻隱，爲之羞惡，爲之辭讓，爲之是非者，雖爲四德之苗脈，而無非氣之爲也。既是氣也而從理直出，純善無惡，故爲情中之最正，最眞，特以四德之端目之，以別於泛稱之情焉。端者始發純善之稱，非曰端自爲端而不爲情也。然或德性無涵養之功者，有失其本源之中正，則雖曰惻隱，而所惻非當惻，所隱非當隱，雖曰羞惡，而所羞非可羞，所惡非可惡，至於非合辭合讓之辭讓，非宜是宜非之是非，皆不可謂四德本然之則，而其於四端之目有所戾矣。惻隱而非仁，羞惡而非義，辭讓而非禮，是非而非智者，或有之，則四端有不可以純理言者，以其亦涉於氣也。然此則就孟子本旨之外，而推言其涉於氣者，有或如是耳。若孟子所謂則直指夫當惻隱之惻隱，當羞惡之羞惡，當辭讓之辭讓，當是非之是非，元從性發有善無惡，不待思惟未及攪亂者而言之者是也。不曰四德，而旣曰四端，則端是涉氣之稱也。然則四端亦氣之爲也，而氣之純乎理之目也。七情亦理之發也，而初非以善不善分屬之目也。所謂合而言之，四端七情之爲四，爲七者，皆屬乎氣也，四端七情之爲情，爲端者，皆理之發也。七情也而皆爲四端之正，則爲情之善，不能爲四端之正，則爲情之不善也。四端也而能充其善，則爲七情中節之和，而四德之用，可準於四海，不能充之，則所發之端旋爲之牿亡，被掩於流失熾蕩之情，豈得終成四德之功用哉？此四端七情之得失未嘗不相通而無間焉，故擴四端者所以約七情也，約七情者所以擴四端，固非兩路功程也。”

又曰：“我善養吾浩然之氣。其爲氣也，至大至剛，以直養而無害，則塞于天地之間。其爲氣也，配義與道，無是餒也。是集義所生者。非義襲而取之也，行有不慊於心，則餒矣。”

義與道是經也，氣是緯也。經必待緯而行，故孟子必養是氣，養是氣者所以治緯也。其養之也必以集義者，乃所以主經治緯也。其所以集義者，又非別有他道也。只是涵養於未發之前者，能主其敬，省察於已發之後者，不失其義，而七情之發各中其節，應接事物，咸順其則者，便是義之所以集也，氣之所以直養也。少或內省而疚，外應而差，則爲害於直者大矣，烏能養得至大、至剛之體而有盛大流行之用哉？故氣得其養然後五常之性之存於我者，溥博淵泉如天如淵，所以時出者無窮，則見而民莫不敬；言而民莫不信；行而民莫不悅，至於聲名洋溢中國施及蠻貊，舟車所至，人力所通，天之所覆，地之所載，日月所照，霜露所墜，凡有血氣莫不尊親黎民於變時雍鳥獸魚鱉咸若至於天地之和應之者，無非此氣之達，此道之緯，而理之爲經者，主乎其間故也，所謂塞于天地之間者是也。

又曰：“口之於味也，目之於色也，耳之於聲也，鼻之於臭也，四肢之於安佚也，性也有命焉，君子不謂性也。仁之於父子也，義之於君臣也，禮之於賓主也，智之於賢者也，聖人之於天道也，命也有性焉，君子不謂命也。”

人之受生於天地者，莫不有形體矣，莫不有德行矣，使之爲形體，德行者，莫非性命也，而性命互有輕重焉。蓋由於天者命也，定於己者性也。性命有屬于形體者，有屬于德行者，其屬于形體者，性輕而命重，屬于德行者，命輕而性重，所謂形體者耳目口鼻四肢也，而所感者聲色、臭味、安逸也。其自有所感之各定而不可廢者性也，而使之有得失饒乏之不同者則命也，所謂德行者仁義禮智聖之道也，而所應者父子、君臣、賓主，賢者天道也，其禀受之有厚薄清濁之不齊者命也，而五者爲吾所秉之常而不可易者則性也。故命之所重，性不得不輕焉；性之所重，命不得不輕焉。均是命也、均是性也，而其輕重之相互者何也？夫以形體之性屬於氣之緯也，而順受其得失饒乏之命者理之經也，禀受厚薄清濁之命屬于氣之緯也，而德行之性理之經也，所以在形體則性矣而不謂性；在德行則命矣而不謂命者，此孟子主經治緯之道也，無非理經氣緯、經常緯變之義也。

周子《太極圖說》

太極理也，陰陽氣也。以陰陽爲太極之動靜而生焉，則分理氣爲二物可乎？其曰無極而太極，則以明夫太極常一無變之體焉，經之所以立也。互爲其根，儀分兩立，一變一合以生五行，五行各性，則緯之所以行也。其曰五行一陰陽，陰陽一太極，太極本無極，則又所以合理氣而一之也。緯出於經，經在緯中者，固可見矣。其曰無極之眞，二五之精，妙合而凝，乾坤男女交感化生，而萬物之變化無窮焉，則卽所謂經緯合一之道也。但其無極、二五竝言之，而無極則曰眞，二五則曰精，又以爲妙合，則或有疑其無極爲一物，二氣爲一物，五行爲一物，三者會合然後成造化矣。是則不惟理氣有相分，氣中二五又各相分者，而及其有造化時始相合矣，此豈知道者哉？蓋言太極時無極在其中；言二氣時無極太極在其中；言五行時無極太極二氣在其中矣。分言之際，雖必有先後之序，而其自爲道而經緯之者，理氣未嘗有先後彼此焉，固非無極也、太極也、二氣也、五行也，各有所主、各有其用，異處異時，而有離合也。俱言之者明其貫通之妙也。曰眞、曰精者，明夫理氣之實隨其爲經、爲緯而異妙也。然而眞以出精故曰眞，精出於眞故曰精，遂爲一道而生造化故曰妙合，其言之密而其義之備有如此也，而人不能理會妙字，故致其妄疑耳。其曰惟人也得秀最靈，形生神發，五性感動，而善惡分，萬事出，則人得於天地之緯，有剛柔善惡之分，而五性之感動爲情者，不能無過不及、眞妄、偏正之相絶，則在人之經亦未嘗不一，而緯之所以行於身心者，有不能皆準於經者也。其曰聖人定之以中正仁義，主靜立人極焉，則乃聖人盡經緯之道也。修之之君子師聖人而取吉，背之之小人悖聖人而取凶，緯之治與不治，而吉凶之分不爲霄壤耶？其曰立天之道曰陰與陽，立地之道曰柔與剛，立人之道曰仁與義，則合三才而竝言，經緯之道盡於是矣。

程伯子曰："生之謂性，人生而靜以上不容說。纔說性時便已不是性也。"

夫生之謂性告子之言也。孟子旣非之，而程伯子又有是言何也？ 蓋其言同而其旨則異也。告子之意以人物之知覺，運動所同者爲性，而不知其所以爲物之理隨其物之品彙而別其則焉，則其弊至於以人物爲一性，而人之性無分於物之性也，其理乎哉？ 程子之旨，則以爲凡爲物者旣有此物之理，故卽爲此物，則其在生爲此物之際，其理已定於形氣之中，遂爲形氣之主，卽所謂性也。以其隨生有性故曰生之謂性。然則所謂性者，受得天命分爲己理，渾然在中之時便可謂之性也。《禮》所謂“人生而靜，天之性”者，是也。其曰：“人生而靜以上不容說”，蓋其不容說時，止自天理而已，無端倪可測，則果何得容說哉？ 此卽其性也。繼而曰：“纔說性時便已不是性也”，旣說性則已涉於人，感於物而動，故推而本之，可說性矣。感物而動性之欲也，欲卽情之動也。其情已發而後因其有慈愛之心，而知其性之爲仁；因其有斷制之心，而知其性之爲義；因其有敬懼之心，而知其性之爲禮；因其有分別之心，而知其性之爲智；因其有篤實之心，而知其性之爲信，此皆因其心之已發便可說性，說性旣在已發之後，則果非性也，卽性之情而經之緯也，非若告子知有緯而不知有經也。

又曰：“論性不論氣不備；論氣不論性不明，二之則不是。”經視於緯固重矣，緯視於經固輕矣。然徒經無緯，不成物事，徒緯無經，又失統紀，其何以爲道哉？ 論性不論氣則曰不備，論氣不論性則曰不明，備、明兩字可見其爲輕重，而其所以理不可無氣，氣不得無理也，則均矣。合理氣而爲一道，所謂“二之則不是”者，其示人也明且備矣。

定性書

性之定者卽經也。心之有動靜卽緯也。其曰"動亦定，靜亦定，無將迎無內外"者，經之所以主乎緯也。其曰"能於怒時遽忘其怒而觀理之是非"者，緯之所以順乎經也。所謂天地之常，卽天地之經也。心普萬物而無心者，卽天地之緯自準於天地之經也。聖人之常，卽聖人之經也。情順萬事而無情者，卽聖人之緯亦準乎聖人之經也。廓然而大公者，君子之立其經也。物來而順應者，君子之愼其緯也。天人、聖賢經緯之道皆在是矣。

程叔子好學論

其曰天地儲精者，以天地之經緯言也，其曰得五行之秀者爲人，以人之得天地經緯之道而生者言也，其曰其本也眞而靜，其未發也五性具焉，曰仁義禮智信，以在人之經言也；其曰感物而動七情出焉，曰喜怒哀懼愛惡欲，以在人之緯言也；其曰情旣熾而益蕩其性鑿矣，以緯之有戾於經者言也；其曰覺者約其情使合於中，以主經治緯言也，治緯之術學問是也。孔門三千之中，惟顔子能從事於克己復禮，克復卽主經治緯之事也。終至於不遷怒不貳過者，庶乎準經之緯也。此獨以好學見稱於聖人，而非程子孰明其好之之實哉？

又曰："喜怒哀樂愛惡欲，本七情之目也，而有以懼易樂字者，蓋以樂近於喜，喜盛則樂，故以懼易樂。然懼亦近於怒惡，凡人情惡之甚則怒，至於怒之不可施者則懼焉，懼亦惡怒之類也。不知所以易之者何義也。且喜怒哀樂愛惡皆於順逆之應，對擧而互言之，樂之於哀則爲相對矣，而懼之於哀則非順逆相對之應，與喜怒愛惡之兩對不同，無乃樂字爲本目乎?"

張子《正蒙》曰:"由太虛有天之名，由氣化有道之名，合虛與氣有性之名，合性與知覺有心之名。"

太虛是天之形也，而張子指理言，卽天道之經也。氣化卽天道之緯也，擧純理而名稱天，指氣化而名稱道，在天之經緯備矣。合虛與氣有性之名，天之經緯之道賦予人物者也。性不是理在人物之名耶? 性與知覺卽在人之經緯也。心具經緯之道，而用費宇宙之中，其道不爲大乎? 此張子之學領會得天地人物之理也。

又曰:"形而後有氣質之性，善反之則天地之性存焉。氣質之性，君子有不性者焉。"

天地之性，卽本於天地之經而爲在人之經者也，氣質之性，卽得於天地之緯而爲在人之緯者也。然天地之經爲在人之經，天地之緯爲在人之緯者，非謂理不涉氣，理自來而爲理，氣不干理，氣自來而爲氣，理氣各自爲路不相通者也。夫理自是氣之所以然，氣自是理之所能然，由其有所以然者爲其所能然者，則理氣正不是有各路者也，而惟其有所以然，則其必有所能然者爲之用; 有所能然，則其必有所以然者爲之主，故理無無氣之理，氣無無理之氣，在天地如是; 在人物亦如是，常作一路行者也。但以在天地、在人物所以然處常爲理; 所能然處常爲氣，其爲所以然者在天、在人皆其理也；其爲所能然者在天、在人皆其氣也，故以在人之經屬在天之經，以在人之緯屬在天之緯者，蓋亦理之自然者爾、當然者爾。若聖人則得於天地之緯者極其淸純，故氣淳質粹，其爲天地之性之用者，備中和之德，無過不及之偏，則不待反之之功，而經緯之道自無不盡矣。至於衆人其所稟得之氣質，或有剛柔之過者；或有剛柔之不及者，若任其不齊之稟，聽其流蕩之歸，則其於天地中正之性有所違失者遠矣，故必加矯治之功，勉其導迪之方，然後天地之性不失其爲經，而氣質之性不戾於爲緯矣。所謂氣質之性君子有不性者，非謂全去其氣質之用也，止當治去其過不及之偏者耳，卽所謂治緯準經之道也。

又曰："旣曰天地之性，又曰氣質之性，遂立其兩般名目，則孰不曰人皆有兩般性哉？竊思所以立兩性名目者，蓋出於不得已也。後學欲信人性皆善之言，則人之爲惡者多似不可信矣，又欲不信性善之言，則無極太極之理何嘗有一分之雜者哉？以是將信將疑，終身莫的其見者多矣。不但莫的其見而已，殊不知善之必可爲，惡之必不可爲，其爲此學斯道之患，豈勝言哉？於是遂爲氣質之性之說，又爲善反與不性之論，以示氣質之隨理而生旣不得不有，而又不可以不反之於天地之性者焉，此所以有兩性之說，而其所以以氣質亦以爲性者，實乃所以明夫天地之性之爲本然之性，而終不可易焉。氣質之稟雖姑不可不以性目之，而終不可令自得以爲性，則畢竟天地之性自爲吾人之一性，而氣質止爲天地之性之用焉者爾。以其亦禀於有生之初，故亦曰性，學者要當分兩性中經緯，則知所主、所治之所定矣，就以程、張兩先生之意究申其說焉。夫從天地之緯分爲一物之初其所以爲此物之理者，卽所謂天地之經，有善無惡所不可易之性也，而旣爲此物有形有氣之後，凡其所性之感動流出者，必由於形氣之機，而惟聖人中和備德之外衆人，則其有過不及之偏係者，或爲之淵氷焉、或爲之焦火焉，飛揚奔逸流悖蕩失，則其與出天之性本然中正者，不啻氷炭黑白之相反焉，故不得已而分其目，一則曰天地之性，二則曰氣質之性，所以分兩性而異其目者，恐人以氣質之有善惡因疑夫本然之性之亦自有善惡也。所謂天地之性，卽指其元初所受乎天地之理，只自有善無惡者也，所謂氣質之性，卽指其旣有形氣自爲一物之後發動，自已有善有惡者也，此實所以爲主經治緯之義也。然其實則本豈有兩性哉？人止有所受乎天地者之本性而已，氣質者，便是此理之所以爲形質所以爲運用者爾，形質運用其果爲此理外之物耶？形質卽理之形質也，運用卽理之運用也。此猶經之有緯，緯爲經之緯也。其以緯爲經外之物，可乎？然則氣者性之所以行也，質者性之所以定也，就以氣質之常理言之，則氣不出此性，而其行也無非此性不倚之中也，質不外此性，而其定也無非此性不偏之正也，夫焉有氣質之不善者哉？故其在聖人則氣質之性自準於天地之性，天地之性流通於氣質之性，豈有兩性之可分哉？惟其經有常而緯多變，故緯之在天地者其流行之際，旣不能無清濁、粹駁、精粗、厚薄之不一，而品彙之禀受者，不能皆得夫清粹精厚之儲，而濁駁粗薄者十居八九，故氣質之不齊者有許多分數，而不爲病於本然之性者鮮矣。然氣質非自爲一理也，亦無非根本於天地之性爲其用者矣，而因其所禀之不齊，遂有過不及之病，而歸於惡耳。如剛柔本是天地之德也，而在人則剛之過者爲剛惡，柔之過者爲柔惡，其以剛柔之爲惡者爲剛柔本德之外別自爲一理可乎？ 木之理在人爲仁之性；火之理在人爲禮之性；金之理在人爲義之性；水之理在人爲智之性；土之理在人爲信之性，卽五常之性爲經於人者也。寬裕溫柔仁之德也；齊莊中正禮之德也；發强剛毅義之德也；文理密察智之德也；眞實誠慤信之德也，此皆在人不可易者也，初豈有不善哉？然其成定運用之機軸，則卽其氣質也。氣質之所從而出者，卽亦一原之理也，而隨其駁雜之不齊，以至於寬裕溫柔之仁失則爲姑息；齊莊中正之禮失則爲奢靡；發强剛毅之義失則爲暴戾；文理密察之智失則爲穿鑿；眞實誠慤之信失則爲固滯，至如楊、墨、老、佛之爲異端者，莫不由於天理之一偏，而差之毫釐謬以千里者也，此固氣質之非自爲一性也。因此理之爲經者必有其緯，而氣之爲緯者必有其變，故經常善而緯不能無善惡，兩般性之目以此而分焉，非實有二理者也。氣質雖亦曰性矣，而君子不性，其性變而化之，使之同歸於善，此所以經常爲經而緯終爲經中之緯者也。”

朱子《大學》序曰：“天降生民，則旣莫不與之以仁義禮智之性矣。然其氣質之禀，或不能齊，是以不能皆有以知其性之所有而全之也。一有聰明睿智，能盡其性者，出於其間，則天必命之，以爲億兆之君師，使之治而敎之以復其性，此伏羲、神農、黃帝，堯、舜所以繼天立極，而司徒之職、典樂之官，所由設也。”

仁義禮智之性其經也，氣質之稟不齊者緯之變也，不能知其性之所有而全之者，緯不能準於經也，聰明睿智能盡其性者，聖人盡經緯之道也，命之爲君師，使治而敎之者，主經治緯之事也。朱子以繼往聖開來學爲己責，平生所用心力者，無非講此理，明此道，業此學者也，而其大綱領則不出此一段說，故特載之。前後聖賢雖未嘗以經緯言理氣矣，而所立之言、所垂之訓，究其大旨要歸，則無非經緯之義、主經治緯之道，故載其大畧如右。

旅軒性理說

校勘·標點

卷五

經緯說總論

5.1 經緯說總論

5.1.1

傳記中經緯字之行非一，而其釋亦非一說矣。然而兩字皆從糸，則布帛中經緯蓋其制字之本旨也。觀夫織之爲工也，其理則亦本於天地矣，而取其理，用之於織出布帛之事，則杼柚縱橫之妙、綜理互貫之巧，如非天地固有之理，又非聖神默識之智，不可得而制作也。以此經緯擬之於宇宙間萬事萬物，大小精粗之類無非其義也，而其義之大者理氣是也。然布帛之經緯，經與緯皆人所造也。理之爲經也，則亘古亘今固自有者也，非其所加損也，氣之爲緯，則其間許多變化者是也，亦莫非此理中自然之用也，而雖其在天地者亦有覆載，生成之偏不得不待吾人而參贊之。至於在人在物之氣，若非聖人與天地同德無不準之緯者，則必須專用人功而修爲，然後得合於本然之理爲中正之道焉。故從古以來聖賢事業，都不出乎主此理之經治此氣之緯者也。理行乎氣，氣順乎理，然後無體用本末之相戾，而所以爲經緯者得矣。講習此事者學也，躬行此事者道也，心得此事者德也，以之修身則一身之經緯得焉；以之治人治物則人物之經緯得焉；以之參贊天地則天地之經緯得焉。然則人之善惡，世之治亂，皆決於經緯之得失矣。故其主經治緯之術，則帝王之道、聖賢之訓，凡載在經傳中者無不備也。

5.1.2

又曰:“合理氣而名之卽所謂道也。其以體用、本末分之然後謂之理, 謂之氣。理通大小, 故或大言之, 萬物統體一太極是也, 是指其造化原頭者也; 或小言之, 萬物各具一太極是也, 是指其人物賦予者也。然所指而言者有大小, 理非有大小卽一理也。氣兼形質運行, 故如輕淸爲天, 重濁爲地者, 以形質言也, 陰陽、往來、升降、屈伸者, 以運行言也。然爲形質者, 載運行之機; 爲運行者, 在形質之中, 莫非一氣也。夫以體用言理氣者, 理則無形質, 無運行; 氣則有形質, 有運行, 氣之有形質, 有運行者, 若不有此理在於無形質, 無運行之中, 而爲形質運行之理, 則其何所準則而能爲形質之模範, 何所柄要而能爲運行之機軸歟? 卽氣之以理爲體者也。理之無形質、無運行者, 若不有此氣爲之形質爲之運行, 則其何得而有器物法象, 何得而有變化功用歟? 卽理之以氣爲用者也。然而無用之體自不得以爲體, 無體之用亦不得以爲用, 則體用豈得相無乎? 其以本末言理氣者, 形質之大者天地小者人物, 運行之大者在天地爲寒暑晝夜, 小者在人物爲動靜語默。然天地之道, 陰陽剛柔有其常者其實也, 若蒼蒼膴膴之形質其具也, 生長收藏之不失時者, 運行之實也, 而晦明升降之變其具也; 人物之道, 性命彝倫之盡其則者其實也, 若群群林林之形質其具也, 禮義恭敬之不失節者, 運行之實也, 而視聽言動之用其具也。實其本也, 具其末也。此則氣以理爲本, 理以氣爲末者也。然而無末之本自不得以爲本, 無本之末亦不得以爲末, 則本末豈得相無乎? 然則以體用言者自一義也, 以本末言者亦一義也。體用止有體用之義, 而不足以兼本末之義; 本末止有本末之義, 而不足以兼體用之義。今以經緯擬之，則不但可以兼體用，本末之義，至於體用本末二具者所不得以相盡之義，亦足以包得焉，其義已備於已上各段之中矣。”

5.1.3

又曰：“理氣不惟以體用，本末言之，皆各有可喩之義，又以水之源流，網之綱目取比，而亦似有相發之端焉。然天地萬物之爲天地萬物者氣也，天地萬物之所以爲天地萬物者理也。以體用言，則理爲體氣爲用；以本末言，則理爲本氣爲末；其以源流綱目言之，理爲源爲綱，氣爲流爲目，各因其名目之本義擬之於理氣者，雖皆果有可證可明之實矣，而天地萬物之理，天地萬物之變，固不可以一名目而窮其妙焉，究其狀焉，擬以體用，體用不足以盡其義；擬以本末，本末不足以盡其義；源流綱目之莫盡其義，亦莫不然耳。然而以四者單擧而比之，雖各不足以盡其義焉，而亦須或擧體用言，或擧本末言，或以源流、或以綱目言之，而兼取竝比，然後理之所以理乎氣，氣之所以氣乎理者，參互觀驗有可以得其實矣。至於經緯之說，則稽諸傳記取用之義，而以擬於理氣，則實有符合之妙，最爲親切的當焉，非若體用本末源流綱目之各近一義而已矣。豈不以經緯之制實取於天地之理氣而然哉?”或曰：“經緯本是織絲縱橫之名，乃人所手造之制而不過爲人家杼柚中最賤一物事耳。故古人之取譬者，雖或用之於大處，其所謂經，所謂緯，皆就有形質者言之。如曰天經地緯，曰南北爲經東西爲緯，曰文經武緯等說，莫不以目所可見者竝之爲一經一緯也。今若指理爲經，指氣爲緯，則理雖曰自未有，宇宙之前直至宇宙之後，一此理也。然旣無形象，又無方所，則指何物可擬爲縱絲之經歟？ 氣則爲形質有運行者皆氣也，而其爲形質之巨細、精粗，運行之長短、廣狹有什百千萬之不齊，則竝擬之橫絲之緯可乎哉？”曰：“道本是人所蹈之路，平地上四達而通行者是也，而乃名之以三才共由之道，則平地之道直當，有目皆覩，有足皆蹈而已。若三才之道，近自夫婦居室之間，遠而至於天地之所不能盡，其大無外，其小無內者也，而取彼名此焉。蓋擧粗喩精、借物名理，固無不可矣。今用經緯稱理氣，豈相遠哉？惟能大着眼目而觀之，則理在天地之前後，而先後天地終始乎其中；理在天地之旣位，而陰陽造化終始乎其中；理在吾人之秉彛，而德行事業終始乎其中，以其有常而謂之理，以其有變而謂之氣也，而氣出於理，理行乎氣者，豈非自然之經緯也？”或曰：“有理故氣從而出焉，則氣之本於理固也。若經緯則經絲自爲經絲，緯絲自爲緯絲，以此而比諸理氣之一原，無乃不相類耶？”曰：“經緯豈可以一縱一橫而疑其二哉？有經不得無緯，緯之出乃由於經，則經緯是一理也，是一般絲也。經所以受緯，緯所以成經，經因於緯，緯因於經，則其與理之有氣、氣之體理，何以異哉？且夫理氣之稱，指其爲理處不可名以氣，指其爲氣處不可名以理，則亦似乎經不可名緯、緯不可名經者矣，而理之爲經者自具許多之條脈，氣之爲緯者實有不紊之倫類，此又取擬之義也。”

5.1.4

又曰：“天下之物皆出於理氣，故莫不有理經氣緯之象焉。就以五行之爲物者言之，天一所生地六所成曰水，其性潤下，比則理之經也，有四時之水，有星宿之水，有方諸之水，有雨露之水，有井泉之水，有池澤之水，有江河之水，有四海之水，有生物中自然之水，其爲深淺、醎淡、順逆之用不一者，比則氣之緯也。地二所生天七所成曰火，其性炎上，比則理之經也，有四時之火，有星宿之火，有雷電之火，有陽燧之火，有鑽木之火，有金石之火，有生物中自然之火，其爲大小，順逆之用不一者，比則氣之緯也。天三所生地八所成曰木，其性曲直，比則理之經也，有四時之木，有星宿之木，有椿桂之木，有松栢之木，有樗櫟之木，有莿棘之木，以之爲楝樑，爲舟車，爲薪柴之用不一者，比則氣之緯也。地四所生天九所成曰金，其性從革，比則理之經也，有四時之金，有星宿之金，有黃金之金，有白金之金，有銅鐵之金，以之爲鍾律，爲釜鼎，爲刀釰，爲鎖鑰之用不一者，比則氣之緯也。天五所生地十所成曰土，其性稼穡，比則理之經也，有四時之土，有星宿之土，有玉石之土，有丘陵之土，有沃腴之土，有墳衍之土，有剛鹵之土，以之爲都市、爲田園，爲藪澤，爲荒服之用不一者，比則氣之緯也。然不一之水莫非水也，不一之火無非火也，不一之木，不一之金，不一之土無非木也、金也、土也，則豈有經外之緯哉？此擧其大者耳。其餘萬物亦皆有理氣之象，至於人事家國之中亦莫不有體用、本末、源流、綱目之可擬，而必爲之相隨，竝行焉何哉？此理之外無他理，故理氣爲大經緯，而理氣中之物皆各有經緯之義者如是夫。”

5.1.5

又曰：“理者氣之理也，氣者理之氣也。言理而氣在其中何哉？理包氣故也。言氣而理在其中何哉？理爲氣故也。未有氣之前氣之本已在於理，則氣在理中者是也；既有氣之後理之用乃行乎氣，則理在氣中者是也。自天地之大至于物之微細，孰非理也，孰非氣也？然而古之聖人言及於理者寡矣，雖或言之不過乎在事物之理，　而未嘗有說到原頭大統體上者，及孔子傳易始發太極之稱，　而他未有聞也。不但言理之寡，其言氣也亦寡矣。及孟子始發浩然之氣之說，而亦止就在人者言之耳。夫所以言理氣之寡者，非但難言也，亦固有意者歟？蓋理則無形象，方所，故若輕爲之言，則人必求諸空蕩鶩於虛遠，不肯平著脚跟於篤實地頭矣。氣則發動、流轉、開闔、變化，故若泛及爲說，則人或揮袂闊步，未必不有飛揚走作之思矣。其所以寡言理氣者不以是耶？每取平實切近底題目如道德、言行、仁義禮智、孝弟忠信、恭敬節儉等言以致反覆詳勉之意，此其所恒說也，其實莫非理所統也、氣所行也，而顧皆心身上體認踐履之名目，故人之聽之者莫不撿心束身，要須反求實踐，則主經治緯之事卽在是矣。降及後世以爲雖初學不可不先識其名義，爲其向上之標的，則開卷擧口無人不說理氣，聽其言，則無極太極如目斯見，陰陽造化如手是指，究其實，則或指理爲氣、或指氣爲理、或過分理氣爲是二本二物者，然彼固無心身體履之實，而遽談於性命之奧者，其果能說得是乎？此不足道矣。至於高世立幟之儒號爲吾黨之宗者，病於守常則或泥於前言，好爲立異則或詭於妄執，其能有眞見者幾人哉？”

5.1.6

又曰：“古之聖人說理氣旣寡，而又未有分理氣爲言者，夫理之爲統體者，直自亘天亘地、亘古亘今，無形象可見、無方位可尋，則固不可得而容言說矣。言說之所不可容焉，則雖其所包囿含藏者只是氣也，而窮原至此，則氣亦不容爲之分矣。至於散在事物者莫非理也，理之所在莫非氣也，而亦未嘗分言理氣何也？竊以爲理之著於實用者，旣爲天地萬物之形質，仍爲天地萬物之運行，則理之無形質者於是乎有形質矣；理之無運行者於是乎有運行矣。形質固是氣也，而雖曰理之形質可也？運行固是氣也，而雖曰理之運行可也？其可外氣有理，離理爲氣乎？然則天地萬物皆氣中物也，而氣則皆理中氣也。故不必分解於此理彼氣之界，而止就理氣之混成一物者，使之爲眞而毋妄、爲純而毋雜，爲善而毋惡、爲中而毋偏、爲正而毋邪、爲公而毋私、爲直而毋曲、爲順而毋逆、爲易而毋險、爲一而毋二、爲全而毋虧、爲常而毋變、爲密而毋紊、爲是而毋非、爲當而毋乖，凡其所可爲者卽皆理之本然也；凡其所可毋者卽皆氣之流失也。治去其流失之氣，而咸歸於本然之理，則此其不分之中，而所大分者正在於此，無非主經治緯之法也，卽所謂性命之理也、彛倫之教也，正學也、大道也、至德也，吾人之極此焉可以立矣。後儒以凡善之類皆理也、惡之類皆氣也，而善惡之相反，便是氷與炭也、白與黑也、霄與壤也，則理與氣絶不可與之相屬焉。於是乎爲說則別其條，爲圖則二其圈，是則徒知其末之有二，而不知其本之爲一也；徒知其有二而欲異之，氣之爲氣終不可得以無焉，則其所以治之者，反有所怠焉，置之無如何之地而莫之能歸之於一，此由於不能洞明其原，分其可分、治其可治故也，必須知其本之爲一、究其末有二之機，而正其偏、直其倚、中其過不及者而止焉，則可矣。是不過以氣治氣，不失其爲氣之則，而性命之理不外是矣。玆非精一克復之要乎？此古之聖賢不爲之强分理氣，止說其治氣、養氣之方，而理氣之分自明於不分之中矣。一自分理氣費盡說話之後，此學之明益不如古昔何哉?”

5.1.7

又曰:“有常者固理之常也，而有變者亦理之變也。惟其有常然後變得而爲變，又其有變然後常得而爲常，常以先之、變以後之，不先其有後乎；常以始之、變以終之，不終其有始乎？有常而無形者卽理也；有變而無常者卽氣也。理者氣之所以爲氣；氣者理之所以爲理，理之變是氣也；氣之主是理也。理之不得無氣，氣之不得無理者，理氣同一道也。理焉而爲之主；氣焉而致其實，主不立實何從而致焉；實不致主何得而立焉？此先後始終之不容相無也。夫以體用、本末、源流、綱目、經緯擬之於理氣，則體也、本也、源也、綱也、經也者理之擬也；用也、末也、流也、目也、緯也者氣之擬也。無體固不得有用，體矣而無用，亦何待而爲體；無本固不得有末，本矣而無末，亦何待而爲本？固無無源之流矣，又安有無流之源乎？固無無綱之目矣，又安有無目之綱乎？經緯之相須也如是，故理之有氣、氣之有理，於是乎可見矣。然亦不是體一時、用一時、本一時、末一時、源流各一時、綱目各一時、經緯各一時也；又不是體一處、用一處、本一處、末一處、源流各一處、綱目各一處、經緯各一處也。理有而氣有，氣行而理行，未嘗不與之爲時、爲處，焉其有一頃刻、一絲毫之或相判別乎？惟其體常統乎用而用不得統乎體；本常統乎末而末不得統乎本，至於源常統乎流、綱常統乎目，而流不得統乎源、目不得統乎綱者亦然，則理之不可以擬緯、氣之不得以擬經者，乃非固然之序耶？此有常者常自有常，有變者常自有變，而所以爲變者亦自變而從常，則常之有變乃其常也，所以爲一道也歟。”

5.1.8

又曰:“理一之一，無體之一也。一二之一，天一之一也。凡物在先止爲先，在後止爲後，在小止爲小，在大止爲大，在此止爲此，在彼止爲彼，既分先後、大小、彼此焉，則不能爲一而便作二截矣。惟理也先而然、後而然、大而然、小而然、此而然、彼而然，常然而不可移易，故曰一，是則不與於數而爲數之原者也，非若一二之一。雖爲數之首，亦自爲一而止便作十中之一者也。若理一之一，則自以無體爲一，故有爲一之道而無爲一之形焉。然則理一之一，乃是形而上者也；一二之一，已涉形而下者也。形而上者極於上，故爲無體之體，無時無處而不爲其常一；形而下者數於下，故有所居之序、所定之位，在首而不能在尾，居始而不能居終，爲少而不能爲多，必須推而衍之然後爲十百千萬之無窮矣。無體之一，比則一家之家君也，無與之對矣；一二之一，比則一家之長兄也，其下有諸弟矣。有家君然後有諸子兄弟，則家君之尊非長兄之比也，此無體之一所以不與於數也。若不有無體之體爲之體焉，則焉得有無窮之用爲之用乎？惟其無體之中自有無所不包、無所不備、無所不通、無所不貫之一，故其爲無窮之用者，能有自一至十，由十至百千萬億許多之數也。夫自一至十、自十至百千萬億者，亂一則不成次序，闕一則不成位列，其所以序齊位備不亂無闕者，便是無體之一有以包備通貫故也。指其無體而謂之理，指其無窮而謂之氣，此經緯之所以分也。”

5.1.9

又曰:"氣之未形、未器之謂理;理之爲形、爲器之謂氣,以其未形、未器而有所可以形、可以器者,故謂之理;以其爲形、爲器而必因於所不形、所不器者,故謂之氣。此乃理爲氣之理,氣爲理之氣,因是氣而有理之名;因是理而有氣之名,所謂理氣非二物者,其義則未爲不可也。但物字非所當著得於理氣者也。蓋不形、不器者,體也、本也、源也、綱也;爲形爲器者,用也、末也、流也、目也。以有無言之,不形、不器者不是無也而乃有之主也;爲形、爲器者不常有也而乃有之客也;不形、不器者無之有也;爲形、爲器者有之有也。無之有者無時不有,則有之常者也;有之有者有時而無,則有之變者也。有之常者旣自常存,故有之變者往來而不窮焉。有之變者往來而不窮,故有之常者自不失其常焉,此其所以經緯也哉。"

5.1.10

又曰:"先儒以人馬喩理氣,理比之人氣比之馬,理之乘氣若人之乘馬,理不能自行,乘氣而行,猶人不能自行,乘馬而行也。此喩近矣,則莫不以爲善喩矣。竊以爲人與馬本是兩物耳。若理氣,則非如人與馬之爲兩物者也。人與馬貴賤雖殊,旣是人自人、馬自馬,各自爲一物。特以賤者當爲貴者之所使用,故人取馬以爲所乘之物焉。其爲物則二焉矣。至於理之有氣、氣之在理,則一原而已者也。理不氣無以致用,氣非理無以爲主,固不可以頃刻相無焉。以人身喩之,明與目不相離;聰與耳不相離;嗅與鼻不相離;食與口不相離;言與舌不相離；心與百體不相離；性與情不相離，設必以在人馬者喩之，當乘之道在人故人遂乘馬；見乘之道在馬故馬遂被乘，於人道則理也；人與馬則氣也。就人論在人之理氣，就馬論在馬之理氣，則可矣。若以人與馬一比之理，一比之氣，則爲主爲使之分，固似矣。但以兩物比理氣，恐人生疑於理氣之二本也。人雖乘馬，或有無馬而徒行者，理果有不待氣而自行者乎？此固人馬理氣之不可相喩者也。天下未有不經而能緯，不緯而能經者矣。”

5.1.11

又曰：“曰理、曰氣，其目雖別，氣出於理，其爲道則一也，而所指而目之者，不得不別焉。蓋自不能無分合，異同者道之全體，大用也。合者必分，分者必合，同者必異，異者必同，若知合而不知分，知分而不知合，知同而不知異，知異而不知同，則皆非知道者也。故知理而不知氣，雖曰知理，非能眞知理者也；知氣而不知理，雖曰知氣，亦非能知得氣者也。果能知理則知必有氣，果能知氣則知必有理，果能知理氣之一道則又必能知理氣之須別矣。何則本末一木也，末出於本矣而不可指本爲末，指末爲本也，源流一水也，流出於源矣而不可指源爲流，指流爲源，至如體必有用，用必待體，而必須有體用之各指，經必有緯，緯必待經，而必須有經緯之別稱，統而言之，一理故也。若非此理之自一焉，則其何有分合，異同之道哉？分合異同所以爲理而爲道者也，乃所以有天地、人物也。在天地人物之中而不知此理，可乎？”

5.1.12

又曰:“橫渠謂由太虛有天之名, 似以太虛爲理者也, 而其實非以太虛爲理也。 未有氣化之前太虛而已, 卽理在其中矣。理不可見而可見者太虛, 故不言理而言太虛, 旣以爲有天之名, 則天非理乎。如果以爲以太虛爲理, 則豈知理者哉? 若理則不容言虛矣, 太虛者卽氣也。 蓋有理則有氣, 固無無理之時, 又無無理之處, 故亦無無氣之時與無氣之處焉。 其於未有氣化之前, 只自是太虛焉者, 卽氣之本體也。 未有天地之前而爲太虛者, 卽天地前元氣之太虛也, 旣有天地之後而爲太虛者, 卽天地中元氣之太虛也。 太虛之在天地前也, 天地因其氣化而生焉; 太虛之在天地中也, 萬物因其氣化而生焉。然則太虛之爲氣也非大化之本耶? 及其有氣化然後凝聚爲形質, 著見爲聲色也, 而其形質之凝聚, 聲色之著見者, 莫非太虛中胚胎醞釀而爲造化者也。然以太虛爲氣之本體者, 非若理之爲氣之體也。 理之爲氣之體者, 統理氣而分體用, 以理爲體以氣爲用也。 太虛之爲氣本體者, 就氣之動靜而分體用, 以太虛爲體, 以氣化爲用也。由理爲氣, 以氣效理, 因氣知理, 究理驗氣, 則理氣之爲體用也。由虛爲實, 從實歸虛, 因虛知實, 見實知虛, 則一氣之虛實爲體用也。 就以一氣之虛實言之, 雖其有淸濁聚散之分, 虛亦氣也實亦氣也, 豈可以實爲氣, 而以虛爲非氣乎? 虛實皆氣也, 故據其虛而曰虛, 據其實而曰實, 其皆有可據之跡者, 非俱爲氣耶? 所以謂之以太虛爲理, 則非知理者也。 理也者欲謂之虛矣, 不可得以狀其虛焉; 欲謂之實矣, 不可得以指其實焉。 其曰無極則似乎虛矣, 而卽曰太極則非固虛也, 旣曰太極則似乎實矣, 而乃曰無極則非固實也。 然則何旨而曰太極? 極焉而太也, 故不可不謂之太極；何復加以無極？極焉而無矣，故不可不謂之無極，曰太、曰無，而不宰之宰、無爲之爲，有以爲根柢、樞紐焉，則極之爲理，蓋可得而心會之矣，非若氣之虛而止爲虛實而止爲實者也，此固不可以太虛爲理者也。《樂記》曰：‘人生而靜，天之性也。’其言似以靜爲性者也，而其實非以靜爲性也。靜者人心未動之謂也。若以人心言之，靜亦人心之靜也，靜何獨爲天之性乎？若以天性言之，動亦天性之動也，動何獨非天之性乎？能動能靜之機卽氣也，有靜有動之常卽理也。言理而氣在其中，言氣而理在其中，不可偏指靜爲天之性，而以動爲非天之性也。惟其人生而靜之時，所性者純而未雜、眞而未妄，故直謂之天之性，以示其無撓於人欲之私，而性之本然者然也。及其感於物而動，然後性之欲始行，而乃有情勝性失之患矣。故不謂之天而謂性之欲也。然旣曰欲矣，而以爲性之欲，則非謂動時全未有性也。於此若不見得明於曰天曰欲之旨，而直以靜爲天之性，則非知《記》者之意也，其何異以太虛爲理者乎？程伯子《定性書》曰：‘所謂定者，動亦定，靜亦定。’此言性之無內外也。動卽感物而動也，靜卽無感而靜也。定卽當靜而靜，靜而無靜，當動而動，動而無動，一惟天理之自然者是也。其可偏指靜爲性乎？今以經緯言之，氣之有虛，有實，心之有靜，有動，俱是緯中妙用也。若夫虛實之皆有其常，動靜之各有其則者，同是理之經也，非知道者，孰識其妙之妙，精之精哉？惟以理無形而氣有跡，故後學有或錯認其虛者爲理，靜者爲性，殊不知虛實動靜皆爲理之用，而屬於氣焉。理若偏有所主，烏能爲不宰之宰、無極之極乎？”

5.1.13

又曰:“主氣者理也，理發者氣也。以氣之所主者而名之曰理，以理之所發者而名之曰氣，理外無氣，氣外無理，其有外於理而爲氣之主者乎，外於氣而爲理之發者乎？性情亦然，主情者性也，性發者情也。以情之所主者而名之曰性；以性之所發者而名之曰情，性外無情，情外無性，其有外於性而爲情之主者乎，外於情而爲性之發者乎？理之與氣、性之與情，所謂一而二、二而一者也。但以在理則眞焉而已矣，而爲氣則有清濁精粗之不齊；在性則純焉而已矣，而爲情則有善惡邪正之不一，故人便疑其氣有不發於理者，情有不發於性者，至於論理氣、性情，多不免歧而二之，此不知經緯之道有不得不然之勢，而畢竟復歸于一者，乃所以爲元無二本故也。故理而氣、性而情者，雖不可不分，只可直分而不可以横分者也。横分者，有彼有此，彼此幷立之謂也；直分者，爲體爲用，體用流行之謂也。理氣、性情不是兩箇竝立之物事，乃是一道之經立、緯行者也。夫氣順於理，情順於性，則氣自是理之氣，情自是性之情，寧有乖戾之氣、邪惡之情哉？顧以氣雖出於理，其於爲氣之後，反爲之氣自氣而不能爲理之氣；情雖出於性，其於爲情之際，反爲之情自情而不能爲性之情，則自氣之氣、自情之情，豈不與理性相遠哉？聖人爕氣治情之道，亦非有他法，止使之氣爲理之氣而不自氣，情爲性之情而不自情，以全夫經緯之道者也。”

5.1.14

又曰:“理氣以在天地人物者而統言之，性情以在人物者而指言之。然性卽理也，情卽氣也，理發者氣也，性發者情也，理氣、性情卽一道也，而氣由理發，理以氣行，情由性發，性以情行，特以其發前，發後而異其名目焉。如木之在土中者謂之根，本出土上者謂之幹枝，而其實一木也，水之始涌者謂之源，泉注下者謂之流派，而其實一水也。然而其根直而其幹枝有不直者，其源淸而其流派有不淸者，是不如理則純而氣有純不純，性則善而情有善不善者乎？夫理之有氣，所以使之行其理之純者，乃其常道也，卽至誠無息之天地是耳。其有不純，非其理之本然也。性之有情，所以使之行其性之善者，亦其常道也，卽純亦不已之聖人是耳。其有不善，非其性之本然也。氣之不純，氣自有之，情之不善，情自有之，後儒之以理與氣、性與情歧而二之，竝而對之者，乃出於此也。然此非理氣有二本、性情有二原也。乃其爲氣，爲情之勢有不得不異於理之純、性之善耳。然而在氣與情爲其勢之然者，亦不可不謂之理矣，而但是理之變也，非理之本然，故學之道貴乎救其變而復還其本然者也，主經治緯之道，其可已乎？”

5.1.15

又曰：“理氣之際固難於會得，而又豈是終理會不得者也哉？人隨其所自中立者而觀之，吾身固吾父母之所生也，而吾父母之得以生我者，孰使之也？吾身旣爲中立之一物，仰觀之而有覆我之天；俯觀之而有載我之地；旁觀之而有共我之萬類，彼天也、地也、萬類也者，果皆何從而有矣哉？非所謂理也者固自有焉，而正正當當直上直下亘前亘後，故天得其當爲天者而爲之天；地得其當爲地者而爲之地；人得其當爲人者而爲之人；至於萬物亦莫不各得其當爲萬物者而爲之物乎？ 苟無其理，則天何得如許其覆幬； 地何得如許其持載； 人何得如許其中立； 物何得如許其有萬乎？ 惟其理之固有者然也。 固有理故斯有氣，有氣故斯爲天地人物，則其本也理而已矣。然則理於何而觀乎？ 當於其爲氣者而觀之耳。氣於何而觀乎？ 當於其爲天地人物者而觀之耳。 然而言理氣者，旣曰有理然後有氣，則人每求之於有氣之先，是則以時求理也，理豈別自有其時者哉？ 旣曰運行凝結者氣也，則人又求之於有氣之外，是則以處求理也，理豈別自有其處者哉？ 理在氣中，氣在理中，而乃欲外氣求理，外理言氣，理氣安可會得也？ 往者纔過、來者已續，則固無一頃刻無氣之時也。 上下四方充塞彌滿，則固無一空隙無氣之處也。 理外言氣，氣外求理，吾未見其會得理氣也。 理自是所以爲氣者也； 氣自是爲天地人物者也。以凝結運行者言，則天地人物皆氣也； 以其得爲凝結運行者言，則天地人物皆理也。 但以其爲經、爲緯而別其目焉。今以氣類之有形象者比之，理氣之爲經緯，則理則太虛也， 氣則日月星宿之在太虛中者也； 理則陸土也，氣則草木百卉之在土中者也。 水則理也， 龜龍魚鱉之在水中者則氣也； 風則理也， 人與鳥獸之在風中者則氣也。 日月星宿得太虛而爲光精； 草木百卉得陸土而爲植物； 龜龍魚鱉得水而爲鱗介； 人與鳥獸得風而爲生化，無太虛則無日月星宿，無陸土則無草木百卉； 無水則無龜龍魚鱉； 無風則無人與鳥獸。 然而太虛而非日月星宿，徒窣窣何爲； 陸土而非草木百卉，徒膴膴何爲；水焉非龜龍魚鱉，徒混混而已；風焉非人與鳥獸，徒旋旋而已。然則理之有氣，氣之在理，卽如是也。無經則不得爲緯，非緯則不得爲經者，不其然乎？”

5.1.16

又曰:"理固常自有者矣, 而理不但自常爲理而已。必也發焉爲之氣然後有功用事業也, 所以生陰陽五行爲天地萬物者, 莫非此理之功用事業也。然則以理而爲之氣者, 不是別作一種之爲也, 卽此理中功用事業, 固當有許多氣然後乃得以營出矣, 則發動焉爲運行, 凝結焉爲形質者, 孰非此理自然之用也哉? 惟其運行者, 不能無盛衰、盈縮, 形質者不能無大小、精粗, 則得於盛衰、盈縮者類族以之而分焉, 爲其大小、精粗者物我以之而別焉。類自類, 族自族, 而逆順、邪正于以雜矣, 物自物, 我自我, 而公私、善惡于以互矣。故其在是道之爲理也, 則純乎善順公正焉而已。及是道之爲氣也, 則善順公正者不能純焉, 而邪私惡逆亦與之竝焉, 所以病夫邪私惡逆者, 必歸咎於氣, 乃以氣爲理外別種之物, 故不自純而有是雜也。此不知理氣之爲種者非自別也, 特以一經一緯之有常變耳。是故三代以上聖訓之載於經傳者, 未有以理氣、性情對擧而分言之。堯、舜只有人心道心, 精一執中之言, 湯、武有建中、建極之稱, 孔子有克己復禮, 吾道一貫之訓, 其道亦皆不出理氣也, 而未嘗曰:'某底理, 某底氣, 理如何, 氣如何也。'但令爲善去惡, 以順治逆, 以公滅私, 以正勝邪, 而理便在其所存, 氣便在其所節, 故主經治緯之道, 卽在是矣。秦、漢以下聖賢不作, 敎化不行, 人欲橫流, 天理晦塞, 而三極之道不立, 則人而禽獸、中夏而夷狄矣。至宋諸先生相繼而出, 紹孔、孟之學, 明堯、舜之道者, 靡有餘力矣。以爲孟子之功不在禹下者, 無他也。惟能明性善之理, 使人知皆可以爲堯、舜也。於是不得已焉而遂爲氣質之性之說者, 乃所以使學者知夫本然之性, 則不可易矣, 而其不能皆善而有惡、不能皆順而有逆，不能皆公而有私，不能皆正而有邪者，無非氣質之不齊者爲之拘也。此亦不可不謂之性也，而人若性此性而不爲之變化，但任其偏倚過不及之禀焉，則未有不失其本然不可易之性矣。故必使有以化其偏倚者而歸之正，變其過不及者而歸之中，然後本然與氣質始得無間，而皆純爲善順公正之道也。此程、朱以來凡爲聖學者，未有不守其說者也。但若以氣對理，互言而竝擧，則後學又以爲所謂氣者別行於理之外而自爲一種焉，此又非眞知理氣之實，而亦非能知程、朱之意者也，此余所以有經緯之說也。"

5.1.17

又曰："氣者理中生出者也。理無時而不在，故氣無時而有息，其爲運行也，前出者盡則後出者繼；其爲形質也，前有者終則後有者始，旣繼而又盡，旣盡而又繼，旣終而又始，旣始而又終，其何時而息絶哉？蓋氣之發動者是運行也，氣之凝結者是形質也。發動者有運行然後於是運行者凝結而爲形質，凝結者爲形質然後形質又自有發動而運行焉。性情事業斯以存矣，孰使之發動、孰使之凝結哉？乃一理而已。然則氣焉有運行者，便是此理之運行也；氣焉爲形質者，便是此理之形質也。然而運行者不能無窮盡，形質者不能無剝散，剝散則必復有凝結，窮盡則必復有發動，此所以大者有大始終、大盡繼，小者有小始終、小盡繼，又其所以盡繼、始終之無窮者，實以此一理之常然也。大包小，遠包近，生生化化於其間，而各有以自盡其性命者，卽此理之一也。運行者必須有形質，形質者必須有運行，運行與形質未嘗相離，而小形質者始終於大形質之中，小運行者盡繼於大運行之中。形質之大者莫如天地，天地非獨無始終也，而其在始終爲最大也，故始終於其間者，自不見天地之始終，則便以天地爲無窮之一物，此其所見者小也。今夫蜉蝣亦在於形質運行之中，而其始終不出乎一日之間，則安知夫一月之物、一時之物、一歲之物之始終哉？況知夫始終之大者乎？形質運行之爲大爲小者不一，而其各有盡繼始終之無不同焉者，非其理之一乎？以其各自爲形質，各自有運行，故遂不免有巨細、偏正、彼此、物我，而其所以爲理之用者，有千殊萬别、千差萬謬之不齊矣。惟能稟運行之秀、得形質之正者，不拘其形質之小，而能通乎天地萬物之理，不滯於生世之近，而能達乎古今億代之遠，此卽吾人之道而其爲理氣也，則一原而已。”

5.1.18

又曰：“理氣必以經緯明之者有說焉。夫人性皆善無，不與堯、舜同者，孟子之旨也。然而古今天下之人惟大聖爲能純粹無雜之外，其餘則雖有善惡、分數，多寡之不齊，而皆未免於雜矣，則其果以人性皆善爲可必信者鮮矣。故有謂有性善，有性不善者焉，有謂性無善無不善者焉，至有謂人性惡者焉，此皆不但不知理亦不知氣者也。又其剛柔善惡，或正或偏，隨其所稟而各異，故程、張有氣質之性之論，則不達其理者，遂以氣爲理外之物，而謂與理不相干者矣。然而形氣自是吾之所得爲身而不可得以無焉。凡由此形氣，自所知覺者，皆吾之所不可一日廢，則恒人之不能達識者，旣懼性善之訓，又難形氣之廢，乃思有以爲理與氣之兩立竝行，不相偏廢焉，則又要取其理焉未純於善，氣焉未全於惡者，而爲其自占可便之地之計也。然彼旣爲之理作一物，氣作一物，遂立兩箇頭項，則理氣已不得致一，而善惡相半，終不成爲至道。況微者每見奪於危者，其何得以有濟哉？遂不免人欲日肆，天理日晦焉。此亦無他，旣不識理又不識氣故也。若爲虛無寂滅之學者，則旣惡是理之有不可紊之秩，不可廢之叙，又惡是氣之有萬殊之用，萬變之應，則乃欲斷却彛倫，事物一切廢置天理，人情之所不容無者一向。但就空空寂寂不起不滅之地，而棲其妄想，以是謂之心、謂之性，謂之道矣。然心非知覺之心，性非秉彛之性，天下豈有是道哉？其所謂心非吾所謂心也，其所謂性非吾所謂性也，其所謂道非吾所謂道也。以爲理焉而非爲氣之理也，以爲氣焉而非理發之氣也，以爲道焉而非合理氣之道也，理豈有不氣之理，氣安有無理之氣，道安有不理不氣之道哉？此亦實不知理氣之爲經緯，而終至於絶天之道，亡人之倫者也。故必須知理氣之元非二本，而理自爲經，氣必爲緯，經有其常緯有其變，常以立其體，變以致其用然後經在緯中，不失其爲經，緯在經中，不失其爲緯，而道在是矣。此余以經緯言理氣者，思有以明夫理氣之自爲體用，而道之所以立也。惟能眞知是理者，乃可以眞知是氣，眞知是氣者，亦得以眞知是理，雖曰知理而若不知氣，是實不能眞知理者也，雖曰知氣而若不知理，是實不能眞知氣者也。夫氣之著非若理之隱也，其發動之盛、凝結之實所可易知也，而亦或有知之不能眞者，其盛，其實卽可以耳目見聞矣，而若其所以盛，所以實者非見聞所及也。惟其所以盛、所以實非見聞所及者，卽非其理乎？固以理氣非二物也，其所以知氣、知理亦非二般事也。此《大學》格物致知爲一時工夫也，果能眞知理矣則寧有不知氣者哉？果能眞知氣矣則寧有不知理者哉？故能眞知理氣者，必有以知經緯之義矣。”

5·1·19

又曰: "理氣何以謂之一而二、二而一者也。夫氣者理之氣也。氣出於理以理爲主, 而常在理中行, 便是緯以經出, 經以緯行, 故可謂之一也。惟其指理謂理不當謂之氣, 指氣謂氣不當謂之理, 一經一緯不得無分, 則不可不謂之二也。然而經得緯爲經, 緯得經爲緯, 而經緯合一, 未嘗爲二物, 故又可謂之二而一也。吾故曰: '有理斯有氣, 有氣則必有理', 又曰: '無無理之時故亦無無氣之時, 無無理之處故亦無無氣之處。' 若曰理自一時, 氣自一時, 理自一處、氣自一處, 則非知理氣者也。先儒之論理氣也, 必曰先有理然後乃有氣, 則後學遂以爲先自先而後自後, 於是乎理與氣似各有時焉。又曰某底純是理, 某底專是氣, 則後學遂以爲純自純, 專自專, 於是乎理與氣似各有別焉。夫所謂理先氣後者, 却以理推之, 知其自有是理故卽有是氣爾, 非謂若昨日有理, 今日有氣者也。言先而氣在其中, 言後而理在其中, 實莫能相先後焉矣。所謂理純氣專者, 亦以體用、本末、或正、或偏之勢而言之耳, 非謂理純者都無氣, 氣專者都無理也。理非氣何因而見其純, 氣非理何由而得其專? 此有純有專者, 所以理氣合爾。曰理, 曰氣, 名目雖二, 卽一原而體用焉, 一形而上下焉, 旣無徒理無氣之時, 安有徒氣無理之時乎? 旣無徒理無氣之處, 安有徒氣無理之處乎? 吾故曰: '理發者爲氣, 性發者爲情。' 夫以宇宙中千變萬化者無非氣也, 而其氣何從而出, 出乎理也。在人之百行萬善無非情也, 而其情何從而出, 出乎性也。有理故有氣, 有氣故爲千變萬化焉。有性故有情, 有情故爲百行萬善焉。無理則無氣, 無氣則其何以爲千變萬化於宇宙乎? 無性則無情, 無情則其何以爲百行萬善於吾人乎? 故理者有爲之本也，而自不能有爲，氣然後能有爲焉。性者致用之原也，而自不能致用，情然後能致用焉。氣是理之氣也，情是性之情也。氣之於理，情之於性，皆以所發爲言者，不以是耶？然則所謂發者不獨動者爲發，靜亦發中之靜也，不獨感者爲發，寂亦發中之寂也。何則以元氣而爲天地，以遊氣而爲人物者，無非太極之發也。從無形而爲有形，從無爲而爲有爲者，非所謂發耶旣爲天地則天地有動靜，旣爲人物則人心有寂感，此無非理發中之動靜、性發中之寂感也。何以言之，動靜之在天地者皆氣也，則均可謂之理之發也，寂感之在人心者皆情也，則均可謂之性之發也。故動爲發中之動，而靜亦發中之靜也，感爲發中之感，而寂亦發中之寂也。人常見其靜時氣方收斂翕聚，未有作用之迹，則便以爲理而已矣，及其動時氣始流行發育，著於造化之迹，則便以爲氣而已矣，遂以人心之寂者謂之性，感者謂之情，是則理自一時、氣自一時，理自一處、氣自一處，時爲有徒理無氣與徒氣無理者矣，地爲有徒理無氣與徒氣無理者矣。性有性之時，情有情之時，而性情不同時，性有性之處，情有情之處，而性情不同處也。是焉知理氣之一而二，二而一者哉？天地之有靜，有動者理也，能靜能動者氣也，人心之有寂、有感者性也，能寂能感者情也。動靜皆理也，皆氣也，寂感皆性也，皆情也。但其靜時氣聚而理止，動時氣作而理行，寂時情凝而性止，感時情發而性行，故氣靜者理之靜也，氣動者理之動也，情寂者性之寂也，情感者性之感也。理氣、性情未嘗不同處而存，同時而行，則其果有徒理，徒性，徒氣，徒情之時與處乎？或曰：‘動靜之於天地皆爲氣也者，先儒固有說矣。至於人心之寂感，則所謂七情也、四端也皆以發處言之矣。旣莫不以感者爲情焉，未聞以寂爲情者也。’吾曰：‘在天地而動靜焉者皆爲氣，則在人心爲寂感者皆謂之情，恐亦當爲一說也。’夫以感物而動處爲情者，蓋就其條分緖別，名目可擧者而言也，七情、四端皆是也。或喜，或怒，或哀，或樂，或愛，或惡，或欲，其目爲七，或惻隱，或羞惡，或辭讓，或是非，而其目爲四，四與七固皆以性之涉氣而爲情矣，則至於寂然不動之時，其爲虛明湛一者，亦豈非氣聚之情乎？感焉而爲七，爲四者，情之已迹者也，寂焉而虛明湛一者，情之未迹者也。此不可以已迹者獨謂之情，而未迹者獨不得爲情也。若以理言之，則一寂，一感皆理也，不可獨言性於寂也。若以氣言之，則爲寂、爲感皆氣也，不可獨言情於感也。且其方寂未發之前，亦有或偏，或不偏，或倚或不倚，而不能皆中，則其可專言理於未發之前乎？既感已發之際，亦有中節、不中節，而中節者便是和，則其可專言氣於已發之後乎？固以理之爲經者常自若也，而氣之爲緯者未嘗不承焉。以一元言之，其爲開闢天地者固緯也，而其未開闢之前凝聚爲混沌者，亦未始不爲緯也；以一歲言之，其爲造化發育者固緯也，而其未發育之前閉藏而成冬者，亦未始不爲緯也；以一日言之，其爲日出朝晝者固緯也，而其在日入之後黑窣爲昏夜者，亦未始不爲緯也；以人心言之，其爲感應時出者固緯也，而其未感應之前凝定而爲虛寂者，亦未始不爲緯也。爲之凝聚，爲之閉藏，爲之黑窣，爲之凝定者，果非氣之爲耶？既莫非氣之爲也，則自其爲理，爲性無形象聲臭者而言之，皆可謂之發也。是故聖學工夫不專在於動時感處，而本源須先，存養於靜時寂處，此主經治緯之正學，動靜循環之一道也。”

5.1.20

又曰："《易》主經治緯之綱領，《書》主經治緯之事業，《詩》主經治緯之勸懲，《禮》主經治緯之儀則，《春秋》主經治緯之權衡，《樂》主經治緯之風雷，《論語》主經治緯之旨訣，《大學》主經治緯之門路，《中庸》主經治緯之準的，《鄒書》主經治緯之模範。蓋宇宙之間三才之道，未有外於理氣之經緯，而吾人所業亦不出乎主經治緯之事焉。帝王之治敎，臣隣之輔佐，師門之講明者，皆此事也。故古昔聖賢之經傳垂訓，卽皆此道而已，此道之外，其有他事乎？"

旅軒性理說

校勘·標點

卷六

經緯排說帖

6.1 經緯排說帖序

余竊以理氣擬之爲經緯焉，而爲之說以明之，仍取其義，隨其各章排說爲圖，將欲掛諸座壁目擊心會以爲思繹之地，則庶幾一朝有的然之見者初志也而身逢亂離，常在流泊之中，又苦應接之煩會，豈能靜坐一室玩心高明哉？ 今且耄癃劇矣，眼昏神眩尤艱擧目之視，則不若謄諸冊子佩持行裝中，隨時隨處值閑看省之爲要，故今以冊子代圖焉。

6.2 理爲氣經排說之帖

6.2.1

太極之理之於天地人物，譬如溪澗之有泉源也，如植物之有根本也，如動物之有頭有心也，如網之有綱，衣之有領也 如戶牖之有樞紐也。溪澗無泉源，則不得爲四瀆也；動物無頭與心，則不得爲昆蟲也；植物無根本，則不得爲草木也；衣網無綱領，則不得爲衣網也；戶牖無樞紐，則不得爲戶牖也。天地人物無太極，則不得爲天地人物也。然而泉源也、根本也、頭心也、綱領也、樞紐也者皆屬於形而下者，故有目者皆可得而見之，有手者皆可得而指之，有耳者皆可得而聞之，有口者皆可得而言之矣。至於太極之爲理也，則誰得以見之，指之，言之，聞之哉？惟其爲最靈有知覺者，或可得而認會之焉。蓋其所謂理也，極也者，亦非的指其全體本然之實而目之，稱之也。特就其千條萬緖無所不具者而謂之理，蓋以脈理之密莫有如玉者，故取而目之，所以字旁從玉也，特就其千變萬化無所不統者而謂之極，蓋以最上兼總莫有如極者，故取而稱之，所以字旁從木也。夫其千條萬緖之無所不具者，以德言之而道在其中矣，千變萬化之無所不統者，以道言之而德在其中矣，豈有德外之道，又豈有道外之德哉？惟其爲理，爲極也者，無始終，無盛衰，無形象，無方所矣。理之爲字，未之造焉而理未嘗不在矣，不是有理字然後其理始有也；極之爲稱，未之立焉而極未嘗不立矣，不是有極稱然後太極始立也。

然則謂之理而理未嘗有其形象，　謂之極而極未嘗有其方所，欲其無之而不可得以無之也，　欲其有之而不可得以有之者，非太極之理乎？ 此所以言太極之實必曰理，言此理之妙必曰太極，則曰理，曰極者，皆是不可易之名目也。據此兩字可認其無所不具之條緖，無所不統之變化焉。天地人物之所以爲天地人物者，孰不由於此極此理哉？

6.2.2

試就太極之理而分其綱目，則其爲綱者一，曰：善焉无惡也。

以其爲得而不爲失也；爲利而不爲害也；爲是而不爲非也；爲成而不爲敗也；爲吉而不爲凶也；爲存而不爲亡也；爲安而不爲危也；爲治而不爲亂也；爲福而不爲禍也；爲繼而不爲絶也。

6.2.3

其爲目者十五，曰

眞焉无僞，不可得以假借也。眞謂其自然也，无僞，眞之至也。

實焉无妄，不可得以欺罔也。實謂其充盈也，无妄，實之至也。

常焉无改，不可得以間隙也。常謂其亘永也，无改，常之至也。

直焉无曲，不可得以枉回也。直謂其彜則也，无曲，直之至也。

順焉无逆，不可得以乖戾也。順謂其宜穩也，无逆，順之至也。

平焉无險，不可得以詭陂也。平謂其安固也，无險，平之至也。

中焉无偏，不可得以倚着也。中謂其恰當也，无偏，中之至也。

正焉无邪，不可得以橫僻也。正謂其貞確也，无邪，正之至也。

公焉无私，不可得以狎干也。公謂其均徧也，无私，公之至也。

定焉无撓，不可得以移易也。定謂其本分也，无撓，定之至也。

準焉无欠，不可得以欠乏也。準謂其稱齊也，无欠，準之至也。

密焉无漏，不可得以空缺也。密謂其備盡也，无漏，密之至也。

全焉无壞，不可得以虧減也。全謂其咸渾也，无壞，全之至也。

完焉无敗，不可得以耗損也。完謂其依初也，无敗，完之至也。

通焉无塞，不可得以阻窮也。通謂其變活也，无塞，通之至也。

6.2.4

濂溪 周子著《太極圖》，其上第一圖之空圍一圈卽太極也。

6.2.5

晦庵朱子著《易學啓蒙》其第一圖之空圍一圈亦太極也。兩先生皆以空圍一圈爲首者，非謂太極之理有如空圍之圈也，以其理爲至有而其象爲至無，故於是乎無可奈何焉而乃爲一空圈以當之，此所以爲無極而太極之理者也。周圖之陰陽、五行、乾坤、男女、萬物化生，與朱圖之兩儀、四象、八卦以至六十四卦、三百八十四爻實皆出於其中也。

6.2.6

朱子註《易傳》之太極曰："象數未形而其理已具之稱，象數已形而其理無眹之目。" 愚亦曰："天地人物未有而其理爲本之稱，天地人物已有而其理爲主之目。"

6.2.7

朱子註周子《太極圖》之最上一圈曰："此所謂'無極而太極'也，所以動而陽，靜而陰之本體也。然非有以離乎陰陽也，卽陰陽而指其本體不雜乎陰陽而爲言耳。"愚亦曰："若非天地人物之在上下與兩間者，莫由以知夫天地人物之所以然者實太極之理也。然而太極之理固自無窮焉，殊非天地人物之所能盡也，卽此時人物之前非不曾有人物，又此時人物之後又非不復有人物，則此理固非人物之所能盡也。然所謂前後人物皆不過以此天地兩間之前後而言之矣。至於此天地之前必有已過天地之爲無窮焉，此天地之後又必有將來天地之爲無窮焉。夫既有前後無窮之天地，則其兩間之人物亦隨而自無窮於前後矣。然則太極之理之無窮者果爲天地人物之所可得以盡之乎？"

6.2.8

朱子又註周子《太極說》首句無極而太極曰:“上天之載無聲無臭，而實造化之樞紐，品彙之根柢。”愚亦曰:“太極者，道德之頭顱。”今以天地言之，陰陽之爲兩儀，元亨利貞之爲四德，水火金木土之爲五行，春夏秋冬之爲四時者，孰非此理之流行哉? 以吾人言之，仁義禮智信之五常、喜怒哀樂愛惡欲之七情、三綱五倫之百行，孰非此理之爲大本哉? 此所以謂之道德之頭顱者也。

6.3 氣爲理緯排說之帖

6.3.1

曰太極生兩儀,
兩儀生四象,
四象生八卦.

陰				陽			
老陰		少陽		少陰		老陽	
坤	艮	坎	巽	震	離	兌	乾

曰太極動而生
陽, 靜而生陰,
陽變陰合而生
水火木金土.

其爲氣
也言其
實則

有力量	有材具	有津液	有精英	有運行	有充滿	有體段	有候息

言其式
則

有始終	有際限	有時節	有方所	有數度	有次序

言其才
則

能嗣續	能推遷	能成就	能備盡	能生化	能興作	能胚胎	能醞釀	能發施	能儲畜

以陰陽言則

曰	曰	曰	曰	曰	曰	曰	曰	曰	曰	曰	曰
消	往	屈	唱	升	盈	聚	闔	和	剛	健	動
長	來	伸	和	降	虛	散	闢	嚴	柔	順	靜

氣之常也

曰	曰	曰	曰	曰	曰	曰	曰
盛	厚	通	浮	明	淸	順	淑
衰	薄	塞	沈	暗	濁	逆	慝

氣之變也

以五行言則

五氣相克之序

土	木	金	火	水
克	克	克	克	克
水	土	木	金	火

天地生成之序

一六水
二七火三八木
四九金五十土

四時相生之序

金	土	火	木	水
生	生	生	生	生
水	金	土	火	木

6.3.2

陰陽有可以一氣言者，有可以二氣言者。以一氣言，則陽便爲陰，非別有陰之種；陰便爲陽，非別有陽之種，變化屈伸互根流通者是也。以二氣言，則陽自爲陽不得爲陰，陰自爲陰不得爲陽，分作兩段，莫容相錯者是也。陰陽又有可以相須而言者，有可以相勝而言者。以相須而言，則陽得陰爲陽，非陰則陽不能獨行；陰得陽爲陰，非陽則陰不能獨成者是也。以相勝而言，則陽主發散，陰主收藏，陽能生長，陰能肅殺，其用相反者是也。蓋陰陽本於一理，分爲二氣，此所謂"理一而分殊"者也。不有一理，無以爲二氣之本；不有二氣，無以爲一理之用，此所謂"一而二，二而一，而相須相反，莫非自然之則"者也。故陰陽二氣，必也不相過，不相不及，有以相須共濟然後，不失乎一理自然之則而成造化生物之功矣。夫所以有天地有人物，萬古不窮者，皆是二氣之爲也。若夫陰陽偏勝之爲災戾者，雖以陽而偏勝，猶爲不可，況於陰之勝陽者乎？

6.3.3

又曰："統而言之則上下四方之宇，古往今來之宙，原其始而始之，前固無空缺；反其終而終之，後亦無空缺，無前後無終始，常盈滿充塞，稱太極之無極者，卽一元之氣也。其分而爲二者，凝聚而爲形體，則對待而作儀匹；其流行而不息，則迭運而有遞代。就元氣而言之，則無始終無前後，常盈滿充塞者，體之立也，或凝聚，或流行，有對待，有迭運者，用之行也，就其分而爲二者而言之，則對待而作儀匹者，體之立也；迭運而有遞代者，用之行也，此則氣中之體用也。若以大體用言之，則理爲體氣爲用者是也。"

又曰："以兩儀又分而爲四象者言之，卽太陽、太陰、少陽、少陰也，以二氣又分而爲五行者言之，卽木、火、土、金、水也。夫氣之一而二，二而爲三四五六，至于十百千萬者，其是有意於必分而好爲變易哉？蓋莫非一理之自然而有不得不已者也。然而象之四卦之八，至於十六而三十二，三十二而爲六十四者，亦莫非一分爲二而生也，行之五、時之四、氣之二十四、候之七十二、月之十二、日之三百六十者，亦莫非二分爲五而成也。此卽二氣爲太極之用而其有十百千萬之變化者，摠其要則陰陽二者而已矣。”

又曰：“夫其二者相感相應相交相濟之無窮，而大小變化以之出焉，古今造化以之成焉，此固天地萬物之所以天地萬物乎其中也。”

又曰：“有理故有氣 有氣故有物 理爲無窮 故氣之出也亦爲之無窮 氣之出也無窮 故物之生也 遂爲之無窮 天地亦物也而爲物[1]之大 故有以父母乎萬物矣 人亦物也而爲物之首故有以位育乎天地萬物矣”

又曰：“物者，人所共見也，見物之生也無窮，則可以知夫氣之出也無窮矣，旣有以知夫氣之出也無窮，則可以知夫理之爲太極也固無窮矣。”

又曰：“氣者充塞無間者也，運行不息者也，充塞無間者氣之實也，運行不息者氣之常也。有其實，故有其常；有其常，故有其實，此所以造化之不窮也。孰使之然哉？卽無極太極之理也。夫旣充塞無間，則其有氣外之區域乎；運行不息，則其有氣窮之時刻乎？夫無極太極者理也，無限無窮者氣也，而無限無窮之氣之出於無極太極之理中者，自然而然，常然而然，不容已不容無者也。今見源泉之發於地，衆植之生於土，則可以推認夫氣出於理者，其果爲不容已不容無之實也。常然而然不容無者，卽所謂性也；自然而然不容已者，

1 物 : 원문에는 '勿'로 되어있으나 '物'로 바로잡음.

則所謂道也，性何時而泯乎？道何時而息哉？此其所以常充塞常運行也。然而所謂運行者，不是往者來而又往也，來者往而又來也，蓋往者旣過而來者又績也，非若車輪之却者又前，前者又却也。所謂充塞者，不是充塞於前者，又充塞於後也，後所充塞者，乃前所充塞也，蓋隨時滿足其存自若也，非若瓮儲之物，前存者後又存也。惟其所根者一理而生生不窮，故運行有往來，充塞無前後。而其實則充塞與運行皆常新而不滯者也。如果一氣之聚也而常運行常充塞，則豈有不盡不窮之理哉？故惟能通於此理者，可以識得此氣也。"

又曰："氣固亦有大小經緯，其爲經而大者，自始至終，卽一氣也，其爲緯而小者，其緒多端，其變多般，故又自有往來前後之無窮。往者往而過，故來者來而續；前者前而虛，故後者後而充，此其所以各成其分限而竝行竝育者也。"

又曰："理無限際則氣亦當無限際也。夫旣聚爲大小形器，則形器之中固各自有充塞運行之氣矣。然而形器之外，豈無充塞運行之氣哉？其必有形器外之大氣，亦自充塞運行焉。故爲形器者，得以居其中而承籍之矣。然則天地雖大，其大也亦不得不有限矣，其外必當有充塞運行之氣矣。不然則天地亦何得以爲天爲地而居其中乎？但居天地之內者，耳目止及於天地之間焉，若天地外之氣，其何得以測度之哉？其有無限際無限際也哉!"

6.3.4

又曰："氣則作於此理而常準此理者也。雖不能無體質，無方所，無內外，無始終，無衰旺，無贏縮矣，而其爲大小、高卑、深淺、遠近、先後、彼此者，一唯此理焉是準矣。卽所謂理無處不在，故氣亦隨之而未或有無氣之處也；理無時不在，故氣亦隨之而未嘗有無氣之時也。夫所謂處者，不但人所見所知之處爲處也，凡爲所不見不知之處者，其幾許哉；所謂時者，不但人所遇所聞之時爲時也，凡所未遇未聞之時者，其亦幾許哉？爲兩間萬物者，莫不有在身之理氣，自具充滿於各物之中焉，若不有都圍萬物各形之外，一大自然之理氣充滿於天地之間，則在萬物之理氣，其何從而受之，以爲萬物哉？然則萬物中之理氣，便是皆受天地之理氣，爲各物之理氣矣。若天地之理氣，其又何從而受之，自爲天地之理氣乎？亦必有天地外之理氣，又有大於天地中之理氣者，而天地受之以爲天地也。天地雖巨亦物也，則其無造天地之理氣乎？然則理氣其可窮乎？但理之爲理者，卽一理之常存固有也，氣之準乎理者，往過來續而無間斷也，此所以經緯之分也。人皆知生萬物之理氣，在於天地旣生之後，而不知生天地之理氣，自有於天地未生之先焉。生萬物之理氣，固儲於天覆地載之中矣，生天地之理氣，乃儲於何許區域之中而能生化天地乎？此不可思索認之模象得之，而其爲理氣之妙則果不爲無窮乎哉？

6.4 經緯合一排說之帖

6.4.1

理在天地之先
而爲經，
以元氣爲緯，
而做出天地。

	重濁者， 方於中而凝定 不散，		輕淸者， 圓於外而旋轉 不息，	
此天地之後 爲後天地， 後而又後， 凡幾天地？	山嶽川瀆爲之 峙流。 後一元之始， 爲大長爲大闢。	此卽大消長、 大闔闢。	日月星辰爲之 隱見。 前一元之終， 爲大消爲大闔。	此天地之先 爲先天地， 先之又先凡 幾天地？

<table>
<tr><td colspan="4"></td><td rowspan="1">理在天地而爲經，
【元亨利貞】
以二氣【陽陰】五行
【木火土金水】爲緯，
【暑寒晝夜之迭運風雷雨暘之互施】
而做出人與萬物。</td><td colspan="4"></td></tr>
<tr><td colspan="2">草木</td><td colspan="2" rowspan="2">得理之全</td><td rowspan="4">人中立
而戴天履地，
參爲三才，
首乎萬物。</td><td colspan="2" rowspan="2">稟氣之秀</td><td colspan="2">禽獸</td></tr>
<tr><td>得理
之繁</td><td>稟氣
之塞</td><td>得理
之端</td><td>稟氣
之偏</td></tr>
<tr><td colspan="2" rowspan="2">僅可爲宮室、
輪輿、蔬果、
藥餌之用。</td><td>手能天下
之事務</td><td>心窮天下
之義理</td><td>鼻納
天下
之氣
臭</td><td>耳辨
天下
之聲
音</td><td colspan="2" rowspan="2">止得爲騎載、
犧牲、皮毛、
肉骨之用。</td></tr>
<tr><td>足行天下
之區域</td><td>身修天下
之道德</td><td>口呑
天下
之滋
味</td><td>目察
天下
之形
色</td></tr>
</table>

以心言之,
曰性情。
【性以情而爲性,
情得性而爲情,
性者有情之謂也,
情者有性之謂也。
性則出情者也而情則性發者也,
性則主情者也而情則行性者也。】

理在吾人,
而爲經。
【仁義禮智信】
以七情
【喜怒哀樂愛惡欲】
爲緯而做出
聖賢事業。

以道言之,
曰理氣。
【理以氣而爲理,
氣得理而爲氣,
理者有氣之謂也,
氣者有理之謂也。
理則出氣者也而氣則理發者也,
理則主氣者也而氣則行理者也。】

性情
在道
則
理氣也

盡格致誠正之學
立修齊治平之教
育萬物開來學

通六藝之理
明五倫之道
位天地繼往聖

理氣
在心
則
性情也

6.4.2

又以理之爲經，氣之爲緯，不是經自經緯自緯也。理之所經，經於氣也，氣之所緯，緯於理也。經在緯中，緯在經中而爲妙合之道然後，天地人物於是乎出焉，性命道德於是乎行焉，此理氣所以爲經爲緯之功用也。遂以粗說排之爲一帖焉。

6.4.3

爲萬善萬化之主，而固有常然者卽理也，爲萬善萬化之機，而致用成能者卽氣也，不有理焉則萬善無所宗，萬化無所根，此其所以爲主也；不有氣焉則萬善不得爲善，萬化不得爲化，此其所以爲機也。固有者極之於旣往之前，而不見其所始焉；常然者極之於將來之後，而不見其所終焉，此則理之爲理也。致用者，當生必生當行必行而未嘗欠闕焉，成能者，無所不作無所不準而未嘗短之焉，此則氣之所以爲氣也。夫旣有固有常然之理，故遂得爲致用成能之氣，氣非理則何從而生出乎？理非氣則何得而有爲哉？此固理之不可無氣，而氣之必本於理也。今以理之爲主而固有常然者擬之於經，以氣之爲機而致用成能者擬之於緯者，自是一說也。

6.5 性情爲經緯排說之帖

6.5.1

<table>
<tr><td colspan="3" rowspan="5"></td><td>天地合其德之仁，
乃大仁之仁也。</td><td rowspan="5">此皆合乎天理之正而充其本然之體者也。</td></tr>
<tr><td>日月合其明之智，
乃大智之智也。</td></tr>
<tr><td>四時合其序之禮，
乃大禮之禮也。</td></tr>
<tr><td>鬼神合其吉凶之義，
乃大義之義也。</td></tr>
<tr><td>晝夜寒暑合其常之信，
乃大信之信也。</td></tr>
<tr><td rowspan="10">五常之性爲經</td><td rowspan="2">仁</td><td>天道之元</td><td colspan="2" rowspan="10">方其理於心而未發也，何嘗有五者之界別哉？渾然一理而已，及其發於情而形於外然後，知其寬裕溫柔者 卽出於愛之理而爲性之仁，發强剛毅者卽出於宜之理而爲性之義，齊莊中正者出於敬之理而卽性之禮，文理密察者，出於別之理而卽性之智，四德之固然者，便是實之理而卽性之信，然則以其性之發者而知其性之固有五也。</td></tr>
<tr><td>五行之木</td></tr>
<tr><td rowspan="2">義</td><td>天道之利</td></tr>
<tr><td>五行之金</td></tr>
<tr><td rowspan="2">禮</td><td>天道之亨</td></tr>
<tr><td>五行之火</td></tr>
<tr><td rowspan="2">智</td><td>天道之貞</td></tr>
<tr><td>五行之水</td></tr>
<tr><td rowspan="2">信</td><td>天道之誠</td></tr>
<tr><td>五行之土</td></tr>
<tr><td colspan="3" rowspan="3"></td><td>煦煦之仁姑息之仁，
卽非仁之仁也。</td><td rowspan="3">此皆似焉而大有違於大德者也。</td></tr>
<tr><td>孑孑之義慘刻之義，
卽非義之義也。</td></tr>
<tr><td>碌碌之禮足恭之禮，</td></tr>
</table>

	卽非禮之禮也。	
	察察之智穿鑿之智，卽非智之智也。	
	區區之信固滯之信，卽非信之信也。	

<table>
<tr>
<td rowspan="3">七情爲緯</td>
<td rowspan="3">喜怒哀樂愛惡欲</td>
<td>七情果皆當發而發中節而止，則是乃五常之用， 一惟其則而無非本然之善之流行也， 卽經行於緯， 緯順於經而百行萬善皆由此出， 禮樂、刑政、敎化、風俗、修齊、治平、參贊、化育，皆其能事也。</td>
<td rowspan="3">言七情有以懼易樂者， 蓋以樂與喜一類而喜在情首，故舍樂而取懼也。然而喜、樂、愛三者， 皆應順境者也；怒、哀、惡三者，皆應逆境者也，喜與怒對，哀與樂對，愛與惡對，惟欲無對之外， 皆以相反者而對擧矣。若以懼對哀，則竝是逆應也，獨非相反之對矣。況七情無不以懼爲始終焉。未發而能懼然後， 七情皆當發而發也， 旣發而能懼然後七情皆當止而止也，此乃不須別擧懼目而懼自在其中也。又七情之中，惟樂尤切於懼焉， 人不思懼，何以能保有其樂哉？ 然則言樂而懼在樂中也。 且以相類者言之， 則懼常於欲惡莫惡，欲怒莫怒處發焉，此則惡怒亦類於懼也。 此子思子於《中庸》以樂爲哀之對而懼未之擧焉者， 非以是耶？</td>
</tr>
<tr>
<td>七者之情，無非五常之用，而五常非七情， 則何從而爲日用常行之道哉？ 此五常固爲七情之性，而七情爲五性之情者也。</td>
</tr>
<tr>
<td>七情或非當發之發、中節之止，則是乃五常之用，便非其則而私拘情勝， 不免於過不及之偏也，卽緯戾於經，經失其緯而千凶萬惡亦由此出， 於凝氷、焦火、天飛、淵淪、綱隊、法斁、倫亂、典汨， 以之亡身滅族敗家亡國 皆其孼也。</td>
</tr>
</table>

<table>
<tr><td>屬五行</td><td>喜屬火。
愛屬木。
惡怒屬金。
哀懼與欲屬水。</td><td rowspan="3">試以愚見會之。喜於五行，果屬火，則當於五常，屬禮，而玆乃屬仁，則豈不以所喜必生於所愛，愛乃仁之用故哉？又喜常發於所欲之遂，而其情易流，則似近於屬水之智者也。哀由於愛，則又似通於生物之木、惻隱之仁，其施之有節者，近於禮，其氣凄苦者，似屬金，苦甚則爲涕淚者，似屬水也。欲生於氣類，似屬木與仁，其有正且潔者，似近於金，其有滓濁者，近於土，其爲易流易溺者，卽是水也。其於四端，以喜愛哀懼欲爲都自惻隱發，唯以惡怒爲羞惡發，竊思之，若以情根於性，其所發動處言之，則七情誰非惻隱爲之主哉？雖惡怒，其發動者則亦惻隱也。大概情是性之發也，而其所以爲性爲情者，皆此一理也。蓋在天地則爲二氣五行者都此理也，故在人爲性情者，常之五情之七，其目雖不可不分，而其理則相通相貫者也。卽以七情屬五行、五常、四端者，雖欲隨目各排，而有不得不相出入者焉，此乃一理之相通相貫故也。木爲五行之首，元爲四德之首，仁爲五常之首，惻隱爲四端之首而專包之，故七情之通於五行之木、五常之仁、四端之惻隱者然也。唯在認會之者，要須活看而能無滯礙也已。</td></tr>
<tr><td>本四德</td><td>喜愛是仁。
惡怒是義。
哀懼是禮。
欲屬水是智。</td></tr>
<tr><td>擬四端</td><td>喜愛哀懼欲都自惻隱發。
怒惡是羞惡發。
右七情自於四端橫貫了。</td></tr>
</table>

<table>
<tr><td colspan="2">禮之端，一則曰恭敬，蓋恭敬是辭讓之實，辭讓是恭敬之施也。</td><td rowspan="3">四者亦不出七情之區域矣。 蓋七情不能無善惡，而四端則就七情中，指其從四德各因所觸始發純善處而擧之者也，亦不過曰性之情而已矣。豈於情外，別有端乎？端者有本之謂也。端有惻隱，知性之固有仁；端有羞惡，知性之固有義；端有辭讓，知性之固有禮；端有是非，知性之固有智，故曰四端。惟其擴充之道，只在於當動之際，能省察謹愼，隨發必培，不使之纔發旋汨焉耳。此卽七情之純善者也，苟能擴而充之，則四德之隨其端而流行於日用之間者， 火燃泉達有不可勝用，而身而家，家而國，國而天下，可以通遍於覆載之中矣。</td></tr>
<tr><td>四端</td><td>惻隱仁之端
羞惡義之端
辭讓禮之端
是非智之端</td></tr>
<tr><td colspan="2">信不言端，以四端之發無非實理，則信豈別言端乎？</td></tr>
</table>

<table>
<tr><td>心與物接之目</td><td>忿懥
恐懼
好樂
憂患</td><td rowspan="3">忿懥卽惡怒也，好樂卽喜樂也，恐懼有惡怒之實，而自不得以惡怒應之，則有是情焉，與惡怒同其類而深重者也，如七情以懼易樂，則卽是本目也。憂患卽惡哀之萃，恐懼之發者也。至於親愛卽愛也，賤惡卽惡也，畏敬卽親愛矣而尊隆之加焉也。哀矜卽哀也，敖惰無可賤惡之實而不爲之致意留念焉，則居愛惡之外者也。惟四與五，本無非有心之常情也，而此乃爲心病之目者也。所謂有所，卽其四者之所以爲病也，有者不當有而有也，所者非其所之所也。事未來而先存者，是期待也；事方應而過重者，是偏繫也；事旣過而猶存者，是留滯也，此則有所之爲病也。所謂之辟者，卽亦五者之所以爲病也，之者向着之謂也，辟者專重之謂也，辟於親愛則失親愛之則； 辟於賤惡則失賤惡之則； 辟於畏敬則失畏敬之則； 辟於哀矜則失哀矜之則； 辟於敖惰則失敖惰之則，此則之辟之爲病也。以其爲病也，故必以一義之兩字重連之，以爲其目，明其爲病焉，此固曾子之言，盛水不漏處也。其初則皆是七情中之情也。</td></tr>
<tr><td colspan="2"></td></tr>
<tr><td>身與物接之目</td><td>親愛
賤惡
畏敬
哀矜
敖惰</td></tr>
</table>

6.5.2

理氣在天地爲經緯者，以天地自無所偏拘，無所私誘，至誠無息於穆不已。故經緯之道無不順變，而日月星辰得其常行；山嶽川瀆得其常平，暑寒晝夜常以其時；雨暘風雷常以其節，造化生育之功，無有差忒者，萬古如一日也。性情之在人爲經緯者，同一理氣也，惟聖人則純於天理而亦不已，所致者中和之德；所執者中庸之道，故有以位天地育萬物，有以繼往聖開來學者，無非經緯之道，無所不盡也。至於衆人則不然，氣稟不得不偏於受生之初，物誘不能不累於知覺之發，所謂七情者，不失於偏重則或失於偏輕，重者常患於過；輕者常患於不及。應事之際，不免於有所之四病；接物之間，不免於之辟之五患，則五常必失其本然，四端方露而旋汨，至於凝氷而焦火；淵淪而天飛，三綱不綱；五倫不倫，甚或身亡家敗喪邦覆國者有之，此豈非經不能經，緯不能緯而致然者哉？其果可懼也哉。

지은이 **장현광(張顯光)**

1554년(명종9)~1637년(인조15). 자는 덕회(德晦), 호는 여헌(旅軒), 본관은 인동(仁同)이다. 여러 차례 벼슬을 사양하고 학문과 교육에 매진하여 역학(易學)과 경위설(經緯說)을 중심으로 독자적인 학문 체제를 이루었으며, 17세기 영남학파의 학맥을 이루는 많은 학자를 길러냈다. 저서는 문집으로《여헌집》이 있고,《여헌성리설(旅軒性理說)》,《역학도설(易學圖說)》,《용사일기(龍蛇日記)》 등이 있다.

옮긴이 **성원규(成元圭)**

1984년 서울에서 태어났다. 단국대학교 한문교육과를 졸업하고, 고려대학교 국어국문학 석사 과정을 수료하였다. 한국고전번역교육원 연수부 과정을 졸업하고, 현재 해동경사연구소 연구원으로 재직하고 있다.

옮긴이 **윤은숙(尹銀淑)**

1957년 인천에서 태어났다. 덕성여대 경영학과와 방송통신대 중문학과를 졸업하였다. 민족문화추진회(현 한국고전번역원) 연수부와 일반연구부 과정을 마치고 현재 해동경사연구소 연구위원으로 일하고 있다. 번역서로는 〈자치통감강목(4-14)〉(공역)이 있다.

옮긴이 **김형석(金炯奭)**

1967년 서울에서 태어났다. 대학에서 전자공학과 중어중문학을 공부하였고, 한국고전번역원 연수부를 졸업하였다. 현재 해동경사연구소 연구원으로 재직하고 있다. 번역서로는《시경집전변정(詩經集傳辨正)》이 있다.

특수고전협동번역사업(경전주석서) 연구진

연구책임자 성백효(해동경사연구소 소장)
공동연구원 신영주(성신여자대학교 한문교육과 교수)
신범식(유원대학교 교양융합학부 교수)
연구원 윤은숙
김형석
성원규

여헌성리설 2

장현광 지음 | 성원규 · 윤은숙 · 김형석 옮김
2023년 6월 30일 초판 1쇄 발행
편집 · 발행 학자원
등록 2011.4.6 제2011-14호
주소 (05355) 서울시 강동구 천호대로 1121
전화 02-6403-1000 | 팩스 02-6338-1001 | 이메일 hakjaone@daum.net

값 28,000원
ISBN 979-11-6247-302-3 94810
979-11-6247-300-9 (세트)